# 500만 독자 여러분께
## 감사드립니다!

세상이 아무리 바쁘게 돌아가더라도
책까지 아무렇게나 빨리 만들 수는 없습니다.

길벗은 독자 여러분이
가장 쉽게, 가장 빨리 배울 수 있는 책을
한 권 한 권 정성을 다해 만들겠습니다.

독자의 1초를 아껴주는
정성을 만나보세요.

미리 책을 읽고 따라해 본 2만 베타테스터 여러분과
무따기 체험단, 길벗스쿨 엄마 2% 기획단,
시나공 평가단, 토익 배틀, 대학생 기자단까지!
믿을 수 있는 책을 함께 만들어주신 독자 여러분께 감사드립니다.

(주)도서출판 길벗 www.gilbut.co.kr
길벗 이지톡 www.eztok.co.kr
길벗 스쿨 www.gilbutschool.co.kr

# 직장인을 위한 실무 액세스

염기웅 지음

길벗

# 직장인을 위한 실무 액세스

The Business Practice Series-Access

**초판 발행** · 2017년 2월 6일
**초판 3쇄 발행** · 2019년 12월 30일

**지은이** · 염기웅
**발행인** · 이종원
**발행처** · (주) 도서출판 길벗
**출판사 등록일** · 1990년 12월 24일
**주소** · 서울시 마포구 월드컵로 10길 56(서교동)
**대표 전화** · 02) 332-0931 | **팩스** · 02) 323-0586
**홈페이지** · www.gilbut.co.kr | **이메일** · gilbut@gilbut.co.kr

**기획 및 책임 편집** · 박슬기(sul3560@gilbut.co.kr) | **표지 디자인** · 황애라 | **본문 디자인** · 이도경 | **제작** · 이준호, 손일순, 이진혁
**영업마케팅** · 임태호, 전선하 | **웹마케팅** · 차명환, 지하영 | **영업관리** · 김명자 | **독자지원** · 송혜란, 홍혜진

**기획 및 편집 진행** · 앤미디어(master@nmediabook.com) | **전산편집** · 앤미디어
**CTP 출력 및 인쇄** · 상지사 | **제본** · 경문제책 | **CD 제작** · 멀티미디어 테크

ISBN 979-11-6050-100-1 03000
(길벗 도서번호 006854)

정가 26,000원

독자의 1초를 아껴주는 정성 길벗출판사

**길벗** IT실용서, IT/일반 수험서, IT전문서, 경제실용서, 취미실용서, 건강실용서, 자녀교육서
**더퀘스트** 인문교양서, 비즈니스서
**길벗이지톡** 어학단행본, 어학수험서
**길벗스쿨** 국어학습서, 수학학습서, 유아학습서, 어학학습서, 어린이교양서, 교과서

페이스북 · www.facebook.com/gilbutzigy
네이버 포스트 · post.naver.com/gilbutzigy

## 액세스 중/고급 책이 나왔습니다!

10년 넘게 액세스 책을 쓰고 강의를 진행하면서, VBA를 포함한 액세스 중/고급 책을 내 달라는 요청이 많았습니다. 액세스 책은 대부분 초급책이기 때문에, 중/고급 수준의 공부를 하는 것이 어려웠지요.

이 책은 실무에 근접한 수준의 '매출/매입 분석' 예제를 만들어 봅니다. 국세청에서 제공하는 세금계산서 파일과 PG사에서 실제로 제공하는 신용카드 매출 내역 파일, 금융기관에서 제공하는 법인카드 사용 내역 파일을 이용해서 매출과 매입을 분석하는 앱을 만듭니다.

중/고급 수준 도서에 목말랐던 많은 독자들에게 가뭄의 단비가 되기를 희망합니다.

## 실무에 바로 사용할 수 있는 '모듈'을 제공합니다.

'매출/매입 분석' 앱을 만들기 위해 VBA 코딩이 필요합니다. 이 책은 이러한 기능을 어떻게 만드는지만 설명하고 있지 않습니다. 조회 폼을 만들고, 엑셀 파일을 액세스로 업로드하고, 데이터를 엑셀로 내보내고, 차트를 만드는 기능을 구현하기 위해 '모듈화'를 하여, 약간의 설정 변경만으로 자신의 앱에 적용할 수 있도록 하고 있습니다.

이러한 모듈을 이용함으로써, VBA 초급자들도 남부럽지 않은 수준의 앱을 만들 수 있을 것이며, 이러한 모듈의 내부를 연구함으로써, 전문가들의 VBA 코딩 기법을 익히는 좋은 기회가 될 것입니다.

## 참고(Reference)를 위한 기능 목차를 제공합니다.

이 책은 일반적인 액세스 책과는 그 구성이 다릅니다. 액세스 책 대부분은 테이블, 쿼리, 폼, 보고서 순서로 설명합니다. 반면,《직장인을 위한 실무 액세스》는 하나의 예제를 완성하면서 필요한 기능들을 설명합니다. 그래서 이 책을 따라 하다 보면, 테이블, 쿼리, 폼, 보고서를 어느덧 잘 사용하는 자신을 발견할 수 있을 것입니다.

물론, 이러한 방식이 장점만 있는 것은 아닙니다. '자습서'로는 더할 나위 없이 좋은 구성이지만 '참고서'로는 필요한 내용을 찾기가 어려울 수 있습니다. 그래서 책 뒷부분에 테이블, 쿼리, 폼, 보고서를 기능 순서대로 나열한 '기능 목차'를 실었습니다.

## 감사의 글

실험적인 아이디어에 흔쾌히 동의해 주신 길벗 박슬기 과장님께 감사드립니다. 올바르게 세상을 살도록 이끌어 주신 부모님, 인생의 진정한 멘토이신 작은 아버지, 바쁜 남편을 내조하느라 고생이 많은 사랑하는 나의 아내, 밝고 건강하게 자라 주는 아들 호진에게 감사함을 전합니다.

마지막으로, 그동안 튜터링하셨던 많은 분께 감사 인사를 드리고 싶습니다. 저는 도움을 드리는 입장이지만, 어려운 고난을 뚫고 액세스로 업무 혁신을 하려는 여러분들의 의지에 항상 감동을 느끼고 있습니다. 흔쾌히 액세스 활용 사례 원고를 써 주신 KAIST 이희찬 센터장 님, 이진수 님, 최환석 님께도 감사드립니다.

저자 엄기용 드림

## '검색보다 빠르고 동료보다 친절한'
## 액세스 이렇게 **활용**하세요!

### 활용제안 1 일단, 『무작정』 따라해 보세요!

실제 업무에서 사용하는 핵심 기능만 쏙 뽑아 실무 예제를 중요도별로 배치하였기 때문에 **'무작정 따라하기'**만 해도 액세스 사용 능력이 향상됩니다. **'Tip'**과 **'잠깐만요'**는 예제를 따라하는 동안 주의해야 할 점과 추가 정보를 친절하게 알려줍니다. 또한 **'리뷰! 실무 예제'**로 자신의 실력을 점검해 보고 **'핵심! 실무 노트'**로 활용 능력을 업그레이드해 보세요.

**반드시 알고 넘어가야 할 주요 내용 소개!**

- 학습안 제시
- 결과 미리 보기
- 섹션별 주요 기능 소개

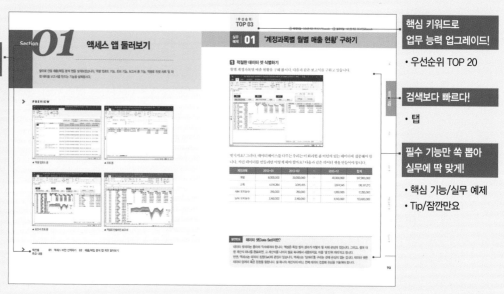

**핵심 키워드로 업무 능력 업그레이드!**

- 우선순위 TOP 20

**검색보다 빠르다!**

- 탭

**필수 기능만 쏙 뽑아 실무에 딱 맞게!**

- 핵심 기능/실무 예제
- Tip/잠깐만요

**UP무 능력 향상을 위한 활용 실습**

- 리뷰! 실무 예제

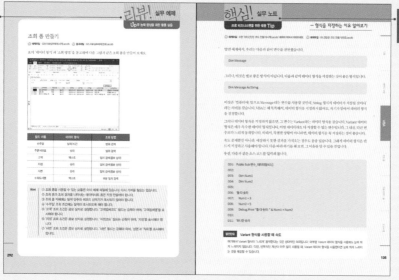

**프로 비즈니스맨을 위한 활용 Tip!**

- 핵심! 실무 노트

# 활용 제안 2 자신의 『레벨에 맞는 학습법』을 찾아보세요!

## '액세스' 사용 수준에 따른 도서 선택은?

많은 분들이 자신이 지금 가지고 있는 액세스 버전으로 액세스 도서를 선택합니다. 그러나, 데스크톱 데이터베이스를 이용한다면, 이런 형식의 도서 버전을 고르는 것은 적절하지 않습니다. 예제와 난이도를 보고 도서를 선택해야 합니다. 필자가 집필한 액세스 책에서 다루는 예제와 난이도는 다음과 같습니다.

| 도서명 | 예제 | 난이도 |
|---|---|---|
| 액세스 2010 무작정 따라하기 | 영업 관리 (고객 관리) | 초/중급 |
| 액세스 2013 무작정 따라하기 | 비용 관리 | 초/중급 |
| 직장인을 위한 실무 액세스 | 매출/매입 분석 | 중/고급 |

'영업 관리 (고객 관리)'와 '비용 관리'는 데이터를 입력하고 관리하는 데 초점을 둔 예제입니다. 반면 이번 책에서 다루는 '매출/매입 분석'은 데이터를 분석하는 데 초점을 둔 예제입니다. 독자가 데이터를 입력하고 관리하는 일종의 '앱'을 원한다면 《무작정 따라하기》 시리즈의 액세스 2010이나 2013 도서를 선택하는 것이 더 좋습니다. 좀 더 실무에 밀착된 데이터 분석을 원한다면 《직장인을 위한 실무 액세스》를 추천합니다.

그리고, 난이도에서도 차이가 있습니다. 액세스를 처음 접하는 독자라면 액세스 2010이나 2013 도서 중 하나를 추천합니다. 반면, VBA 프로그래밍을 포함한 고급 기능을 익히고 싶은 독자라면 《직장인을 위한 실무 액세스》가 더 좋습니다.

## 단기간에 끝내는 맞춤 학습 계획

하루에 일곱 장씩 공부하고 '리뷰! 실무 예제'로 복습하면 한 달 안에 이 책을 끝낼 수 있습니다. 만약 액세스 기능을 급하게 익혀야 한다면 해당하는 기능을 찾아 익히세요. 만약 더 빠른 학습을 원한다면 우선순위 TOP 20을 살펴보세요.
혼자가 아닌 여러 사람들과 스터디를 하거나 학생 대상 강의를 계획한다면 강의 계획표 중에서 '예습' 부분을 미리 공부한 후 함께 모여서(강의 시간에) 본문 예제를 따라해 봅니다. 수업 또는 스터디 이후에는 과제를 풀어 보면서 배운 내용을 복습해 보세요.

| 주 | 해당 장 | 주제 | 예습 | 과제 |
|---|---|---|---|---|
| 1주 | Chapter 1 | 액세스 앱 기획하기 | Section 01~02 | 리뷰! 실무 예제 |
| 2주 | Chapter 2 | 표준 자료 구조 만들기 | Section 01 | 리뷰! 실무 예제 |
| 3주 | | 통계용 쿼리 만들기 | Section 02 | |
| 4주 | Chapter 3 | VBA 환경 구성과 변수/상수 알아보기 | Section 01~02 | 리뷰! 실무 예제 |
| 5주 | | 구문 익히기 | Section 03~04 | |
| 6주 | | 프로시저 만들기 | Section 05~06 | |
| 7주 | | 디버깅 및 오류 처리하기 | Section 07 | |
| 8주 | Chapter 4 | 조회 폼 만들기 | Section 01~02 | 리뷰! 실무 예제 |
| 9주 | Chapter 5 | 엑셀 업로드 폼 개념 잡기 | Section 01 | 리뷰! 실무 예제 |
| 10주 | | 엑셀 업로드 폼 만들기 | Section 02 | |
| 11주 | Chapter 6 | 보고서 폼 개념 잡기 | Section 01 | 리뷰! 실무 예제 |
| 12주 | | 보고서 폼 만들기 | Section 02 | |

# 『우선순위 TOP 20』을 적극 활용하세요!

액세스 사용자들이 네이버 지식iN, 오피스 실무 카페 및 블로그, 웹 문서, 뉴스 등에서 **가장 많이 검색하고 찾아본 키워드를 토대로 우선순위 TOP 20**을 선정했어요. 언제, 어디서든지 원하는 기능을 **금방 찾아 바로 적용**해 보세요!

| 순위 ▲ | 키워드 | 간단하게 살펴보기 | 빠른 페이지 찾기 |
|---|---|---|---|
| 1 | 이벤트 개념 | 이벤트 개념 알아보고 이벤트 프로시저 만들어 보기 | 187 |
| 2 | 조회 폼 | 조회 폼 구현 원리 알아보기 | 236 |
| 3 | DB형 데이터, 피벗형 데이터 | DB형 데이터와 피벗형 데이터, 크로스탭 쿼리 만들기 | 74, 77 |
| 4 | 엑셀 제어 원리, 매크로 기록기 | 엑셀을 제어하는 원리 알아보기, 매크로 기록기 | 391 |
| 5 | 액세스 VBA로 변환 | 엑셀 VBA를 액세스 VBA로 옮기기 | 402 |
| 6 | 폼 참조식, 크로스탭 쿼리, 데이터 필터링 | 폼 참조식을 이용한 데이터 필터링과 크로스탭 쿼리에서 폼 참조식을 이용할 수 있도록 설정하기, 조회 조건 테이블을 이용한 데이터 필터링하기 | 429, 434, 436 |
| 7 | 반복문 중첩 사용 | 반복문 중첩 프로시저 만들어 보고 시뮬레이션하기 | 174 |
| 8 | [직접 실행] 창 | 디버깅하면서 [직접 실행] 창 사용하기 | 212 |
| 9 | 요구사항 검증 | 정의한 요구사항에 맞는지 검증하기 | 46 |
| 10 | 데이터 검증 쿼리 | 오류를 기록하는 데이터 검증 쿼리 만들기 | 318 |
| 11 | 통합 쿼리 | 수직적 통합을 위한 통합 쿼리 만들기 | 64 |
| 12 | 변수 | 변수의 개념 알아보기 | 126 |
| 13 | 풍선 도움말, 팝업 목록 | 코드 입력을 편하게 하는 기능 익히기 | 130 |
| 14 | 오류 처리기 | 오류 처리기 작성 원칙 알아보기 | 228 |
| 15 | 순익 | 순익의 개념 및 계산 방법 알아보기 | 93 |
| 16 | 참조 | 참조 설정하기 | 267 |
| 17 | 요구 사항 | 요구 사항 정의하기 | 26 |
| 18 | 데이터 파일 | 엑셀 파일 구분하고, CSV 파일 알기 | 29~30 |
| 19 | 표준 자료 구조 | 표준 자료 구조 살펴보기 | 55 |
| 20 | 폼 크기 | 폼 적정 크기 알아보기 | 251 |

가장 많이 사용

현업 중요도 ↑

VBA

앱 설계

# 활용 제안 4 직접 먼저 따라해 본 『베타테스터』의 경험담을 들어보세요!

책이 출간되기 전, **베타테스터들이 원고를 직접 따라**해 보면서 **이해되지 않는 내용을 수정**하고 **잘못된 부분을 고쳐**가면서 꼭 맞는 학습 방법을 제안해 주었습니다. 자신과 비슷한 직업을 가진 베타테스터들이 액세스를 어떻게 공부하고 활용하고 있는지 먼저 경험해 본 사람들의 이야기를 듣고 참고해 보세요!

의약품 유통
관리 팀장

김재호

### 조금만 응용하면 바로 실무에 써 먹을 수 있어요!

혼자 책과 인터넷의 도움을 받아 액세스로 현업에 필요한 작은 프로그램을 만들어 보고 적용해 보면서 보람을 느끼고 있는 의약품 유통 관리자입니다. 이 책을 베타테스트하면서 초급자가 보아도 될 정도로 쉽게 쓰인 책이라는 생각이 들었습니다. 신체를 도식화해서 설명한 개체 개념이나, 본문에 삽입된 'Tip'과 '잠깐만요' 덕분에 진도를 수월하게 넘길 수 있었습니다.

제공된 예제 파일은 기능을 설명하기 위한 단순 예제가 아닌 제가 업무에 필요해서 만들려고 했던 내용이 구성되어 있어서 저자가 실무에서 무엇을 필요로 하는지 잘 알고 있다는 것과 배려를 느낄 수 있었습니다.

---

경리 업무
회사원

김진휴

### 실습을 통해 전문가의 노하우를 전수받을 수 있어요!

경리 업무를 하면서 수많은 영수증, 계약서, 세금 계산서 등의 자료를 보게 됩니다. 자료가 광대해져서 엑셀로 모두 처리하기는 힘들고 액세스로 DB화하여 일자별, 부서별, 매출/매입별, 프로젝트별로 정보를 집계하고, 엑셀로 분석하여 보고 자료를 만들게 됩니다. 이 책에서는 그러한 과정을 기초적인 내용부터 VBA를 통한 고급 기술까지 포함하여 설명하고 있습니다. 예제가 지루하지 않고 재미있게

서술이 되어 있어, 고급 기술을 과외 받는 느낌을 받았습니다. 특히 VBA를 깊게 알려 주고 있으며, 활용도 높은 모듈을 만들어 제공하고 있어 전문가의 기술을 배울 수 있습니다.

---

데이터 팀
회사원

박희영

### 실무에 적용하기 좋은 내용들이 가득해요!

저는 사고 차 수리 견적 시스템 회사 데이터 팀에서 일하고 있으며, 현재 업무에 액세스를 적극 활용 중입니다. 액세스를 도입 후 업무 처리 속도가 매우 빨라졌고, 자동화되어 만족도가 매우 높습니다. 앞으로도 계속해서 VBA를 배우고 싶은 차에 베타테스트를 하게 되었습니다. 베타테스트를 하면서 책 내용 중 원하는 데이터만 뽑아서 볼 수 있는 조회 폼이나 엑셀 차트 모듈을 이용한 보고서 폼은 책을 통해 공부 후 바로 응용하여 업무에서 활용하고 싶다는 욕심이 들었습니다.

---

액세스 카페
부 매니저

정일규

### 다중 검색과 엑셀 데이터를 액세스로 이동하는 방법을 알려 주어 좋았습니다!

여러 가지 데이터를 액세스로 이동하기 위한 다양한 방법들을 깊고 다양하게 다뤄 주고 당장이라도 실무에 적용해서 활용할 수 있는 현실성 있는 내용과 함께 바로 사용이 가능한 모듈을 제공했다는 점이 좋았습니다. 데이터베이스를 다루는 데 가장 중요한 것은 검색을 통해 원하는 데이터를 결과로 얻는 것인데 거기에 일반적이고도 가장 큰 걸림돌은 다중 검색입니다. 그런데 이 책에는 다중 검색에 대한 방법으로 별도의 모듈을 제공하고 있고 거기에 대한 설명까지 있어서 실무에 즉시 활용이 가능할 것 같습니다. 그리고 엑셀 데이터를 비롯해서 여러 가지 다른 형식의 파일 데이터를 액세스로 이동하기 위한 방법들을 깊고 다양하게 다뤄 주고 그에 대한 설명과 모듈을 제공해서 좀 더 쉽게 활용할 수 있게 했다는 것이 좋았습니다.

# 목차

# 목차

# 목차

※ 책 순서대로 표시한 일반 목차입니다. 기능 순서대로 참고하거나 학습하기 위한 **기능 목차는 466쪽**에 있습니다.

## 직장인을 위한 실무 액세스 부록 CD 이렇게 사용하세요!

이 책의 부록 CD에는 실습을 따라할 수 있는 예제파일과 결과파일이 각 챕터별로 나뉘어 수록되어 있습니다. 부록 CD의 예제파일 및 결과파일은 컴퓨터에 복사하여 사용할 것을 권장합니다.

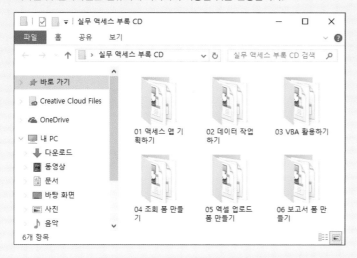

## 액세스 지식을 공유하기 위해 **온라인 강의와 튜터링 서비스**를 제공합니다!

이 책으로 액세스를 공부하는 독자를 위해 액세스 전용 지식 공유 사이트인 'td21.com'을 소개합니다. 'http://td21.com' 커뮤니티에서 액세스에 대한 정보와 필자의 노하우를 마음껏 얻을 수 있습니다.

이 책을 읽어도 잘 이해가 안 되는 분들은 커뮤니티에서 온라인 강의(유/무료)를 수강할 수 있습니다. 그리고 **이 책의 맨 마지막 페이지에서 필자와 원격으로 연결하여 컴퓨터 화면을 같이 보면서 10분 동안 질의/응답할 수 있는 '튜터링 10분 무료 체험 코드'를 드립니다.** 10분에 불과하여 모든 내용을 질의/응답하기는 어렵겠지만, 정말 이해가 잘 안 되는 부분은 필자의 직접적인 설명을 들을 수 있습니다. 독자의 컴퓨터 화면을 같이 보면서 설명하기 때문에 마치 필자가 바로 옆에 있는 상태에서 질문하는 것과 비슷한 효과를 누릴 수 있습니다.

# CHAPTER 1

# 액세스 앱
# 기획하기

이 책을 통해서 매출/매입 분석 앱을 만들어 봅니다. 매출/매입 분석 앱은 매출 데이터와 매입 데이터를 정리하여 순익을 구할 수 있는 앱입니다.

이런 복잡한 앱을 만들 때는 '기획'부터 다져 나가야 합니다. 그렇지 않고 생각나는 대로 만들다 보면, 나중에는 여기 저기 꼬인 앱이 나올 수밖에 없기 때문입니다.

앞으로 만들 앱의 주요 기능을 살펴보고, 이러한 기능을 만들기 위해 어떤 것을 준비해야 하는지 살펴봅시다.

*Access*

# 액세스 앱 둘러보기

앞으로 만들 매출/매입 분석 앱을 살펴보겠습니다. 매출 데이터와 매입 데이터를 정리하고 순익을 구하기 위해 엑셀 업로드 기능, 조회 기능, 보고서 폼 기능, 엑셀로 피벗 차트 및 피벗 테이블 보고서를 만드는 기능을 살펴봅시다. 미리 둘러보고 나면, 향후 만들 것에 대한 개념을 더 확실히 알 수 있게 됩니다.

> **PREVIEW**

▲ 엑셀 업로드 폼

▲ 조회 폼

▲ 보고서 조회 폼

▲ 엑셀로 만들어진 보고서

> **섹션별 주요 내용**    **01** | 액세스 버전 선택하기    **02** | 매출/매입 분석 앱 개요 알아보기

액세스에 대해 알아보기 전에, 액세스 버전을 선택할 때 고려할 몇 가지 사항을 알아보겠습니다. 아직까지 액세스 2000이나 2003을 사용하는 분들은 별로 없을 것입니다. 액세스는 2003과 2007이 많은 차이가 나는데 이는 액세스뿐만 아니라, 엑셀과 같은 다른 오피스 제품도 2007부터 화면 구성 및 기능이 많이 바뀌었기 때문입니다. 아직까지 오피스 2000이나 2003을 사용하는 독자라면 **오피스 2007 이상으로 바꾸길 권장**합니다. 오피스 2000이나 2003은 마이크로소프트 기술 지원이 끝난 제품들이기 때문에 보안을 고려한다면 상위 버전으로 업그레이드하는 것이 좋습니다.

또한 액세스 버전을 선택할 때는 액세스로 어떤 작업을 할지 생각해 보아야 합니다. 다음에서 설명하는 상황에 따라 사용자 작업 환경에 적합한 액세스 버전을 정하기 바랍니다.

### **1** 액세스로 웹 사이트를 만들고 싶다면_액세스 2013 이상

액세스로 웹 사이트를 만드는 것은 정확하게 말하면, '**쉐어포인트 기반의 웹 사이트**'를 만드는 것입니다. 따라서 일반적인 웹 사이트가 아니고, 쉐어포인트라는 마이크로소프트 제품 위에서 동작하는 웹 사이트가 만들어지는 것입니다.

액세스 2010까지는 웹 앱이 액세스 화면을 그대로 웹 사이트로 옮겨 놓는 작업이었다면, 액세스 2013 웹 앱은 웹에 걸맞은 사용자 인터페이스를 제공하고 있다는 점에서 기능이 대폭 향상되었지만 '쉐어포인트 기반의 웹 사이트'라는 제약 때문에 국내에서는 활성화되지 못했습니다.

▲ 액세스 2010 웹 앱(편집)

▲ 액세스 2010 웹 앱(웹 페이지)

▲ 액세스 2013 웹 앱(편집)

▲ 액세스 2013 웹 앱(웹 페이지)

앞에서 언급한 것처럼 액세스 2013 웹 앱은 인터페이스에서 많은 발전을 했지만 정밀한 권한 설정이 안 되고 속성 및 이벤트 지원이 적어 '데이터 수집 도구'로만 사용할 수 있다는 제약 때문에 복잡한 업무 로직을 만들기는 어렵습니다. 그래서, 웹 앱으로 불특정 다수로부터 정보를 수집하고, 복잡한 업무 로직은 전통적인 액세스 데스크톱 데이터베이스를 이용하는 시나리오가 가장 적절합니다.

> **Tip**
>
> 액세스 2013으로 웹 앱 만들기는 《액세스 2013 무작정 따라하기》를 참고하세요.

### 2 강력한 데스크톱 데이터베이스 기능이 필요하다면_액세스 2010

강력한 쿼리 기능과 VBA 및 매크로를 이용한 사용자 정의 기능이 필요하다면 데스크톱 데이터베이스를 사용하면 됩니다. 데스크톱 데이터베이스는 2007부터 대폭 개선되었습니다. 액세스 2007에서 개선된 대표적인 기능은 다음과 같습니다.

#### ❶ 첨부 파일 데이터 형식 지원

액세스 2003 버전까지는 파일을 데이터베이스에 첨부하는 것이 어려웠습니다. 그러나 액세스 2007부터는 첨부 파일 데이터 형식을 지원하여, 파일을 데이터베이스에 첨부하는 것이 쉬워졌습니다. 또한 액세스 폼/보고서에 그림을 표시하는 것도 간편해졌습니다.

#### ❷ 레이아웃 기능 지원

레이아웃 기능을 지원하여 워드에서 표를 편집하는 것처럼 액세스 폼/보고서 디자인을 편집할 수 있습니다. 레이아웃 기능의 제공으로 액세스 폼/보고서 디자인을 빠르고 쉽게 수정할 수 있습니다.

그러나 액세스 2007은 과도기적 버전입니다. 액세스 2007 서비스 팩 2부터는, 내부 처리 방식이 대폭 바뀌었고 호환성 문제도 있기 때문에, 데스크톱 데이터베이스로서 완전한 버전인 액세스 2010을 사용하길 추천합니다.

> **Tip**
>
> 액세스 2010에서 내부 처리 방식이 많이 바뀌었기 때문에 액세스 2010에서 만든 파일은 액세스 2007에서 열지 못하는 경우가 많습니다. 반면 액세스 2013 혹은 액세스 2016에서 만든 파일 대부분은 액세스 2010에서 잘 열립니다.

> **Tip**
>
> 데스크톱 액세스는 2010 이후로 2016까지, 기능상 개선은 거의 없으며, 대용량 처리에 적합한 ADP 기능과 피벗 차트, 피벗 테이블 기능은 액세스 2013부터 제외되었습니다.
> ADP에 대해서는 다음 링크를 참고하세요. 수억 건에서 수십억 건의 데이터도 별 문제 없이 처리할 수 있는 해결책입니다.
> • http://g.td21.com/gb77

액세스 2010은 다음 그림과 같이 피벗 차트(혹은 피벗 테이블)를 액세스에서 바로 만들 수 있으며, 다음과 같은 기능이 대폭 보강되었습니다.

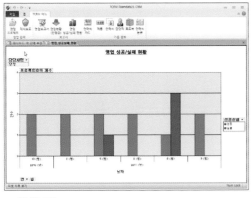

▲ 피벗 차트 폼

▲ 하위 폼으로 구성된 피벗 차트

**❶ 다중 열 레이아웃 지원** : 액세스 2007에 추가된 레이아웃 기능은 하나의 열만 지원했습니다. 액세스 2010에서는 다중 열 레이아웃을 지원하여 많은 불편함을 해소했습니다.

**❷ 계산 필드 지원** : 액세스 2007까지 간단한 계산이라도 반드시 '쿼리'를 이용해야 했습니다. 액세스 2010부터는 계산 필드 데이터 형식을 제공하여, 테이블에서 계산식을 사용할 수 있습니다.

**❸ 리본 메뉴 편집 기능** : 오피스 프로그램의 공통 기능입니다. 자신이 원하는 대로 리본 메뉴를 고쳐서 편리하게 사용할 수 있습니다.

**❹ 조건부 서식 기능** : 엑셀과 마찬가지로, 셀에 막대그래프를 표시하는 조건부 서식을 지정할 수 있습니다.

**❺ 데이터 매크로 지원** : 데이터에 발생하는 추가/삭제/업데이트 이벤트에 대해서 매크로를 지원합니다. 이것은 SQL Server와 같은 대용량 DB에서 지원하는 트리거(Trigger) 기능을 액세스에서 지원하는 것입니다. 이것으로 인해 기존 VBA에서 처리했던 것을 테이블 수준에서 처리할 수 있어, **데이터 무결성을 대폭 강화**할 수 있게 되었습니다.

액세스 2010도 좋지만 ADP 기능과 피벗 차트/테이블 기능을 제외한 나머지 기능은 액세스 2013과 액세스 2016에서도 사용할 수 있습니다. ADP 기능과 피벗 차트/테이블 기능이 불필요하다면, 액세스 2013이나 액세스 2016이 좋은 선택입니다.

이 책은 액세스 2016을 기준으로 만들었습니다. 혹시, 액세스 2010, 액세스 2013을 사용하고 있는 독자라고 해도, 데스크톱 액세스는 크게 변하지 않았기 때문에 이 책을 보는 데 문제가 없을 것입니다.

다만, 액세스 2016은 피벗 차트/테이블 기능을 사용할 수 없기 때문에, 액세스 데이터를 엑셀로 내보내고, 피벗 차트/테이블을 자동으로 만들어 주는 함수를 제공합니다. Chapter 6을 참고하세요.

# 매출/매입 분석 앱 개요 알아보기

이 책에서 만들 '매출/매입 분석'은 데이터를 분석하는 데 초점을 둔 예제입니다. 데이터 분석을 제대로 이해하기 위해 앞으로 만들 '매출/매입 분석 앱'을 살펴봅시다. 말 그대로, 회사 매출과 매입을 데이터베이스(DB)화하여 분석해 보는 앱을 만드는 것으로, 다음과 같은 기능을 담아 보겠습니다.

- 외부에서 가져온 파일을 이용하여 매출/매입 등록하기 (엑셀 업로드 자동화 기능)
- 조회하기
- 각종 보고서 보기 : 매출 추이, 매입 추이, 순익 현황 등
- 엑셀에서 자동으로 차트 그리기

그리고, 이 앱을 만들면서 다음과 같은 것을 배울 수 있습니다.

- 엑셀 업로드 기능 (엑셀을 업로드했을 때 데이터 유효성 체크 기능)
- 조회 폼 제작 기법
- 액세스에서 엑셀을 제어하는 방법
- 고급 쿼리 기법 (통합 쿼리, 하위 쿼리 등)
- VBA 초/중급

## 1 외부에서 가져온 파일을 이용하여 매출/매입 등록하기

매출/매입 관련한 세금 계산서는 따로 정리하지 않더라도, 국세청에서 다운로드할 수 있습니다. 국세청에서 다운로드한 파일을 액세스로 가져와야 매출/매입 분석을 할 수 있습니다.

문제는, **액세스에서 엑셀이나 텍스트 파일을 가져오는 것이 꽤 번거로운 작업**이라는 것입니다. 마우스 클릭을 여러 번 반복해야 데이터를 가져올 수 있고, 데이터를 가져온 다음에는 데이터가 유효한지 수동으로 점검해야 합니다. 이러한 작업을 자동화할 수 있을지 알아보겠습니다.

부록으로 제공하는 예제파일에서 '업로드_매입_계산서' 폼을 열어 보면 엑셀 업로드 폼이 표시됩니다. 실제로 폼이 열리면 다음 그림과 같이 데이터가 표시되지는 않습니다. 이것은 몇 가지 설정을 해야 하기 때문에 지금은 할 수 없습니다. 지금은 이러한 기능을 가진 폼을 만들 것이고, 이를 미리 본다고 생각하기 바랍니다.

이 책은 액세스 2016을 사용하였습니다. 다른 버전을 사용하는 경우 267~269쪽 참조 설정하기를 참고하여 [참조] 대화상자에서 해당 버전의 참조를 설정합니다.

> **Tip**
> 문서 코드 또는 액티브 콘텐츠가 포함되어 있을 경우 기본적으로 구성 요소의 실행을 막는 보안 경고가 표시됩니다. [콘텐츠 사용]을 클릭하면 보안 경고가 있을 때 사용하지 못했던 코드나 쿼리 등을 사용할 수 있습니다.

이제 엑셀 업로드 화면을 구성하는 방법을 익혀 보겠습니다. 사용자는 [찾아보기], [데이터 불러오기 및 검증], [DB로 가져오기] 같은 단추를 누르기만 하면, 엑셀 데이터를 액세스로 손쉽게 가져올 수 있습니다. 데이터를 가져올 때, 자동으로 **데이터 유효성 검사**를 하여 '검증결과'란에 오류 사항을 표시해 줍니다. 오류가 발생하면 문제가 되는 것을 바로 수정할 수 있으며, 문제가 없는 데이터만 DB로 가져올 수 있습니다.

## ② 조회하기

데이터를 편리하게 조회하는 기능은 꼭 필요합니다. 액세스에서 데이터를 조회할 때는 '폼 필터' 기능을 이용하면 되는데, 폼 필터는 그렇게까지 직관적이지 않기 때문에 좀 더 데이터를 편리하게 조회할 수 있는 기능을 만들어 보겠습니다.

**1** 예제파일에서 '조회_매출' 폼을 열어 보면 다음과 같이 표시됩니다. 이 폼의 윗부분은 조회 조건을 입력하는 곳으로, 적절한 조회 조건을 입력한 후 [조회]를 클릭하면 데이터시트 영역에 데이터가 표시됩니다.

여기서는 '기준일'에 『2014-01-01』과 『2014-01-31』을 입력하고 [조회]를 클릭하면 그림과 같이 2014년 1월의 매출 데이터가 56건 조회됩니다.

> **Tip**
> 이처럼 '날짜' 필드에 시작 값과 종료 값을 입력할 수 있도록 조회 폼을 만들어 두면 편리합니다.

**2** 조회 조건 영역에서 '팀' 콤보 상자 내림 단추(⌄)를 클릭하면 그림과 같이 '팀' 목록이 표시됩니다.

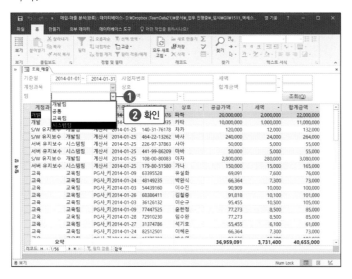

**3** [시스템팀]을 선택한 다음 [조회]를 클릭합니다. 그림과 같이 3건의 레코드가 표시됩니다. '기준일'이 2014년 1월이면서 '팀'이 '시스템팀'인 데이터는 3건이 있는 것입니다. 코드화할 수 있는 필드의 경우, 이처럼 콤보 상자로 조회 폼을 만들면 좋습니다.

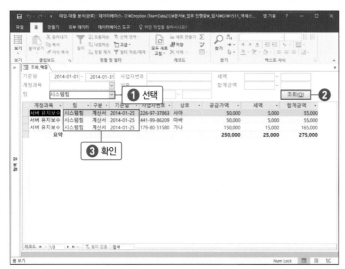

**4** '사업자번호' 란에 『1』을 입력하고 [조회]를 클릭합니다. 그러면 그림과 같이 '사업자번호' 필드에 '1'이 포함된 레코드가 두 건 표시됩니다. 일반 텍스트 박스는 '포함' 검색을 하는 것으로, 사용자가 정확한 값을 알 필요가 없습니다.

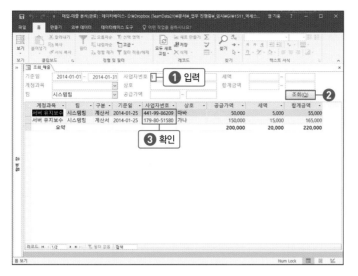

**5** '공급가액' 란에 『100000』과 『200000』을 입력합니다. [조회]를 클릭하면 공급가액이 10만 원에서 20만 원 사이에 있는 레코드 1건만 표시됩니다.

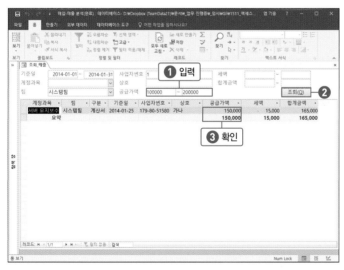

> **Tip**
> 조회 화면은 매우 유용합니다. 매크로만으로 이런 조회 화면을 만드는 것은 거의 불가능에 가깝습니다. 하지만 VBA를 이용하면서 몇 가지 원칙만 알면 이런 조회 화면을 쉽게 만들 수 있습니다.

### 3 각종 보고서 보기 : 매출 추이, 매입 추이, 순익 현황 등

탐색 창에서 '보고서' 폼을 더블클릭하여 '보고서' 폼을 열어 보겠습니다. '보고서 선택'에서는 '순익'의 [팀별]을 선택하면 왼쪽 그림이 바뀝니다.

'년도'에 『2013』과 『2014』를 입력하고 [조회]를 클릭하면 그림과 같이 팀별 순익 보고서가 표시됩니다.

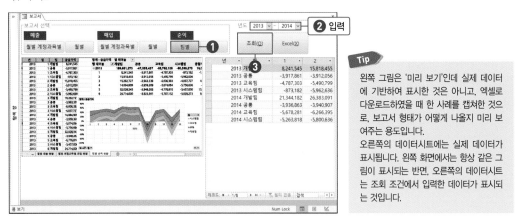

**Tip**

왼쪽 그림은 '미리 보기'인데 실제 데이터에 기반하여 표시한 것은 아니고, 엑셀로 다운로드하였을 때 한 사례를 캡처한 것으로, 보고서 형태가 어떻게 나올지 미리 보여주는 용도입니다.
오른쪽의 데이터시트에는 실제 데이터가 표시됩니다. 왼쪽 화면에서는 항상 같은 그림이 표시되는 반면, 오른쪽의 데이터시트는 조회 조건에서 입력한 데이터가 표시되는 것입니다.

### 4 엑셀에서 자동으로 차트 그리기

'보고서' 폼에서 [Excel]을 클릭해 보세요. 그림과 같이 엑셀 데이터가 표시되는데, 이러한 것을 **'액세스가 엑셀을 제어'**한다고 표현합니다. 데이터는 액세스에 있는데 해당 데이터를 엑셀로 내보낸 다음, 사용자가 수작업으로 차트를 만드는 것처럼 액세스가 실제로 차트를 만들어 낸 것입니다.

여기에 구현된 많은 기능들은 대부분 VBA 구문을 이용한 것입니다. 차근차근 설명할 테니, 잘 따라오기 바랍니다.

지금까지 앞으로 만들 앱에 대해서 알아보았습니다. 이제 이러한 앱을 만들기 위한 '설계'를 해 봅시다.

요구 사항을 정의하고, 테이블을 정의하고 마지막으로 요구 사항을 검증하면 됩니다. 이러한 작업은 어떤 앱을 만들더라도 공통으로 해야 하는 작업이기도 하니, 제대로 익혀 두기 바랍니다.

> **PREVIEW**

▲ 앱 요구 사항을 반영한 관계도

> **섹션별 주요 내용**    **01** 요구 사항 정의하기   **02** 데이터 파일 살펴보기   **03** 테이블 정의하기   **04** 요구 사항 검증하기

## 핵심 기능 | 01 | 요구 사항 정의하기

### 1 요구 사항 작성하기

요구 사항을 정의하는 것은 앱을 만들 때 가장 중요한 단계입니다. 일반적으로 **액세스는 '테이블-쿼리-폼-보고서' 순서로 만듭니다.** 개체가 유기적으로 연결되어 있기 때문에 앱을 만드는 중 뒤늦게 어떤 기능이 필요한 것을 추가로 발견하게 되면 이전 단계로 되돌아가 속성을 변경해야 하므로 매우 번거롭습니다. 따라서 '미리' 생각해 보면서 매출/매입 분석 앱의 요구 사항을 작성해 보세요.

**1. 주제** : 매출/매입 분석

**2. 매출**
   ❶ 전자세금계산서 : 국세청
   ❷ PG사 : 이니시스(신용카드/가상계좌)

**3. 매입**
   ❶ 전자세금계산서 : 국세청
   ❷ 법인카드 : 국민은행
   ❸ 기타 : 급여, 간이영수증 등

**4. 보고서** : 액세스에서 간단한 양식으로 데이터를 확인할 수 있어야 하며, 세부적인 분석은 엑셀로 데이터를 내려 받아서 합니다. 사용자는 단추만 클릭하면 되고, VBA를 이용해서 피벗 테이블/피벗 차트를 자동으로 만듭니다.
   ❶ 매출 추이 : 월별 계정과목별 매출 현황
   ❷ 매출 현황 : 계정과목별 매출 현황
   ❸ 매입 추이 : 월별 계정과목별 매입 현황
   ❹ 매입 현황 : 계정과목별 매입 현황
   ❺ 팀별 순익 현황
   ❻ 순익 추이 : 월별 순익 현황
   ❼ 참고 사항
      ⓐ 외부에서 오는 데이터에는 '계정과목'이나 '팀' 정보가 없습니다.
      ⓑ 데이터를 업로드한 후, '계정과목'과 '팀' 정보를 수동으로 기입해야 합니다.
      ⓒ 실제로는 이러한 것도 자동화할 수 있겠지만, 책의 범주를 벗어나야 하므로, 수동으로 기입하는 것으로 가정합니다.

**5. 주요 기능**
   ❶ 조회 폼
      ⓐ 매출 조회 : 전자세금계산서와 PG사에서 발생한 매출을 한 화면에서 조회할 수 있어야 합니다.
      ⓑ 매입 조회 : 전자세금계산서, 법인카드 사용 내역, 기타 내역을 한 화면에서 조회할 수 있어야 합니다.
   ❷ 엑셀 업로드 : 전자세금계산서, PG사, 법인카드 사용 내역 등을 엑셀로 업로드할 수 있는 화면을 만듭니다.

PG사란 PayGate 회사를 말합니다. 우리가 인터넷을 통해 결제할 때 볼 수 있는 이니시스와 같은 결제 대행 회사입니다. 국내 쇼핑몰 대부분이 결제할 때 PG사를 통해서 합니다.

## 2 요구 사항 간소화하기

다음은 교육적 목적에 의의를 두고 요구 사항을 간소화한 것입니다.

### 1. 회사 : 팀데이터21

❶ 업종 : 액세스 교육/개발/컨설팅
❷ 임직원 수 : 5명
  ⓐ 모두 정규직입니다. 비정규직은 없다고 가정합니다.
  ⓑ 본업(액세스 교육/개발/컨설팅)에 외주 주는 것은 없다고 가정합니다.

### 2. 매출

❶ 일반적인 현금 거래는 전자세금계산서를 이용합니다(개발 및 유지보수 매출).
❷ 홈페이지를 통해 동영상 교육 및 튜터링 서비스를 판매합니다. PG사를 통해 매출이 발생합니다.
❸ 그 외의 매출은 없다고 가정합니다.

### 3. 매입

❶ 일반적인 현금 거래는 전자세금계산서를 이용합니다.
❷ 전 임직원에게 법인카드를 제공하여, 개인 비용 지출 대부분은 법인카드를 통해서 이루어집니다.
❸ 간이영수증은 Expense Report를 이용해서 처리합니다. Expense Report 내용을 앱으로 가져옵니다.
  • 참고 : Expense Report는 ≪액세스 2013 무작정 따라하기≫ 예제로 사용한 '비용 관리 예제'입니다.
❹ 급여는 별도의 영수증이 없습니다. '기타' 항목으로 구분하여 입력합니다.
❺ 제조업/유통업이 아니기 때문에, 판매를 위한 물품을 매입하는 거래는 없습니다.
❻ 그 외의 매입 사항은 없다고 가정합니다.

### 4. 기타

❶ 이 앱에서는 데이터를 수정하지 않습니다. 오로지 외부에서 데이터를 가져오기만 합니다.
❷ 따라서, 데이터 유효성을 유지하기 위한 각종 장치(관계, 고유 인덱스 등)는 사용하지 않습니다. 기본 키만 사용합니다.

**Tip**

앞으로 나오는 '계산서'라는 용어는 '세금계산서'를 말합니다. 일반적으로 '계산서'는 면세사업자가 발행하고, '세금계산서'는 일반 사업자가 발행하는 문서이므로, 구분해서 사용해야 하지만, 이 책에서는 모두 '계산서'라는 용어를 사용했습니다.

실무
예제 **02** # 데이터 파일 살펴보기

**1** 요구 사항을 정의했으니 시스템 설계에 들어가면 됩니다. 시스템 설계에 앞서, 데이터 파일 확장자를 살펴봐야 합니다. 예제파일 폴더에서 다음과 같은 파일을 찾아보세요.

- 010.매출_계산서.txt
- 020.매출_PG사_카드.xls
- 030.매출_PG사_가상계좌.xls
- 040.매입_계산서.txt
- 050.매입_법인카드.csv
- 060.매입_기타.xlsx

매출이든 매입이든 계산서 파일은 텍스트 파일인데, PG사에서는 2003 버전 엑셀 파일(.xls)을 사용하고 있네요. 은행에서 다운로드하는 법인카드 사용 내역 파일은 CSV 파일로 옵니다. '매입_기타'는 회계 프로그램에서 오는 파일인데, 이것만 엑셀 2007 버전 이후 파일(.xlsx)을 사용하고 있습니다. 이처럼, 실무에서 주고 받는 파일은 매우 다양합니다. 파일을 하나하나 열어서 확인해 볼까요?

**2** '010.매출_계산서.txt' 파일을 열어 봅시다. 윗부분 4줄은 삭제해야 합니다. 파일이 한 두 개라면 별 문제가 없겠지만, 파일이 많을 때 특정 파일만 찾아 일일이 삭제하는 것도 번거로운 일입니다.

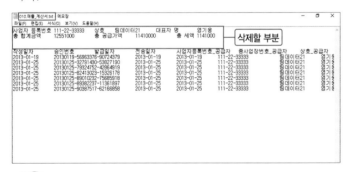

> **Tip**
> 텍스트가 그림과 달라 보인다면 [서식]-[자동 줄 바꿈] 선택을 해제하세요.
> 이 책에서는 파일을 수동으로 정리합니다. 자동으로 파일을 정리할 수도 있지만, 이는 전문가 이상의 지식이 필요하므로 이 책에서 다루지 않습니다.

한 가지 더 살펴봐야 할 사항으로 텍스트 파일이 '탭으로 구분된 형식'인지 '콤마(,)로 구분된 형식'인지 알아야 합니다.

이는 특정 필드 끝에서 오른쪽 방향키(→)를 눌러 보면 알 수 있습니다. 그림의 '작성일자' 필드와 '승인번호' 필드가 떨어져 있네요. 이때 '작성일자'의 끝에 커서를 놓고 →를 누르면 '승인번호'로 커서가 이동합니다. 이 경우 '탭으로 구분된 형식'입니다.

데이터를 액세스로 가져오려면 데이터 파일을 열고 다음의 두 가지 사항을 꼭 살펴봐야 합니다.

- 데이터 범위가 어디서부터 어디까지인지?
- 파일 형식은 어떤 것인지?

**3** PG사에서 넘어 오는 파일(020.매출_PG사_카드.xls)을 열어 보겠습니다. 첫 행부터 데이터가 표시되어 있고, 구형 엑셀 파일입니다. 데이터 범위도 명확하고, 파일 형식도 명확합니다. '030.매출_PG사_가상계좌.xls' 파일 역시 동일합니다.

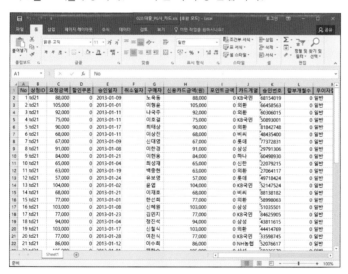

---

**잠깐만요** **엑셀 파일(XLS, XLSX) 정확히 구분하기**

엑셀 2007에서 파일 형식이 XLS에서 XLSX로 변경되었습니다. 지금까지는 XLS, XLSX 파일을 특별히 구분하지 않고 그냥 '엑셀 파일'이라고 인식했을 것입니다. 그러나, 데이터를 가져올 때는 이것을 구분해서 가져와야 합니다. VBA나 매크로에서 데이터를 가져오는 명령을 내릴 때, 엑셀 파일 형식을 정확히 지정해야 하기 때문입니다.

020.매출_PG사_
카드.xls

060.매입_기타.
xlsx

**4** '040.매입_계산서.txt' 파일을 열어 봅니다. '010.매출_계산서.txt' 파일과 크게 다르지 않습니다. 처음 4행은 삭제해야 하고, 탭으로 구분된 형식의 파일임을 확인할 수 있습니다.

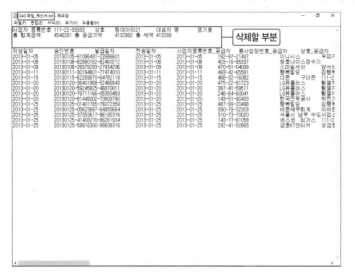

**5** '050.매입_법인카드.csv' 파일을 열어 봅시다. 이 파일은 다음과 같이 엑셀에서 열립니다. 그래서 CSV 파일이 엑셀 파일의 한 종류라고 생각하는 경우가 있을 수 있는데, 그렇지 않습니다.

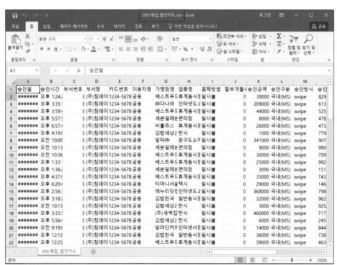

**잠깐만요** **CSV 파일이란?**

CSV는 Comma Separated Value의 약자입니다. 말 그대로 '**콤마로 구분된 값**'이라는 뜻입니다. CSV 파일에서 각 행은 레코드이고, ', '는 필드를 구분하는 기호입니다.

탭으로 구분된 파일에서는 탭으로 필드를 구분합니다.

CSV 파일은 왜 엑셀에서 열릴까요? 엑셀을 PC에 설치할 때, 엑셀 설치 프로그램이 CSV 파일이 자동으로 엑셀에서 열리도록 설정해 놓았기 때문입니다. 물론 이 설정은 바꿀 수 있습니다.

**6** 메모장 프로그램을 실행한 다음 '050.매입_법인카드.csv' 파일을 메모장 안으로 드래그해 봅시다. 그러면 CSV 파일이 어떻게 생겼는지 알 수 있습니다.

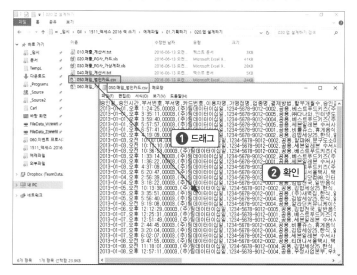

**7** '060.매입_기타.xlsx' 파일을 열어 봅시다. 그림과 같이 엑셀 파일이 열립니다. 엑셀 2007 이상에서 열 수 있는 엑셀 파일입니다.

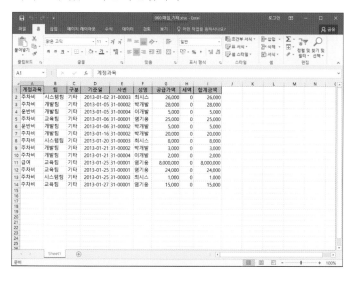

실무
예제 **03**  **테이블 정의하기**

### 1 텍스트 파일 정리하기

앞에서 살펴본 다양한 파일 형식을 액세스에서 테이블로 정리해 보려고 합니다. 이 과정은 어렵지 않습니다. 액세스로 데이터만 가져오면 필드를 자동으로 만들어 주기 때문입니다.

**1** 데이터를 가져오기 전에, 세금계산서 파일에서 필요 없는 데이터인 4줄(위에서부터)을 삭제해야 한다고 했지요? '010.매출_계산서.txt' 파일에서 첫 번째 줄부터 네 번째 줄까지 드래그하여 선택하고 Delete 를 눌러 삭제하세요.

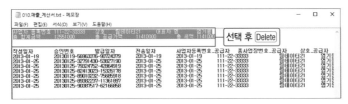

**2** 이 파일을 『110.매출_계산서.txt』로 저장합니다.

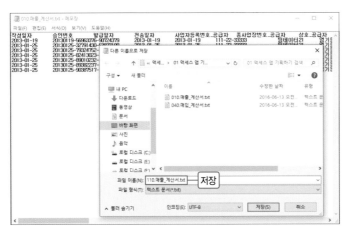

**3** '040.매입_계산서.txt' 파일도 마찬가지 방법으로 위 4줄을 삭제합니다.

**4** 「140.매입_계산서.txt」로 저장합니다.

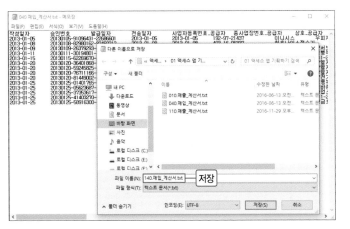

## 2 세금계산서 파일(TXT)을 가져와서 테이블 정의하기

**1** 매출 세금계산서 파일과 매입 세금계산서 파일을 액세스로 가져와서 테이블을 정의해 봅시다. 액세스를 실행하고 [새 데스크톱 데이터베이스]를 더블클릭하여 새로운 액세스 파일을 만듭니다. 그림과 같이 [외부 데이터] 탭-[가져오기 및 연결] 그룹에서 [텍스트 파일]을 클릭하여 외부 데이터 가져오기 마법사를 가동합니다. [찾아보기]를 클릭하여 조금 전에 저장한 '110.매출_계산서.txt' 파일을 지정하고 [확인]을 클릭합니다.

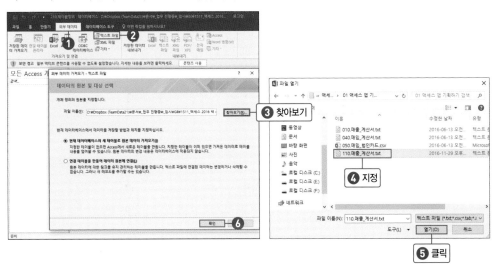

**2** 그림과 같이 오류 메시지가 표시되는 것은 가져올 파일 이름에 마침표(.)가 있을 때 발생하는 일종의 버그입니다. 파일 이름을 '110_매출_계산서.txt'와 같이 마침표가 없도록 설정하고 다시 가져옵니다.

**3** 오류가 없을 경우 그림과 같이 제대로 표시됩니다. 우리가 가져올 파일은 '탭'으로 구분된 파일입니다. 따라서 [구분]을 선택해야 합니다. [다음]을 클릭합니다.

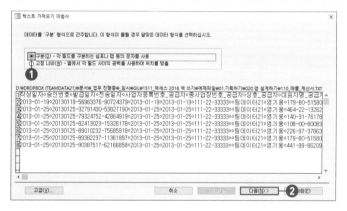

**4** '필드를 나눌 구분 기호 선택'에서는 [탭]을 선택하고, [첫 행에 필드 이름 포함]에 체크합니다. 텍스트 묶음 기호에서는 ["]를 선택하고 [다음]을 클릭합니다.

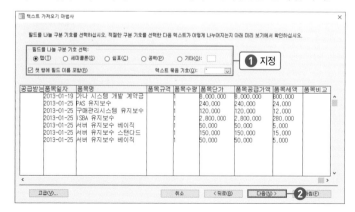

**5** 각 필드 데이터 형식을 지정하는 화면이 표시됩니다.

숫자 필드는 숫자가 아닌 텍스트로 인식해 버리는 경우가 종종 있습니다. 그림과 같이 '합계금액', '공급가액', '세액' 필드 데이터 형식을 [통화]로 바꿔 줍니다. 필드 뒷부분에 있는 '품목단가', '품목공급가액', '품목세액'도 [통화]로 바꿔 줍니다. 그리고 [다음]을 클릭합니다.

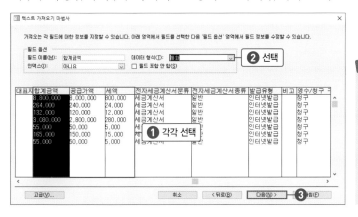

기획

> **Tip**
>
> 대부분 액세스가 자동으로 지정해 주지만, 빈 필드와 숫자 필드를 주의 깊게 살펴보기 바랍니다. 빈 필드는 액세스가 데이터 형식을 확정할 근거가 없기 때문에 기본 데이터 형식인 '짧은 텍스트'로 자동 지정되는 문제가 있습니다. 이런 필드에는 적절한 데이터 형식을 수동으로 설정할 필요가 있습니다.

**6** 기본 키를 지정하는 화면이 표시됩니다. [Access에서 기본 키 추가]를 선택하고 [다음]을 클릭합니다.

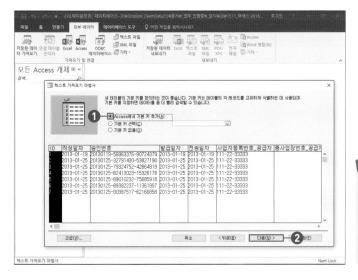

> **Tip**
>
> 이 과정에서 [기본 키 선택]을 선택하지 않고 [Access에서 기본 키 추가]를 선택하는 것은, 기본 키로 선택할 만한 필드가 없기 때문입니다. [기본키 선택]을 가장 권장하고, [기본 키 없음]은 권장하지 않습니다.

**7** 테이블 이름을 지정합니다. 『매출_계산서』로 지정하고 [마침]을 클릭한 다음 [닫기]를 클릭합니다.

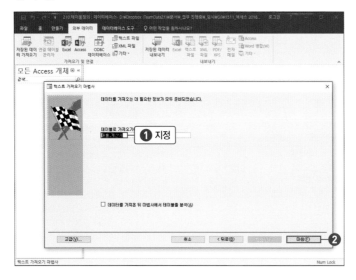

**8** 테이블을 열어 보면, 그림과 같이 표시됩니다. '통화'로 설정한 필드가 제대로 표시되는지 확인하기 바랍니다.

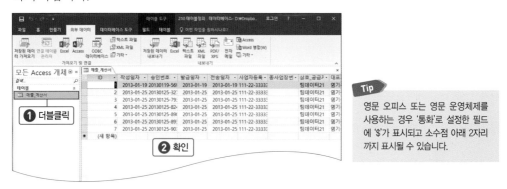

> **Tip**
>
> 영문 오피스 또는 영문 운영체제를 사용하는 경우 '통화'로 설정한 필드에 '$'가 표시되고 소수점 아래 2자리까지 표시될 수 있습니다.

**9** 마찬가지 방법으로 '140.매입_계산서.txt' 파일도 『140_매입_계산서.txt』로 이름을 변경하고 '매입_계산서' 테이블로 가져옵니다.

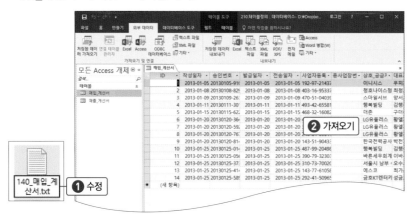

### 3 PG사 파일(XLS) 가져와서 테이블 정의하기

PG사에서 제공하는 파일은 구형 엑셀 파일입니다. 텍스트 파일과 거의 유사한 방법으로 데이터를 가져와야 합니다.

**1** 엑셀 파일도 데이터 가져오기 버그에서 벗어날 수 없습니다. 필자가 제공한 예제파일의 파일 명은 '020.매출_PG사_카드.xls'와 같이 파일명에 마침표가 있습니다. 이 파일을 바로 가져오면 그림과 같은 오류 메시지가 표시됩니다. 이것을 '020_매출_PG사_카드.xls'와 같이 이름을 변 경하고 가져오면 전혀 문제가 없습니다.

**2** 메뉴에서 [외부 데이터] 탭–[가져오기 및 연결] 그룹에서 [Excel]을 클릭하여 외부 데이터 가져오기 마법사를 가동합니다. [찾아보기]를 클릭하여 이름을 바꾼 '020_매출_PG사_카드.xls' 파일을 지정합니다. [현재 데이터베이스의 새 테이블로 원본 데이터 가져오기]를 선택하고 [확인]을 클릭합니다.

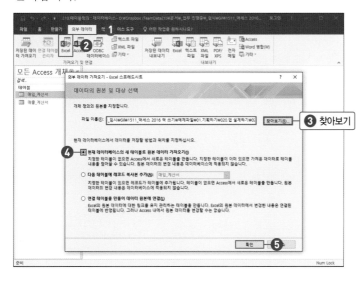

**3** [첫 행에 열 머리글이 있음]에 체크 표시하고 [다음]을 클릭합니다.

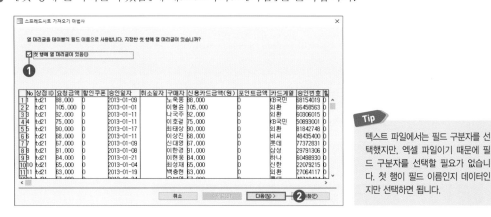

**Tip**

텍스트 파일에서는 필드 구분자를 선택지만, 엑셀 파일이기 때문에 필드 구분자를 선택할 필요가 없습니다. 첫 행이 필드 이름인지 데이터인지만 선택하면 됩니다.

**4** 데이터 형식을 지정합니다. 엑셀에서 가져오기를 할 경우, 액세스는 숫자 필드를 거의 대부분 실수(Double) 형식으로 지정하는 경우가 많은데, **실수 형식은 근사값 계산을 하는 필드이므로 권장하지 않습니다.** 필드가 다루는 숫자가 정수라면 정수형 데이터 형식으로 바꾸어 주는 것이 좋습니다.

- No, 할부개월수 : [정수(Long)]로 지정
- 요청금액, 할인쿠폰, 신용카드금액(원), 포인트금액 : [통화]로 지정
- 취소일자 : [날짜 및 시간]으로 지정

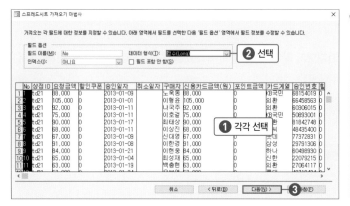

**Tip**

앞서 데이터가 없는 필드의 데이터 형식 지정에 유의하라고 언급했습니다. 여기에 좋은 예제가 있네요. '취소일자' 필드는 분명히 '날짜 및 시간' 데이터 형식일 것입니다. 그런데, 현재 가져오는 데이터에 필드 값이 하나도 없습니다. 근거가 없기 때문에, 액세스는 기본 데이터 형식인 '짧은 텍스트'로 지정해 버립니다. 이처럼, 데이터 가져오기 작업을 할 때, 각 필드의 데이터 형식을 적절히 지정해야 합니다.

**5** 마찬가지로 [Access에서 기본 키 추가]를 선택하고 [다음]을 클릭합니다.

**6** 테이블 이름을 『매출_PG사_카드』로 지정하고 [마침]을 클릭한 다음 [닫기]를 클릭합니다.

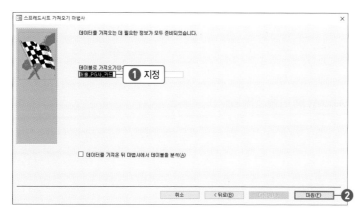

**7** 데이터가 제대로 가져와졌는지 확인합니다.

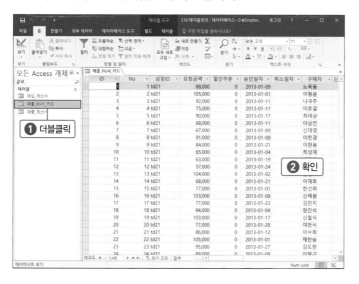

**8** 마찬가지 방법으로 '030.매출_PG사_가상계좌.xls' 파일도 '030_매출_PG사_가상계좌.xls'로 이름을 변경하고 액세스로 가져옵니다. 그림에는 보이지 않지만 오른쪽 '수표입금상점귀책' 필드는 [통화]로 지정해야 합니다.

## 4 법인카드 파일(CSV) 가져와서 테이블 정의하기

**1** 법인카드 파일은 CSV 파일입니다. 탭으로 구분된 텍스트 파일과 거의 비슷한 방식으로 데이터를 가져올 수 있습니다. CSV 파일도 파일 이름에 마침표가 들어 있으면 데이터를 가져오지 못합니다. 파일 이름에 마침표가 없도록 설정한 후 가져오도록 합니다.

그림과 같이 [외부 데이터] 탭-[가져오기 및 연결] 그룹에서 [텍스트 파일]을 클릭하여 외부 데이터 가져오기 마법사를 가동합니다. [찾아보기]를 클릭하여 '050_매입_법인카드.csv' 파일을 엽니다. [현재 데이터베이스의 새 테이블로 원본 데이터 가져오기]를 선택한 후 [확인]을 클릭합니다.

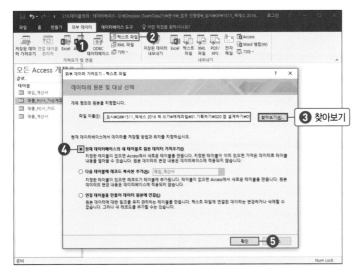

**2** 세금계산서 파일과 거의 유사합니다. [구분]을 선택하고 [다음]을 클릭합니다.

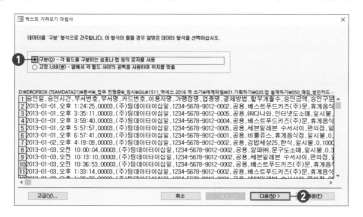

**3** '필드를 나눌 구분 기호 선택'에서 [쉼표]가 자동으로 선택되어 있을 것입니다. [첫 행에 필드 이름 포함]에 체크 표시하면 그림과 같은 오류 메시지가 표시됩니다.

이것은 첫 행에 따옴표가 포함되어 필드 이름이 구성되어 있는데, '텍스트 묶음 기호' 속성이 기본적으로 '{없음}'으로 설정되어 있기 때문에 발생되는 문제입니다. [확인]을 클릭합니다.

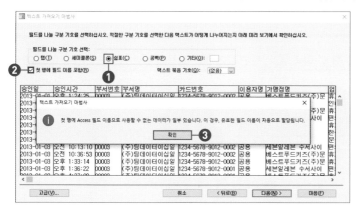

**4** '텍스트 묶음 기호'를 ["]로 지정하고 [첫 행에 필드 이름 포함]의 체크 표시를 지웠다가 다시 체크해 보세요. 이번에는 오류 메시지가 표시되지 않을 것입니다. [다음]을 클릭합니다.

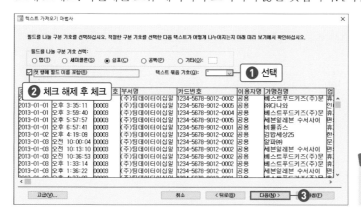

Tip

'텍스트 묶음 기호'는 357쪽에서 보다 자세한 설명을 하고 있습니다.

**5** 데이터 형식을 지정해 봅시다. 다음과 같이 지정하고 [다음]을 클릭합니다.

- 부서번호, 승인번호, 가맹점번호, 가맹점사업자등록번호 : [짧은 텍스트]로 지정
- 승인금액 : [통화]로 지정

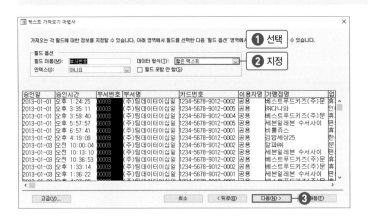

**6** 기본 키를 지정합니다. 기본 키로 설정할 만한 필드가 없으므로 [Access에서 기본 키 추가]를 선택하고 [다음]을 클릭합니다.

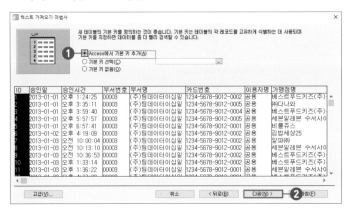

**7** 테이블 이름을 『매입_법인카드』로 지정하고 [마침]을 클릭한 다음 [닫기]를 클릭합니다.

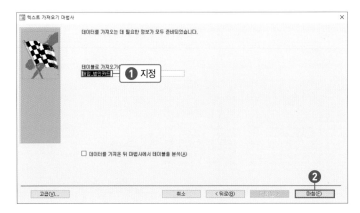

**8**   가져온 데이터를 확인합니다.

### ⑤ 매입 기타 파일(XLSX) 가져와서 테이블 정의하기

**1**   '060.매입_기타.xlsx' 파일을 가져와서 테이블을 정의해 봅시다. 엑셀 파일이므로, PG사 파일을 가져오는 작업과 동일합니다. 다만, '공급가액', '세액', '합계금액' 필드는 데이터 형식을 [통화]로 바꾼 다음 데이터를 가져와야 하는 것에 유의합니다.

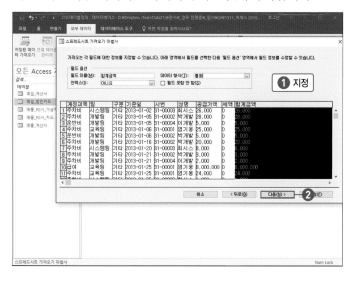

**2** 테이블 이름을 『매입_기타』로 지정합니다. 데이터가 제대로 가져와진 것을 확인할 수 있습니다.

## 6 테이블 정의 살펴보기

**1** [데이터베이스 도구] 탭→[관계] 그룹에서 [관계]를 클릭합니다. [테이블 표시] 대화상자가 표시되면 [Shift]를 이용해 만든 테이블을 모두 선택하고 [추가]를 클릭한 다음 [닫기]를 클릭합니다.

[관계] 창에서 지금까지 가져온 테이블 6개를 펼쳐 놓고 살펴봅시다. 필드가 많습니다. 이 많은 필드를 일일이 입력하지 않고 간단히 만들었습니다. 특히 분석 DB의 경우, 이미 있는 데이터를 가지고 바로 테이블을 만들면 간편할 때가 많습니다.

**2** 다른 것은 문제가 되지 않지만, 각 테이블 ID 필드명이 모두 같습니다. 의미가 다른 필드가 같은 이름을 사용하는 것은 좋지 않습니다. 다음 표를 참고하여 각 테이블의 필드 이름을 바꾸어 봅시다.

| 테이블 이름 | 새로운 ID 필드 이름 |
|---|---|
| 매출_계산서 | 매출_계산서_ID |
| 매출_PG사_카드 | 매출_PG사_카드_ID |
| 매출_PG사_가상계좌 | 매출_PG사_가상계좌_ID |
| 매입_계산서 | 매입_계산서_ID |
| 매입_법인카드 | 매입_법인카드_ID |
| 매입_기타 | 매입_기타_ID |

**Tip**

각 테이블을 열고 ID 필드 이름을 더블클릭하면 이름을 변경할 수 있습니다.

**3** 이러한 것을 반영한 테이블 구성은 다음과 같습니다. 각 테이블은 독립적입니다. 서로 참조하거나 참조되지 않습니다. 분석 DB의 전형적인 예입니다.

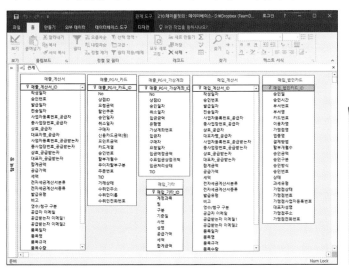

**Tip**

관계도에 테이블을 표시하는 것이나, 테이블 필드 이름을 수정하는 것은 모두 '기초' 수준입니다. 그래서 이 책에서는 이러한 내용을 자세히 넣지 않았습니다.
이런 부분을 어떻게 해야 하는지 궁금한 독자는 '액세스 2010 무작정 따라하기'나 '액세스 2013 무작정 따라하기'를 먼저 공부한 다음 이 책을 공부할 것을 권장합니다.

예제파일 : 220.요구 사항 검증하기(시작).accdb　　결과파일 : 221.요구 사항 검증하기(완료).accdb

**핵심 기능 | 04 | 요구 사항 검증하기**

대략적인 자료 구조가 완성되었습니다. 이제는 앞서 정의한 요구 사항에 맞는지 검증해야 합니다. 이러한 검증 절차를 통해, 완성도가 높은 DB 구조를 만들 수 있습니다.

앞에서 정의한 요구 사항의 첫 부분은 다음과 같습니다.

---

**1. 주제** : 매출/매입 분석

**2. 매출**
　❶ 전자세금계산서 : 국세청
　❷ PG사 : 이니시스(신용카드/가상계좌)

**3. 매입**
　❶ 전자세금계산서 : 국세청
　❷ 법인카드 : 국민은행
　❸ 기타 : 급여, 간이영수증 등

---

이제 관계도를 보면서 이러한 점을 검증해 봅시다. 현재 매출 3개, 매입 3개의 테이블을 구성하였는데, 요구 사항에 정의된 내용과 일치합니다. 지금까지는 요구 사항에 맞다고 볼 수 있습니다.

다음 요구 사항은 다음과 같습니다.

---

**4. 보고서** : 액세스에서 간단한 양식으로 데이터를 확인할 수 있어야 하며, 세부적인 분석은 엑셀로 데이터를 내려 받아서 합니다. 사용자는 단추만 클릭하면 되고, VBA를 이용해서 피벗 테이블/피벗 차트를 자동으로 만듭니다.
　❶ 매출 추이 : 월별 계정과목별 매출 현황
　❷ 매출 현황 : 계정과목별 매출 현황
　❸ 매입 추이 : 월별 계정과목별 매입 현황
　❹ 매입 현황 : 계정과목별 매입 현황
　❺ 팀별 순익 현황
　❻ 순익 추이 : 월별 순익 현황
　❼ 참고 사항
　　ⓐ 외부에서 오는 데이터에는 '계정과목'이나 '팀' 정보가 없습니다.
　　ⓑ 데이터를 업로드한 후, '계정과목'과 '팀' 정보를 수동으로 기입해야 합니다.
　　ⓒ 실제로는 이러한 것도 자동화할 수 있겠지만, 책의 범주를 벗어나야 하므로, 수동으로 기입하는 것으로 가정합니다.

---

여기에 보면 중요한 내용들이 나옵니다. '월별 계정과목별 매출 현황'을 구하려면, 매출 항목이 '계정과목'으로 정의되어 있어야 합니다. 그렇다면 '매출' 관련 테이블에 '계정과목' 필드가 정의되어 있어서 각 레코드가 어떤 계정과목에 속하는지 알아야 합니다.

현재 '매출_계산서' 테이블을 열어 보면, 다음과 같은 데이터가 표시될 것입니다.

| 매출_계산서_ID | 작성일자 | 승인번호 | 발급일자 | ... |
|---|---|---|---|---|
| 1 | 2013-01-19 | 20130119-56963376-90724379 | 2013-01-19 | ... |
| 2 | 2013-01-25 | 20130125-32791430-53827190 | 2013-01-25 | ... |
| 3 | 2013-01-25 | 20130125-79324752-42864919 | 2013-01-25 | ... |
| 4 | 2013-01-25 | 20130125-82413023-15326178 | 2013-01-25 | ... |
| 5 | 2013-01-25 | 20130125-89010232-75685918 | 2013-01-25 | ... |

이런 자료 구조에서 다음과 같이 '계정과목'이라는 필드를 넣어 두어야 '계정과목별 매출 현황'을 구할 수 있습니다. **여기에 '계정과목' 필드가 없다면, '계정과목별 매출 현황'은 구할 수 없습니다.**

| 매출_계산서_ID | 계정과목 | 작성일자 | 승인번호 | 발급일자 | ... |
|---|---|---|---|---|---|
| 1 | 개발 | 2013-01-19 | 20130119-56963376-90724379 | 2013-01-19 | ... |
| 2 | 유지보수 | 2013-01-25 | 20130125-32791430-53827190 | 2013-01-25 | ... |
| 3 | 교육 | 2013-01-25 | 20130125-79324752-42864919 | 2013-01-25 | ... |
| 4 | 교육 | 2013-01-25 | 20130125-82413023-15326178 | 2013-01-25 | ... |
| 5 | 개발 | 2013-01-25 | 20130125-89010232-75685918 | 2013-01-25 | ... |

'매출_계산서' 테이블은 국세청에서 다운로드한 것입니다. 그런데 '계정과목'은 우리 회사만 관리하는 데이터입니다. 따라서, 국세청에서 다운로드한 데이터에는 '계정과목' 정보가 없겠죠.

이럴 때, 국세청에서 다운로드한 필드 중, 사용하지 않는 '비고' 같은 필드에 '계정과목'을 기입하여 세금계산서를 발행하곤 합니다. 이렇게 하면, 국세청에서 데이터를 다운로드하면 '비고' 필드에 계정과목이 들어가 있겠지요.

하지만, 이 방법이 항상 통하는 것은 아닙니다. 매입 세금계산서라면 우리 회사가 발생하는 것이 아닙니다. 따라서 이런 방법을 사용할 수 없습니다. 법인카드 사용 내역 역시 이런 방법을 사용할 수 없습니다. 은행에서 사용 내역을 뽑아 주기 때문입니다.

그렇다면, '계정과목' 필드에 값을 일일이 넣어 주어야 '월별 계정과목별 매출 현황'을 구할 수 있습니다. 회사 대부분에서 이런 작업은 비효율적이겠죠. 다른 방법을 찾아야 합니다.

사실, 매출처와 매입처에 따라 '계정과목'은 대부분 확정적입니다. 이 점에 착안해 본다면, 매출처와 매입처에 따라 계정과목을 미리 정의해 놓는 테이블이 있다면, **데이터를 업로드할 때 자동으로 '계정과목'을 채워 넣을 수 있을 것입니다.**

| 매입처 | 계정과목 |
|---|---|
| 금호KT렌터카 | 교통비 |
| 더존 | 서비스이용료 |
| 바른세무회계 | 세무관리비 |
| 서울시 남부 수도사업소 | 임대관리비 |
| 스마일서브 | 서비스이용료 |
| 에스코 | 임대관리비 |
| 이니시스 | 서비스이용료 |
| 청호나이스정수기 | 서비스이용료 |
| 한국전력공사 | 임대관리비 |
| 행복빌딩 | 임대관리비 |
| LG유플러스 | 통신비 |

▲ 매입처별 계정과목 예시

자동으로 채워 넣도록 만들려면 복잡한 프로그래밍 작업이 필요하기 때문에 이번 책에서는 '계정과목'을 자동으로 채우는 것은 하지 않겠습니다. '수동'으로 '계정과목'을 채워야 한다고 가정하겠습니다.

마찬가지 개념으로 '팀' 정보가 있어야 합니다. '팀' 정보가 있어야 '팀별 순익 현황' 같은 데이터를 구할 수 있기 때문입니다. 각 테이블에는 '계정과목' 필드와 '팀' 필드가 있어야 합니다.

요구 사항을 다시 한번 보면 '순익'이라는 개념이 나옵니다. 그런데, '순익'이라는 테이블은 현재 DB에 없습니다. '순익'은 '매출'에서 '매입'을 뺀 것입니다. '팀별 순익'이라는 것은 팀별 매출액에서 팀별 매입액을 차감한 것이 되겠지요. 여기까지 생각이 미친다면 '순익'이라는 테이블은 필요하지 않다는 결론에 이르게 됩니다.

다음 요구 사항을 살펴봅시다.

### 5. 주요 기능
❶ 조회 폼
   ⓐ 매출 조회 : 전자세금계산서와 PG사에서 발생한 매출을 한 화면에서 조회할 수 있어야 합니다.
   ⓑ 매입 조회 : 전자세금계산서, 법인카드 사용 내역, 기타 내역을 한 화면에서 조회할 수 있어야 합니다.
❷ 엑셀 업로드 : 전자세금계산서, PG사, 법인카드 사용 내역 등을 엑셀로 업로드할 수 있는 화면을 만듭니다.

여기에서는 별다른 테이블 디자인 사항을 발견하지 못합니다. '쿼리'를 미리 알고 있었던 사람이라면 '계산서와 PG사에서 발생한 매출을 한 화면에서 조회'라는 말을 보고, '쿼리를 이용해서 두 데이터를 합쳐야 겠구나'라는 생각을 할 수 있을 것입니다.

지금까지 요구 사항을 검증하였고, 다음과 같은 결론을 얻었습니다.

❶ 모든 테이블에는 '계정과목' 필드가 필요합니다.
❷ 모든 테이블에는 '팀' 필드가 필요합니다.

이러한 사항을 모두 반영하여 만든 최종 관계도는 다음과 같습니다.

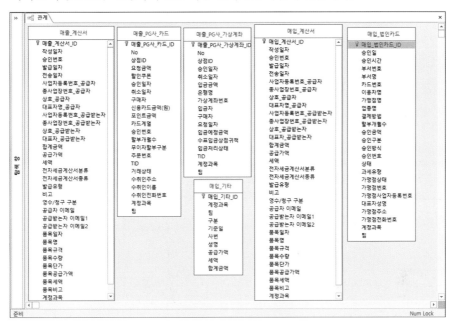

'액세스 2010 무작정 따라하기' 혹은 '액세스 2013 무작정 따라하기'를 읽고 온 독자는 '왜 관계선이 하나도 없을까?'하고 의아하게 생각할 수 있을 것입니다. **지금 만드는 DB는 분석용 DB입니다.** 사용자들이 실시간으로 데이터를 입력하는 DB가 아닙니다. 세금 계산서 파일은 사용자 대부분이 한 달에 한 번 정도만 다운로드하여 DB에 업로드할 테니 실시간 업데이트가 필요하지는 않습니다.

이러한 분석용 DB는 데이터 유효성을 검증할 일이 별로 없습니다. 이미 다른 시스템에서 입력된 데이터를 가져와서 분석하는 것이 일반적이기 때문입니다.

분석용 DB에서는 계산 필드도 별로 없습니다. 기본 키, 참조 키 같은 개념도 잘 사용하지 않습니다. 물론 필요하다면 사용하지만, 일반적으로 잘 사용하지 않습니다.

지금까지 만든 자료 구조만 있으면, 요구 사항에서 정의된 모든 작업을 할 수 있습니다. 앞으로 어떻게 이러한 작업을 하는지 살펴보기 바랍니다.

※ 정답은 다음 링크에 있습니다 : http://g.td21.com/gb82

# 1 | 액세스 버전 선택하기

다음과 같은 상황이라면, 어떤 버전을 이용해서 액세스 앱을 만들겠습니까? 구체적인 이유를 적어 보세요.

① 동시에 다섯 명이 접속해서 데이터베이스를 사용할 수 있는 앱을 만들고 싶습니다.
② 웹 앱은 만들 필요가 없습니다.
③ 데이터베이스에 PDF 파일을 첨부해야 합니다.
④ 피벗 테이블과 피벗 차트를 만들어야 합니다.

| 정답 예시 | **(다음 내용을 보지 말고 먼저 생각해 보세요.)** |
| --- | --- |
| | 동시에 다섯 명이 접속해서 데이터베이스를 사용해야 하므로, 액세스를 사용하는 것이 좋겠습니다. 액세스는 같은 행이 아니라면, 동시 작업을 허용하기 때문입니다.<br>웹 앱을 만들 필요가 없으므로, 오피스 2000~2010을 사용할 수 있습니다. 물론, 오피스 2013~2016을 사용해도 됩니다.<br>데이터베이스에 PDF 파일을 첨부하려면 오피스 2007~2016을 사용해야 합니다.<br>액세스에서 피벗 테이블, 피벗 차트가 나와야 하므로 오피스 2007~2010을 사용해야 합니다.<br>필자는 개인적으로 오피스 2010을 추천합니다. 오피스 2007의 경우, 서비스 팩 2 이전과 이후에 만든 파일이 호환이 안 되는 문제가 있을 수 있기 때문입니다. |

# 2 | 관계도 관계선 살펴보기

오른쪽 그림은 매출/매입 분석 앱의 관계도입니다. 일반적인 데이터베이스 관계도와는 달리, 매출/매입 분석 앱의 관계도에는 관계선이 거의 정의되어 있지 않습니다. 이러한 이유를 적어 보세요.

| 정답 예시 | **(다음 내용을 보지 말고 먼저 생각해 보세요.)** |
| --- | --- |
| | 일반적인 데이터베이스 앱은 데이터 입력 작업이 주가 됩니다. ERP와 같은 업무 관리 시스템의 경우, 데이터를 입력하고, 입력한 데이터를 기반으로 하여 현황 등의 통계를 뽑는 것이 주된 활동입니다. 이런 데이터베이스는 데이터를 입력할 때 많은 제약 조건을 필요로 합니다. 예를 들어, 판매 내역에는 등록된 제품만 기록할 수 있다는 규칙 같은 것이 있을 수 있습니다.<br>이러한 제약 조건 중 일부는 '관계'로 표시됩니다. 그래서 일반적인 데이터베이스 구조를 보면 관계선이 표시되는 것입니다.<br>반면, 매출/매입 분석 앱의 경우, 이러한 입력 작업을 처리하는 시스템은 따로 있습니다. 그리고, 이러한 시스템들로부터 데이터를 받아온 다음, 매출/매입 분석 작업만 실시합니다. 그래서 이러한 시스템에서는 데이터를 입력(가져오기)할 때 제약 조건이 그렇게 심하지 않기 때문에 관계선이 거의 없거나, 있더라도 조금만 있게 됩니다. |

# 데이터 관리 시스템 액세스&튜터링 적용 사례

가스 공장, 정유 시설 건설 프로젝트를 위해 국내에 상주하는 외국인 사무실에서 근무하는 이진수 님은 공정과 관련한 데이터 관리 업무를 하고 있습니다. 공사 특성상 각 공정과 관련 도면, 검사, 확인 등 여러 단계에 걸쳐 데이터가 발생하고 이를 취합해야 하는데, 기존에는 간단하게 사용할 수 있도록 엑셀로 관리를 하였습니다.

현장에서 발생되는 공정 관련 사항을 엑셀에 기입하고, 워드 문서에 세부 내용을 작성하고, 다시 그 워드 내용을 엑셀에 옮기면, 담당 엔지니어가 그 내용을 바탕으로 엑셀과 워드로 현장에서 발생된 문제에 대한 해결책을 제시하고 다시 현장에서 그 내용을 적용하는 방식이었습니다. 처음 한두 달은 불편함을 감수할 만했지만 다수가 사용하는 엑셀 데이터가 쌓이면 쌓일수록 '데이터의 정확한 관리'와 '데이터 업데이트'에 대한 많은 문제가 발생하였습니다. 나중에는 거의 관리가 불가능하다고 느꼈습니다.

## Q1   엑셀 데이터를 액세스로 변환할 때 어떤 어려움이 있었나요?

데이터를 액세스로 관리하기 위해 노력했지만 쉬운 도구가 아님을 느꼈습니다. 책으로 공부도 하고, 인터넷 강의도 듣고, 자료도 검색하면서 도움을 받았지만, 실제로 내가 필요한 기능과 원하는 성능으로 '완성'한다는 건 정말 어려웠습니다. 인터넷에 수많은 예제와 설명이 있지만, 개발 중에 만나는 '나의 문제'를 해결해 주는 건 아니기 때문입니다. 나중에 알고 보면 정말 간단한 문제였지만, 며칠씩 매달려 고생한 적도 있고, 꼭 하고 싶었던 기능이지만 아예 포기하는 경우도 많이 생겼습니다.

## Q2   어떤 변화가 있었나요?

우연한 기회에 튜터링 서비스를 알게 되었습니다. 예전부터 저자님의 인터넷 강의를 재미있게 들어서 튜터링 서비스에 관심을 가지게 되었습니다.

사실 처음에는 프로그램 개발 조언이나 교육을 받는 정도라고 생각했지만, 저자님과 전화 연결이 되고, 원격 프로그램으로 연결되어 하나하나 설명을 들으면서, 처음에 가졌던 막연한 생각은 사라졌습니다. 이론적으로만 알고 이해하는 단계를 넘어서 실무에 적용하는 방향을 제시해 주고, 테이블, 쿼리, 폼 등의 설계와 수정, 그리고 VBA 코딩 방법, 디버깅하는 노하우, 어디에서도 얻기 힘든 살아있는 팁도 많은 도움이 되었습니다.

그리고, 혼자 만들기는 어려운 고급 기능을 통해 프로그램의 완성도가 더욱 높아졌습니다.

엑셀과 워드를 이용하며 불필요한 노력들과 시간 및 비용을 야기하던 방식에서 벗어나서, 이제는 많은 사용자가 액세스로 만든 프로그램으로 동일한 데이터를 보면서, 같은 데이터 안에서 새 자료를 만들고, 업데이트하기 때문에 기존 문제들이 말끔히 사라졌습니다. 엑셀에서 확인하고, 업데이트하고, 워드에 내용을 적고, 필요한 내용을 찾는 등의 기다림과 수고가 액세스 데이터베이스 안에서 한번에 해결된 것입니다.

사용자 권한과 상태에 따라 적절한 설정이 되어서, 엑셀에 비해서 데이터가 '정확'해졌습니다.

몇 주의 튜터링 서비스를 이용하면서 얻은 액세스에 대한 노하우와 도움은 1년 이상 많은 책들과 인터넷 자료와 씨름하면서 알게 된 것보다 훨씬 더 많았습니다.

# CHAPTER 2 데이터 작업하기

지금까지 기획 작업을 마무리했습니다. 이제부터는 실제로 필요한 쿼리를 만들어 보면서, 지금까지 만든 자료 구조가 유효한지 확인해 보겠습니다.

매출/매입 분석 앱에서 가장 중요한 것 중 하나는 '손익'입니다. 손익은 모든 매출 항목에서 매입 항목을 뺀 것이기 때문에, 손익 계산을 위해서는 매출과 매입을 하나로 합쳐야 합니다. 이것을 매출/매입 분석 앱에서는 표준 자료 구조라고 합니다. 표준 자료 구조를 만드는 아이디어와 방법에 대해 알아보고 이 확인 작업이 끝나면 실제로 만들고자 하는 보고서 원본이 되는 쿼리를 만들어 볼 것입니다.

Access

매입은 세금계산서, 법인카드 사용분, 기타 간이 영수증 사용분을 합치면 됩니다. 매출은 세금계산서, PG사 결제 내역 등을 합치면 됩니다.

매입은 매입대로, 매출은 매출대로 계산해야 하기 때문에, 이렇게 따로 떨어진 데이터를 '매입'과 '매출', 두 가지로 합치는 작업이 필요합니다. 그리고 이것을 이 앱에서의 표준 자료 구조라고 합니다. 지금부터 표준 자료 구조를 만들어 보겠습니다.

**PREVIEW**

| 계정과목 | 팀 | 구분 | 기준일 | 사업자번호 | 상호 | 공급가액 | 세액 | 합계금액 |
|---|---|---|---|---|---|---|---|---|
| 서비스이용료 | 교육팀 | 계산서 | 2013-01-05 | 192-97-21437 | 이니시스 | 215,121 | 21,512 | 236,633 |
| 서비스이용료 | 공통 | 계산서 | 2013-01-08 | 403-16-95337 | 청호나이스정수기 | 30,000 | 3,000 | 33,000 |
| 서비스이용료 | 공통 | 계산서 | 2013-01-09 | 470-51-04039 | 스마일서브 | 150,000 | 15,000 | 165,000 |
| 식비 | 개발팀 | 법인카드 | 2013-01-01 | 1208532249 | 베스트푸드키즈(주)문 | 35,455 | 3,900 | 39,000 |
| 비품비 | 교육팀 | 법인카드 | 2013-01-01 | 1178140065 | ㈜다나와 | 190,000 | 20,900 | 209,000 |
| 식비 | 시스템팀 | 법인카드 | 2013-01-01 | 1208532249 | 베스트푸드키즈(주)문 | 40,000 | 4,400 | 44,000 |

▲ 두 데이터를 수직적으로 통합하는 개념 : '구분' 값으로 구분

[쿼리 1]
UNION ALL
[쿼리 2]
UNION ALL
...
[쿼리 N]

▲ 통합 쿼리의 일반형

🔵 **예제파일** : 010.표준 자료 구조(시작).accdb    🔵 **결과파일** : 011.표준 자료 구조(완료).accdb

핵심
기능 **01** ## 표준 자료 구조 살펴보기

요구 사항을 검증하였으니, 실제로 필요한 쿼리를 만들어 보면서 매출/매입 분석을 위한 자료 구조를 만들어 봅시다. 지금 바로 폼이나 보고서를 이용해서 매출/매입 분석을 하고 싶겠지만, 폼이나 보고서를 만든 후 테이블이나 쿼리를 변경하는 것은 상당한 시간과 노력이 들어가기 때문에, 확인하는 작업을 먼저 하는 것이 좋습니다. **쿼리 수준에서 데이터를 뽑아 내는 것이 문제가 없는지 확인한 후 폼이나 보고서를 만드는 것이 좋습니다.**

> **Tip**
> 지금부터 설명하는 내용은 'http://www.td21.com/'에서 무료로 제공되는 동영상 강의를 꼭 참고하기 바랍니다. 이런 내용을 책으로만 이해하는 것은 매우 어렵습니다. 동영상 강의를 보면 훨씬 쉽게 이해할 수 있습니다.

### 1 매입 표준 자료 구조 살펴보기

우선, 예제파일에서 '010.표준 자료 구조(시작).accdb' 파일을 열어 봅시다. 지금까지 만든 파일은 데이터가 얼마 없었지만, 이 파일에는 2013년부터 2015년까지의 데이터가 들어 있습니다. 아울러 '계정과목' 필드와 '팀' 필드도 채워져 있습니다.

우선, '매입_계산서' 테이블과 '매입_법인카드' 테이블을 살펴봅시다.

▲ '매입_계산서' 테이블    ▲ '매입_법인카드' 테이블

▲ '매입_기타' 테이블

매입의 기준이 되는 날짜가 '매입_계산서' 테이블에서는 '작성일자'이고 '매입_법인카드' 테이블에서는 '승인일'입니다. 매입을 해 온 곳이 '매입_계산서' 테이블에서는 '상호_공급자' 필드이고, '매입_법인카드' 테이블에서는 '가맹점명'입니다. 이처럼, 같은 의미의 필드가 서로 다른 이름을 가지고 있기 때문에, '매입_계산서' 테이블과 '매입_법인카드' 테이블을 하나의 '매입'이라는 개념으로 비교/분석하기에는 어려움이 있습니다.

또, 꼭 필요한 필드도 있지만, 매출/매입 분석에 사용하지 않는 불필요한 필드도 많습니다. 이러한 것도 매출/매입 분석을 원활히 하지 못하는 원인이 됩니다.

여러 테이블 데이터를 취합하여 분석할 때는 이러한 문제가 항상 있습니다. 이럴 때는 다음과 같은 원칙으로 자료 구조를 재구성해야 합니다.

❶ 목적에 맞는 필드만 추출합니다.
❷ 의미가 같은 필드 이름을 통일합니다.

기존 데이터를 무시하고, 논리적으로 꼭 필요한 필드가 무엇인지 생각해 보는 것이 도움이 됩니다. 매출/매입 분석을 위해서 필요한 필드는 무엇이 있을까요? 생각해 보면 다음과 같은 필드가 필요합니다.

| 계정과목 | 팀 | 기준일 | 사업자번호 | 상호 | 공급가액 | 세액 | 합계금액 |
|---|---|---|---|---|---|---|---|

이러한 자료 구조가 있으면, 매출/매입 분석을 충분히 제대로 할 수 있습니다. 여기에서 중요한 필드는 '계정과목'과 '팀' 필드입니다. 모든 데이터에 대해서 '계정과목'과 '팀' 필드가 기록되면, '계정과목'과 '팀'별로 데이터를 분석할 수 있기 때문입니다.

그러면 이제 '매입_계산서' 테이블과 '매입_법인카드' 테이블에서 기준에 부합하는 필드가 무엇이 있을지 매핑하면 됩니다. 우선 '매입_계산서' 테이블의 매핑된 예는 다음과 같습니다.

| 논리적 필드명 | 계정과목 | 팀 | 기준일 | 사업자번호 | 상호 | 공급가액 | 세액 | 합계금액 |
|---|---|---|---|---|---|---|---|---|
| '매입_계산서' 필드명 | 계정과목 | 팀 | 작성일자 | 사업자등록번호_공급자 | 상호_공급자 | 공급가액 | 세액 | 합계금액 |

'매입_법인카드' 테이블의 매핑된 예는 다음과 같습니다.

| 논리적 필드명 | 계정과목 | 팀 | 기준일 | 사업자번호 | 상호 | 공급가액 | 세액 | 합계금액 |
|---|---|---|---|---|---|---|---|---|
| '매입_법인카드' 필드명 | 계정과목 | 팀 | 승인일 | 가맹점사업자등록번호 | 가맹점명 | 신용카드금액(원)/1.1 | 신용카드금액(원)/11 | 신용카드금액(원) |

'매입_법인카드' 테이블에는 '공급가액'과 '세액' 관련된 필드가 없습니다. 따라서 '승인금액' 필드에서 계산해서 표시해 주어야 합니다.

'매입_기타' 테이블의 매핑된 예는 다음과 같습니다.

| 논리적 필드명 | 계정과목 | 팀 | 기준일 | 사업자번호 | 상호 | 공급가액 | 세액 | 합계금액 |
|---|---|---|---|---|---|---|---|---|
| '매입_기타' 필드명 | 계정과목 | 팀 | 기준일 | 사번 | 성명 | 공급가액 | 세액 | 합계금액 |

'매입_기타' 테이블은 사내 다른 시스템에서 가져오는 것입니다. 따라서, 필드 이름을 사내에서 조정할 수 있는 유일한 테이블입니다. 다만, 필드를 매핑함에 있어 '사업자번호' 필드는 '사번'으로, '상호'는 '성명'으로 하였다는 것만 다릅니다.

이렇게 구성된 데이터를 기반으로 '매입'에 대한 분석을 할 수 있습니다.

## 2 매출 표준 자료 구조 살펴보기

매출 표준 자료 구조 역시, '매입'의 경우와 크게 다르지 않습니다. 엄밀히 말하자면, '매출'과 '매입'의 표준 자료 구조를 동일하게 하는 것이 매입과 매출을 연계해서 분석하는 데 유리합니다. 물론, 동일하게 되는 것이 가장 고려되어서는 안 됩니다. 가능하면 동일하게 하되, '매출'의 특성상 특별한 필드가 필요하다면 검토 후 넣을 수 있을 것입니다.

우선 '매출' 관련된 테이블을 살펴봅시다.

▲ '매출_계산서' 테이블

▲ '매출_PG사_카드' 테이블

▲ '매출_PG사_가상계좌' 테이블

'매입'과 마찬가지로, 필드 이름이 제각각입니다. 하지만 다음과 같은 공통 필드를 뽑아낼 수 있습니다.

| 계정과목 | 팀 | 기준일 | 사업자번호 | 상호 | 공급가액 | 세액 | 합계금액 |
|---|---|---|---|---|---|---|---|

이런 기준으로, 각 테이블마다 필드를 만들어 보면 다음과 같습니다.

| 논리적 필드명 | 계정과목 | 팀 | 기준일 | 사업자번호 | 상호 | 공급가액 | 세액 | 합계금액 |
|---|---|---|---|---|---|---|---|---|
| '매출_계산서' 필드명 | 계정과목 | 팀 | 작성일자 | 사업자등록번호_공급받는자 | 상호_공급받는자 | 공급가액 | 세액 | 합계금액 |

| 논리적 필드명 | 계정과목 | 팀 | 기준일 | 사업자번호 | 상호 | 공급가액 | 세액 | 합계금액 |
|---|---|---|---|---|---|---|---|---|
| '매출_PG사_카드' 필드명 | 계정과목 | 팀 | 승인일자 | 승인번호 | 구매자 | 신용카드금액(원)/1.1 | 신용카드금액(원)/11 | 신용카드금액(원) |

PG사를 통한 카드 매출은 구매 주체가 회사가 될 수도 있고, 개인이 될 수도 있습니다. 그래서 명시적인 '사업자번호'라는 필드는 존재하지 않습니다. 따라서 '사업자번호' 필드는 '승인번호'로 대체하고, '상호' 필드는 '구매자' 필드로 대체합니다.

'매출_PG사_카드'명 테이블에는 '공급가액'과 '세액' 관련한 필드가 없습니다. 따라서 '승인금액' 필드에서 계산해서 표시해 주어야 합니다.

| 논리적 필드명 | 계정과목 | 팀 | 기준일 | 사업자번호 | 상호 | 공급가액 | 세액 | 합계금액 |
|---|---|---|---|---|---|---|---|---|
| '매출_PG사_가상계좌' 필드명 | 계정과목 | 팀 | 승인일자 | 가상계좌번호 | 구매자 | [입금금액]/1.1 | [입금금액]/11 | 입금금액 |

PG사를 통한 가상계좌 매출은 구매 주체가 회사가 될 수도 있고, 개인이 될 수도 있습니다. 그래서 명시적인 '사업자번호'라는 필드는 존재하지 않습니다. 따라서 '사업자번호' 필드는 '가상계좌번호'로 대체하고, '상호' 필드는 '구매자' 필드로 대체합니다.

'매출_PG사_가상계좌' 테이블에는 '공급가액'과 '세액' 관련한 필드가 없습니다. 따라서 '입금금액' 필드에서 계산해서 표시해 주어야 합니다.

### 3 통합 자료 구조를 위한 추가 필드 알아보기

여기까지 하면, 매출/매입 분석을 위한 기본적인 데이터 기획 작업이 끝난 겁니다. 서로 필드 구성이 완전히 다른 매출 데이터와 매입 데이터에서 하나의 공통 자료 구조를 뽑아 낼 수 있습니다. 그리고 이렇게 하면 서로 다른 자료 구조를 가지고 있지만 하나의 자료 구조인 것처럼 만들어서 통합하여 분석할 수 있게 됩니다.

다음은 이러한 기준을 가지고, 실제로 데이터를 하나로 합쳐본 예입니다. 위쪽 5개 레코드는 '매입_계산서' 테이블이고, 아래쪽 5개의 레코드는 '매입_법인카드' 테이블입니다.

| 계정과목 | 팀 | 기준일 | 사업자번호 | 상호 | 공급가액 | 세액 | 합계금액 |
|---|---|---|---|---|---|---|---|
| 서비스이용료 | 교육팀 | 2013-01-05 | 192-97-21437 | 이니시스 | 215,121 | 21,512 | 236,633 |
| 서비스이용료 | 공통 | 2013-01-08 | 403-16-95337 | 청호나이스 정수기 | 30,000 | 3,000 | 33,000 |
| 서비스이용료 | 공통 | 2013-01-09 | 470-51-04039 | 스마일서브 | 150,000 | 15,000 | 165,000 |
| 임대관리비 | 공통 | 2013-01-11 | 493-42-65581 | 행복빌딩 | 2,300,000 | 230,000 | 2,530,000 |
| 서비스이용료 | 공통 | 2013-01-15 | 468-32-16082 | 더존 | 20,000 | 2,000 | 22,000 |
| 식비 | 개발팀 | 2013-01-01 | 1208532249 | 베스트푸드키즈(주)문 | 35,455 | 3,900 | 39,000 |
| 비품비 | 교육팀 | 2013-01-01 | 1178140065 | ㈜다나와 | 190,000 | 20,900 | 209,000 |
| 식비 | 시스템팀 | 2013-01-01 | 1208532249 | 베스트푸드키즈(주)문 | 40,000 | 4,400 | 44,000 |
| 간식비 | 개발팀 | 2013-01-01 | 1200652411 | 세븐일레븐 수서사이 | 7,273 | 800 | 8,000 |
| 간식비 | 개발팀 | 2013-01-01 | 1123626578 | 비틀쥬스 | 23,637 | 2,600 | 26,000 |

합쳐 놓고 보니 어디까지가 계산서 레코드이고 어디까지가 법인카드 레코드인지 구별이 어렵습니다. 그래서 이처럼 **서로 공통이 되지 않는 두 테이블을 합칠 때는, 구분할 수 있는 필드를 추가하는 것이 일반적**입니다. 다음은 '구분' 필드를 추가하여 서로 합친 예입니다.

| 계정과목 | 팀 | 구분 | 기준일 | 사업자번호 | 상호 | 공급가액 | 세액 | 합계금액 |
|---|---|---|---|---|---|---|---|---|
| 서비스이용료 | 교육팀 | 계산서 | 2013-01-05 | 192-97-21437 | 이니시스 | 215,121 | 21,512 | 236,633 |
| 서비스이용료 | 공통 | 계산서 | 2013-01-08 | 403-16-95337 | 청호나이스 정수기 | 30,000 | 3,000 | 33,000 |
| 서비스이용료 | 공통 | 계산서 | 2013-01-09 | 470-51-04039 | 스마일서브 | 150,000 | 15,000 | 165,000 |
| 임대관리비 | 공통 | 계산서 | 2013-01-11 | 493-42-65581 | 행복빌딩 | 2,300,000 | 230,000 | 2,530,000 |
| 서비스이용료 | 공통 | 계산서 | 2013-01-15 | 468-32-16082 | 더존 | 20,000 | 2,000 | 22,000 |
| 식비 | 개발팀 | 법인카드 | 2013-01-01 | 1208532249 | 베스트푸드키즈(주)문 | 35,455 | 3,900 | 39,000 |
| 비품비 | 교육팀 | 법인카드 | 2013-01-01 | 1178140065 | ㈜다나와 | 190,000 | 20,900 | 209,000 |
| 식비 | 시스템팀 | 법인카드 | 2013-01-01 | 1208532249 | 베스트푸드키즈(주)문 | 40,000 | 4,400 | 44,000 |
| 간식비 | 개발팀 | 법인카드 | 2013-01-01 | 1200652411 | 세븐일레븐 수서사이 | 7,273 | 800 | 8,000 |
| 간식비 | 개발팀 | 법인카드 | 2013-01-01 | 1123626578 | 비틀쥬스 | 23,637 | 2,600 | 26,000 |

이렇게 하면, 현재 레코드가 어디에서부터 온 것인지 명확히 알 수 있습니다. 그리고 모든 매출/매입 테이블에 이러한 구분은 반드시 필요합니다.

● 예제파일 : 이전 '010.표준 자료 구조(시작).accdb' 예제에 이어서 따라하세요.
● 결과파일 : 011.표준 자료 구조(완료).accdb

**실무 예제 | 02    표준 자료 구조 쿼리 만들기**

### 1 '매입_계산서' 쿼리 만들기

'매입_계산서' 테이블 통합 매핑은 다음과 같습니다.

| 논리적 필드명 | 계정과목 | 팀 | 기준일 | 사업자번호 | 상호 | 공급가액 | 세액 | 합계금액 |
|---|---|---|---|---|---|---|---|---|
| '매입_계산서' 필드명 | 계정과목 | 팀 | 작성일자 | 사업자등록번호_공급자 | 상호_공급자 | 공급가액 | 세액 | 합계금액 |

이때 쿼리는 다음과 같습니다.

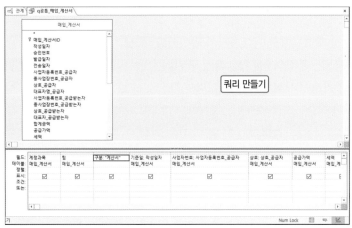

▲ '매입_계산서' 쿼리 디자인 보기

▲ '매입_계산서' 쿼리 결과

**Tip**

쿼리는 [만들기] 탭-[쿼리] 그룹에서 [쿼리 디자인]을 클릭하고 개체를 추가한 후 각 필드를 선택하여 만듭니다.
[쿼리 도구]의 [디자인] 탭-[쿼리 설정] 그룹에서 [열 삽입]을 클릭하면 새로운 열을 추가할 수 있습니다.

'구분' 필드를 '계산서'라는 값을 갖게 하여 만들었습니다. '기준일', '사업자번호', '상호' 필드는 필드 이름을 기획한 대로 바꾸었습니다. 이 쿼리를 『q공통_매입_계산서』라는 이름으로 저장합니다.

### 2 '매입_법인카드' 쿼리 만들기

'매입_법인카드' 테이블 통합 매핑은 다음과 같습니다.

| 논리적 필드명 | 계정과목 | 팀 | 기준일 | 사업자번호 | 상호 | 공급가액 | 세액 | 합계금액 |
|---|---|---|---|---|---|---|---|---|
| '매입_법인카드' 필드명 | 계정과목 | 팀 | 승인일 | 가맹점사업자 등록번호 | 가맹점명 | [승인금액] /1.1 | [승인금액] /11 | 승인금액 |

그리고 이때 쿼리는 다음과 같습니다.

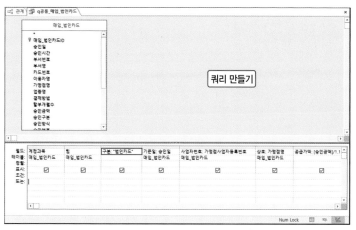

▲ '매입_법인카드' 쿼리 디자인 보기                      ▲ '매입_법인카드' 쿼리 결과

'구분' 필드를 '법인카드'라는 값을 갖게 하여 만들었습니다. '기준일', '사업자번호', '상호' 필드는
필드 이름을 기획한 대로 바꾸어 주었습니다. '공급가액', '세액' 필드는 계산식을 이용하여 만들었
습니다.

이 쿼리를 『q공통_매입_법인카드』라는 이름으로 저장합니다.

### ❸ '매입_기타' 쿼리 만들기

'매입_기타' 테이블 통합 매핑은 다음과 같습니다.

| 논리적 필드명 | 계정과목 | 팀 | 기준일 | 사업자번호 | 상호 | 공급가액 | 세액 | 합계금액 |
|---|---|---|---|---|---|---|---|---|
| '매입_기타' 필드명 | 계정과목 | 팀 | 기준일 | 사번 | 성명 | 공급가액 | 세액 | 합계금액 |

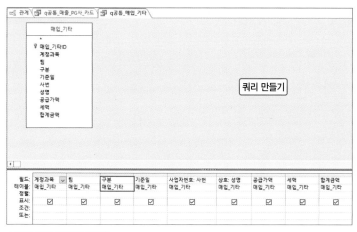

▲ '매입_기타' 쿼리 디자인 보기                      ▲ '매입_기타' 쿼리 결과

'구분' 필드를 '기타'라는 값을 갖게 하여 만들었습니다. '사업자번호', '상호' 필드는 필드 이름을
기획한 대로 바꾸어 주었습니다. 이 쿼리를 『q공통_매입_기타』라는 이름으로 저장합니다.

## 4 '매출_계산서' 쿼리 만들기

'매출_계산서' 테이블 통합 매핑은 다음과 같습니다.

| 논리적 필드명 | 계정과목 | 팀 | 기준일 | 사업자번호 | 상호 | 공급가액 | 세액 | 합계금액 |
|---|---|---|---|---|---|---|---|---|
| '매입_계산서' 필드명 | 계정과목 | 팀 | 작성일자 | 사업자등록번호_공급받는자 | 상호_공급받는자 | 공급가액 | 세액 | 합계금액 |

그리고 이때 쿼리는 다음과 같습니다.

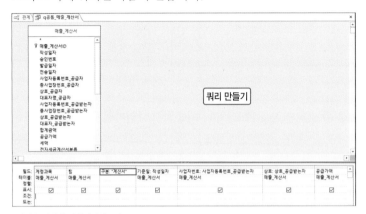

▲ '매입_계산서' 쿼리 디자인 보기

▲ '매입_계산서' 쿼리 결과

'구분' 필드를 '계산서'라는 값을 갖게 하여 만들었습니다. '기준일', '사업자번호', '상호' 필드는 필드 이름을 기획한 대로 바꾸어 주었습니다. 이 쿼리를 『q공통_매출_계산서』라는 이름으로 저장합니다.

## 5 '매출_PG사_카드' 쿼리 만들기

'매출_PG사_카드' 테이블 통합 매핑은 다음과 같습니다.

| 논리적 필드명 | 계정과목 | 팀 | 기준일 | 사업자번호 | 상호 | 공급가액 | 세액 | 합계금액 |
|---|---|---|---|---|---|---|---|---|
| '매출_PG사_카드' 필드명 | 계정과목 | 팀 | 승인일자 | 승인번호 | 구매자 | [신용카드금액(원)]/1.1 | [신용카드금액(원)]/11 | 신용카드금액(원) |

그리고 이때 쿼리는 다음과 같습니다.

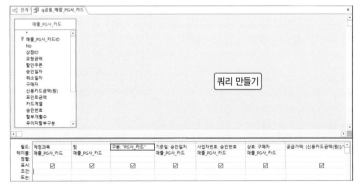

▲ '매입_PG사_카드' 쿼리 디자인 보기

▲ '매입_PG사_카드' 쿼리 결과

'구분' 필드를 'PG사_카드'라는 값을 갖게 하여 만들었습니다. '기준일', '사업자번호', '상호', '합계금액' 필드는 필드 이름을 기획한 대로 바꾸어 주었습니다. 쿼리 디자인 보기 그림이 조금 잘려서 잘 안 보이는데, '공급가액' 필드와 '세액' 필드의 계산식은 다음과 같습니다.

- 공급가액 : [신용카드금액(원)]/1.1
- 세액 : [신용카드금액(원)]/11

이 쿼리를 『q공통_매출_PG사_카드』라는 이름으로 저장합니다.

## 6 '매출_PG사_가상계좌' 쿼리 만들기

'매출_PG사_가상계좌' 테이블 통합 매핑은 다음과 같습니다.

| 논리적 필드명 | 계정과목 | 팀 | 기준일 | 사업자번호 | 상호 | 공급가액 | 세액 | 합계금액 |
|---|---|---|---|---|---|---|---|---|
| '매출_PG사_가상계좌' 필드명 | 계정과목 | 팀 | 승인일자 | 가상계좌번호 | 구매자 | [입금금액]/1.1 | [입금금액]/11 | 입금금액 |

그리고 이때 쿼리는 다음과 같습니다.

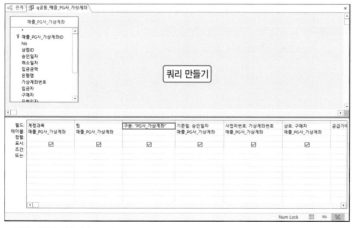

▲ '매입_계산서' 쿼리 디자인 보기

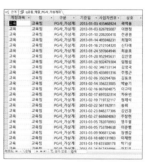

▲ '매입_계산서' 쿼리 결과

'구분' 필드를 'PG사_가상계좌'라는 값을 갖게 하여 만들었습니다. '기준일', '사업자번호', '상호', '합계금액' 필드는 필드 이름을 기획한 대로 바꾸어 주었습니다. 쿼리 디자인 보기 그림이 조금 잘려서 안 보이는데, '공급가액' 필드와 '세액' 필드 계산식은 다음과 같습니다.

- 공급가액 : [입금금액]/1.1
- 세액 : [입금금액]/11

이 쿼리를 『q공통_매출_PG사_가상계좌』라는 이름으로 저장합니다.

## 7 '통합_매입' 쿼리 만들기

이제 '매입_계산서', '매입_법인카드', '매입_기타'를 합친 '통합_매입' 쿼리를 만들어 봅시다. 필자가 이전 ≪액세스 2010/2013 무작정 따라하기≫에서 제시한 액세스 쿼리 5원칙 중 다섯 번째 원칙인 수직적 통합을 해야 합니다. 쿼리를 만들 때, '조인'에 의한 쿼리는 우리에게 아주 익숙합니다. 이것은 수평적 결합입니다. 액세스 쿼리 5원칙 중 네 번째 원칙입니다. 그러나 수직적 통합은 익숙하지 않을 수도 있습니다. 수평적 결합보다 많이 사용하지 않기 때문입니다. 그러나 수직적 통합 개념도 제대로 익혀 놓아야 데이터를 원하는 대로 가공할 수 있습니다.

액세스에서 '수직적 통합'은 '통합 쿼리'를 이용해서 구현합니다. 아쉽게도, '통합 쿼리'는 그래픽적인 쿼리 편집기에서는 지원하지 않습니다. SQL 구문을 직접 만들어 사용해야 하기 때문에 초보자에게는 어려울 수 있습니다.

SQL 구문이란 무엇일까요? **SQL 구문은 쿼리 그 자체**입니다. 우리가 그래픽적인 쿼리 편집기에서 쿼리를 만들면, 액세스는 적절한 SQL 구문을 만들어 줍니다. 이 말은, 그래픽적인 쿼리 편집기를 통하지 않더라도, **우리가 직접 SQL 구문을 만들어도 된다는 뜻입니다.** 이러한 점을 간단한 따라 하기로 살펴봅시다.

1 '매입_계산서' 테이블을 이용해 '매입_계산서ID' 필드와 '작성일자' 필드만 가져오는 쿼리를 만듭니다. [쿼리 도구]의 **[디자인] 탭–[결과] 그룹**에서 **[보기]–[SQL 보기]**를 클릭합니다.

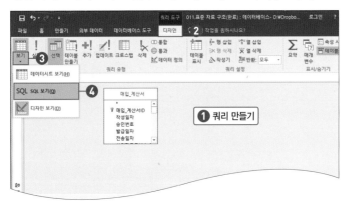

2 그림과 같이 표시됩니다. SQL 구문을 명확히 공부하지는 않았더라도, 이 SQL 구문은 이해하기 어렵지 않습니다. 'FROM' 이후에는 데이터를 가져올 테이블을 정의하는 것입니다. 'SELECT' 이후에는 'FROM' 이후에 정의한 테이블에 있는 필드명을 정의하는 것이죠. 이 SQL 구문은 '매입_계산서' 테이블에서 '매입_계산서ID', '작성일자' 필드를 가져와서 보여주라는 의미를 가지고 있습니다.

```
SELECT 매입_계산서.매입_계산서ID, 매입_계산서.작성일자
FROM 매입_계산서;
```

**3** 앞서 '그래픽적인 쿼리 편집기에서 쿼리를 만들면 SQL 구문을 만들어 준다'고 했습니다. 거꾸로 SQL 구문을 우리가 변경하면 그래픽적인 쿼리 편집기 내용도 변경될까요? 다음과 같이 SQL 구문에 ', 승인번호'라는 텍스트를 추가해 봅시다.

```
SELECT 매입_계산서.매입_계산서ID, 매입_계산서.작성일자, 승인번호
FROM 매입_계산서;
```

**4** [쿼리 도구]의 [디자인] 탭-[결과] 그룹에서 [보기]-[디자인 보기]를 클릭합니다. 디자인 보기로 전환하면 그림과 같이 표시됩니다. '작성일자' 필드 오른쪽에 '승인번호' 필드가 추가된 것을 알 수 있습니다. 여기에서 우리의 인식을 바꿀 필요가 있습니다. **그래픽적인 쿼리 편집 창이 쿼리가 아닙니다. SQL 구문이 쿼리 그 자체**입니다. 액세스는 그래픽적인 쿼리 편집 창을 제공하지만, 그것은 단지 쿼리를 손쉽게 만들기 위함일 뿐입니다. 쿼리는 SQL 구문인 것입니다. 만든 쿼리를 저장하지 않고 닫습니다.

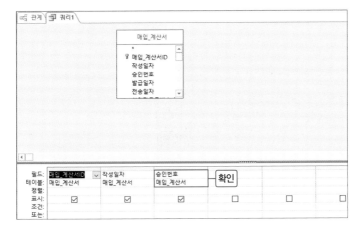

우리는 지금까지 'q공통_매입_계산서', 'q공통_매입_법인카드', 'q공통_매입_기타' 쿼리를 만들었습니다. 이 쿼리의 필드 구성은 완전히 동일합니다. 데이터를 손쉽게 통합하고자, 일부러 이렇게 만든 것입니다. 그래서 우리는 다음과 같은 개념으로 'q공통_매입' 쿼리를 만들려고 합니다.

q공통_매입_계산서 + q공통_매입_법인카드 + q공통_매입_기타

이때 사용하는 것이 UNION 쿼리(통합 쿼리)입니다. **UNION 쿼리 일반형**은 다음과 같습니다.

```
SELECT [Field1], [Field2], …, [FieldN] FROM [테이블정의 1]
UNION ALL
SELECT [Field1], [Field2], …, [FieldN] FROM [테이블정의 2]
UNION ALL
…
SELECT [Field1], [Field2], …, [FieldN] FROM [테이블정의 N]
```

이렇게 SQL 구문으로 보면 꽤 어려울 것 같지만, 어려울 것 없습니다. 'SELECT'로 시작되는 각 줄을 하나의 '쿼리'로 보면 됩니다. 그러면 다음과 같이 표현할 수 있지요.

```
[쿼리 1]
UNION ALL
[쿼리 2]
UNION ALL
...
[쿼리 N]
```

이러한 **통합 쿼리를 만들 때는 다음과 같은 사항에 유의**해야 합니다.

❶ 통합 대상이 되는 각 쿼리 필드 개수는 일치해야 합니다.
❷ 통합 대상이 되는 각 쿼리 필드 데이터 형식은 순서대로 일치해야 합니다.

사실, 상식적으로 생각해 보면 당연한 원칙입니다. ❶번 원칙은 그림과 같이, 수직적으로 합쳐지는 필드 개수가 같아야 한다는 것입니다. 하나는 필드가 3개이고, 다른 하나는 필드가 2개라면 제대로 합쳐질 수 없겠지요?

| Field 1 | Field 2 | Field 3 |
|---------|---------|---------|

| Field 1 | Field 2 |
|---------|---------|

❷번 원칙은 그림과 같이, 두 쿼리의 'Field 1'끼리는 데이터 형식이 같아야 한다는 것입니다. 첫 번째 'Field 1'은 '날짜/시간'인데 두 번째 'Field 1'은 '문자열'이라고 한다면 당연히 통합이 곤란하겠지요?

| Field 1 | Field 2 | Field 3 |
|---------|---------|---------|

+

| Field 1 | Field 2 | Field 3 |
|---------|---------|---------|

자, 그렇다면 통합 쿼리 일반형에서, '[쿼리 1]', '[쿼리 2]' 같은 것은 실제로 입력해야 할까요? 눈썰미가 있는 독자는 눈치를 챘겠지만, 그래픽적인 쿼리 편집기에서 쿼리를 만든 다음, 'SQL' 구문을 복사하면 됩니다.

---

**잠깐만요** **'UNION ALL'과 'UNION'**

'UNION ALL'과 'UNION'의 의미는 많이 다릅니다. 'UNION'만 사용하게 되면, 고유한 행만 표시합니다. 정확하게는 'UNION DISTINCT'에서 'DISTINCT'를 생략한 표현이 'UNION'입니다.

어렵지요? 일단 이렇게 생각하면 됩니다. 데이터를 있는 그대로 합치려면 'UNION ALL'을 사용하고, 데이터를 합친 다음, 중복된 행을 한 번만 표시하기 원하면 'UNION' 혹은 'UNION DISTINCT'를 사용하면 됩니다.

**5** 통합 쿼리의 원칙에 입각해서, '통합_매입' 쿼리를 만들어 봅시다. **[만들기] 탭-[쿼리] 그룹**에서 **[쿼리 디자인]**을 클릭하고 'q공통_매입_계산서' 쿼리를 추가한 후 '*'를 더블클릭하여 모든 필드를 표시하는 쿼리를 만듭니다.

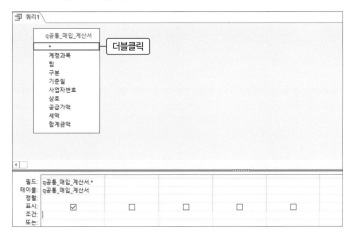

**6** [쿼리 도구]의 **[디자인] 탭-[결과] 그룹**에서 **[보기]-[SQL 보기]**를 클릭합니다. SQL 보기로 전환합니다. 이 SQL 구문이 쿼리 그 자체입니다. 이 쿼리 구문을 복사합니다.

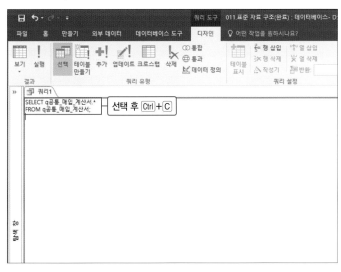

**7** 메모장을 하나 열어서, 복사한 SQL 구문을 붙여넣습니다. 만든 쿼리를 저장하지 않고 닫습니다.

**8** 'q공통_매입_법인카드' 쿼리를 가지고 같은 작업을 합니다. 그림과 같이 'q공통_매입_법인카드' 쿼리에서 모든 데이터를 가지고 오도록 하고 이 쿼리를 SQL 보기로 전환하여 SQL 구문을 복사합니다.

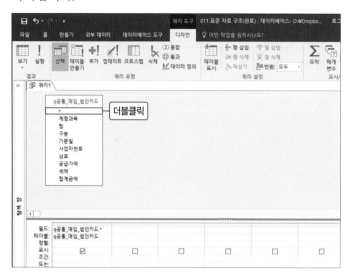

**9** 복사한 SQL 구문을 그림과 같이 메모장에 붙여넣기 합니다. 만든 쿼리를 저장하지 않고 닫습니다.

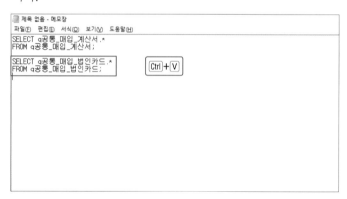

**10** 마지막으로 'q공통_매입_기타' 쿼리를 가지고 같은 작업을 한 다음 SQL 구문을 그림과 같이 메모장에 붙여넣기 합니다. 만든 쿼리를 저장하지 않고 닫습니다.

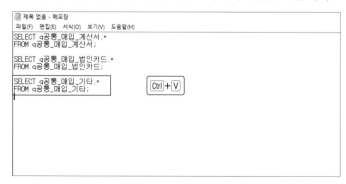

**11** 쿼리문을 메모장에서 조금 편집해야 합니다. 각 쿼리문 끝에는 ';' 문자가 있습니다. 이것을 삭제해야 합니다.

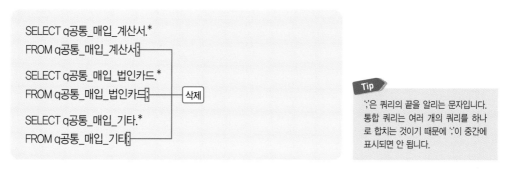

**Tip**

';'은 쿼리의 끝을 알리는 문자입니다. 통합 쿼리는 여러 개의 쿼리를 하나로 합치는 것이기 때문에 ';'이 중간에 표시되면 안 됩니다.

**12** 각 쿼리 사이에 『UNION ALL』을 넣어 주어야 합니다. 다음과 같이 첫 번째 쿼리와 두 번째 쿼리 다음에 『UNION ALL』 구문을 입력합니다. 이제 SQL 구문이 모두 완성되었습니다. 메모장에서 이 내용을 복사합니다.

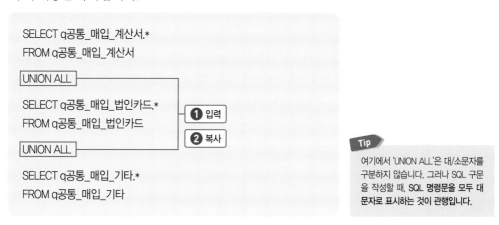

**Tip**

여기에서 'UNION ALL'은 대/소문자를 구분하지 않습니다. 그러나 SQL 구문을 작성할 때, SQL 명령문을 모두 대문자로 표시하는 것이 관행입니다.

**13** 액세스로 돌아와서 새 쿼리를 만들어 봅시다. [만들기] 탭-[쿼리] 그룹에서 [쿼리 디자인]을 클릭하면 다음과 같이 표시될 것입니다. 여기에서 [테이블 표시] 창을 닫습니다. [쿼리 도구]의 [디자인] 탭-[결과] 그룹에서 [SQL 보기]를 클릭합니다. [SQL 보기]를 클릭합니다.

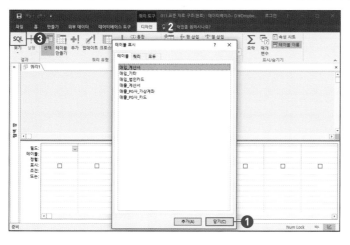

**14** 그림과 같이 'SELECT;'만 표시된 쿼리 편집 창이 표시될 것입니다. 이 쿼리 편집 창의 모든 항목을 지웁니다. 그리고 복사해 두었던 SQL 구문을 붙여넣기 합니다.

**15** [쿼리 도구]의 [디자인] 탭-[결과] 그룹에서 [데이터시트 보기]를 클릭합니다. 실제 데이터가 표시되는지 살펴봅시다.

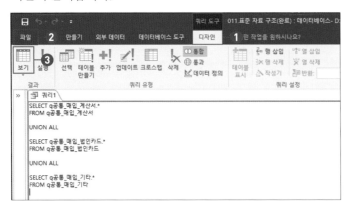

**16** 데이터가 제대로 표시됩니다. '구분' 필드 값을 주의 깊게 살펴보세요. 처음에는 '계산서', 중간에는 '법인카드', 마지막에는 '기타'가 표시될 것입니다. 이렇게 해서 '매입_계산서', '매입_법인카드', '매입_기타' 테이블에서 꼭 필요한 공통의 필드만 뽑아서 하나의 데이터 셋을 만들었습니다. 이 쿼리가 '매입'에 대한 통합 데이터입니다. 이 쿼리를 『q공통_매입』으로 저장합니다.

> **Tip**
> '매입'은 289~291쪽에서 '매입'으로 수정할 것입니다. 일단 'q공통_매입'으로 저장하여 작업을 진행합니다.

**17** 탐색 창을 열어 봅시다. 'q공통_매입' 쿼리 앞에 원 두 개가 겹친 모양이 표시됩니다. 이것이 **통합 쿼리임을 표시하는 아이콘**입니다.

## 8 '통합_매출' 쿼리 만들기

**1** '통합_매출' 쿼리를 만드는 것은 '통합_매입' 쿼리를 만드는 것과 크게 다르지 않습니다. 다음 SQL 구문을 보면 어떻게 만들어야 하는지 알 수 있을 것입니다. 이 SQL 구문으로 통합 쿼리를 만들고, 쿼리 이름을 『q공통_매출』로 저장합니다.

```
SELECT * FROM q공통_매출_계산서
UNION ALL
SELECT * FROM q공통_매출_PG사_카드
UNION ALL
SELECT * FROM q공통_매출_PG사_가상계좌
```

**2** 그림과 같이 데이터가 제대로 표시될 것입니다. '구분' 값은 '계산서', 'PG사_카드', 'PG사_가상계좌' 순서로 표시됩니다. 매출/매입 분석을 위한 가장 기본적인 쿼리를 만들었습니다. 이제부터는 이 쿼리를 기반으로 하여 실제 매출/매입 분석을 위한 쿼리를 만들어 보겠습니다.

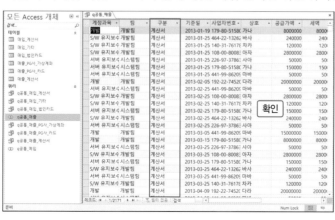

지금부터는 통계용 쿼리를 만들어 보겠습니다. 통계용 쿼리를 통계를 만들 때 만들지 않고, 기획 단계인 지금 만드는 이유가 무엇일까요? 기획 단계에서 최종 결과물 중의 하나인 통계를 구해봄으로써 자료 구조가 올바로 구성되었는지 검증할 수 있기 때문입니다.

DB형 데이터와 피벗형 데이터를 구분할 줄 아는 것이 매우 중요합니다.

### PREVIEW

| 년 | 월 | 계정과목 | 공급가액 |
|---|---|---|---|
| 2013 | 1 | 개발 | 8,000,000 |
| 2013 | 1 | 교육 | 4,016,364 |
| ⋮ | | | |
| 2015 | 12 | 서버<br>유지보수 | 1,050,000 |
| 2015 | 12 | S/W<br>유지보수 | 6,140,000 |

▲ DB형 데이터

| 계정과목 | 2013-01 | 2013-02 | ⋯ | 2015-12 | 합계 |
|---|---|---|---|---|---|
| 개발 | 8,000,000 | 20,000,000 | ⋯ | 40,000,000 | 917,000,000 |
| 교육 | 4,016,364 | 3,015,455 | ⋯ | 3,674,545 | 126,137,273 |
| 서버<br>유지보수 | 250,000 | 250,000 | ⋯ | 1,050,000 | 17,250,000 |
| S/W<br>유지보수 | 3,160,000 | 3,160,000 | ⋯ | 6,140,000 | 153,820,000 |

▲ 피벗형 데이터

### DB형 데이터의 특징

❶ 필드와 레코드 형식입니다.

❷ 시간이 흘러감에 따라, 레코드가 늘어날 가능성이 있습니다. 필드가 늘어나지 않습니다.

### 피벗형 데이터의 특징

❶ 필드와 레코드의 조합(Matrix)으로 데이터를 읽을 수 있습니다.

❷ 시간이 흐름에 따라, 필드가 늘어날 가능성이 있습니다.

### 크로스탭 쿼리의 조건

❶ 1개 이상의 '행 머리글'이 있어야 합니다.

❷ 1개의 '열 머리글'이 있어야 합니다.

- '열 머리글'은 1개를 넘을 수 없습니다. 쿼리이기 때문에, 필드와 레코드 형태의 결과를 반환해야 하기 때문입니다.
- 필드와 레코드 형태의 결과에서, 필드 제목은 반드시 1개여야 합니다.

❸ 1개의 '값'이 있어야 합니다.

● 예제파일 : 020.통계용 쿼리(시작).accdb    ● 결과파일 : 021.통계용 쿼리(완료).accdb

실무
예제 **01** '계정과목별 월별 매출 현황' 구하기

## 1 적절한 데이터 셋 식별하기

월별 계정과목별 매출 현황을 구해 봅시다. 다음과 같은 보고서를 구하고 싶습니다.

멋지지요? 그러나, 데이터베이스를 다루는 우리는 이 화려한 폼 이면에 있는 데이터에 집중해야 합니다. 저런 데이터를 만들려면 어떻게 해야 할까요? 다음과 같은 **데이터 셋**을 만들어야 합니다.

| 계정과목 | 2013-01 | 2013-02 | ... | 2015-12 | 합계 |
|---|---|---|---|---|---|
| 개발 | 8,000,000 | 20,000,000 | ... | 40,000,000 | 917,000,000 |
| 교육 | 4,016,364 | 3,015,455 | ... | 3,674,545 | 126,137,273 |
| 서버 유지보수 | 250,000 | 250,000 | ... | 1,050,000 | 17,250,000 |
| S/W 유지보수 | 3,160,000 | 3,160,000 | ... | 6,140,000 | 153,820,000 |

**잠깐만요**  **데이터 셋(Data Set)이란?**

데이터 셋이라는 용어에 익숙해져야 합니다. 엑셀은 특정 셀의 결과가 어떻게 될 지에 관심이 있습니다. 그리고, 셀에 대한 계산식 하나를 완료하면, 그 계산식을 나머지 셀로 복사해서 사용하지요. 이를 '셀 단위 처리'라고 합니다.
반면, 액세스는 데이터 집합(Set)에 관심이 있습니다. 액세스는 '덩어리'를 구하는 것에 관심이 있는 겁니다. **데이터 셋**은 데이터 덩어리 혹은 집합을 말합니다. 셀 하나의 계산식이 아닌, 전체 데이터 집합에 관심을 기울여야 합니다.

결론부터 말하자면, 앞의 데이터 셋을 보고 다음과 같은 데이터 셋을 유추할 수 있어야 합니다.

| 년 | 월 | 계정과목 | 공급가액 |
|---|---|---|---|
| 2013 | 1 | 개발 | 8,000,000 |
| 2013 | 1 | 교육 | 4,016,364 |
| 2013 | 2 | 개발 | 20,000,000 |
| 2013 | 2 | 교육 | 3,015,455 |
| ⋮ | | | |
| 2015 | 12 | 서버 유지보수 | 1,050,000 |
| 2015 | 12 | S/W 유지보수 | 6,140,000 |

이러한 데이터 셋을 구하고, 이것을 피벗 테이블로 만든 것이 맨 처음 표시한 데이터 셋이 되는 것입니다. 결론을 이렇게 말하는 것은 쉽지만, 왜 이런 결론을 내리는지 설명하는 것은 복잡합니다. 하지만 꼭 알아야 하지요.

## 2 DB형 데이터와 피벗형 데이터 알아보기

처음 보았던 데이터 셋은 어렵지 않게 생각할 수 있습니다. 우리가 최종적으로 원하는 결과물이기 때문입니다. 우리는 원본 데이터와 최종 데이터를 모두 알고 있습니다. 다만, 그 중간을 모릅니다. **원본 데이터를 어떻게 가공하면 최종 데이터를 만들 수 있을지**, 그것이 어려운 것입니다.

여러 가지 원칙이 있지만, 그 중에 가장 중요한 것은, **우리가 구하고자 하는 최종 데이터 셋이 DB형 데이터인지 피벗형 데이터인지 구분하는 것**입니다. 우선, 앞서 소개했던, 최종 데이터 형식을 한 번 볼까요?

| 계정과목 | 2013-01 | 2013-02 | ... | 2015-12 | 합계 |
|---|---|---|---|---|---|
| 개발 | 8,000,000 | 20,000,000 | ... | 40,000,000 | 917,000,000 |
| 교육 | 4,016,364 | 3,015,455 | ... | 3,674,545 | 126,137,273 |
| 서버 유지보수 | 250,000 | 250,000 | ... | 1,050,000 | 17,250,000 |
| S/W 유지보수 | 3,160,000 | 3,160,000 | ... | 6,140,000 | 153,820,000 |

Tip
'DB형 데이터', '피벗형 데이터'라는 용어는 보다 원활한 이해를 위해 필자가 만든 용어입니다. 다른 책에는 이런 용어가 없을 수 있습니다.

이것은 전형적인 피벗형 데이터입니다. DB형 데이터는 필드와 레코드 조합으로 데이터를 표시합니다. 물론, 이것도 '2013-01', '2013-02'와 같은 필드를 만들어서 데이터베이스 테이블로 구성할 수 있기는 하지만 권장하지 않습니다. **데이터베이스는 필드가 늘어나지 않게 설계**하는 것이 가장 중요한 원칙이기 때문입니다. **데이터베이스에서는 레코드가 늘어나게 해야** 합니다.

지금 이 자료 구조는 시간이 지나서 2018년이 된다면 '2018-01', '2018-02'와 같은 필드가 만들어져야 할 것입니다. 그렇다면 뭔가 잘못된 겁니다.

다음 구조를 봅시다. 2018년이 된다고 하더라도, **필드 구성은 바뀌지 않습니다.** 다만, 레코드가 몇 줄 추가되면 됩니다. 이런 구조가 DB형 데이터입니다.

| 년 | 월 | 계정과목 | 공급가액 |
|----|----|---------|---------|
| 2013 | 1 | 개발 | 8,000,000 |
| 2013 | 1 | 교육 | 4,016,364 |
| 2013 | 2 | 개발 | 20,000,000 |
| 2013 | 2 | 교육 | 3,015,455 |
| ⋮ | | | |
| 2015 | 12 | 서버 유지보수 | 1,050,000 |
| 2015 | 12 | S/W 유지보수 | 6,140,000 |

**DB형 데이터의 특징은 맨 위쪽 필드 이름과, 아래쪽 데이터가 매칭되는 구조를 가지고 있다는 점입니다.** 반면, **피벗형 데이터의 특징은 매트릭스(Matrix) 구조로, 가장 왼쪽 열과 가장 위쪽 행의 조합으로 데이터를 읽어낼 수 있다는 점입니다.** 이런 방식으로도 DB형 데이터와 피벗형 데이터를 구분할 수 있습니다.

피벗형 데이터는 원칙적으로 쿼리로 구하는 것이 아닙니다. **쿼리는 DB형 데이터까지만 구하고, 별도의 도구를 이용해 피벗형 데이터를 만들어 내는 것이 일반적인 방식**입니다. 쿼리를 만들고, 그 쿼리 데이터를 엑셀로 내보내기 하여, 엑셀에서 피벗 테이블을 만들고 최종 데이터 셋을 만들어 내는 것이 바로 그런 방식입니다.

그러나, 액세스에서 그러한 것을 모두 구할 수 있다면 좋겠죠? 그래서 액세스에서는 크로스탭 쿼리를 제공합니다. 하지만 이러한 크로스탭 쿼리는 액세스 고유한 기능이며, **SQL 표준에 정의되어 있지 않습니다.**

### 3 피벗형 데이터를 보고 DB형 데이터 추출하기

다시 처음으로 돌아가서, 그림과 같은 데이터를 구하고 싶다고 가정해 봅시다.

| 계정과목 | 2013-01 | 2013-02 | ... | 2015-12 | 합계 |
|---|---|---|---|---|---|
| 개발 | 8,000,000 | 20,000,000 | ... | 40,000,000 | 917,000,000 |
| 교육 | 4,016,364 | 3,015,455 | ... | 3,674,545 | 126,137,273 |
| 서버 유지보수 | 250,000 | 250,000 | ... | 1,050,000 | 17,250,000 |
| S/W 유지보수 | 3,160,000 | 3,160,000 | ... | 6,140,000 | 153,820,000 |

이 데이터를 보고, 이 자료 구조가 DB형인지 피벗형인지 판단해야 합니다. 이 자료 구조는 전형적인 피벗형입니다. 그러면 이 자료 구조를 가지고 DB형 데이터를 추출할 수 있어야, 우리가 원하는 쿼리를 만들 수 있습니다.

이 피벗형 데이터를 보고, **우선 말로써 쿼리를 정의**할 수 있습니다. 가장 왼쪽 열을 보고 '계정과목별'이라고 칭합니다. 그리고 가장 위쪽 행을 보고 '월별'이라고 칭합니다. 마지막으로 '계정과목'과 '월'이 만나면 표시되는 숫자가 어떤 필드 값인지 생각해 봅니다. 여기에서는 '공급가액'이 되어야 맞습니다. 그러면 우리는 이 피벗형 데이터를 보고, 다음과 같이 말할 수 있습니다.

> 이 데이터 셋은 '계정과목별 월별 공급가액 현황' 쿼리를 기반으로 하여 만든 피벗 데이터입니다.

**1** '~별'에 해당하는 부분은 '묶는 방법'으로, '현황'에 해당하는 부분은 '합계'로 한 집계 쿼리를 만들면 됩니다. 'q공통_매출' 필드를 이용해 그림과 같은 쿼리를 만듭니다.

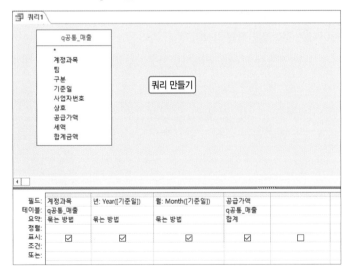

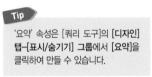

Tip
'요약' 속성은 [쿼리 도구]의 [디자인] 탭-[표시/숨기기] 그룹에서 [요약]을 클릭하여 만들 수 있습니다.

**2** 편의상 '월'로만 묶지 않고, '년'과 '월'을 분리해서 묶어 두었습니다. 이렇게 만든 쿼리를 실행하면 그림과 같이 표시됩니다.

이 쿼리를 기반으로 하여 크로스탭 쿼리를 만들면 됩니다. 이 쿼리를 『qRpt010_매출_월별_계정과목별』이라는 이름으로 저장한 다음 닫습니다.

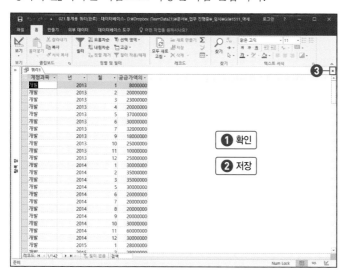

## 4 크로스탭 쿼리 만들기

**1** 크로스탭 쿼리를 만들기만 하면, 우리가 원하는 최종 보고서에 걸맞는 데이터 셋을 만들 수 있습니다. 탐색 창에서 조금 전에 만든 'qRpt010_매출_월별_계정과목별' 쿼리를 선택하고, **[만들기] 탭-[쿼리] 그룹**에서 **[쿼리 마법사]**를 클릭합니다.

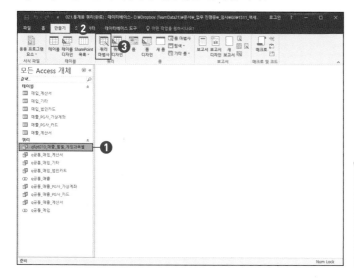

**Tip**

쿼리 이름을 'qRpt'로 시작하는 것은, 필자의 습관입니다. 탐색 창에 다른 쿼리와 따로 표시하기 위해서 이렇게 이름을 정한 것뿐입니다. 'q'는 'query'의 약자이고, 'rpt'는 'report'의 약자입니다.

**2** [새 쿼리] 대화상자가 표시됩니다. 여기에서 [크로스탭 쿼리 마법사]를 선택하고 [확인]을 클릭합니다.

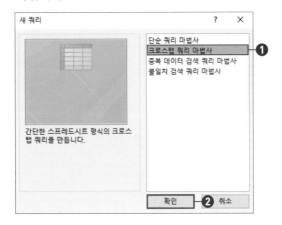

**3** 크로스탭 쿼리 마법사가 표시됩니다. '보기'에서 [쿼리]를 선택하고, [qRpt010_매출_월별_계정과목별] 쿼리를 선택합니다. [다음]을 클릭합니다.

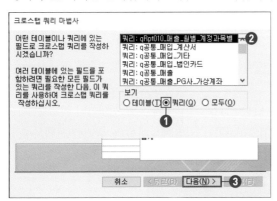

**4** **행 머리글을 지정하는 화면**이 표시됩니다. '사용 가능한 필드'에서 [계정과목]을 선택하고 [ > ]를 클릭하여 '선택한 필드'로 이동한 후 [다음]을 클릭합니다.

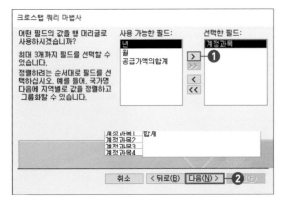

> **Tip**
> [계정과목] 필드를 더블클릭해도 됩니다. 이것이 더 편리합니다.

**5** 열 머리글을 지정하는 화면이 표시됩니다. 여기에서 [년] 필드를 선택하고 [다음]을 클릭합니다.

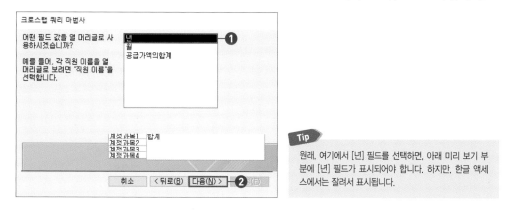

Tip

원래, 여기에서 [년] 필드를 선택하면, 아래 미리 보기 부분에 [년] 필드가 표시되어야 합니다. 하지만, 한글 액세스에서는 잘려서 표시됩니다.

**6** 집계 필드를 정의하는 화면이 표시됩니다. 여기에서 '필드'는 [공급가액의합계]를, '함수'는 [총계]를 선택하고 [다음]을 클릭합니다.

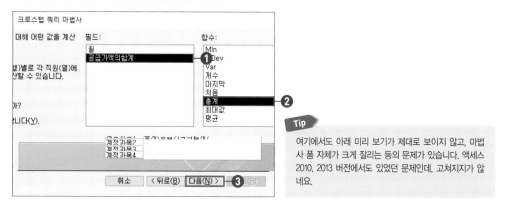

Tip

여기에서도 아래 미리 보기가 제대로 보이지 않고, 마법사 폼 자체가 크게 잘리는 등의 문제가 있습니다. 액세스 2010, 2013 버전에서도 있었던 문제인데, 고쳐지지가 않네요.

**7** 쿼리 이름을 지정하는 화면이 표시됩니다. 쿼리 이름을 『qRpt010_매출_월별_계정과목별CT』로 지정하고 [마침]을 클릭합니다.

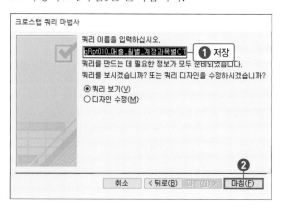

**8** 계정과목별 연별로 집계된 공급가액 현황 데이터가 표시됩니다. 이것은 우리가 원한 데이터 형태가 아닙니다. 우리는 '월별'로 집계한 데이터를 원하는 것입니다.

**9** [홈] 탭-[보기] 그룹에서 [디자인 보기]를 클릭하여 크로스탭 쿼리를 디자인 보기로 엽니다. 그러면 [년] 필드가 있을 텐데, 이것을 그림과 같이 『년월: [년] & "-" & [월]』이라는 계산식으로 바꿉니다.

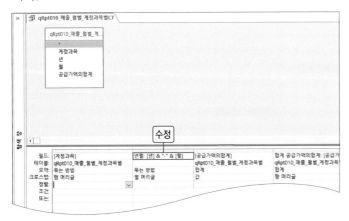

---

**열 머리글을 [월] 필드로 지정한다면?**

앞서, 크로스탭 쿼리 마법사에서 '년' 필드 대신 '월' 필드를 선택하면 괜찮지 않을까? 하는 생각이 들 수도 있습니다. 그러나 그렇게 해도 올바른 결과를 구할 수 없습니다. 그림과 같이, 1월부터 12월이 모두 나오는 결과를 보게 됩니다.

2013년 1월과 2014년 1월, 그리고 2015년 1월까지, 1월이면 모두 '1월' 필드에 집계를 해 버리는 결과입니다. 이것은 업무적으로 의미가 없습니다.

**10** [쿼리 도구]의 [디자인] 탭-[결과] 그룹에서 [데이터시트 보기]를 클릭하여 결과를 확인합니다. 2013년 1월부터 2015년 12월까지의 데이터가 표시되기는 하지만, '2013-1' 다음 '2013-10'이 나오는 문제가 있습니다. '2013-1' 다음에 '2013-2'가 나와야 합니다. 이것은 '2013-1', '2013-2' 같은 것을 컴퓨터가 숫자가 아닌 문자로 인식하기 때문에 발생하는 문제입니다. 이 문제를 해결하려면 '2013-01', '2013-02' 형식으로 데이터를 표시해야 합니다.

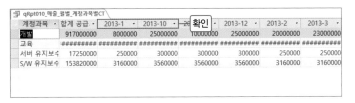

**11** 쿼리 디자인 보기로 다시 돌아갑니다. 그리고 '년월' 필드를 그림과 같이 'Format' 함수를 이용해서 표시하도록 합니다.

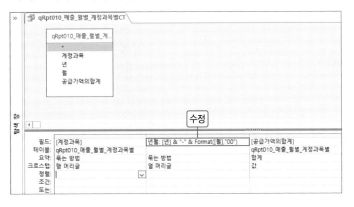

**12** [홈] 탭-[보기] 그룹에서 [디자인 보기]를 클릭하여 결과물을 데이터시트에서 살펴봅시다. 그림과 같이 '2013-01', '2013-02' 순으로 데이터가 제대로 표시됩니다. 이것이 '계정과목별 월별 매출 현황'입니다.

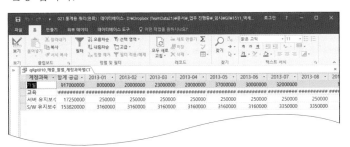

---

**잠깐만요**  **Format 함수란?**

Format 함수는 숫자, 날짜/시간, 텍스트 데이터 형식에 폭넓게 서식을 지정하는 아주 유용한 함수입니다.
'Format([월],"00")'와 같은 계산식은 '월' 필드 값을 무조건 두 자리 숫자로 표시하라는 의미를 갖습니다. Format 함수에 대한 보다 자세한 내용은 액세스 도움말을 참고하거나, 다음 링크를 참고하세요.

• 액세스에서 자주 사용하는 함수 : http://g.td21.com/gb63

🔵 예제파일 : 이전 '020.통계용 쿼리(시작).accdb' 예제에 이어서 따라하세요.　🔵 결과파일 : 021.통계용 쿼리(완료).accdb

## 1 결과물 살펴보기

'월별 매출 현황'을 만들어 보겠습니다. 그림과 같이 월별 매출 추이를 살펴보기 위한 데이터 셋을 구하면 됩니다.

차트는 조금 뒤에서 알아보겠습니다. 일단은 다음과 같은 데이터 셋을 구하는 것이 목표입니다.

| 년 | 1 | 2 | ··· | 12 | 합계 |
|---|---|---|---|---|---|
| 2013 | 15,426,364 | 26,425,455 | ··· | 32,259,091 | 333,795,455 |
| 2014 | 36,959,091 | 41,414,545 | ··· | 38,984,545 | 429,643,636 |
| 2015 | 35,475,455 | 34,440,000 | ··· | 50,864,545 | 450,768,182 |

이것 역시 전형적인 피벗형 데이터입니다. 시간이 흐름에 따라 필드가 늘어나는 구조는 아니지만 '년' 필드 값과 첫 번째 행인 '월' 필드가 교차되는 곳의 값을 읽어야 하는 매트릭스 구조를 가지고 있기 때문에 피벗형 데이터라고 해석하는 것이 옳습니다.

이 데이터를 구하기 위한 쿼리를 말로 정의해 보면 '연별 월별 공급가액 현황'이 됩니다. 따라서, 다음과 같은 데이터 셋을 구한 다음 피벗을 해야 하지요.

| 년 | 월 | 매출액 |
|------|------|------------|
| 2013 | 1 | 15,426,364 |
| 2014 | 2 | 26,425,455 |
| ⋮ | ⋮ | ⋮ |
| 2015 | 12 | 50,864,545 |

여기까지 생각했으면 쿼리를 구하는 것은 쉽습니다. '년'과 '월'은 '묶는 방법'으로 묶어 주고, '매출액' 필드는 '공급가액' 필드를 합계로 구하면 됩니다.

## ② 기본 쿼리 만들기

**1** 어떤 쿼리를 만들어야 할지는 생각해 두었습니다. '년'과 '월'은 '묶는 방법'으로, '매출액' 필드는 '공급가액' 필드를 합계로 집계하는 쿼리를 만들면 됩니다. 이런 쿼리는 다음과 같이 만들 수 있습니다.

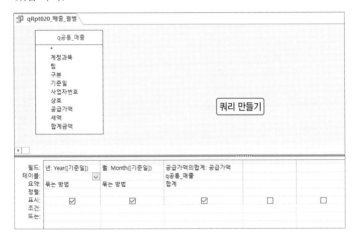

**2** 이 쿼리의 결과는 다음과 같습니다. 이 쿼리를 『qRpt020_매출_월별』로 저장하고 닫습니다. 이 제는 이 쿼리를 기반으로 하여 크로스탭 쿼리를 만들면 됩니다.

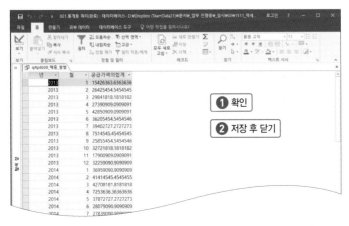

### 3 크로스탭 쿼리 만들기

**1** 조금 전에 만든 'qRpt020_매출_월별' 쿼리를 기반으로 해서 크로스탭 쿼리를 만들어 봅시다. 이번에는 마법사를 사용하지 않고, 수동으로 크로스탭 쿼리를 만들어 봅시다. 그림과 같이 새 쿼리 창을 표시하고, 'qRpt020_매출_월별' 쿼리를 표시합니다. 그리고 리본 메뉴에서 '쿼리 유형'을 '크로스탭'으로 설정합니다.

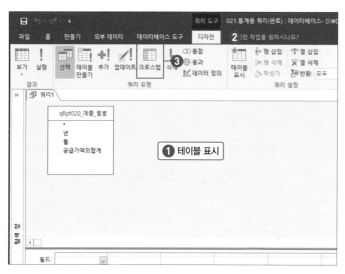

**2** 필드 표시 창에 '크로스탭'이라는 행이 생깁니다. 이 행을 적절히 설정하면 크로스탭 쿼리가 만들어집니다.

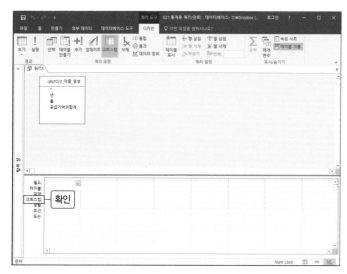

**3** 그림과 같이 필드를 배치합니다. '년'과 '월'은 [묶는 방법]으로, '공급가액의합계'는 [합계]로 지정하면 됩니다.

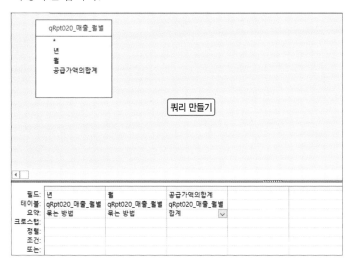

**4** '크로스탭' 행을 설정해 봅시다. '년'은 왼쪽에 표시되면 좋겠으므로 [행 머리글]로 지정합니다. '월'은 위쪽에 표시되었으면 좋겠으므로 [열 머리글]로 지정합니다. '공급가액의합계'는 매트 릭스 가운데 표시되는 숫자입니다. 이것은 [값]으로 지정합니다.

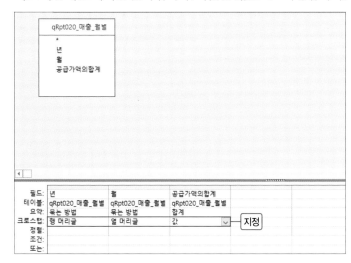

---

**잠깐만요** **크로스탭 쿼리의 조건**

크로스탭 쿼리는 다음 조건을 만족해야 합니다.

❶ 1개 이상의 '행 머리글'이 있어야 합니다.

❷ 1개의 '열 머리글'이 있어야 합니다.

• '열 머리글'은 1개를 넘을 수 없습니다. 쿼리이기 때문에, 필드와 레코드 형태의 결과를 반환해야 하기 때문입니다.

• 필드와 레코드 형태의 결과에서, 필드 제목은 반드시 1개여야 합니다.

❸ 1개의 '값'이 있어야 합니다.

**5** 이제 이 쿼리를 데이터시트 보기로 열어 봅니다. 잘 나오지만, '합계' 필드가 표시되지 않습니다. '합계' 필드는 어떻게 만들어야 할까요?

**6** 그림과 같이 만들면 됩니다. '공급가액의합계' 필드를 [합계]로 요약하는데, [행 머리글]로 설정하면 각 행의 전체 합계를 구하게 됩니다.

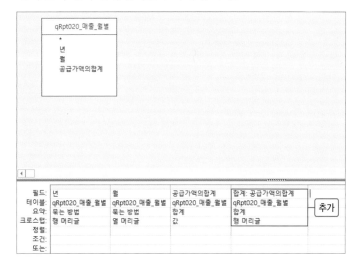

---

**잠깐만요** **'공급가액의합계' 필드를 [합계]로 요약하고 '크로스탭'을 [행 머리글]로 지정하는 이유**

이 부분이 이해하기가 어려울 수 있습니다.

'공급가액의합계'를 [합계]로 요약하고 [행 머리글]로 지정하게 되면, 이 필드는 원래 정의되었던 '묶는 방법'이 포함된 '행 머리글'로 그 집계 연산이 제한을 받게 됩니다. 그러니, 지금의 쿼리에서는 '년'별로 요약이 되는 것이고, 결과적으로 한 행의 전체 합계가 되는 것입니다. 너무 어려우면 이해하지 않아도 좋습니다.

**7** 결과를 보겠습니다. 다음과 같이 '합계' 필드까지 제대로 구할 수 있습니다. 이 쿼리를 『qRpt020_
매출_월별CT』로 저장합니다.

**Tip**

데이터가 '###……###' 형태로 표시된
다면 열 너비가 좁기 때문이므로 늘려
줍니다. 넘치는 열 제목 오른쪽 선을
더블클릭하면 내용에 맞춰 열 너비가
늘어납니다.

---

**잠깐만요** **'qRpt020_매출_월별' 쿼리에서 요약하는 이유**

크로스탭 쿼리는 자동으로 '요약' 행이 생깁니다. 그렇다면, 'qRpt020_매출_월별' 쿼리에서 '요약'할 필요는 없지 않을
까요?

혹은, 'qRpt020_매출_월별' 쿼리 데이터를 가지고, 엑셀에서 피벗 테이블을 만들 것이라면, 피벗 테이블이 어차피 '요약'
기능을 수행하므로 'qRpt020_매출_월별' 쿼리에서는 '요약'할 필요는 없지 않을까요?

굳이 '요약'하지 않아도 결과물을 구할 수 있습니다. 하지만 **대용량 데이터에서는 그 성능 차이가 큽니다.**

데이터 10만 건을 피벗 테이블로 만든다고 가정해 보겠습니다. 데이터 10만 건을 엑셀에 가져온 후, 피벗 테이블을 돌리
면, 매우 느리게 동작합니다.

하지만, 액세스에서 '요약'을 한 쿼리 결과물을 엑셀에서 피벗 테이블로 만들면 매우 쾌적하게 동작합니다.

여기에서 DB의 힘을 알 수 있게 됩니다. 액세스에서 데이터 10만 건을 '요약'하는 것은 정말 순식간입니다. 100만 건 정도
도 크게 문제가 되지는 않습니다. 그래서 **액세스에서 습관적으로 데이터를 요약한 다음 크로스탭 쿼리나 엑셀 피벗 테이
블을 돌리기를 권장**합니다. '요약'은 DB가 가장 잘 하는 일이기 때문입니다.

| 실무 예제 | 03 | '계정과목별 월별 매입 현황' 구하기 |
|---|---|---|

## 1 기본 쿼리 만들기

**1** '계정과목별 월별 매입 현황'은 '계정과목별 월별 매출 현황'과 동일한 쿼리입니다. 데이터를 가져오는 곳이 매출이 아니라 매입이 될 뿐입니다. 그래도 말로 디자인하는 절차가 필요합니다. 다음 그림과 같은 데이터를 구해야 합니다.

오른쪽 아래에 있는 데이터시트 자료 구조에 주목하세요. 이것은 '계정과목별 월별 매입금액 현황'이 됩니다. '계정과목별 월별 매입금액 현황'이 기본 쿼리가 되는 것입니다.

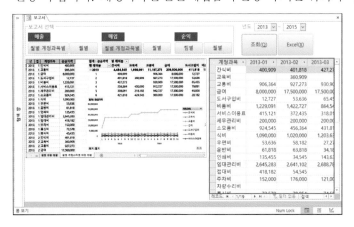

**2** '계정과목별 월별 매입금액 현황'을 되뇌이면서, 'q공통_매입' 필드를 이용해 그림과 같이 쿼리를 디자인합니다. 이번에는 '년'과 '월' 필드를 따로 구하지 않고, '년월' 필드를 Format 함수를 이용해서 한 번에 구했습니다.

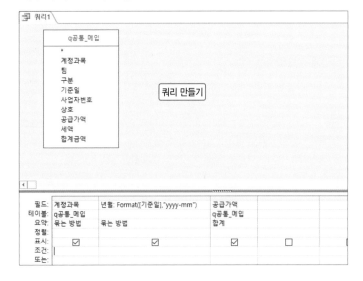

**3** 쿼리 결과를 살펴봅시다. 맨 마지막 열에 자동으로 '공급가액의합계'라는 이름이 붙습니다. 액세스는 '합계'로 요약했을 때, 필드 이름 끝에 자동으로 '의합계'를 붙여 줍니다. 그래서 '요약'이 두 번 중첩되면 '공급가액의합계의합계'와 같은 필드 이름도 볼 수 있습니다. 그래서 필드 이름을 적절히 변경해 주면 훨씬 보기가 좋아집니다.

**4** 디자인 보기로 전환한 다음, 그림과 같이 『매입금액:』을 입력하여 필드 이름을 붙여줍니다.

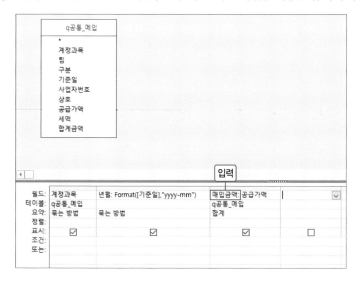

---

**잠깐만요** **Format 함수 예**

'Format([기준일],"yyyy-mm")' 함수의 결과물 예시는 다음과 같습니다.

❶ [기준일]이 '2015-05-25'일 경우 : 2015-05

❷ [기준일]이 '2015-11-25'일 경우 : 2015-11

형식 문자열 'mm'은 한 자리수 월은 앞에 '0'을 붙여 주고, 두 자리 수 월은 그대로 표현합니다.

**5** '매입금액'이라는 깔끔한 필드 이름으로 표시됩니다. 이 쿼리를 『qRpt030_매입_월별_계정과목별』로 저장합니다.

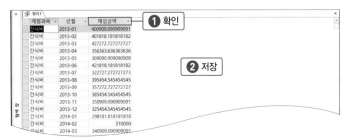

## 2 크로스탭 쿼리 만들기

**1** 'qRpt030_매입_월별_계정과목별' 쿼리를 기반으로 한 크로스탭 쿼리를 만들어 봅시다. 그림과 같이 디자인합니다.

❶ 쿼리 유형을 '크로스탭'으로 지정합니다.
❷ '계정과목'은 왼쪽에 와야 하므로 [행 머리글]로 지정하였습니다.
❸ '년월'은 위쪽에 와야 하므로 [열 머리글]로 지정하였습니다.
❹ '매입금액'은 집계해야 할 [값]으로 지정합니다.
❺ '합계' 필드를 표시해야 합니다. '매입금액' 필드를 [합계]로 요약하고, [행 머리글]로 지정합니다.

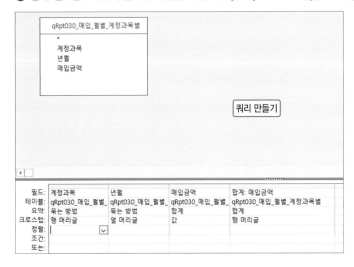

**2** 쿼리를 데이터시트 보기로 전환해 봅니다. '계정과목별 월별 매입 현황'을 한눈에 볼 수 있습니다. 이 쿼리를 『qRpt030_매입_월별_계정과목별CT』로 저장하고 쿼리를 닫습니다.

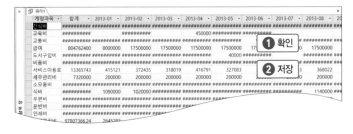

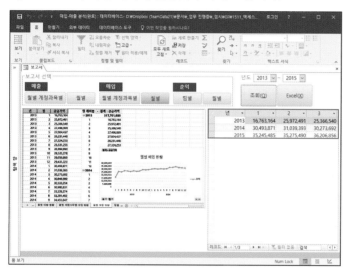

**실무 예제 | 04**

# '월별 매입 현황' 구하기

## ☑ 기본 쿼리 만들기

**1** '월별 매입 현황'은 '월별 매출 현황'과 거의 비슷합니다. 데이터 원본만 다릅니다. 그림과 같은 차트를 만들기 위한 데이터 원본을 구하려고 합니다.

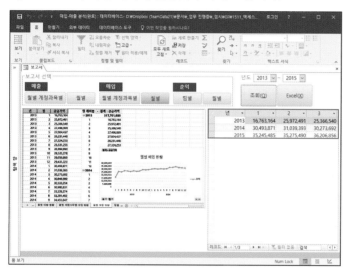

**2** 앞의 그림에서, 오른쪽 아래에 있는 쿼리는 딱 봐도 피벗형 데이터입니다. '넌별 월별 매입 현황'이 되겠네요. '넌별 월별 매입 현황'을 머릿속에 되뇌면서 'q공통_매입' 쿼리를 이용해 쿼리를 만들면 다음과 같습니다.

❶ '년'과 '월'은 [묶는 방법]으로 하였습니다.
❷ '공급가액'을 '합계'로 한 필드는 『매입금액』이라는 이름을 갖게 하였습니다.

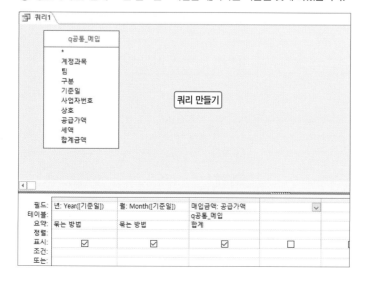

**3** 이 쿼리의 결과는 다음과 같습니다. 이 쿼리의 이름을 『qRpt040_매입_월별』로 저장합니다.

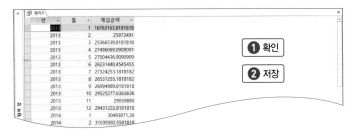

## 2 크로스탭 쿼리 만들기

**1** 'qRpt040_매입_월별' 쿼리를 이용해 크로스탭 쿼리를 만들어 봅시다. 그림과 같이 디자인합니다.

❶ 쿼리 유형을 [크로스탭]으로 지정합니다.
❷ '년'은 왼쪽에 와야 하므로 [행 머리글]로 지정하였습니다.
❸ '월'은 위쪽에 와야 하므로 [열 머리글]로 지정하였습니다.
❹ '매입금액'은 집계해야 할 [값]으로 지정합니다.
❺ '합계' 필드를 표시해야 합니다. '매입금액' 필드를 [합계]로 요약하고, [행 머리글]로 지정합니다.

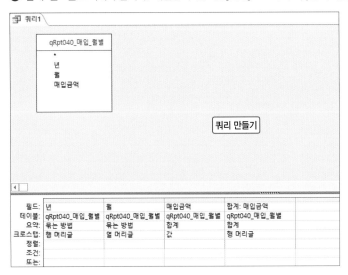

**2** 쿼리를 데이터시트 보기로 전환해 봅니다. '월별 매입 현황'을 한눈에 볼 수 있습니다. 이 쿼리를 『qRpt040_매입_월별CT』로 저장합니다.

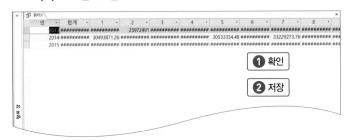

● 예제파일 : 이전 '020.통계용 쿼리(시작).accdb' 예제에 이어서 따라하세요.
● 결과파일 : 021.통계용 쿼리(완료).accdb

| 실무 예제 | **05** | **'팀별 순익 현황' 만들기** |

## 1 순익 알아보기

**순익은 모든 매출에서 모든 매입을 뺀 것입니다.** 쉽게 말해서, 100만 원 매출을 올리고, 90만 원 매입을 했다면 순익이 10만 원 발생한 것이죠. 매출/매입 분석에서 아주 중요한 개념이 아닐 수 없습니다. 매출은 높은데 순익은 적거나 마이너스일 수 있고, 매출은 적지만 순익이 높을 수도 있기 때문입니다.

한편, **순익을 계산할 때는 '특정 기간'을 계산한다는 특징**이 있습니다. 매출은 2013년 것으로 계산하고, 매입은 2013~2014년까지 합해서 계산하지는 않지요. 보통 기간은 '월' 단위로 합니다. 그래서 '3월은 100만 원 흑자가 났는데, 4월은 30만 원 적자가 났다. 3월~4월 누적해서는 70만원의 흑자이다'와 같은 식으로 데이터를 분석합니다. 이것을 '일' 단위로 한다거나 '주' 단위로 하는 것은 드문 일입니다. '월' 기반으로 많이 하고, '분기'별로도 많이 하겠죠. 큰 흐름을 볼 때는 '년' 단위로도 할 것입니다.

여기까지 생각이 미치면, 다음과 같은 데이터 셋을 생각해 볼 수 있을 것입니다. 우선 '매출'에 대한 데이터 셋을 생각해 봅시다. 2월에는 '매출'이 없었습니다.

| 년 | 월 | 매출액 |
|------|------|--------|
| 2013 | 1 | 100 |
| 2013 | 3 | 90 |
| 2013 | 4 | 120 |

'매입'은 다음과 같이 생각해 볼 수 있을 것입니다. 3월에는 '매입'이 없었습니다.

| 년 | 월 | 매입액 |
|------|------|--------|
| 2013 | 1 | 150 |
| 2013 | 2 | 60 |
| 2013 | 4 | 90 |

이런 데이터 셋이 있다면, 다음과 같이 '수평적 결합'을 이용해서 월 순익을 계산할 수 있습니다.

| 년 | 월 | 매출액 | 매입액 | 순익 |
|------|------|--------|--------|------|
| 2013 | 1 | 100 | 150 | −50 |
| 2013 | 2 | | 60 | −60 |
| 2013 | 3 | 90 | | 90 |
| 2013 | 4 | 120 | 90 | 30 |

> **Tip**
> '수평적 결합'을 이용해서 계산했다는 것은, 쿼리의 '조인'을 이용해서 계산했다는 뜻입니다.

이런 경우, 단순한 '수평적 결합'을 하면 데이터가 어떻게 구해질까요? 앞선 표처럼은 구해지지 않습니다. 단순한 수평적 결합, 즉 '내부 조인'으로 구하면 표와 같이 데이터가 구해집니다. **'매출'이든 '매입'이든 레코드가 없으면 아예 표시되지 않습니다.**

| 년 | 월 | 매출액 | 매입액 | 순익 |
|---|---|---|---|---|
| 2013 | 1 | 100 | 150 | −50 |
| 2013 | 4 | 120 | 90 | 30 |

'내부 조인'은 두 데이터 집합에서 일치하는 레코드만 표시하기 때문에 이러한 결과가 나오는 것입니다. 그러면 어디엔가 가중치를 두어서 레코드를 표시해야겠죠? 그런데 이런 상황에서는 '매출' 혹은 '매입' 중 어느 한 군데만 가중치를 두어서 해결할 수 없습니다. '매출'이 없을 수도 있고, '매입'이 없을 수도 있기 때문입니다. 예를 들어, '매출'에 가중치를 두어서 데이터를 표시하면 다음과 같이 표시될 것입니다. 매출이 없는 2013년 2월 데이터는 결과 데이터 셋에서 빠지게 되지요.

| 년 | 월 | 매출액 | 매입액 | 순익 |
|---|---|---|---|---|
| 2013 | 1 | 100 | 150 | −50 |
| 2013 | 3 | 90 |  | 90 |
| 2013 | 4 | 120 | 90 | 30 |

그래서, 수평적 결합이 문제 해결 방법론으로 꼭 옳지만은 않은 것입니다. 지금의 경우는 **가중치를 양쪽 모두에 두어야** 합니다. 이런 것을 풀 아우터 조인(Full Outer Join)이라고 하는데, 액세스에서는 지원하지 않습니다. 이런 것을 '수평적 결합'으로 풀어 내는 것은, 불가능하지는 않지만 번거롭습니다.

자, 그러면 다음 표와 같이 생각해 보면 어떨까요? 매출과 매입을 수직적으로 결합하는 것입니다.

| 년 | 월 | 매출액 |  | 년 | 월 | 매입액 |
|---|---|---|---|---|---|---|
| 2013 | 1 | 100 | + | 2013 | 1 | 150 |
| 2013 | 3 | 90 |  | 2013 | 2 | 60 |
| 2013 | 4 | 120 |  | 2013 | 4 | 90 |

**잠깐만요** **쿼리 조인 참고 자료**

이 부분이 이해가 제대로 되지 않는다면, 다음 내용을 참고한 후 다시 오기 바랍니다.
❶ 길벗 '액세스 2010 무작정 따라하기'의 '쿼리 조인' 부분
❷ 길벗 '액세스 2013 무작정 따라하기'의 '쿼리 조인' 부분
❸ 무료 동영상 강의 : http://g.td21.com/gb62

이렇게 하면, 매출이나 매입이 없더라도 문제가 되지 않습니다. 물론, 매출과 매입이 둘 다 없는 달은 문제가 될 수 있겠지요. 하지만 그러한 가능성은 매우 적을 것입니다. 다음 표와 같이 '매입액'에 -1을 곱해서 구하는 것이 편리합니다.

| 년 | 월 | 매출액 |
|---|---|---|
| 2013 | 1 | 100 |
| 2013 | 3 | 90 |
| 2013 | 4 | 120 |

+

| 년 | 월 | 매입액 |
|---|---|---|
| 2013 | 1 | -150 |
| 2013 | 2 | -60 |
| 2013 | 4 | -90 |

이렇게 합친 데이터를 '년별 월별 금액 현황'으로 구하면 다음과 같은 데이터 셋을 보여줄 것입니다. 특정 '월'의 레코드가 없더라도 전혀 문제 없이 데이터를 만들 수 있었지요?

| 년 | 월 | 순익 |
|---|---|---|
| 2013 | 1 | -50 |
| 2013 | 2 | -60 |
| 2013 | 3 | 90 |
| 2013 | 4 | 30 |

지금부터는 이러한 '순익' 데이터 특성을 감안하여, 실제로 '팀별 순익'을 구해 보겠습니다.

## 2 통합 쿼리로 순익 구하기

**1** 지금까지는 '팀'을 별로 고려하지 않았습니다. 그러나 지금 구해야 하는 쿼리는 '팀별 순익 현황'이므로, '팀'을 고려하여 데이터를 생각해야 합니다.

우선 '매출'을 생각해 봅시다. 다음과 같은 데이터를 만들어야 합니다.

| 년 | 월 | 팀 | 매출액 |
|---|---|---|---|
| 2013 | 1 | 개발팀 | 11,160,000 |
| 2013 | 1 | 교육팀 | 4,016,364 |
| 2013 | 1 | 시스템팀 | 250,000 |
| 2013 | 2 | 개발팀 | 23,160,000 |
| 2013 | 2 | 교육팀 | 3,015,455 |
| ⋮ | ⋮ | ⋮ | ⋮ |

**2** 앞에서 살펴본 데이터를 만들기 위해 'q공통_매출' 쿼리를 이용해 다음과 같은 쿼리를 만들고, 이 쿼리를 『qRpt050_순익_팀별_매출』로 저장하고 닫습니다.

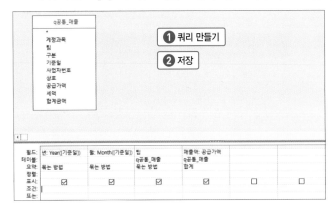

**3** '매입'을 생각해 봅시다. 다음과 같은 데이터를 만들어야 합니다.

| 년 | 월 | 팀 | 매입액 |
|------|------|--------|------------|
| 2013 | 1 | 개발팀 | −2,918,455 |
| 2013 | 1 | 공통 | −3,917,861 |
| 2013 | 1 | 교육팀 | −8,803,666 |
| 2013 | 1 | 시스템팀 | −1,123,182 |
| 2013 | 2 | 개발팀 | −7,341,545 |
| ⋮ | ⋮ | ⋮ | ⋮ |

**4** 데이터를 만들기 위한 쿼리와 그 결과는 다음과 같습니다. 이 쿼리를 『qRpt051_순익_팀별_매입』으로 저장합니다.

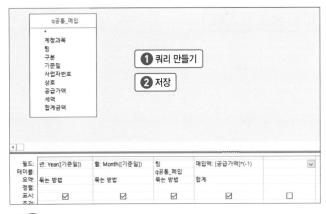

Tip

'매입액' 필드를 만들 때 −1을 곱해서 만들었다는 것에 유의하세요.

**5** 팀별 매출액과 팀별 매입액을 모두 구했습니다. 이것을 통합 쿼리를 이용해서 수직적으로 결합하면 됩니다. 이러한 것을 만든 쿼리와 그 결과는 다음과 같습니다. 이 쿼리를 『qRpt052_순익_팀별_통합』으로 저장하고 닫습니다.

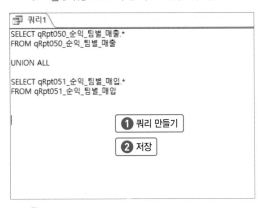

**Tip**

SQL 구문을 이용하는 방법은 64~71쪽을 참고하세요.

**6** 'qRpt052_순익_팀별_통합' 쿼리를 이용해서 순익을 계산하면 됩니다. 'qRpt052_순익_팀별_통합' 쿼리를 기반으로 하여 '년', '월', '팀'으로 묶어 주고, '매출액' 필드는 '합계'로 하는 요약 쿼리를 만듭니다. 이러한 것을 만든 쿼리와 그 결과는 다음과 같습니다. 이 쿼리를 『qRpt053_순익_팀별』로 저장하고 닫습니다.

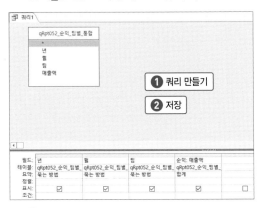

**Tip**

'매출액' 필드의 이름을 '순익'으로 변경하였습니다.

**7**  마지막으로 크로스탭 쿼리를 이용하여 보기 좋게 만들면 됩니다. 우리가 최종적으로 만들 데이터 셋은 그림과 같습니다. 피벗 데이터 셋이고, '연별 팀별 월별 순익 현황'으로 쿼리를 디자인하면 됩니다.

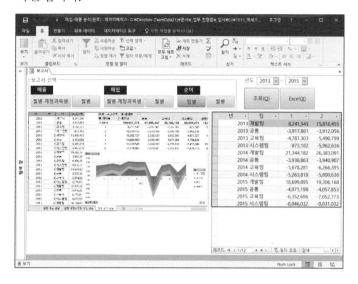

**8**  크로스탭 쿼리와 그 결과는 다음과 같이 만들 수 있습니다. 이 쿼리를 『qRpt054_순익_팀별CT』로 저장하고 닫습니다.

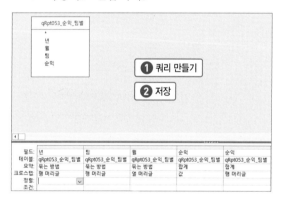

자, 지금까지 '순익'의 개념부터 시작하여 '팀별 순익 현황' 쿼리를 만들었습니다. 여기에서 알 수 있는 것을 다시 한 번 정리하면 다음과 같습니다.

❶ '순익'은 모든 '매출'에서 '매입'을 뺀 것입니다.
❷ 조인을 이용하는 것도 좋지만, 경우에 따라 수직적 결합이 더 유용할 때도 있습니다.
❸ 하나의 결과물을 구하려고 쿼리를 여러 단계로 중첩해서 사용할 수도 있습니다.

하나하나가 쉬운 내용이 아닙니다. 그리고, 최종 결과물을 보고, 어떤 단계로 데이터를 구해야 하는지 생각하는 것 역시 적지 않은 경험이 필요합니다. 처음에 잘 안 된다고 너무 고민하지 말고, 많은 경험을 쌓을 수 있는 방안을 고민해야 합니다.

**'월별 순익 현황' 만들기**

**1** '월별 순익 현황'을 만들어 보겠습니다. 앞서 만들었던 '팀별 순익 현황'에서 '팀' 개념을 빼고 만들면 됩니다. 오른쪽 아래 크로스탭 쿼리를 봅시다. '연별 월별 순익 현황'입니다. 그런데, 이 번에는 다중 차트를 만들어야 하므로, '매출액'도 같이 표시되는 데이터 셋을 만들어 보겠습니다.

**2** '연별 월별 순익 현황' 쿼리와 그 결과는 다음과 같습니다. '순익'을 계산하는 데 많은 쿼리의 중 첩이 생기기 때문에, '팀별 순익 현황' 쿼리(qRpt053_순익_팀별)에서 만든 결과물을 이용하여 '팀' 개념을 빼고 다시 정리하였습니다. 이렇게 하면 간단히 '연별 월별 순익 현황'을 구할 수 있 습니다. 이 쿼리를 『qRpt060_순익_월별_기본』으로 저장하고 닫습니다.

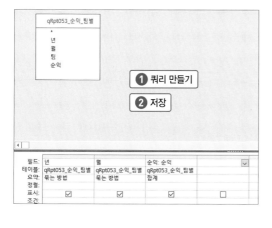

| 년 | 월 | 순익 |
|---|---|---|
| 2013 | 1 | -1336800.18181818 |
| 2013 | 2 | 452963.545454549 |
| 2013 | 3 | 4475278.36363636 |
| 2013 | 4 | -105160.000000001 |
| 2013 | 5 | 15846472.1818182 |
| 2013 | 6 | 9974014.09090909 |
| 2013 | 7 | 12078474.0909091 |
| 2013 | 8 | -19016709.7272727 |
| 2013 | 9 | -1139535.27272727 |
| 2013 | 10 | 3196540.54545455 |
| 2013 | 11 | -11158970.9090909 |
| 2013 | 12 | 2827868.09090909 |
| 2014 | 1 | 6465219.64909091 |
| 2014 | 2 | 10375152.8963636 |
| 2014 | 3 | 12434489.8454545 |
| 2014 | 4 | -23593343.9018182 |
| 2014 | 5 | 7339372.79272727 |
| 2014 | 6 | -2901739.69818182 |
| 2014 | 7 | -5390182.85090909 |

**3** 이 결과 셋에 '매출액'을 표시하고 싶습니다. 어떻게 하면 될까요? '년'과 '월' 그리고 '매출액'이 있는 데이터 셋을 만들고, '년'과 '월'로 수평적 결합을 하면 됩니다. '년'과 '월' 그리고 '매출액'이 있는 데이터 셋은 'qRpt020_매출_월별' 쿼리입니다. 이렇게 만든 쿼리를 『qRpt061_순익_월별_매출액포함』으로 저장하고 닫습니다.

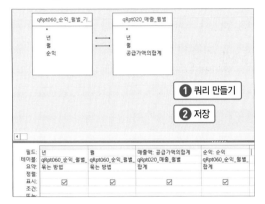

**Tip**

수평적 결합은 쿼리에서 필드를 다른 필드로 드래그하여 만들 수 있습니다.

**4** 마지막으로 '월별 순익'에 해당하는 크로스탭 쿼리를 만들어 봅시다. 그림과 같이 디자인하면 됩니다. 오른쪽은 이 크로스탭 쿼리에 대한 결과입니다. 이 쿼리를 『qRpt062_순익_월별』로 저장하고 닫습니다.

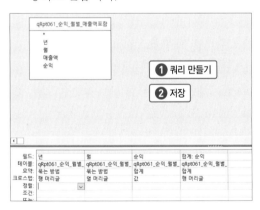

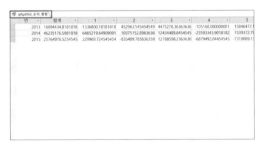

**잠깐만요** **레코드 개수 검증하기**

수평적 결합(조인)을 이용할 경우, 반드시 결과 레코드 개수를 검증해야 합니다. 어떻게 검증해야 할까요? 여기에서는 특별히 문제가 없을 경우, 36건의 레코드가 나와야 합니다. 2013년부터 2015년까지 총 3년의 데이터가 월별로 표시되므로 36건의 레코드가 나와야 하는 것입니다.

※ 정답은 다음 링크에 있습니다 : http://g.td21.com/gb83

# 두 개의 테이블을 수직적으로 결합하는 쿼리 만들기

⚫ **예제파일** : 030.리뷰실무예제(시작).accdb　⚫ **결과파일** : 031.리뷰실무예제(완료).accdb

'고객업체' 테이블과 '공급업체' 테이블을 다음 그림과 같이 하나의 쿼리로 만들어 보세요.

| **Hint** | ① 고객업체 테이블 정리하기 |
|---|---|
| | ⓐ '고객업체' 테이블에서 '고객업체코드', '고객업체명', '담당자명'을 표시하는 쿼리를 만듭니다. |
| | ⓑ '고객업체코드' 필드 이름을 '업체코드'로, '고객업체명' 필드 이름을 '업체명'으로 변경합니다. |
| | ⓒ '업체명' 필드와 '담당자명' 필드 사이에 '업체구분' 계산 필드를 만듭니다. 이 필드에는 '고객'이라는 값이 표시되어 있어야 합니다. |
| | ② 공급업체 테이블 정리하기 |
| | ⓐ '공급업체' 테이블에서 '공급업체코드', '공급업체명', '담당자명'을 표시하는 쿼리를 만듭니다. |
| | ⓑ '공급업체코드' 필드 이름을 '업체코드'로, '공급업체명' 필드 이름을 '업체명'으로 변경합니다. |
| | ⓒ '업체명' 필드와 '담당자명' 필드 사이에 '업체구분' 계산 필드를 만듭니다. 이 필드에는 '공급'이라는 값이 표시되어 있어야 합니다. |
| | ③ 합치기 |
| | ⓐ 새로운 쿼리를 만듭니다. |
| | ⓑ 쿼리 유형을 '통합'으로 변경합니다. |
| | ⓒ 1번과 2번 쿼리의 SQL 구문을 복사해 옵니다. |
| | ⓓ 1번과 2번 쿼리 사이에 'UNION ALL'을 기입합니다. |

매크로는 기능이 제한적이기 때문에 앞서 살펴본 여러 가지 기능을 구현하기 어렵습니다. 그래서 VBA를 이용해야 합니다. 액세스에서 사용하는 VBA는 이미 프로그래밍되어 있는 요소를 연결하는 것이라 많이 어렵지는 않습니다. 기본적인 VBA 사항을 익혀 보겠습니다.

Access

# Section 01
# VBA 환경 구성하기

VBA를 이용하면, 우리가 만드는 앱을 강력하고 편리하게 만들 수 있습니다. VBA가 무엇인지, 매크로와 비교하여 어떤 장점이 있는지 알아봅니다.

그리고, VBA 프로그래밍 작업을 수월하게 하기 위한 기본적인 환경 설정 방법을 익혀 봅니다.

> ## PREVIEW

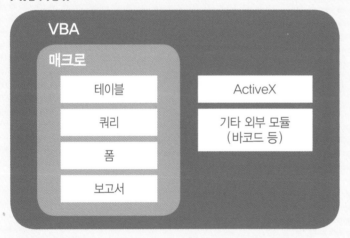

▲ VBA 환경 설정

▲ 가독성이 좋은 글꼴 설정하기

> **섹션별 주요 내용**
> 01 | VBA 알아보기　02 | 명시적 변수 선언하기　03 | 자동 구문 검사 끄기　04 | 가독성 높은 글꼴로 바꾸기
> 05 | 편집 도구 모음 표시하기　06 | VBA 편집기 구성 요소 살펴보기

## 핵심기능 01 VBA 알아보기

### 1 VBA 의미와 역할 알아보기

VBA는 Visual Basic for Applications의 약자입니다. 그러나 이런 용어가 그리 중요한 것 아닙니다. 예를 들어, 그림과 같은 폼을 생각해 봅시다.

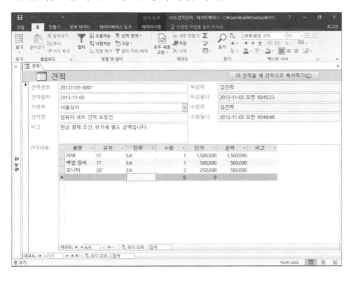

이 폼은, 견적을 관리하기 위한 폼 입니다. 견적은 업무 특성상, 예전 것을 복사해서 다시 만들면 편할 때가 많습니다. 그래서 [이 견적을 새 견적으로 복사하기]라는 단추가 있는 것입니다. 이 [이 견적을 새 견적으로 복사하기]를 클릭하면 다음과 같은 작업이 이루어집니다.

- 현재의 '견적' 데이터를 기반으로 하여, 새 '견적' 데이터를 만듭니다. 이때, '견적번호'는 새로운 번호가 되어야 합니다. → 추가 쿼리
- '견적내용' 데이터도 새로 받은 견적번호와 연결되도록 하여, '견적내용' 테이블에 데이터가 추가되어야 합니다. → 추가 쿼리
- 새로 추가한 데이터를 표시합니다.
- 견적이 복사되었다는 메시지를 표시합니다.

그리고, 이러한 기능을 VBA로 표현하면 다음과 같습니다.

```
001:  '변수 선언
002:     Dim rst As DAO.Recordset
003:
004:  '데이터 복사
```

```
005:    DoCmd.OpenQuery "q견적_추가"
006:    DoCmd.OpenQuery "q견적내용_추가"
007:
008:    '복사된 레코드로 이동
009:    Set rst = Me.RecordsetClone
010:    rst.FindFirst "견적번호 = " & strNew
011:    Me.Bookmark = rst.Bookmark
012:
013:    '메시지 표시
014:    MsgBox "복사되었습니다."
```

이러한 견적 복사 작업을 간편히 하는 데 [이 견적을 새 견적으로 복사하기]를 이용합니다. 이 단추를 클릭하면, 앞에서 설명한 작업이 순서대로 이루어지는 것입니다.

만약, 이런 작업을 수동으로 하면 어떨까요? 다음과 같은 절차를 따라해야 할 것입니다.

- 새로운 견적번호를 알아냅니다.
- 'q견적_추가' 쿼리에서 새로운 견적번호를 기입한 다음, 쿼리를 실행합니다.
- 'q견적내용_추가' 쿼리에서 새로운 견적번호를 기입한 다음, 쿼리를 실행합니다.
- '견적' 폼에서 새로 추가한 데이터로 이동합니다.

단추 한 번 클릭하는 것과 비교해 보면, 많은 수작업을 동반하기 때문에 매우 불편합니다.
[이 견적을 새 견적으로 복사하기]를 이용하면, **액세스를 모르는 사람이라고 하더라도, 이 견적 폼을 사용**할 수 있을 것입니다. 그러나, 수작업으로 한다면, **쿼리를 수정하는 방법을 아는 사람만 이 견적 폼을 사용**할 수 있을 것입니다. 이것은 엄청난 차이를 가져오겠지요?

VBA는 바로 이런 일을 해 주는 것 입니다. 흐름에 맞게, 우리가 만든 쿼리를 자동으로 실행해 주고 상황이 맞는지 판단도 해 줍니다. 상황에 맞지 않을 때는, 다른 작업을 하도록 하기도 합니다. 이런 것을 '프로그래밍'이라고 합니다. **VBA는 우리가 원하는 어떤 절차를, 순서대로 처리하는 역할**을 합니다. 그리고, 이런 것은 우리가 만든 앱을 비로소 사용할 만하게 만들어 줍니다. 사실, 액세스를 이용하여 데이터베이스를 만들면서 이런 '프로그래밍' 작업을 하지 않는 것은 생각하기 어렵습니다. 액세스를 사용하려면, 거의 필연적으로 VBA를 사용해야 합니다.

## 2 VBA에 대한 오해와 진실

### ❶ 프로그래밍은 어렵지 않나요?

결론적으로, 어렵지 않습니다. 일반적인 의미의 '프로그래밍'이라는 것은, 프로그래밍 비전공자에게는 어려울 수 있지만, 액세스에서의 '프로그래밍'은 그렇게 어렵지 않습니다.

**VBA로 하는 프로그래밍은 이미 프로그래밍되어 있는 요소들을 연결하는 정도**입니다. 프로그래밍 중 어려운 부분에 속하는 것에는 인공 지능, 최단 거리 구하기 같은 것들이 있습니다. VBA로는 이러한 것을 할 필요가 없습니다. 우리가 만드는 프로그래밍은 이런 복잡하고 어려운 로직을 만드는 것이 아닙니다. 이미 만들어져 있는 것들을 적당히 '**구동**'하는 정도입니다. 앞서 살펴본 '견적 복사' 예제 역시, 이미 만들어져 있는 것들을 적당히 '구동'하는 것입니다.

### ❷ 매크로를 이용해도 VBA를 써야 하나요?

매크로로 할 수 있는 것은 매우 제한적입니다. 앞선 '견적 복사' 예제 역시, 매크로로 할 수 없는 부분이 있습니다. 쿼리를 여는 것 정도는 매크로로 할 수 있지만, 새로 추가된 레코드로 이동하는 것은 매크로로 구현하기 어렵습니다. 간단한 처리는 매크로로 할 수 있지만, **실무 수준에서 조금만 복잡해지더라도, 매크로로 할 수 없는 것이 많습니다.**

또, 다른 많은 사람들이 만들어 놓은 **예제 대부분이 VBA 예제**인 점도 한몫합니다. 매크로만 사용할 수 있다면, 이런 예제를 거의 사용할 수 없을 것입니다.

마지막으로, **VBA가 관리하기 훨씬 편합니다.** 이 부분은 지금 단계에서 이해하기 어려울 수도 있습니다. 매크로는 한 번에 하나의 이벤트에 대한 것만 살펴볼 수 있습니다. 반면, VBA는 여러 이벤트에 대한 것을 한 화면에서 보고 관리할 수 있습니다. 여러분이 만든 앱이 복잡할 경우, 매크로보다는 VBA가 훨씬 편리할 것입니다.

### ❸ 그래도 어렵던데요? 좀 쉬운 방법은 없나요?

약간만 틀려도 빨간색으로 표시되고, 어떤 줄은 노란색으로 표시되고, 어떻게 할 줄 모르겠지요?

**개념적인 이해가 매우 중요**합니다. 이 책이 나온 이유이기도 합니다. 빨간색으로 표시되고, 노란색으로 표시되는 것은, 여러분을 돕기 위한 것입니다. 우리는 그냥, 그런 것에 대한 개념이 부족하기 때문에 어려워 보이는 것입니다.

이 책과 동영상 강좌를 주의 깊게 살펴보세요. 따라 하다보면, 어렵게만 느껴지지는 않을 것입니다.

실무
예제 **02** 명시적 변수 선언하기

**1** [데이터베이스 도구]-[매크로] 그룹에서 [Visual Basic]( Alt + F11 )을 클릭하여 VBA 편집기를 엽니다.

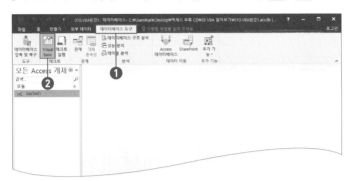

**2** VBA 편집기가 표시됩니다. 도구 모음에서 [모듈 삽입] 단추( 🐝 )를 클릭하면 새로운 모듈이
표시됩니다.

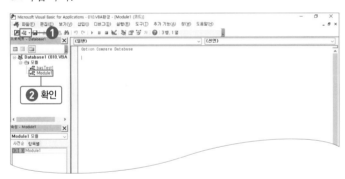

**3** 다음 구문을 입력합니다.

```
001:  Sub Test1()
002:
003:    a0 = 3
004:    b0 = 2
005:    c0 = a0 * b0
006:
007:    Debug.Print cO
008:
009: End Sub
```

> **Tip**
> 5행의 'c0'은 숫자 0입니다. 7행의
> 'cO'는 영문 대문자 'O'입니다. 실수로
> 오타를 내는 것을 의도한 것입니다.

**4** [보기] 탭-[직접 실행 창(Ctrl+G)]을 선택합니다.

**Tip**

[직접 실행] 창을 표시하려고 Ctrl+G 를 눌러도 됩니다. 아주 많이 사용할 바로 가기 키이므로 꼭 알아 두세요.

**5** 1행에 커서를 놓고, 도구 모음에서 [실행] 단추(▶)를 클릭합니다. 이렇게 하면, 'Test1'이라는 프로시저가 실행됩니다. 'Debug.Print' 명령을 통해, [직접 실행] 창에 결과를 표시하도록 했으니 결과가 '6'이라고 표시되어야 하는데, [직접 실행] 창에는 어떤 값도 표시되지 않을 것입니다.

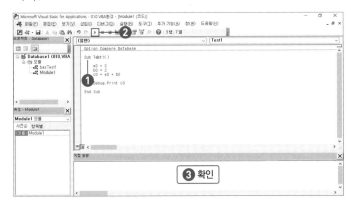

③ 확인

**Tip**

왜 이런 결과가 나오는 것일까요? VBA는 기본적으로 변수를 선언하지 않고도 사용할 수 있기 때문에 **오타를 입력하더라도 잡지 못합니다.** 이것은, 처음 시작하는 사람들에게는 도움이 될 수 있습니다. 매번, 변수를 선언해야 하는 불편함에서 해방되는 것입니다. 그러나, 코드를 많이 작성하면 할수록 불편해지는 원인이 됩니다. 수십 페이지 분량의 코드에서 오타를 일일이 찾는 것은 힘든 일입니다.

**6** 이번에는 그림과 같이, 'Option Compare Database' 구문 아래에 『Option Explicit』이라는 구문을 입력하고 프로시저를 실행해 봅시다. 그림과 같이 오류가 표시됩니다.

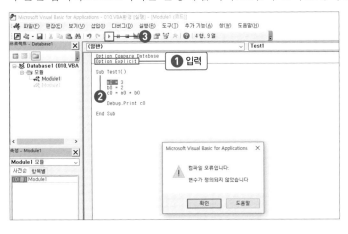

**7** 프로그래밍 언어 대부분에서, 변수는 미리 선언하고 사용하도록 하고 있습니다. 오타의 문제에 서 자유롭고자 함입니다. **변수를 선언하지 않았을 때는, 오타 혹은 잘못된 것으로 간주하고, 코드를 입력 하는 사람에게 경고**하는 셈입니다. [확인]을 클릭하고, [재설정] 단추(■)를 클릭합니다. 그림과 같은 선이 표시되지 않아야 합니다.

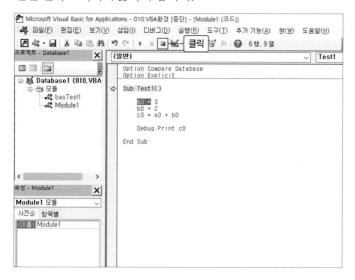

**8** 『Dim a0, b0, c0』이라는 구문을 입력합니다. 그리고 [실행] 단추를 클릭하여 다시 실행해 봅니 다. 잘못 입력한 'c0' 부분을 정확히 잡아 내는 것을 볼 수 있습니다.

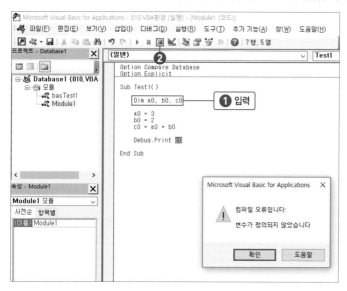

**9** [확인]을 클릭하고, 잘못 입력한 'cO'를 『c0』으로 변경합니다. 그 다음 [실행] 단추를 클릭합니다. 그러면, 그림과 같이 [직접 실행] 창에 '6'이라는 값이 제대로 표시됨을 확인할 수 있습니다.

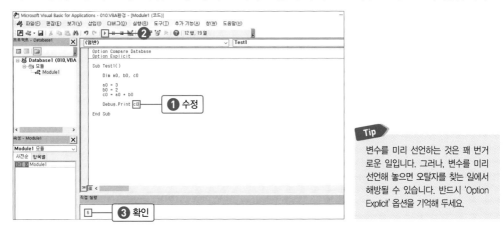

**Tip** 변수를 미리 선언하는 것은 꽤 번거로운 일입니다. 그러나, 변수를 미리 선언해 놓으면 오탈자를 찾는 일에서 해방될 수 있습니다. 반드시 'Option Explicit' 옵션을 기억해 두세요.

**10** 'Option Explicit' 옵션이 자동으로 설정되도록 해 봅시다. VBA 편집기에서 **[도구] 탭-[옵션]**을 선택합니다. 그러면 [옵션] 대화상자가 표시됩니다. 여기에서 [변수 선언 요구]에 체크 표시합니다. [확인]을 클릭하여 창을 닫습니다.

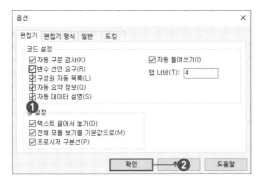

**11** 새 모듈을 추가합니다. 그러면 그림과 같이 'Option Explicit'이 자동으로 표시되어 있는 것을 확인할 수 있습니다.

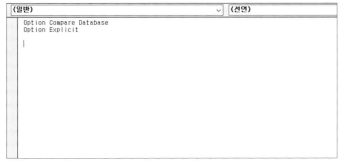

**Tip** [변수 선언 요구]에 체크한다고 해서, 이미 있던 다른 모듈에도 적용되는 것은 아닙니다. 앞으로 생기는 모듈만 적용됩니다. 만약, 지금 만들고 있는 앱의 모든 모듈에 적용하려면, 수동으로 모든 모듈 윗부분에 'Option Explicit'이라는 구문을 넣어 주면 됩니다.

예제파일 : 이전 '010.VBA환경1.accdb' 예제에 이어서 따라하세요.

# 자동 구문 검사 끄기

**1** 자동 구문 검사를 끄는 방법을 알아보기 전에, 소스 코드를 입력해 보겠습니다. '005' 행의 『if a=1』까지 입력하고 Enter를 누릅니다.

```
001:  Public Sub Test_구문_검사()
002:
003:    Dim A
004:
005:    if a=1
006:
007:  End Sub
```

**2** 그림과 같이 오류 메시지가 표시되죠? 'If' 구문 다음에는 반드시 같은 줄에 'Then' 구문이 따라와야 하기 때문입니다.

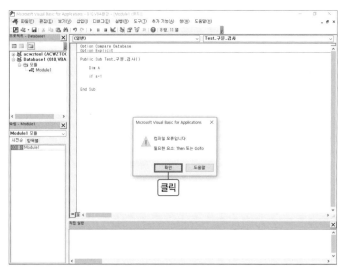

**3** 초보자라면 잘못 입력된 구문이 있을 경우 오류 메시지를 표시해 주는 자동 구문 검사 기능이 좋을 수 있지만, 중고급 사용자에게는 작업 중에 메시지 창이 계속 나타나게 되어 매우 번거로울 수 있습니다. 또한 오류 메시지가 표시되지 않아도 붉은색으로 표시되어 문제가 있는 것을 알 수 있습니다.

자동 구문 검사 기능을 사용하지 않기 위해 **[도구] 탭-[옵션]**을 실행하여 '옵션' 대화상자를 열고 '코드 설정' 항목에서 [자동 구문 검사]의 체크 표시를 해제합니다.

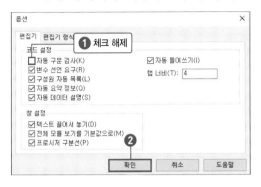

**4** 다시 과정 **1**의 소스 코드를 입력해 봅시다. 오류 메시지는 표시되지 않지만, 잘못된 구문은 붉은색으로 표시되어 오류인지 알 수 있습니다.

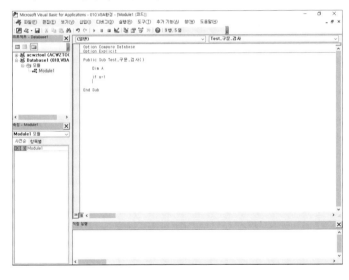

> **Tip**
> 초보자이거나 구문 오류가 발생했을 때 친절히 설명해 주는 것이 좋다면, 이 자동 구문 검사 기능을 유지해도 좋습니다.

🔵 **예제파일** : 이전 '010.VBA환경1.accdb' 예제에 이어서 따라하세요.

실무
예제 | **04** | # 가독성 높은 글꼴로 바꾸기

**1** VBA 편집기에서 사용하고 있는 기본 글꼴은 '굴림체'입니다. '굴림체'는 윈도우의 가독성 향상 기술인 '클리어타입'을 지원하지 않기 때문에, 가독성이 좋지 않습니다.
예제파일에서 'basTest1' 모듈을 열어 보면, 그림과 같이 표시될 것입니다. '굴림체' 텍스트가 좋지 않은 가독성을 보이는 것을 알 수 있습니다.

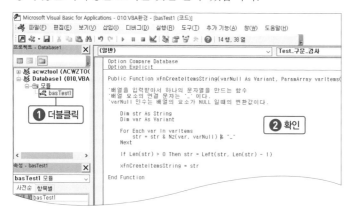

**2** 클리어타입을 지원하는 프로그래밍용 글꼴을 다운로드해 봅시다. 구글, 네이버, 다음 등의 검색 엔진에서 『나눔고딕코딩』을 입력합니다. 그러면, 그림과 같이 네이버 개발자 센터의 나눔고딕 코딩글꼴 페이지를 열 수 있습니다. 글꼴 다운로드 페이지로 이동합니다.

> **Tip**
>
> 윈도우 비스타 이후부터는 클리어타입을 제공하는 '맑은 고딕' 글꼴을 기본적으로 제공합니다. 그러나 이 글꼴은 프로그래밍용으로는 적합하지 않습니다. '맑은 고딕'과 같은 글꼴은 문서를 미려하게 만들어 주는 **가변 폭 글꼴**입니다. 프로그래밍용으로는, **같은 글자 수라면 같은 시각적 너비로 표시되는 '고정 폭 글꼴'을 사용**합니다.
> '맑은 고딕'을 VBA 편집기 기본 글꼴로 사용할 수도 있지만, 가독성은 좋아지겠지만 세로 줄맞춤이 엉망이라 프로그래밍용으로는 적합하지 않습니다. 그래서, 네이버에서 이러한 불편함을 개선하고자 '나눔고딕코딩'이라는 글꼴을 개발하여 공개한 것입니다.
> 참고로, 윈도우 한글 글꼴 중 '고딕'은 가변 폭 글꼴이고 '고딕체'는 고정 폭 글꼴입니다. '~체'로 된 것이 대부분 고정 폭 글꼴입니다
> 문서를 작성할 때는 '~체'로 끝나지 않는 글꼴을 사용하는 것이 좋으며, 프로그래밍용이라면 '~체'로 끝나는 글꼴을 사용하는 것이 좋습니다.

**3** 글꼴 다운로드 페이지가 복잡하게 표시됩니다. 일반적으로 가장 위에 있는 것을 클릭하면 별 문제 없습니다. 확장자가 'EXE'로 끝나는 것 중에 버전 숫자가 큰 것을 다운로드하면 됩니다.

**4** 다운로드한 파일을 설치합니다. 그리고 VBA 편집기에서 **[도구] 탭-[옵션]**을 선택하여 [옵션] 대화상자를 엽니다. [편집기 형식] 탭을 선택하고 '글꼴'은 [나눔고딕코딩 ( 한글 )], '크기'는 『12』로 지정한 다음 [확인]을 클릭합니다.

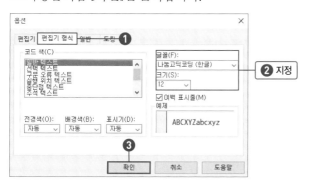

**5** 가독성이 매우 좋아진 VBA 편집기를 볼 수 있게 됩니다.

```
Option Explicit

Public Function xfnCreateItemsString(varNull As Variant, ParamArray varItems

'배열을 입력받아서 하나의 문자열을 만드는 함수
'배열 요소의 연결 문자는 '_'이다.
'varNull 인수는 배열의 요소가 NULL 일때의 변환값이다.

    Dim str As String
    Dim var As Variant

    For Each var In varItems
        str = str & Nz(var, varNull) & "_"
    Next

    If Len(str) > 0 Then str = Left(str, Len(str) - 1)

    xfnCreateItemsString = str

End Function
```

예제파일 : 이전 '010.VBA환경1.accdb' 예제에 이어서 따라하세요.

# 편집 도구 모음 표시하기

**1** VBA 편집기에는 '주석'이라는 개념이 있습니다. 프로그래밍 언어는 사람이 바로 이해하기에 직관적이지 않습니다. 따라서, 적절한 위치에 '주석'을 달아 주면, VBA 코드를 보다 쉽게 이해 할 수 있습니다.

그림과 같이, 예제파일의 'basTest1'이라는 모듈을 열어 보면, 녹색으로 표시된 세 줄을 볼 수 있습니다. 이것이 바로 '주석 처리된 줄'입니다.

**2** '주석 처리된 줄'은 프로그램을 수행할 때 어떠한 영향도 미치지 않습니다. 사람만 보는 것입니 다. VBA에서 주석은 작은 따옴표(')로 시작되는 텍스트입니다. 주석은 구문 끝부분에도 올 수 있습니다. 작은 따옴표를 입력하고 텍스트를 입력하면 됩니다.

도구 모음을 마우스 오른쪽 단추로 클릭하고 **[편집]**을 선택합니다.

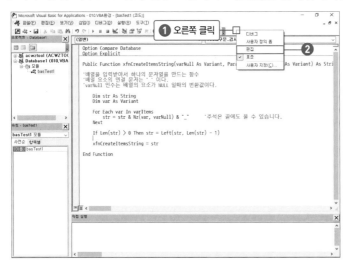

> **Tip**
>
> 주석은 여러 줄에 걸쳐 달 수도 있습 니다. 문장 앞 부분에 작은 따옴표를 입력하고 주석을 달면 됩니다. 하지 만, 주석을 여러 줄 달 때, 주석을 달 모든 줄에 작은 따옴표를 입력하는 것 은 매우 번거로운 일입니다. 이때, '편 집 도구 모음'을 이용하면 한꺼번에 주석 처리를 하거나, 주석을 해제하는 작업을 편리하게 할 수 있습니다.

**3** 그림과 같이 '편집' 도구 모음이 '떠 있는' 상태로 표시됩니다.

**4** '편집' 도구 모음이 그림과 같이 배치되도록, '편집' 도구 모음의 제목 표시줄을 드래그하여 배치합니다.

**5** 주석 처리를 해 봅시다. 'For Each…'로 시작되는 행부터 'Next'로 표시된 행까지 선택합니다.

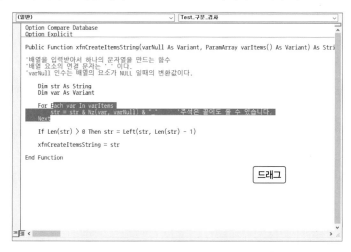

**6** 편집 도구 모음에서 [주석 블록 설정] 단추(▤)를 클릭합니다. 그러면 그림과 같이, 선택한 3
줄이 한꺼번에 주석 처리됩니다.

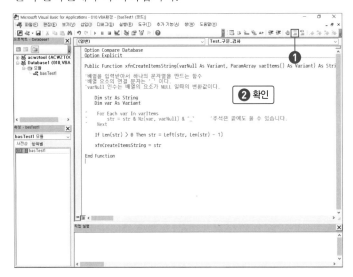

**7** 주석 처리된 부분을 해제해 봅시다. 'For Each…'로 시작되는 행부터 'Next'로 표시된 행까지
선택된 채로 '편집' 도구 모음에서 [주석 블록 해제] 단추(▤)를 클릭합니다. 그러면, 그림과 같
이 주석 처리된 부분이 해제되어 있는 것을 확인할 수 있습니다.

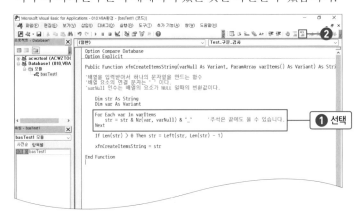

---

**잠깐만요** **주석 사용하기**

지금의 예에서 알 수 있겠지만, 주석 처리하는 기능은 꼭 주석을 다는 데만 사용하는 것은 아닙니다. 실제로 복잡한 프로
그래밍 작업을 하다보면, 지금껏 작성한 코드가 잘못되었다고 판단되어, 고쳐야 한다고 느낄 때가 있습니다. 이때, 작성된
코드를 바로 수정하면 나중에 후회할 때가 있을 수 있습니다. 원래 것이 더 나았던 것이죠.
그래서, 이럴 때는 작성된 코드를 바로 수정하지 않고, 대량으로 주석 처리한 다음 남겨 둡니다. 그렇게 하면, 나중에 다
시 되돌리기가 수월해지기 때문입니다.

# VBA 편집기 구성 요소 살펴보기

VBA 편집기를 구성하고 있는 요소를 알아봅시다. 그림은 VBA 편집기의 일반적인 구성입니다.

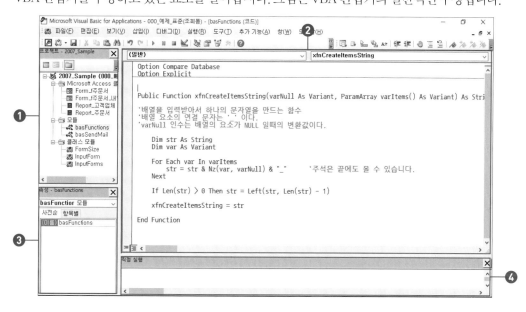

**❶ 프로젝트 탐색기** : 현재 액세스 앱의 모든 프로그래밍 개체를 보여줍니다.

- Microsoft Access 클래스 : 모든 폼/보고서 모듈에 접근할 수 있습니다.
- 모듈 : 폼/보고서 모듈이 아닌, 전역 모듈에 접근할 수 있습니다.
- 클래스 모듈 : 객체 지향 프로그래밍 기법에 의한 '객체'를 디자인한 모듈에 접근할 수 있습니다. 이 부분은 지금 단계에서는 신경 쓰지 않아도 좋습니다.

프로젝트 탐색기에 있는 요소를 더블클릭하면 해당 개체 프로그래밍 코드를 볼 수 있습니다.

 **Tip**

전역 모듈은 어디에서나 사용할 수 있는 기능을 정의한 모듈입니다. 반대로, 폼/보고서 모듈에 정의된 기능은 해당 폼/보고서가 열려 있을 때만 사용할 수 있습니다.

**❷ 코드 창** : VBA 코드를 실제로 기록하는 창입니다. 이곳에서 가장 많은 시간을 보내게 됩니다.

**❸ [속성] 창** : 해당 모듈의 속성을 표시하는 창입니다. 액세스에서는 매우 중요한 창이었지만, VBA에서는 아주 고급 프로그래머가 아니라면 속성 창은 큰 의미가 없습니다. 이 창은 닫아 두어도 좋습니다.

 **Tip**

속성 창은 필자도 닫아 두고 사용합니다. 가끔 살펴볼 필요가 있을 때가 있는데, 그때만 잠시 열어 봅니다.

**❹ [직접 실행] 창** : 디버깅 및 확인 작업에 사용합니다. 이 창을 잘 사용하면, 오류 원인이 어디에 있는지 쉽게 찾아볼 수 있습니다. [직접 실행] 창은 212쪽에서 보다 자세히 알아봅니다.

# 02

# 변수와 상수 알아보기

현대적인 프로그래밍에서는 변수라는 개념이 매우 중요합니다. 변수의 개념, 사용하는 방법 등을 알아보고, 아울러 상수를 알아봅니다. 변수만큼 중요하지는 않지만, 복잡한 프로그래밍 작업에서는 상수를 제대로 사용해야 프로그램 코드를 쉽게 이해할 수 있습니다.

> **PREVIEW**

▲ 모듈과 프로시저

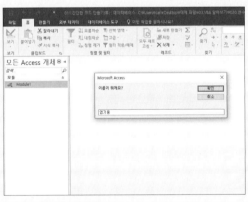
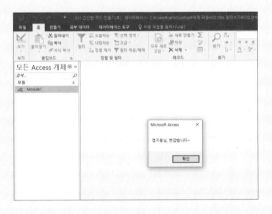

▲ 변수를 이용한 프로그래밍

| 실무<br>예제 | **01** | # 간단한 VBA 코드 만들기 |
|---|---|---|

**1** 예제파일을 열고 그림과 같이 표시되면 [콘텐츠 사용]을 클릭합니다.

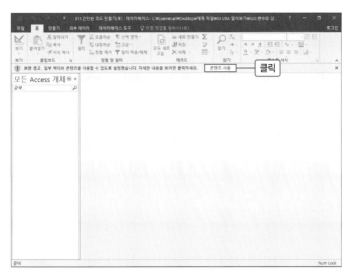

> **Tip**
>
> 예제파일명은 다음과 같습니다.
> **[번호].[파일명]([시작/완료]).accdb**
> [번호]로 해당 폴더에서 예제파일이
> 사용되는 순서를 지정했습니다.
> [파일명]으로 해당하는 예제를 간략
> 히 설명합니다.
> [시작/완료]로 독자가 실제로 사용해
> 야 하는 파일인지, 참고할 파일인지
> 구분합니다. '시작'은 '따라 하기 이전'
> 의 의미를 가지고 있습니다. 대부분
> '시작'이 붙은 파일로 예제를 따라하
> 면 됩니다. '완료'는 '따라 하기 이후'
> 의 의미를 가지고 있습니다. 필자가
> 따라 하기 대로 완료한 파일입니다.
> 따라 하기가 어려울 경우, '완료' 파일
> 을 보고 참고할 수 있습니다.

**2** Alt + F11 을 눌러 VBA 편집기를 표시합니다. 그러면 그림과 같이 VBA 편집기가 표시됩니다. 도구 모음에서 [모듈 삽입] 단추(🗅)를 클릭합니다.

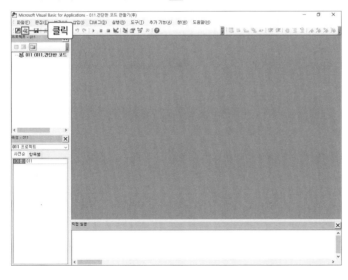

> **Tip**
>
> '콘텐츠 사용'을 클릭하지 않으면,
> VBA 프로그램이 동작하지 않습니다.
> 이것은 21쪽에서 자세히 알아보겠습
> 니다.

---

**잠깐만요** **VBA 창 단축키 기억하기**

[데이터베이스 도구] 탭-[매크로] 그룹에서 [Visual Basic]을 클릭해도 되지만, VBA 창은 자주 사용될 것이므로 Alt + F11은 꼭 기억해 두세요.

**3** 새로운 모듈이 표시될 것입니다. 그림과 같이 입력해 봅니다.

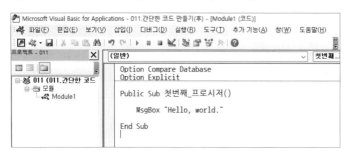

소스 코드는 다음과 같습니다. 대/소문자는 구분하지 않습니다. 003줄의 'MsgBox' 앞에는 Tab 을 이용해서 간격을 띄웠습니다.

```
001:  Public Sub 첫번째_프로시저()
002:
003:    MsgBox "Hello, world."
004:
005:  End Sub
```

**4** 프로그램 코드를 실행해 봅시다. 커서를 프로그램 코드 첫 번째 줄에 놓습니다. 그 다음, F5 를 누릅니다. 그러면, 그림과 같이, 커서가 위치한 곳의 프로그램이 실행됩니다. 'Hello, world'라는 글자가 액세스 창 가운데 표시됩니다.

**Tip**

커서를 프로그램 코드 첫 번째 줄에 놓으라고 했는데, 사실 프로그램 코드의 아무 부분이나 놓아도 됩니다. 앞의 소스 코드에서 001줄에서 005줄 사이 아무 데나 놓아도 괜찮습니다.

**5** 지금까지 무작정 따라해 보았는데, 하나하나 파악해 봅시다. 'Public Sub'부터 'End Sub'까지를 '프로시저'라고 합니다. **프로시저'란 프로그램 실행 단위입니다.** 그리고, **프로시저를 담고 있는 전체 영역을 '모듈'이라고 합니다.**

**6** 그림을 살펴봅시다. **모듈 하나에는 프로시저 여러 개가 있을 수 있습니다.** 만약, 'Public Sub 두번째_
프로시저' 줄에 커서를 놓고 F5 를 눌렀다면, 두 번째 프로시저만 실행됩니다. 커서가 'Public
sub 첫번째_프로시저'에 있었다면, 첫 번째 프로시저만 실행됩니다. 그래서 **'프로시저'라는 것은
프로그램 실행 단위**라고 합니다.

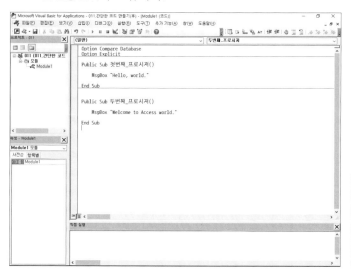

**Tip**

[실행] 명령 단축키는 F5 입니다.
F5 대신, 도구 모음에서 [Sub/사용
자 정의 품 실행] 단추(▶)를 클릭해
도 되지만, 자주 사용하는 단축키이
므로 꼭 외워 두세요.

**7** 소스 코드를 다시 한번 살펴봅시다. 프로시저는 'Public Sub'로 시작해서, 'End Sub'로 끝나야
하는 것을 알 수 있습니다. 'Public Sub' 다음에는 프로시저 이름을 지정하면 됩니다. 이 프로시
저 이름은 다른 프로시저 이름과 달라야 합니다.
그리고, 'Public Sub'과 'End Sub' 사이에 원하는 프로그래밍 구문을 기록합니다. 그러면, 컴
퓨터가 나의 의지대로 행동하게 됩니다.

```
001:  Public Sub 첫번째_프로시저()
002:
003:    MsgBox "Hello, world."
004:
005:  End Sub
```

**123**

예제파일 : 이전 '010.간단한 코드 만들기(시작).accdb' 예제에 이어서 따라하세요.    결과파일 : 011.간단한 코드 만들기(완료).accdb

## 변수 사용해 보기

**1** 'Module1' 모듈을 엽니다.

**2** '이름'을 물어보고, 그 이름에 인사말을 덧붙여서 표시해 주는 프로그램을 만들어 봅시다. 다음 소스 코드를 입력해 보세요.

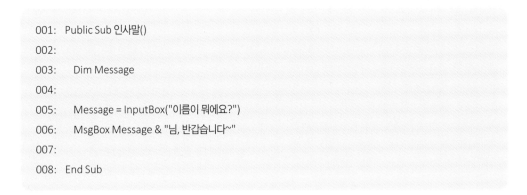

```
001:   Public Sub 인사말()
002:
003:     Dim Message
004:
005:     Message = InputBox("이름이 뭐예요?")
006:     MsgBox Message & "님, 반갑습니다~"
007:
008:   End Sub
```

**3** '인사말' 프로시저를 실행해 봅니다. 그림과 같이, '이름이 뭐에요?'라는 질문을 받을 것입니다. 빈 칸에 자신의 이름을 입력하고 [확인]을 클릭합니다.

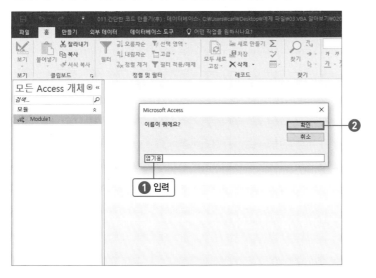

**4** 그림과 같이 입력한 이름을 포함하여 '[이름]님, 반갑습니다~'라는 메시지가 표시될 것입니다.

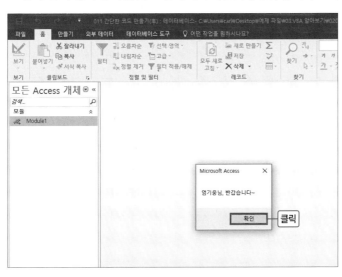

# 변수의 개념 알아보기

## 1 변수 개념 알아보기

지금까지 무작정 입력하고 실행해 봤습니다. 이제 내용과 의미를 좀 이해해 봐야겠지요?

첫 번째 프로시저에서는 'Hello, world'라는 텍스트를 출력해 봤습니다. 신기할 순 있어도, 별 의미는 없습니다. 그래서, 이번에는 이름을 물어보고, 입력한 이름을 출력하는 프로그램을 만들어 봤습니다. 여기에는 아주 큰 의미가 있습니다. '프로그램'이라고 부를 만한 첫 번째 요소가 들어 있기 때문입니다.

항상 같은 값을 출력하는 것이 아니고, 상황에 따라 다른 값을 출력하는 것입니다. 이것은 아주 많은 융통성을 컴퓨터에 부여할 수 있습니다. 이처럼, **상황에 따라 다른 값을 가질 수 있는 것을 '변수'**라고 합니다. 말 그대로 변할 수 있는 수라는 뜻이죠. 물론, 예제에서는 숫자가 아니라 문자를 사용했습니다.

현재의 프로그래밍 작업에서는 '변수'가 매우 중요합니다. 액세스로 어떤 앱을 만들고, 어떤 결과를 표시할 때, 항상 같은 값만 표시하면 의미가 없을 것입니다. 상황에 따라 적절한 결과를 표시해야 그 앱이 의미가 있을 것입니다.

컴퓨터 프로그래밍 작업에서 '변수'는 매우 중요합니다. 여러분이 해결해야 하는 어떤 문제가 있을 때, 다음과 같이 만들어야 합니다.

> 문제를 함수화하십시오. 그 함수에 입력하는 변수에 따라 적절한 결과가 도출되게 하십시오.

예를 들어 월 결산을 한다고 가정해 보겠습니다. 이때 '변수'는 '월'이 될 것입니다. 그러면 다음과 같이 하면 됩니다.

> - 함수 이름 : 월결산
> - 변수 : 년, 월

그러면, 다음과 같은 함수 식을 사용해 볼 수 있겠죠.

> - 월결산(2015,12) : 2015년 12월의 결산 결과를 출력하는 프로그램
> - 월결산(2016,1) : 2016년 1월의 결산 결과를 출력하는 프로그램

'변수' 값에 따라 서로 다른 결과가 나올 수는 있겠지만, 계산하는 과정은 동일합니다. 그러기에 함

수처럼 만들 수 있는 것입니다. 이렇게 만들 수 있다면, 업무가 매우 편해지겠지요? 이처럼 현대 프로그래밍 작업에서 변수는 매우 중요한 역할을 하고 있습니다.

## 2 변수 사용하기

소스 코드를 다시 한번 살펴봅시다.

```
001:  Public Sub 인사말()
002:
003:    Dim Message
004:
005:    Message = InputBox("이름이 뭐에요?")
006:    MsgBox Message & "님, 반갑습니다~"
007:
008:  End Sub
```

최종 결과는 006행에서 만들어집니다. MsgBox 함수를 이용해서 메시지를 출력하는 데, 다음과 같은 식이 사용되고 있습니다.

```
Message & "님, 반갑습니다~"
```

여기에서 'Message'가 바로 변수입니다. 프로그램 코드를 입력할 때는 특정할 수 없는 값이죠. 사용자가 어떤 값을 입력할지 알 수 없으니까요. 그래서 'Message'라는 변수를 사용했습니다. 프로그램이 실행되면서, 'Message'라는 곳에는 사용자가 실제로 입력한 값이 들어옵니다. 만약, '염기웅'을 입력했다면 다음과 같은 식으로 바뀌겠지요.

```
MsgBox "염기웅" & "님, 반갑습니다~"
```

그래서 최종적으로는 '염기웅님, 반갑습니다~'라는 텍스트가 표시되는 것입니다.

> **Tip**
> '&'는 문자열 연결 연산자입니다. 다음 예를 살펴보세요.
> - "홍" & "길동" → "홍길동"
> - "1" & "23" → "123"

005행을 살펴봅시다. 여기에서의 등호는 '같다'는 의미가 아닙니다. 우항의 내용을 좌항에 '할당'한다는 의미를 가지고 있습니다. 즉, 005행은 'Message' 변수에 'InputBox("이름이 뭐에요?")' 함수 결과 값을 할당(저장)하라는 의미를 가지고 있는 것입니다.

003행을 봅시다. 003행은 변수를 선언하는 것입니다. 변수를 사용하려면, 컴퓨터에게 알려야 합니다. 이 작업을 '선언'이라고 합니다. 다음과 같은 규칙을 갖습니다.

```
Dim 변수명
```

Dim은 Dimension의 약자입니다. 현대적인 프로그래밍 언어에서는 Dim보다는 Declare 같은 구문을 사용하지만, Dimension을 사용하는 이유는 처음 만들어진 Basic 구문을 따르기 때문입니다.

### 3 변수명 명명 원칙 알아보기

변수명은 다음과 같은 원칙을 반드시 따라야 합니다.

❶ 문자로 시작해야 합니다.
　예) Message ( ○ )　1Message ( × )　Message1 ( ○ )
❷ 특수문자는 거의 사용할 수 없습니다. (밑줄은 사용할 수 있습니다.)
　예) Message ( ○ )　Message-1 ( × )　Message(1) ( × )　Message_1 ( ○ )
❸ 변수명 길이가 255자 이내여야 합니다.
❹ 같은 범위 안에서 중복되지 않아야 합니다.
❺ 대/소문자를 구분하지 않습니다. (다음의 세 변수는 모두 같은 변수입니다.)
　예) Message = message = MESSAGE
❻ 액세스에서 사용하는 키워드는 변수명으로 사용할 수 없습니다.
　예) MsgBox ( × )　If ( × )　Sub ( × )

위의 내용 중, '같은 범위 안에서 중복되지 않아야 합니다.'는 '프로시저 안에서는 변수명이 중복되지 않아야 합니다.' 정도로 이해하면 됩니다. 다음과 같은 소스 코드는 실행되지 않습니다.

```
Public Sub 인사말()

    Dim Message
    Dim Message

    Message = InputBox("이름이 뭐예요?")
    MsgBox Message & "님, 반갑습니다~"

End Sub
```

좀 복잡하지요? 변수명은 다음과 같은 원칙으로 사용하세요.

❶ 가급적 영문으로 작성하세요.
　예) Message, Msg
❷ 변수 데이터형에 따라 접두어를 붙여 주세요.
　예) strMessage, strMsg

**③** 이름 중복을 방지하기 위해 단어를 조합하여 사용하되, 대/소문자로 구분하세요.

　예) strNewMsg, strOldMsg

**④** 한글을 사용한다면, 밑줄(_)로 구분하세요.

　예) 새_메시지, 구_메시지

변수명을 한글로 했을 때 발생하는 오류는 보지 못했지만, 프로그래밍 작업을 하게 되면, 변수명을 한글로 했을 때 한/영 전환을 많이 해야 합니다. 따라서, 나중에는 누가 시키지 않아도 다 영문으로 작성합니다.

물론, 테이블 이름, 필드 이름 같은 액세스 개체명은 반드시 영문으로 작성해야 합니다. 액세스 개체명을 한글로 했을 때 발생하는 오류를 접할 때는 이미 늦습니다.

접두어를 붙여 주면, 나중에 디버깅 작업 때 많은 도움이 됩니다. 접두어는 251쪽 Tip에서 자세히 알아보겠습니다.

무엇보다 중요한 것은, **이 책에서 안내하는 대로 일단 해 보라는 겁니다.** 일단 원하는 대로 하고, 나중에 문제에 부딪힌 다음에 안내하는 대로 따라오는 경우를 무척 많이 보았습니다. 물론, 엄청난 수정 작업이 뒤따르는 것은 어쩔 수 없겠죠.

싸우지 않고 이기는 것이 최선의 수라고 했습니다. 앞에서 설명한 대로 변수 이름을 지정하면, 오류가 발생할 확률, 이상한 곳에서 머리를 싸맬 확률이 대폭 줄어듭니다. 일단 따라하고, 어느 정도 내공이 쌓이면 그때 자신만의 방법을 적용하는 것이 좋습니다.

📄 **예제파일** : 이전 '010.간단한 코드 만들기(시작).accdb' 예제에 이어서 따라하세요.
💾 **결과파일** : 011.간단한 코드 만들기(완료).accdb

실무
예제 **04** 코드 입력을 편하게 하는 기능 알아보기

**1** 앞에서 만들어 본 '인사말' 프로시저를 다시 만들어 보면서, 코드 입력을 편하게 하는 기능을 알아봅시다. VBA 편집기는 상당히 잘 만들어진 편집기입니다. 코드를 입력하면서 제공되는 다양한 기능을 익히면 편리하게 작업할 수 있습니다.

그림과 같이, 『InputBox(』까지 입력하면 풍선 도움말이 표시됩니다.

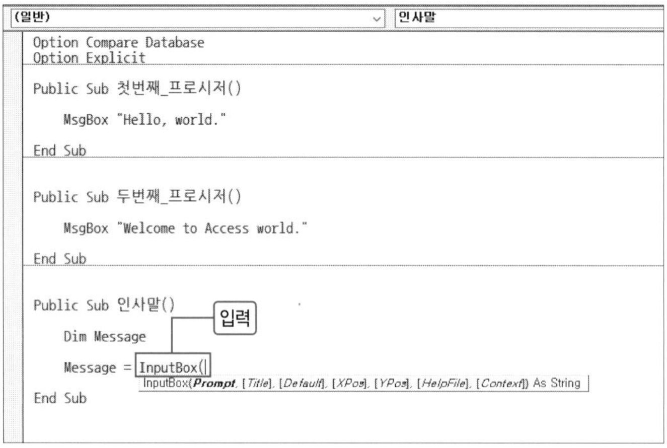

```
(일반)                                              ∨  | 인사말

Option Compare Database
Option Explicit

Public Sub 첫번째_프로시저()

    MsgBox "Hello, world."

End Sub

Public Sub 두번째_프로시저()

    MsgBox "Welcome to Access world."

End Sub

Public Sub 인사말()                ┌─── 입력
    Dim Message
    Message = InputBox(|
              InputBox(Prompt, [Title], [Default], [XPos], [YPos], [HelpFile], [Context]) As String
End Sub
```

풍선 도움말이 의미하는 바를 제대로 익히면 도움이 됩니다. 풍선 도움말은 다음과 같이 표시됩니다.

> InputBox(Prompt, [Title], [Default], [XPos], [YPos], [HelpFile], [Context]) As String

이러한 것을 **함수의 '원형'**이라고 합니다. InputBox 함수는 총 7개의 인수를 가지고 있습니다. Prompt, Title, Default, XPos, YPos, HelpFile, Context가 인수가 되지요. **인수라는 것은 변수의 일종으로, 함수에 전달되는 변수**를 말합니다.

그런데, Prompt에는 괄호가 없고, 나머지 인수는 대괄호로 묶어 있습니다. 어떤 의미일까요? 대괄호로 묶여 있는 인수는 생략 가능한 인수라는 뜻입니다. 괄호가 없는 Prompt라는 인수는 반드시 입력해야 하는 인수라는 뜻입니다.

InputBox가 어떤 함수인지는 아마 잘 알고 있을 것입니다. 사용자로부터 특정한 값을 입력받는 함수입니다. 상식적으로 생각해 보면, InputBox의 결과에는 사용자로부터 입력받은 값이 저장됩니다. InputBox를 사용할 때는 사용자에게 표시할 '질문'이 매우 중요합니다. 그것이 'Prompt'라는 인수가 되는 것이고, 필수 입력값이 되는 것입니다. 함수의 인수들은 이처럼, 함수 이름과 밀접한 관계를 맺고 있습니다.

그래서, 우리가 함수를 입력할 때, 『InputBox(』까지 입력하면, 액세스는 이러한 인수 목록을 자동으로 표시해 줍니다. 그러므로, 이 인수 목록만 보더라도, 적절한 값을 입력하기에 아주 편리하게 되어 있는 것이죠.

앞의 그림을 다시 한 번 살펴보기 바랍니다. 지금은 'InputBox('까지 입력한 상태이기 때문에, 'Prompt' 인수가 굵게 표시됩니다. 현재 'Prompt' 인수에 들어갈 값을 입력하고 있다는 뜻입니다.

**2** 그림과 같이, 'Prompt' 인수에 적절한 값을 입력한 다음 『,』까지 입력해 봅시다. '[Title]' 인수가 어떻게 동작하는지 보기 위함입니다. 그러면 '[Title]' 인수가 굵게 표시됩니다. 인수는 ','로 구분되기 때문에, 지금은 '[Title]'이라는 인수를 입력하고 있다는 것을 직관적으로 알 수 있지요.

이처럼 많은 장치들이 우리를 돕고 있습니다. 그래서 함수 원형을 외울 필요도 없고, 인수 순서를 미리 알고 있어야 할 필요도 없습니다. 필요한 시점에 액세스가 알려 주기 때문입니다. 다음과 같이 입력합니다.

```
Message = InputBox("이름이 뭐에요?", "테스트 제목")
```

**3** 프로시저를 실행해 봅시다. 그러면 그림과 같이, 이름이 뭐냐고 묻는 대화상자 제목이 '테스트 제목'으로 바뀌어 있는 것을 알 수 있습니다.

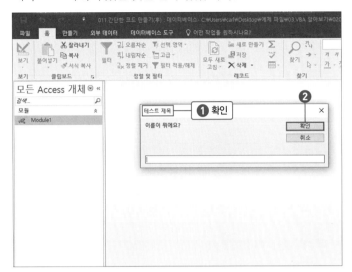

**4** 'MsgBox' 구문을 입력해 봅시다. 『MsgBox』를 입력한 후, Spacebar 를 누르면 다음과 같이 MsgBox 함수의 원형이 표시됩니다.

---

**잠깐만요**  **InputBox, MsgBox 함수 원형 표시 차이 알아보기**

눈치가 빠른 독자는 InputBox의 경우 괄호를 입력해야 함수 원형이 표시되고, MsgBox의 경우 Spacebar 를 눌렀을 때 함수 원형이 표시되는 것을 의아하게 생각하고 있을 것입니다. 이것은 설명이 더 필요합니다. 다음 링크를 참고하세요.

· http://g.td21.com/gb78

**5** InputBox 함수와 마찬가지로 'Prompt' 인수는 표시할 메시지를 말합니다. 그림과 같이 MsgBox 함수 구문을 모두 입력한 후 『, 』를 입력합니다. 그러면 'vb'로 시작하는 목록이 표시됩니다.

**6** MsgBox 함수의 'Buttons' 인수는 표시되는 메시지 상자 단추 스타일을 변경하는 데 사용됩니다. 함수 원형이 '[Buttons As VbMsgBoxStyle = vbOKOnly]'로 되어 있습니다. 이것만 봐도, 이러한 특성을 쉽게 유추할 수가 있습니다. 이러한 원형을 해석해 보면, 'VbMsgBoxStyle 형식의 Buttons 인수를 입력하는데, 아무것도 입력하지 않으면 'vbOKOnly' 형식으로 지정된다'는 의미를 가지고 있습니다. 'vbOKOnly'는 어떤 의미를 가질까요? [확인]만 표시된다는 뜻입니다. 이것이 기본값이죠. 우리는 목록을 스크롤하여 'vbYesNo'로 바꾸어 보겠습니다. 그러면 '예' 혹은 '아니요'를 선택할 수 있는 단추로 바뀌어 표시됩니다.

어떻습니까? 'Buttons' 인수에 사용될 수많은 값을 외울 필요가 없습니다. 목록에서 선택할 수 있으므로, 아주 쉽게 원하는 값을 선택할 수 있습니다. 만약, 자주 사용한 편이라 'vbYesNo' 라는 값을 알고 있었다면, 『vbYe』까지만 입력해도 자동으로 'vbYesNo' 항목에 커서가 가는 것을 알 수 있습니다. 그 다음 Spacebar 를 누르면 자동으로 입력되기도 합니다. 참 편리하지요?

최종 완료된 소스 코드는 다음과 같습니다.

```
001:    Public Sub 인사말()
002:
003:        Dim Message
004:
005:        Message = InputBox("이름이 뭐에요?", "테스트 제목")
006:        MsgBox Message & "님, 반갑습니다~", vbYesNo
007:
008:    End Sub
```

**7** 프로시저를 실행해 보면, 이름을 물어봅니다. 적당한 이름을 입력하고 [확인]을 클릭하면, 그림과 같이 '예' 혹은 '아니요'를 선택할 수 있는 단추가 표시됩니다.

이처럼, VBA 편집기는 우리가 프로그래밍 코드를 입력할 때, 많은 도움을 주는 도구들을 내장하고 있습니다. 구문을 잘 모른다고 혹은 선택해야 할 값을 모른다고 고민할 필요 없습니다. 대부분은 VBA 편집기가 풍선 도움말이나 팝업 목록으로 도와줄 것입니다.

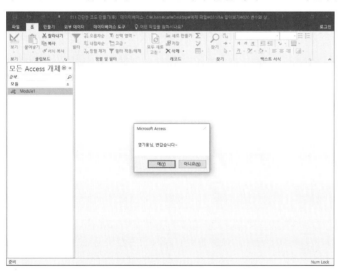

**잠깐만요** **클릭하는 단추에 따라 동작 지정하기**

[예]를 클릭했을 때와 [아니요]를 클릭했을 때의 동작을 다르게 지정할 수 있습니다 이런 것 이외에, MsgBox를 사용자 정의하는 것은 다음 링크를 참고하세요.

· http://g.td21.com/gb79

— 데이터 형식을 지정하는 이유 알아보기

🔵 **예제파일** : 이전 '010.간단한 코드 만들기(시작).accdb' 예제에 이어서 따라하세요.　🔵 **예제파일** : 011.간단한 코드 만들기(완료).accdb

앞선 예제에서, 우리는 다음과 같이 변수를 선언했습니다.

> Dim Message

그러나, 이것은 별로 좋은 방식이 아닙니다. 다음과 같이 데이터 형식을 지정하는 것이 좋은 방식입니다.

> Dim Message As String

이것은 '컴퓨터야, 앞으로 Message라는 변수를 사용할 것인데, String 형식의 데이터가 저장될 것이다'라는 의미를 갖습니다. VBA는 꽤 똑똑해서, 데이터 형식을 지정하지 않아도, 자기가 알아서 데이터 형식을 결정합니다.

그러나 데이터 형식을 지정하지 않으면, 그 변수는 Variant라는 데이터 형식을 갖습니다. **Variant 데이터 형식은 매우 특수한 데이터 형식입니다. 어떤 데이터라도 다 저장할 수 있는 변수**입니다. 그 대신, 다른 변수보다 느리게 동작합니다. 따라서, 특별한 상황이 아니라면, **데이터 형식을 꼭 지정하는 것이 좋습니다.**

속도 문제뿐만 아니라, 예상하지 못한 결과를 가져오는 경우도 종종 있습니다. 그래서 데이터 형식은 반드시 지정하고 사용해야 합니다. 다음 따라 하기를 해 보면, 그 이유를 알 수 있을 것입니다.

우선, 다음과 같은 소스 코드를 입력해 봅니다.

```
001:   Public Sub 변수_데이터형식1()
002:
003:      Dim Num1
004:      Dim Num2
005:
006:   '둘 다 숫자
007:      Num1 = 3
008:      Num2 = 5
009:      Debug.Print "둘 다 숫자: " & Num1 + Num2
010:
011:   '하나만 숫자
```

**잠깐만요**　**Variant 데이터 형식을 사용할 때 속도**

여기에서 Variant 데이터 형식이 '느리게' 동작한다는 것은 상대적인 의미입니다. 대부분 Variant 데이터 형식을 사용해도 눈에 띄게 느려지지 않습니다. 다만, 반복적인 계산이 아주 많이 사용될 때, Variant 데이터 형식을 사용한다면 눈에 띄게 느려지는 것을 체감할 수 있습니다.

```
012:     Num1 = "3"

013:     Num2 = 5

014:     Debug.Print "하나만 숫자: " & Num1 + Num2

015:

016:   '둘 다 문자

017:     Num1 = "3"

018:     Num2 = "5"

019:     Debug.Print "둘 다 문자: " & Num1 + Num2

020:

021:   End Sub
```

실행해 봅니다. 그러면 그림과 같이 VBA 편집기 아래쪽 [직접 실행] 창에 결과가 표시될 것입니다.

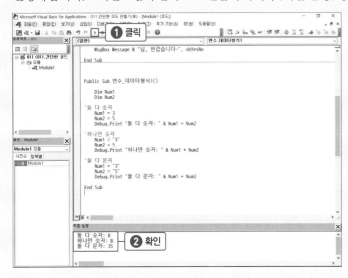

'변수_데이터형식1' 프로시저는 데이터 형식을 지정하지 않고 Num1과 Num2 변수를 선언했습니다. 그래서, 둘 다 숫자이거나 하나만 숫자일 경우, 숫자로 취급되어 '8'이라는 결과를 표시했습니다. 그러나 둘 다 문자 값이 입력되어 있을 경우, 문자로 취급되어 '35'라는 결과를 표시했습니다. 어떤 것이 옳은지 그른지는 중요한 것이 아닙니다. **상황에 따라 서로 다른 값이 결과로 출력될 수 있다는 점이 문제**인 것입니다.

> **잠깐만요**  **Debug.Print란?**
>
> Debug.Print 구문은 프로그램 오류 등을 찾을 때 매우 많이 사용하는 명령으로, [직접 실행] 창에 특정 결과를 출력해 주는 명령입니다. 자세한 것은 212쪽을 참고하세요.

이번에는 '변수_데이터형식2'라는 프로시저를 만들어 봅시다. 이전에 만든 '변수_데이터형식1'을 복제하여 만들면 됩니다. 그림과 같이, Num1 변수와 Num2 변수를 모두 숫자인 'Long' 형식으로 선언했습니다. 그랬더니, 입력 값이 문자이든 숫자이든 상관없이, 모두 '8'을 표시했습니다. 어떤 것이 예측 가능한 결과일까요?

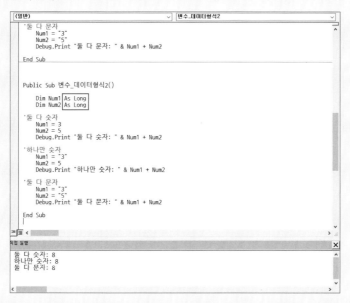

실무에서 이런 문제에 부딪히면, 해결하기 매우 어렵습니다. 지금은 예제이므로, 변수값을 직접 지정했지만, 실무에서는 특정 폼이나 특정 필드 값이 들어가서 계산 결과를 나타낼 것이기 때문입니다. 눈에 직접적으로 보이지 않는다는 뜻입니다.

특히, 문제 해결 경험이 부족하다면, 거의 불가능에 가까운 문제이기도 합니다. 그러나, **데이터 형식을 명시적으로 지정하면 이런 문제를 상당 부분 예방**할 수 있습니다. 그래서 데이터 형식을 반드시 지정하라고 권장하는 것입니다.

## 1 데이터 형식 살펴보기

VBA 데이터 형식은 다음 표를 참고하기 바랍니다.

| 데이터 형식 | 설명 | 크기 | 범위 |
|---|---|---|---|
| Byte | 이진 데이터 | 1바이트 | 0~255 |
| Integer | 작은 정수 | 2바이트 | −32,768~32,767 |
| **Long** | 큰 정수 | 4바이트 | 약 ±21억 |
| Single | 작은 실수 | 4바이트 | 약 30여 자리의 정밀도 |
| Double | 큰 실수 | 8바이트 | 약 300여 자리의 정밀도 |
| **Currency** | 통화 | 8바이트 | 약 ±922조 |
| **String** | 문자열 | 0~20억 개의 문자 | |
| **Boolean** | 예/아니오 | 1비트 | True/False |
| **Date** | 날짜/시간 | 8바이트 | 서기 100−01−01~9999−12−31까지의 날짜/시간 |
| Object | 개체 | 4바이트 | 개체에 대한 포인터 |
| Variant | 모든 데이터 형식 | 16바이트 + 1바이트 | |

❶ 자주 사용하는 중요한 데이터 형식은 굵은 글씨로 표기해 두었습니다.

❷ 데이터 형식은 '크기'와 '범위'가 중요합니다. 실제로 보관할 값에 따라 적절한 변수를 사용하면 됩니다.

❸ 요즘 PC 사양이 좋아지면서, Integer 데이터 형식은 거의 사용하지 않습니다. VBA 내부적으로도 Long 데이터 형식으로 변환하여 처리합니다.

❹ Single, Double을 정확히 이해하려면 정밀도와 배율에 대한 개념을 알아야 하는데, 쉬운 개념이 아닙니다.

　• Single의 경우, 30여 자리의 정밀도라는 것은, 예를 들어 0.00으로 시작하는 소수가 있다면 소수점 이하 30여 자리까지 정확하게 표시할 수 있다는 뜻 입니다. 123.00으로 시작하는 소수가 있다면, 소수점 이하 27여 자리까지 정확하게 표시할 수 있다는 뜻입니다.

　• 정확한 숫자 범위는 VBA 도움말을 참고하기 바랍니다.

❺ 소수가 필요하다고 해서 Single, Double을 사용하는 것은 아닙니다. **소수점 4자리 이하의 정밀도가 필요하고, 922조 정도의 범위라면 Currency를 사용하는 것이 좋습니다.**

❻ Date 데이터 형식은 날짜와 시간을 모두 저장할 수 있습니다.

❼ Object 데이터 형식은 다소 어려운 개념입니다. 일단 여기에서는 '개체'를 보관할 수 있는 데이터 형식이라고만 알아 두세요.

❽ Variant 데이터 형식은 모든 데이터 형식을 저장할 수 있습니다. 대신 상대적으로 느립니다.

　• Null 값을 가질 수 있는 유일한 데이터 형식입니다.

다음 표는 액세스 데이터베이스 필드 데이터 형식과 VBA 데이터 형식을 연결한 것입니다. 특정 필드의 값을 변수에 담아야 할 때, 표를 참고하여 변수의 데이터 형식을 지정하기 바랍니다.

| 필드 데이터 형식(한글) | 필드 데이터 형식(영문) | 호환되는 VBA 데이터 형식 |
|---|---|---|
| 일련 번호 | AutoNumber | Long |
| 통화 | Currency | Currency |
| 날짜/시간 | Date/Time | Date |
| 하이퍼링크 | Hyperlink | 없음 |
| 숫자-바이트 | Number-Byte | Byte |
| 숫자-정수 | Number-Integer | Integer |
| 숫자-정수(Long) | Number-Long | Long |
| 숫자-실수(Single) | Number-Single | Single |
| 숫자-실수(Double) | Number-Double | Double |
| 숫자-복제ID | Number-Replication ID | 없음 |
| OLE 개체 | OLE Object | Byte 데이터 형식 배열 |
| Yes/No | Yes/No | Boolean |
| 첨부 파일 | Attachment | 없음 |
| 짧은 텍스트 | Text | String |
| 긴 텍스트 | Memo | String |

## 2 데이터 형식을 지정하는 변수 선언 예제 살펴보기

데이터 형식을 지정하는 변수 선언 규칙은 다음과 같습니다.

Dim [변수명] As [데이터 형식]

다음 예제를 참고하세요.

```
001:    '정수 데이터 형식 선언
002:    Dim 정수 As Long
003:
004:    '소수 데이터 형식 선언
005:    Dim 소수 As Double
006:
007:    '텍스트 데이터 형식 선언
008:    Dim 텍스트 As String
009:
010:    '날짜/시간 데이터 형식 선언
011:    Dim 날짜 As Date
```

예제파일 : 이전 '010.간단한 코드 만들기(시작).accdb' 예제에 이어서 따라하세요.   예제파일 : 011.간단한 코드 만들기(완료).accdb

우선, 다음 소스 코드를 살펴봅시다.

```
001:  Public Sub 폼열고_메시지표시1()
002:
003:    DoCmd.OpenForm "테스트폼1"
004:    Forms("테스트폼1").Text0.Value = "테스트입니다."
005:
006:  End Sub
007:
008:
009:  Public Sub 폼열고_메시지표시2()
010:
011:    Const 테스트폼_이름 = "테스트폼1"
012:
013:    DoCmd.OpenForm 테스트폼_이름
014:    Forms(테스트폼_이름).Text0.Value = "테스트입니다."
015:
016:  End Sub
```

이 소스 코드에는 '폼열고_메시지표시1', 그리고 '폼열고_메시지표시2' 두 개의 프로시저가 있습니다. 이 것을 같이 비교해 보는 것이 중요합니다. 이 코드를 실행해 보면, 폼을 열고, 폼 텍스트 박스에 '테스트입니다'라는 글자를 표시하는 기능을 하는 것을 알 수 있습니다. 두 개의 프로시저가 동일한 기능을 수행합니다.

첫 번째 프로시저는 OpenForm 메소드의 인수로 '테스트폼1'이라는 텍스트를 사용했습니다. 그리고 004행에 보면 또 '테스트폼1'이라는 텍스트를 입력해 두었습니다. '테스트폼1' 폼을 열고, 그 폼 안에 있는 'Text0'이라는 텍스트 상자를 가리켜야 하기 때문에, '테스트폼1'이라는 글자를 여러 번 사용하는 것입니다.

이런 상황에서, 폼 이름이 갑자기 바뀐다면 만들고 있는 앱에서, '테스트폼1'이라는 글자를 찾아서 새 이름으로 바꿔 줘야 합니다. 이런 상황은, 매우 좋지 않습니다. 힘들기도 하지만 **완벽하게 바꿀 수 있다고 보장하기 어렵기 때문**입니다.

두 번째 프로시저를 봅시다. 011행에 보면 다음과 같은 구문이 나옵니다.

Const 테스트폼_이름 = "테스트폼1"

그리고, 013행과 014행을 보면, '테스트폼1'이라는 텍스트를 사용하지 않고, '테스트폼_이름'이라는 것을 대신해서 사용하고 있습니다.

이것이 바로 '상수'입니다. 오히려 여기에서는 '변수'와 비슷한 용법으로 사용되었지요? 하지만 변수와는 결정적 차이가 있습니다. **상수는 한 번 설정되면, 값이 바뀔 수가 없습니다.** 예를 들어, 다음 구분을 012행에 기록하면 컴파일 오류가 발생합니다.

```
테스트폼_이름 = "테스트폼2"
```

앞에 Const 구문이 없기 때문에, 일종의 변수에 값을 할당하는 식이 되었지요. 그러나 '테스트폼_이름'은 상수이기 때문에 바뀔 수가 없고, 그래서 오류가 발생하는 것입니다.

**상수는 한 번 설정되면 값이 바뀌지 않는 저장 공간입니다.** 변수와 유사해 보이지만, 내부적 처리는 크게 다릅니다.

두 번째 프로시저처럼 사용하기를 권장합니다. 필자의 회사 내부적으로는, **VBA 편집기 내부에 한 번이라도 사용하는 고정된 값은 모두 상수 처리하는 것을 원칙**으로 합니다. 다음과 같은 이유로 이러한 원칙을 운영하고 있습니다.

❶ 프로그래밍 코드를 보다 쉽게 이해할 수 있습니다.
❷ '이름'이 바뀌는 빈도가 생각보다 높습니다.

상수를 사용하면 프로그래밍 코드를 보다 쉽게 이해할 수 있습니다. 상수를 쓰지 않는다면, 고정 값을 VBA 편집기에 직접 기입한다는 말인데, 이것은 코드를 이해하기 어렵게 합니다. 다음 소스 코드를 봅시다.

```
001:  Public Sub 코드_이해도_1()
002:
003:    Dim 넓이_평 As Currency
004:    Dim 넓이_미터 As Currency
005:
006:    넓이_미터 = 109
007:    넓이_평 = 넓이_미터 * 0.3025
008:
009:    Debug.Print 넓이_미터
010:    Debug.Print 넓이_평
011:
012:  End Sub
013:
014:
015:  Public Sub 코드_이해도_2()
016:
017:    Const 미터_평_변환_계수 = 0.3025
```

```
018:
019:    Dim 넓이_평 As Currency
020:    Dim 넓이_미터 As Currency
021:
022:    넓이_미터 = 109
023:    넓이_평 = 넓이_미터 * 미터_평_변환_계수
024:
025:    Debug.Print 넓이_미터
026:    Debug.Print 넓이_평
027:
028:  End Sub
```

동일한 기능을 하는 두 개의 프로시저가 있습니다. 어떤 것이 이해하기 쉬운가요? 당연히 '미터_평_변환_계수'라는 상수를 사용한 두 번째 프로시저가 이해하기 쉽습니다. 그래서 상수를 사용하는 것입니다.

핵심
기능 | **06** | # 상수 알아보기

상수는 다음과 같은 규칙으로 선언합니다.

Const 상수명 = 상수값

다음 예제를 살펴보기 바랍니다.

```
001:    '문자 상수 선언
002:    Const 문자 = "상수"
003:
004:    '숫자 상수 선언
005:    Const 숫자 = 3.141592
006:
007:    '날짜 상수 선언
008:    Const 크리스마스 = #12/25/2016#
```

데이터형을 명시적으로 알려 주기 원하는경우, 다음과 같이 선언합니다.

Const 상수명 As 데이터형 = 상수값

다음 예제를 살펴보기 바랍니다.

```
001:    '문자 상수 선언
002:    Const 문자 As String = "상수"
003:
004:    '숫자 상수 선언
005:    Const 숫자 As Double = 3.141592
006:
007:    '날짜 상수 선언
008:    Const 크리스마스 As Date = #12/25/2016#
```

**143**

# Section 03 제어 구문 익히기

프로그래밍의 큰 원리 중 하나인 제어 구문을 알아보고, If 구문과 Select Case 구문의 다양한 활용 방법을 익혀 봅니다. If 구문으로 대부분의 문제가 해결되지만, Select Case 구문을 이용하면 보다 편하게 명령을 내릴 수 있습니다. Select Case 구문은 If 구문을 보완한다고 생각하면 됩니다.

## PREVIEW

```
If [비교식] Then
  [비교식이 참일 때 실행할 구문들]
Else
  [비교식이 거짓일 때 실행할 구문들]
End If
```

▲ If 구문

```
If [비교식1] Then
  [비교식1이 참일 때 실행할 구문들]
ElseIf [비교식2] Then
  [비교식2가 참일 때 실행할 구문들]
...
Else
  [어떤 비교식에도 해당되지 않을 때 실행할 구문들]
End If
```

▲ If ElseIf 구문

```
Select Case [식/변수]
  Case [비교값1]
    [비교값1을 만족할 때 실행할 코드]
  Case [비교값2]
    [비교값2을 만족할 때 실행할 코드]
  ...
  Case [비교값n]
    [비교값n을 만족할 때 실행할 코드]
  Case Else
    [비교값1 ... 비교값n을 모두 만족하지 않을 때 실행할 코드]
End Select
```

◀ Select Case 구문

**섹션별 주요 내용** 01 | IF 구문 알아보기 02 | 편리한 Select Case 구문 알아보기

| 핵심<br>기능 | 01 | **IF 구문 알아보기** |

## 1 제어 구문 알아보기

현대 프로그래밍 작업은 딱 두 가지 원칙으로 동작합니다.

> ❶ 상황에 따라 A를 실행하거나, B를 실행합니다.
> ❷ A를 n번 실행합니다.

위의 두 가지 원칙으로, 우리가 사용하는 복잡한 소프트웨어들이 동작하는 것입니다. 그렇다면 거꾸로, 복잡한 문제라도 위의 두 가지 원칙으로 프로그래밍할 수 있다는 의미입니다.

제어 구문은 앞의 두 가지를 모두 포괄하기도 합니다. 그러나 여기에서는 좁은 의미로 살펴보겠습니다. 앞의 첫 번째 원칙은 제어 구문으로, 두 번째 원칙은 반복문으로 정의하겠습니다. 그리고, 여기에서는 제어 구문을 알아보겠습니다.

복잡한 원칙을 잘게 쪼개는 예를 살펴봅시다. A 계좌에서 B 계좌로 1,000원을 이체하는 과정을 프로그래밍해 보겠습니다.

> ❶ A 계좌 잔액이 1,000원 이상인가요?
> ❷ A 계좌 인출 가능한 잔액이 1,000원 이상인가요?
> ❸ B 계좌가 유효한 계좌인가요?
> ❹ B 계좌로 이체 가능한 상태인가요?

의외로 복잡하지요. 간단할 것 같지만, 한 가지 중요한 특징이 있습니다. 그것은 모두 예/아니요를 요구하는 질문으로 되어 있다는 점입니다. **복잡한 문제를 프로그래밍할 때는, 이처럼 예/아니요를 요구하는 질문으로 구성**해야 합니다. 그리고, 이러한 각 질문이 하나의 제어 구문으로 구현되지요. 이때, 가장 많이 사용하는 것이 'If' 구문입니다. 앞의 절차를 프로그램으로 바꾸어 보면 다음과 같습니다. If 구문을 이용하여 순차적으로 각 조건들을 비교하고, 해당하는 조건에 맞지 않을 경우, 메시지를 표시하고 프로시저를 종료하도록 하고 있습니다.

```
001:    If A잔액 < 1000 Then
002:        MsgBox "A계좌의 잔액이 1000원 미만입니다."
003:        Exit Sub
004:    End If
005:
006:    If A인출가능잔액 < 1000 Then
007:        MsgBox "A계좌의 인출 가능 잔액이 1000원 미만입니다."
008:        Exit Sub
009:    End If
```

```
010:
011:    If B계좌_유효함 = False Then
012:        MsgBox "B계좌가 유효한 계좌가 아닙니다."
013:        Exit Sub
014:    End If
015:
016:    If B계좌_이체가능 = False Then
017:        MsgBox "B계좌로 이체 가능한 상태가 아닙니다."
018:        Exit Sub
019:    End If
```

## 2 한 줄 IF 구문 살펴보기

다음 소스 코드를 살펴봅시다.

```
001:   Public Sub 한줄If()
002:
003:    Dim 정수 As Long
004:    Dim 결과 As String
005:
006:    정수 = 150
007:    If 정수 >= 100 Then 결과 = "큰 수이네요. "
008:    결과 = 결과 & 정수
009:    Debug.Print 결과
010:
011:   End Sub
```

006행에서 '정수'라는 변수에 적절한 값을 입력합니다.

007행에서 '정수' 변수에 100보다 큰 수가 입력되어 있다면, '결과' 변수에 '큰 수이네요.'라는 텍스트를 입력합니다.

008행에서 '결과' 변수를 정의합니다. 이미 있는 '결과' 변수에 '정수' 변수값을 나란히 합칩니다.

009행에서 '결과' 변수에 정의된 값을 출력합니다.

이 프로시저를 실행하면 [직접 실행] 창에 다음과 같은 값이 표시됩니다.

```
큰 수이네요. 150
```

이 프로시저 006행의 '150'을 '50'으로 변경하고 실행하면 다음과 같은 값이 표시됩니다.

```
50
```

이 프로시저가 의미하는 바는 어렵지 않지만, 008행의 식은 생소한 개념일 수도 있습니다. '=' 기호가 If 구문에서 사용되면 '같다'는 의미의 비교 연산자입니다. 그러나 006행이나 008행처럼 '변수명 = 변수값' 형태로 사용된다면, 오른쪽 '변수값'을 왼쪽 '변수명'에 집어넣겠다는 의미입니다. 따라서, 008행은 '결과' 변수에 '결과 & 정수' 계산식의 결과를 입력하겠다는 뜻이 됩니다. 결과적으로 오른쪽의 '결과 & 정수' 계산식이 먼저 계산된 다음, 그 결과가 '결과' 변수에 저장되는 것입니다. **'누적 계산' 프로그래밍 작업에 이러한 기법이 자주 사용**됩니다.

여기에서 핵심은 007행입니다. IF 구문이 한 줄에서 끝나는 '한줄 IF 구문'을 사용하고 있습니다. If로 비교한 후, 아주 간단한 처리만 할 때 사용합니다. 다음과 같은 스타일로 사용해야 합니다.

> If [비교식] Then [비교식이 참일 때 실행할 구문]

'[비교식이 참일 때 실행할 구문]'이 한 줄 이상이라면, '한줄 IF 구문'은 사용할 수 없습니다. 이때는 다음에 설명할 '단일 IF 구문'을 사용해야 합니다.

## 3 단일 IF 구문 살펴보기

다음은 반지름을 기반으로 하여 원의 넓이를 계산하는 프로시저입니다. 단, 반지름에 저장된 값이 양수인지 확인하고 있습니다.

```
001:   Public Sub 단일If()
002:
003:       Dim 반지름 As Currency
004:
005:       반지름 = 0
006:       If 반지름 <= 0 Then
007:           Debug.Print "반지름은 0보다 큰 양수여야 합니다."
008:           Exit Sub
009:       End If
010:       Debug.Print "넓이: " & (반지름 * 반지름 * 3.14)
011:
012:   End Sub
```

어떻습니까? 006행에서 If 구문이 사용되었지만, 'Then' 옆으로 바로 명령문이 오지 않으며, 'Then' 다음 줄에 명령문이 옵니다. 그리고 이 예제에서는 두 줄의 명령문이 옵니다. 이렇게, 어떤 조건 뒤에 여러 줄의 명령문이 있을 때는 '한줄 If' 구문을 이용할 수 없으며, 다음과 같은 형식으로 사용해야 합니다.

```
If [비교식] Then
    [비교식이 참일 때 실행할 구문들]
End If
```

'한줄 If'와 비교해 보면, '[비교식이 참일 때 실행할 구문들]'에 여러 줄이 들어갈 수 있고, 'End If'로 끝나야 한다는 점만 다릅니다.

원래 'If' 구문은 '단일 If' 구문처럼 사용해야 하는데, '[비교식이 참일 때 실행할 구문들]'이 한 줄뿐일 때, 예외적으로 '한줄 If' 구문을 사용할 수 있다는 정도로 이해함이 옳습니다. 즉, **'한줄 If' 구문은 '단일 If' 구문의 간략화된 형태**라고 생각하면 됩니다.

### 4 일반 If 구문 살펴보기

If 구문의 일반식을 알아봅시다. 다음 소스 코드를 참고하세요.

```
001:    Public Sub 일반If()
002:
003:        Dim 반지름 As Currency
004:
005:        반지름 = 0
006:        If 반지름 > 0 Then
007:            Debug.Print "넓이: " & (반지름 * 반지름 * 3.14)
008:        Else
009:            Debug.Print "반지름은 0보다 큰 양수여야 합니다."
010:        End If
011:
012:    End Sub
```

006행에서 '반지름' 변수값이 0보다 크면 넓이를 계산합니다. 008행에서 006행의 조건에 만족하지 않으면(Else) 메시지를 표시합니다.

이 소스 코드는 '단일 If' 구문과 동작 자체는 동일합니다. 지금 단계에서는, 어떤 것이 더 좋은 방식이라고 정하기 어렵습니다. 둘 다 비슷할 때도 있고, 어느 것 하나가 더 나을 때도 있습니다. 일반 If 구문은 다음과 같은 스타일로 사용해야 합니다.

```
If [비교식] Then
    [비교식이 참일 때 실행할 구문들]
Else
    [비교식이 거짓일 때 실행할 구문들]
End If
```

여기에서 '[비교식이 참일 때 실행할 구문들]', '[비교식이 거짓일 때 실행할 구문들]'에는 여러 줄이 들어가도 상관 없습니다.

## 5 다중 If 구문 살펴보기

한 번만 비교하는 것이 아니고, 여러 번 비교하는 경우가 있을 수 있습니다. 다음 표와 같이, 점수가 주어질 때 '등급'을 책정하는 것을 '다중 If 구문'을 이용해서 만들 수 있습니다.

| 점수범위 | 등급 |
|---|---|
| 90~100 | A |
| 80~89 | B |
| 70~79 | C |
| 60~69 | D |
| 0~60 | F |

소스 코드는 다음과 같습니다.

```
001:    Public Sub 다중If()
002:
003:        Dim 성적 As Long
004:        Dim 등급 As String
005:
006:        성적 = 70
007:
008:        If 성적 < 60 Then
009:            등급 = "F"
010:        ElseIf 성적 < 70 Then
011:            등급 = "D"
012:        ElseIf 성적 < 80 Then
013:            등급 = "C"
014:        ElseIf 성적 < 90 Then
015:            등급 = "B"
016:        Else
017:            등급 = "A"
018:        End If
019:
020:        Debug.Print 성적 & vbTab & 등급
021:
022:    End Sub
```

008 행에서 처음 비교하고, 008행의 조건을 만족하면 009행을 처리하고 020행으로 갑니다. 만약 008행의 조건을 만족하지 않으면 010행으로 갑니다. 한 번 더 비교할 것이기 때문에, 'ElseIf' 구문을 이용해서 비교합니다. 만약, 010행의 조건을 만족하면 011행을 처리하고 바로 020행으로 갑니다. 만약 010행의 조건을 만족하지 않으면 012행으로 갑니다.

'다중 If 구문'의 일반식은 다음과 같습니다.

```
If [비교식1] Then
    [비교식1이 참일 때 실행할 구문들]
ElseIf [비교식2] Then
    [비교식2가 참일 때 실행할 구문들]
...
Else
    [어떤 비교식에도 해당되지 않을 때 실행할 구문들]
End If
```

**다중 If 구문은 ElseIf 로 비교할 때, 전혀 다른 식을 비교식으로 사용**할 수 있습니다. 앞의 소스 코드에서는 '성적'이라는 변수가 어느 범위에 있는지를 비교했습니다. 변수 하나를 조사한 것이죠. 그러나, 다음 소스를 보면 ElseIf 구문이 올 때마다, 전혀 다른 조건식이 올 수 있음을 알 수 있습니다.

```
001:   Public Sub 다중If2()
002:
003:     Dim 길이1 As Long
004:     Dim 길이2 As Long
005:     Dim 길이3 As Long
006:     Dim 결과 As String
007:
008:     길이1 = 5
009:     길이2 = 3
010:     길이3 = 4
011:
012:     If (길이1 = 길이2) And (길이2 = 길이3) Then
013:        결과 = "정삼각형"
014:     ElseIf (길이1 = 길이2) Or (길이2 = 길이3) Or (길이1 = 길이3) Then
015:        결과 = "이등변 삼각형"
016:     Else
017:        결과 = "막 삼각형"
018:     End If
019:
020:     Debug.Print 결과
021:
022:   End Sub
```

이 소스 코드는 길이 3개를 입력받고, 3개의 길이가 모두 같으면 '정삼각형', 2개의 길이가 같으면 '이등변 삼각형', 3개의 길이가 모두 다르면 '막 삼각형'이라는 결과를 출력합니다. 012행과 014행을 보면, 서로 다른 조건으로 비교하는 것을 알 수 있습니다.

If와 ElseIf로 구분할 때, 중복된 조건이 없도록 제대로 설정해야 합니다. 그렇지 않으면 전혀 엉뚱한 결과가 나올 수도 있습니다.

## 6 IF 구문 중첩 살펴보기

If 구문은 중첩해서 사용할 수 있습니다. 다음과 같은 기준표에 의해 키의 정도를 표시해 주는 기능을 만들어 봅시다.

| 남 | 여 | 키 범위 |
|---|---|---|
| 175~ | 165~ | 큼 |
| 165~174 | 155~164 | 보통 |
| 0~164 | 0~154 | 작음 |

소스 코드는 다음과 같습니다.

```
001:    Public Sub 중첩If()
002:
003:        Dim 성별 As String
004:        Dim 키 As Long
005:        Dim 결과 As String
006:
007:        성별 = "여"
008:        키 = 170
009:
010:        If 성별 = "남" Then
011:            If 키 < 165 Then
012:                결과 = "작음"
013:            ElseIf 키 < 175 Then
014:                결과 = "보통"
015:            Else
016:                결과 = "큼"
017:            End If
018:        Else
019:            If 키 < 155 Then
020:                결과 = "작음"
021:            ElseIf 키 < 165 Then
022:                결과 = "보통"
```

```
023:        Else
024:            결과 = "큼"
025:        End If
026:    End If
027:
028:    Debug.Print 결과
029:
030: End Sub
```

010행의 If 구문에 의해 성별이 남자인지 여자인지 확인합니다. 남자라면 011행을 실행하고, 그렇지 않다면 019행을 실행합니다. 011행, 019행 각각에는 또 다른 If 구문이 있습니다. 적절한 들여쓰기를 통해 시각적으로 If 블록을 잡아 두었으므로, 특별히 식별이 어렵지는 않을 것입니다.

**Tip**

프로그래밍할 때, 들여쓰기는 [Tab]을 이용합니다. VBA편집기에서 [Tab]을 이용하면 4칸씩 공백을 만들어 줍니다.

다음 소스 코드는 들여쓰기를 하지 않은 소스 코드입니다. 식별하기 어렵지요? **적절한 들여쓰기는 매우 중요**합니다.

```
001: Public Sub 중첩If2()
002:
003: Dim 성별 As String
004: Dim 키 As Long
005: Dim 결과 As String
006:
007: 성별 = "여"
008: 키 = 170
009:
010: If 성별 = "남" Then
011: If 키 < 165 Then
012: 결과 = "작음"
013: ElseIf 키 < 175 Then
014: 결과 = "보통"
015: Else
016: 결과 = "큼"
017: End If
018: Else
019: If 키 < 155 Then
020: 결과 = "작음"
021: ElseIf 키 < 165 Then
```

```
022:    결과 = "보통"
023:    Else
024:    결과 = "큼"
025:    End If
026:    End If
027:
028:    Debug.Print 결과
029:
030: End Sub
```

지금까지 If 구문의 여러 스타일을 알아 보았습니다. 사실, '일반 If' 구문이 표준이고, '단일 If' 구문 혹은 '한줄 If' 구문은 '일반 If' 구문에서 불필요한 것을 생략한 것입니다. 잘 모르면 '일반 If' 구문으로 모든 것을 사용해도 됩니다. 그렇지만 코딩에 익숙해지면, 이러한 것을 제대로 구분하여 사용하게 될 것입니다.

```
If [비교식] Then
    [비교식이 참일 때 실행할 구문들]
Else
    [비교식이 거짓일 때 실행할 구문들]
End If
```

▲ 일반 If 구문

```
If [비교식] Then
    [비교식이 참일 때 실행할 구문들]
End If
```

▲ 단일 If 구문

```
If [비교식] Then [비교식이 참일 때 실행할 구문]
```

▲ 한줄 If 구문

# 편리한 Select Case 구문 알아보기

## 1 If를 대체하는 Select Case 구문 살펴보기

앞에서 If를 알아보면서 성적에 따라 등급을 매기는 프로시저를 다음과 같이 만들어 보았습니다.

```
001:   Public Sub 다중If()
002:
003:     Dim 성적 As Long
004:     Dim 등급 As String
005:
006:     성적 = 70
007:
008:     If 성적 < 60 Then
009:        등급 = "F"
010:     ElseIf 성적 < 70 Then
011:        등급 = "D"
012:     ElseIf 성적 < 80 Then
013:        등급 = "C"
014:     ElseIf 성적 < 90 Then
015:        등급 = "B"
016:     Else
017:        등급 = "A"
018:     End If
019:
020:     Debug.Print 성적 & vbTab & 등급
021:
022:   End Sub
```

Select Case 구문을 이용하면, 이것을 보다 보기 쉽게 바꿀 수 있습니다.

```
001:   Public Sub SelectCase()
002:
003:     Dim 성적 As Long
004:     Dim 등급 As String
005:
006:     성적 = 70
007:
```

```
008:    Select Case 성적
009:        Case Is < 60
010:            등급 = "F"
011:        Case Is < 70
012:            등급 = "D"
013:        Case Is < 80
014:            등급 = "C"
015:        Case Is < 90
016:            등급 = "B"
017:        Case Else
018:            등급 = "A"
019:    End Select
020:
021:    Debug.Print 성적 & vbTab & 등급
022:
023:    End Sub
```

앞의 소스 코드와 비교해 보세요. 어떤 것이 더 간단한가요? 어떤 것이 읽기가 편한가요? 어떤 것이 한눈에 이해되나요?

어떤 값 하나를 가지고, 여러 범위를 비교하는 것은 If 구문보다는 Select Case 구문이 편리합니다. 이러한 If 구문은 Select Case 구문으로 사용하는 것이 좋습니다. 그러나, 값 여러 개를 비교할 때는 If ElseIf 구문밖에 사용할 수 없습니다. 150쪽 **'다중If2' 프로시저는 Select Case 구문으로 변환할 수 없습니다.**

Select Case 구문 일반식은 다음과 같습니다.

```
Select Case [식/변수]
    Case [비교값1]
        [비교값1을 만족할 때 실행할 코드]
    Case [비교값2]
        [비교값2를 만족할 때 실행할 코드]
    ...
    Case [비교값n]
        [비교값n을 만족할 때 실행할 코드]
    Case Else
        [비교값1 ... 비교값n을 모두 만족하지 않을 때 실행할 코드]
End Select
```

## 2 Select Case 구문 활용하기

다음 소스 코드는 등급에 따라 합격/불합격을 판단하는 프로시저입니다. 등급이 A, B, C, D이면 합격, F면 불합격입니다. If를 사용한 프로시저와 Select Case를 사용한 프로시저 두 개로 구성되어 있습니다. 여러분은 어떤 것을 사용하겠습니까?

```
001:  Public Sub 성적평가1()
002:
003:     Dim 등급 As String
004:     Dim 결과 As String
005:
006:     등급 = "C"
007:
008:     If (등급 = "A") Or (등급 = "B") Or (등급 = "C") Or (등급 = "D") Then
009:        결과 = "합격"
010:     Else
011:        결과 = "불합격"
012:     End If
013:
014:     Debug.Print 결과
015:
016:  End Sub
017:
018:
019:  Public Sub 성적평가2()
020:
021:     Dim 등급 As String
022:     Dim 결과 As String
023:
024:     등급 = "C"
025:
026:     Select Case 등급
027:        Case "A", "B", "C", "D"
028:           결과 = "합격"
029:        Case Else
030:           결과 = "불합격"
031:     End Select
032:
033:     Debug.Print 결과
034:
035:  End Sub
```

Select Case 구문이 훨씬 이해하기 쉽지요? 027행을 보면, A 혹은 B 혹은 C 혹은 D라는 것을 "A", "B", "C", "D"로 아주 간단하게 표현한 것을 알 수 있습니다.

눈썰미가 있는 독자는 155쪽 Select Case 구문에서는 'Case Is < 70'과 같이 'Case' 다음에 'Is'가 붙는다는 것을 알아챘을 것입니다. **'Case' 다음 'Is'는 비교 연산자를 사용할 때만 붙입니다.**

또 다른 좋은 방식이 있습니다. 다음은 앞서 만들었던 'SelectCase' 프로시저를 조금 변경한 것입니다.

```
001:   Public Sub 성적평가3()
002:
003:       Dim 성적 As Long
004:       Dim 등급 As String
005:
006:       성적 = 70
007:
008:       Select Case 성적
009:           Case 0 To 59
010:               등급 = "F"
011:           Case 60 To 69
012:               등급 = "D"
013:           Case 70 To 79
014:               등급 = "C"
015:           Case 80 To 89
016:               등급 = "B"
017:           Case Else
018:               등급 = "A"
019:       End Select
020:
021:       Debug.Print 성적 & vbTab & 등급
022:
023:   End Sub
```

'SelectCase' 프로시저에서 009행은 'Case Is < 60'으로 비교했습니다. 이것을 'Case 0 To 59'처럼 비교할 수도 있습니다. **'Case [시작값] To [종료값]'으로도 비교**할 수 있다는 것을 알아 두세요.

> **Tip**
>
> 물론, 이것은 '성적'이라는 변수가 정수이기 때문에 두 결과가 완전히 동일한 것입니다. '성적'이라는 변수가 정수가 아니라면, 두 식은 다른 결과를 표시할 수도 있습니다.

**잠깐만요**  **'Case' 다음에 'Is'를 언제 붙이고 떼나요?**

'Case' 다음에 'Is'를 언제 붙이고 떼는지 잘 모르겠다구요? 그냥 'Is'를 붙이지 말고 코드를 입력하세요. VBA 편집기가 알아서 자동으로 붙여줍니다. 필자도 'Is'를 붙여서 입력해 본 적이 없습니다.

# 반복 구문 익히기

프로그래밍의 큰 원리 중 하나인 반복 구문을 알아봅니다. For ~ Next, Do ~ Loop, For Each ~ Next 구문을 알아보고 반복문이 중첩되는 것도 알아봅니다. 특히, For Each ~ Next 구문은 개체와 배열을 다룰 때, 보다 편리하게 사용할 수 있는 고급 구문입니다.

> **PREVIEW**

For 카운터변수 = 시작값 To 종료값 [Step 증가값]

    [VBA구문]

    [Exit For]

    [VBA구문]

Next [카운터변수]

◀ 정해진 수만큼 반복하는 For ~ Next 구문

Do [{While | Until} 조건식]       혹은,       Do

    [VBA구문]                  [VBA구문]

    [Exit Do]                   [Exit Do]

    [VBA구문]                  [VBA구문]

Loop                        Loop [{While | Until} 조건식]

◀ 무작정 반복하는 Do ~ Loop 구문

For Each 요소변수 In 컬렉션개체

    [VBA구문]

    [Exit For]

    [VBA구문]

Next [요소변수]

◀ 컬렉션 개체에 특화된 For Each ~ Next 구문

> **섹션별 주요 내용**    **01** | 정해진 수만큼 반복하기    **02** | 무작정 반복하기    **03** | 컬렉션 개체 반복하기    **04** | 반복문을 중첩하여 사용하기

# 정해진 수만큼 반복하기

## ― For ~ Next

### **1** 반복문 알아보기

앞서 '제어 구문 익히기'에서 현대 프로그래밍 작업은 다음 두 가지 원칙으로 동작한다고 하였습니다.

**①** 상황에 따라 A를 실행하거나, B를 실행합니다.

**②** A를 n번 실행합니다.

**①**은 지금까지 배운 If( 혹은 Select Case ) 구문입니다. 이제부터는 **②**를 알아보겠습니다.

**②**는 말 그대로 반복문입니다. 이러한 반복문은 다음 네 가지가 전부입니다.

**①** For ~ Next

**②** For Each ~ Next

**③** Do ~ Loop

**④** While ~ Wend

이 네 가지 중, **①**, **②**, **③** 순으로 많이 사용합니다. **④**는 거의 사용하지 않습니다. 여러분이 고급 프로그래머라면 **②**를 가장 많이 사용할 수도 있습니다. 반복문을 하나하나 익혀 봅시다.

### **2** For ~ Next 알아보기

For ~ Next 구문의 일반형은 다음과 같습니다.

```
For 카운터변수 = 시작값 To 종료값 [Step 증가값]
        [VBA구문]
        [Exit For]
        [VBA구문]
Next [카운터변수]
```

> **Tip**
>
> 복잡해 보일 수 있지만 '일반형'에 익숙해지는 것이 좋습니다. VBA 도움말에 일반형으로 설명해 놓는 경우가 많기 때문입니다.

우선 1부터 100까지 더하는 예제를 통해 감을 익혀 봅시다.

```
001:  Public Sub 일부터백_For()
002:
003:    Dim 반복 As Long
004:    Dim 결과 As Long
005:
006:    For 반복 = 1 To 100
007:       결과 = 결과 + 반복
008:    Next
009:
010:    Debug.Print 결과
011:
012:  End Sub
```

프로시저를 실행하면 '직접 실행' 창에 '5050'이 표시됩니다. 어떻게 계산한 것일까요?

003~004행에서 두 변수를 선언하고 006행은 1부터 100까지 반복한다는 명령입니다. 이때, '반복'이라는 변수에는 1부터 100이 담기게 됩니다. **007행에서 결과를 누적**합니다. 등호 오른쪽 계산식 결과를 등호 왼쪽 변수에 저장한다는 뜻입니다.

이렇게만 설명하면 다소 어려울 수 있습니다. 좀 풀어서 설명해 보겠습니다. 프로그램이 실행되고, '반복'과 '결과'라는 변수가 만들어집니다. Long형 변수이므로, 초기값이 0이 됩니다.
006행으로 가면, '반복' 변수에 1이 저장되고, 007행의 '결과' 변수에는 1이 저장됩니다. ( 0 + 1 )
008행으로 가면 다시 006행으로 갑니다( 아직 '반복'이 100이 넘지 않았기 때문에 ). 이번에는 '반복' 변수에 2가 저장됩니다. 따라서, 007행의 '결과' 변수에는 3이 저장됩니다( 1 + 2 ).
또 008행으로 가면 다시 006행으로 갑니다( 아직 '반복'이 100이 넘지 않았기 때문에 ). 이번에는 '반복' 변수에 3이 저장됩니다. 따라서, 007행의 '결과' 변수에는 6이 저장됩니다( 3 + 3 ).
이런 식으로 '반복' 변수에 100이 저장될 때까지 실행됩니다. 006행에서 '반복' 변수에 100이 저장됩니다. '결과' 변수에는 4950이 저장되어 있을 것입니다. 007행으로 가면 '결과' 변수에 5050이 저장됩니다( 4950 + 100 ).
008행으로 가면 006행으로 갑니다. 그런데 '반복'이 100이 되었기 때문에 'Next' 다음 줄로 갑니다. 010행이죠. '결과' 변수를 출력하고, 프로그램은 종료되는 것입니다.

여기에서 For 문의 구문도 중요하지만, '누적'이라는 중요한 개념을 배우게 됩니다.

```
결과 = 결과 + 반복
```

이 식에서, 왼쪽 '결과'와 오른쪽 '결과'라는 변수는 다른 변수입니다. **오른쪽 계산식이 왼쪽 '결과'라는 변수에 새로 저장된다는 개념**을 정확히 이해하기 바랍니다.

## 3 For ~ Next 구문에 Step 사용하기

이번에는 1부터 100까지, 홀수의 합만 계산하는 프로시저를 만들어 봅시다.

```
001:  Public Sub 일부터백_For_홀수만()
002:
003:      Dim 반복 As Long
004:      Dim 결과 As Long
005:
006:      For 반복 = 1 To 100 Step 2
007:          결과 = 결과 + 반복
008:      Next 반복
009:
010:      Debug.Print 결과
011:
012:  End Sub
```

이 프로시저를 실행하면 2500이라는 결과 값이 출력됩니다. '일부터백_For' 프로시저와 약간 다릅니다. 006행을 보면, 맨 끝에 'Step 2'라는 구문이 추가되었습니다. 'Step 2'가 추가되었으므로, '반복' 변수는 1씩 증가하는 것이 아니고, 2씩 증가합니다. '반복' 변수에는 차례대로 1, 3, 5, …, 99까지 저장될 것입니다. 그래서 '홀수'만 합계를 낼 수 있는 것입니다.

008행을 보면, 'Next' 다음 '반복'이라는 변수명을 넣었습니다. '일부터백_For' 프로시저에서는 변수명 없이 'Next'만 사용했습니다. **'Next' 뒤의 변수명은 일반적으로 생략**합니다.

이번에는 99부터 1까지 거꾸로 세어 가면서 홀수 합만 계산하는 프로시저를 만들어 봅시다.

```
001:  Public Sub 일부터백_For_홀수만_거꾸로()
002:
003:      Dim 반복 As Long
004:      Dim 결과 As Long
005:
006:      For 반복 = 99 To 1 Step -2
007:          결과 = 결과 + 반복
008:      Next 반복
009:
010:      Debug.Print 결과
011:
012:  End Sub
```

006행에서 '반복'이 99부터 시작입니다. 그런데, 'Step' 다음에 '-2'가 있기 때문에, 99부터 2씩 빼게 됩니다. '반복' 변수에는 차례대로 99, 97, …, 3, 1까지 저장될 것입니다.

## 4 For ~ Next 구문에서 탈출하기

지금까지 For ~ Next 구문은 시작 값과 종료 값 모두를 반복하는 구문이었습니다. 그런데, 실무를 처리하다보면, 종료 값에 도달하기 이전이라도 **다른 조건을 만족하면 중간에 종료**해야 하는 상황이 있기도 합니다. 이럴 때 Exit for 구문을 이용해 '탈출'할 필요가 있습니다.

1부터 100까지 합계를 구하는데, 총 합계가 1000이 처음으로 넘어가는 시점의 숫자를 구해 봅시다. 예를 들어, 1부터 10까지 합계를 구하는데, 총 합계가 5가 처음으로 넘어가는 시점의 숫자라면, '1 + 2 + 3 = 6'이 되므로, '3'이라는 숫자가 구하고자 하는 숫자가 되는 것입니다.

```
001:  Public Sub 일부터백_For_1000초과()
002:
003:    Dim 반복 As Long
004:    Dim 결과 As Long
005:
006:    For 반복 = 1 To 100
007:      결과 = 결과 + 반복
008:      If 결과 >= 1000 Then Exit For
009:    Next
010:
011:    Debug.Print 반복
012:
013:  End Sub
```

총 합계가 처음으로 넘어가는 시점의 숫자는 '45'입니다. 앞의 소스 코드 008행을 보면, 007행에서 '결과'를 누적한 후, 누적한 '결과' 값을 비교하지요. 누적한 '결과' 값이 1000 이상이라면 **'Exit For' 명령을 통해 For ~ Next 구문에서 탈출**하는 것입니다. 그리고 011행에서 '반복' 변수를 출력하는데, 100까지 가기 이전인 '45'라는 숫자가 결과로 나오게 될 것입니다.

지금까지 For ~ Next 구문의 다양한 용법을 알아보았습니다. 이 모든 유형을 완벽하게 알아둘 필요는 없습니다. 지금은 대략적으로만 알아 두고, 실제로 사용할 때 어떤 유형을 사용할지 결정한 다음, 필요한 유형을 들여다 보면서 프로그래밍하면 됩니다. VBA는 일부러 외우는 것이 아닙니다. 부담 갖지 말고, **자주 사용하다 보면 자연스럽게 외워집니다.**

**잠깐만요** **For ~ Next 루프 알아보기**

'For ~ Next 구문'이라는 용어도 사용하지만, 'For ~ Next 루프(Loop)'라는 용어도 자주 사용합니다. 이러한 **반복문**을 '루프문'이라고 합니다.

**핵심기능 02** **무작정 반복하기**

— Do~Loop, While ~ Wend

### 1 Do ~ Loop 알아보기

반복문에는 Do ~ Loop 구문도 있습니다. For ~ Next 구문과 Do ~ Loop 구문은 사용하는 시점이 좀 다릅니다. 이것은 나중에 자세히 알아보겠습니다. Do ~ Loop 구문도 많이 사용하는 반복문이라는 것만 알아 두세요.

Do ~ Loop 구문의 일반형은 다음과 같습니다.

```
• 먼저 비교
Do [{While | Until} 조건식]
        [VBA구문]
        [Exit Do]
        [VBA구문]
Loop

• 나중 비교
Do
        [VBA구문]
        [Exit Do]
        [VBA구문]
Loop [{While | Until} 조건식]
```

'먼저 비교'가 있고, '나중 비교'라는 것이 있습니다. 당연히, '먼저 비교'는 비교를 먼저 하기 때문에, 반복문이 전혀 실행되지 않을 가능성이 있습니다. '나중 비교'는 비교를 나중에 하기 때문에, 반복문이 최소한 한 번은 실행됩니다.

복잡할 수 있지만 염려하지 마세요. 필자는 '먼저 비교'만 사용해 왔고, 지금까지 문제가 없었습니다. 여러분도 '먼저 비교' 하나만 익혀도 충분합니다.

Do ~ Loop 구문을 이용해서 1부터 100까지 더하는 프로시저를 만들어 봅시다. 다음과 같이 만들면 됩니다.

```
001:  Public Sub 일부터백_Do()
002:
003:    Dim 반복 As Long
004:    Dim 결과 As Long
005:
```

163

```
006:    Do While 반복 < 100
007:        반복 = 반복 + 1
008:        결과 = 결과 + 반복
009:    Loop
010:
011:    Debug.Print 결과
012:
013: End Sub
```

Do ~ Loop 구문에 사용되는 'While'은, 'While' 뒤에 나오는 조건이 만족할 때만 반복문을 실행하라는 뜻을 가지고 있습니다. 006행은 그래서, '반복' 변수가 100보다 작을 때만 반복문이 실행되는 것입니다.

006행의 '반복' 변수값은 0부터 시작합니다. '반복' 변수를 선언만 한 상태이므로, 처음 들어가 있는 값은 0입니다. 006행에서 '반복' 변수를 비교하게 됩니다. '0 < 100'이 맞는 말이므로, 007행으로 갑니다. 여기에서 '반복'은 1이 됩니다. 008행에서 ( 0 + 1 )이 되어 '결과'는 1이 됩니다.

009행에 의해 006행으로 다시 이동합니다. '반복'은 여전히 1이고, 'While 반복 < 100' 식에 의해 007행으로 넘어갑니다. 여기에서 '반복'은 2가 되고, 008행에서 ( 1 + 2 )가 되어 '결과'는 3이 됩니다.

이런 식으로 '반복'이 99일 때까지 계속됩니다.

'반복'이 99일 때, 006행으로 갑니다. 여전히 '반복'이 100보다 작으므로 007행으로 갑니다. 여기에서 '반복'은 100이 됩니다. 008행에서 ( 4950 + 100 )이 되어 '결과'는 5050이 됩니다.

009행에 의해 006행으로 다시 이동합니다. 현재 '반복'은 100이고, 이것은 'While 반복 < 100'이라는 조건에 맞지 않습니다. 따라서 011행으로 이동하게 되고, 5050이라는 '결과'를 출력하고 프로그램이 종료됩니다.

**Tip**
006행을 'Do While 반복 <= 100'으로 하면 안 됩니다. 007행에 의해서 101까지 더하는 결과가 나오기 때문입니다. 헛갈리지요? 그래서 이런 식의 미리 결정된 정수만큼 반복하는 것은 For ~ Next 구문이 더 유리합니다. 나중에 배우겠지만, **Do ~ Loop 구문은 프로그램이 실행될 때 결정된 반복 횟수를 모를 경우 주로 사용합니다.**

**잠깐만요** **While과 Until 비교하기**
006행을 'Do Until 반복 >= 100'으로 해도 완전히 동일한 결과를 얻습니다. 'While'은 조건을 만족하는 동안 실행하라는 의미이고, 'Until'은 조건을 만족하지 않는 동안 실행하라는 의미입니다. '조건을 만족하지 않는 동안 실행'은 이해하기가 어렵죠. 'Until'은 조건을 만족하지 않을 때까지 실행하라고 이해하는 편이 더 쉬울 수 있습니다. 'While' = Not 'Until'입니다.

## 2 Do ~ Loop 탈출하기

1부터 100까지 더할 때, 다음과 같이 Do ~ Loop 구문을 사용해도 됩니다.

```
001:   Public Sub 일부터백_Do_탈출()
002:
003:     Dim 반복 As Long
004:     Dim 결과 As Long
005:
006:     Do
007:       반복 = 반복 + 1
008:       결과 = 결과 + 반복
009:       If 반복 = 100 Then Exit Do
010:     Loop
011:
012:     Debug.Print 결과
013:
014:   End Sub
```

006행을 보면, 지금까지 알아본 바와는 달리, Do 구문 다음에 While이나 Until이 없습니다. **Do ~ Loop 구문은 '일단 하라'는 느낌이 강한 구문입니다.**

009행에 의해서, '반복'이 100이 되면 'Exit Do' 명령이 실행되고, 그 결과로 012행으로 가게 됩니다.

## 3 While ~ Wend 알아보기

1부터 100을 더하는 것은 다음과 같이, While ~ Wend 구문을 이용해서도 구할 수 있습니다.

```
001:   Public Sub 일부터백_While()
002:
003:     Dim 반복 As Long
004:     Dim 결과 As Long
005:
006:     While 반복 < 100
007:       반복 = 반복 + 1
008:       결과 = 결과 + 반복
009:     Wend
010:
011:     Debug.Print 결과
012:
013:   End Sub
```

While ~ Wend 구문은 거의 사용하지 않습니다. 대부분 Do ~ Loop 구문으로 바꿀 수 있기 때문입니다.

006행에 의해 '반복'이 100보다 작을 동안에 반복문이 실행됩니다.

While ~ Wend 구문의 일반형은 다음과 같습니다.

```
While 조건식
      [VBA구문]
Wend
```

일반형을 보면 알겠지만, **'조건식'이 필수**입니다. 그리고, 'Exit While'과 같은, **중간 탈출 조건이 없습니다.** 그래서 잘 사용하지 않게 됩니다. 잘 사용하지 않는다고 해서 몰라도 되는 건 아닙니다. 다른 사람이 만든 예제를 보고 공부할 때, 전혀 어떤 의미인지 모르면 곤란할 테니까요. While ~ Wend 구문은 직접 사용하지 않더라도, 보고 어떤 의미인지 파악할 수 있을 정도면 됩니다.

컬렉션 개체라는 용어가 생소하게 다가올 것입니다. 일단, 이것을 먼저 이해해야 합니다. 액세스는 테이블, 쿼리, 폼, 보고서, 매크로, 모듈 등의 **'개체'로 이루어져 있습니다.** 액세스 폼에는 여러 개의 컨트롤이 붙어 있지요. 액세스 폼에 붙은 **텍스트 상자, 레이블, 콤보 상자 등은** 그 자체로 고유한 **'개체'**입니다.

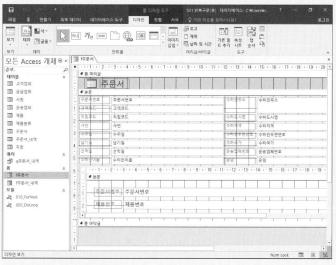

▲ 액세스 폼에 붙어 있는 컨트롤 개체

이해하기가 좀 어려운가요? 사람을 기준으로 생각해 봅시다. 다음 표를 살펴봅시다. '사람'이라는 개체는 '몸통'이라는 개체를 중심으로, '머리', '팔', '다리' 개체로 구성되어 있습니다.

▲ 사람의 개체 모델 1

그런데, 이것은 올바른 구조가 아닙니다. 팔은 왼쪽, 오른쪽 두 개가 있지요. 다리도 마찬가지입니다. 그러면 다음 그림과 같이 나타낼 수 있을 것입니다.

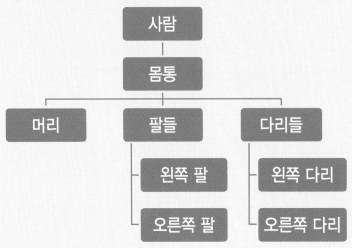

▲ 사람의 개체 모델 2

어떻습니까? 이렇게 그려 놓으니, 좀 으스스하네요. '팔들', '다리들'이라는 것이 매우 중요합니다. 팔, 다리는 두 개씩 있으니 '팔들', '다리들'이라는 **집합적 개체를 정의한 것입니다. 이것이 바로 '컬렉션 개체'** 입니다.

컬렉션 개체를 사용하면 다음과 같이 표현할 수 있어서 매우 편리합니다.

```
팔들(1).Name = "왼쪽팔"
팔들(2).Name = "오른쪽팔"
?팔들.Count → 2
```

이제 다시 액세스로 돌아와 봅시다. 액세스도 이러한 개념으로 이루어져 있습니다. 앞의 '주문서' 폼의 구성을 보면 다음과 같습니다.

▲ 액세스 폼의 개체 모델

폼은 머리글, 본문, 바닥글이라는 '영역'으로 이루어져 있습니다. 그리고 **폼에 붙어 있는 컨트롤은 이러한 영역에 '붙어' 있는 개념**입니다. 앞의 'f주문서' 폼의 디자인 보기와 같이 보기 바랍니다. 머리글에는 '주문서' 레이블이 있습니다. 본문에는 '주문서번호'와 '고객코드'라는 컨트롤이 있습니다. 그리고, 액세스에서는 이러한 컨트롤들에 쉽게 접근하게 하려고 '컨트롤들'이라는 컬렉션 개체를 사용하고 있습니다. 예를 들자면, '컨트롤(1)'은 '주문서_레이블'에 대응하고, '컨트롤(2)'는 '고객코드'에 대응하는 식입니다. 액세스는 이런 방식으로 이루어져 있습니다. 엑셀, 파워포인트 역시 모두 이런 방식으로 이루어져 있습니다. **이런 방식으로 이루어져 있음을 이해하는 것은 대단히 중요**합니다. VBA 코드를 작성할 때, 필요한 기능은 이러한 '개체'에 같이 있기 마련입니다. 그래서 '개체 모델'을 제대로 알아야 원하는 기능을 VBA 프로그래밍할 수 있게 됩니다.

이처럼 '개체' 기반으로 디자인하는 기법을 **'개체 지향 프로그래밍'**이라고 합니다. 현대 프로그래밍은 대부분 이 기법을 이용하고 있습니다. 이 기법을 사용하면, 어떤 기능을 찾는 것이 꽤 쉬워집니다. 필자도 아웃룩, 엑셀, 파워포인트, 워드 등을 VBA로 제어하곤 하는데, 이때 '개체 모델'을 생각해서 기능을 추적하곤 합니다.

지금까지 설명한 내용이 어려우면 건너 뛰어도 좋습니다. 이런 개념은 여러 번 봐야 조금씩 이해가 되기 때문입니다. 시간 날 때마다 새로운 마음으로 읽어 보세요. 지금은 다음과 같은 사항만 인지하고 넘어가세요.

❶ 액세스는 '개체' 기반으로 이루어져 있습니다.
❷ 이러한 '개체'는 계층화되어 있습니다.
❸ 비슷한 '개체'들을 한 군데 묶어서 '컬렉션'이라는 논리적 개체로 관리합니다.
❹ 액세스 '개체' 이름 중, '복수형'으로 표시된 것은 컬렉션 개체입니다.

다음 표에 오피스에서 자주 사용하는 제품들의 개체 모델을 링크해 두었습니다. 참고하세요.

| 내용 | 링크 |
|---|---|
| 개체 모델 – 액세스 | http://g.td21.com/gb65 |
| 개체 모델 – 엑셀 | http://g.td21.com/gb66 |
| 개체 모델 – 워드 | http://g.td21.com/gb67 |
| 개체 모델 – 파워포인트 | http://g.td21.com/gb68 |
| 개체 모델 – DAO | http://g.td21.com/gb69 |
| 개체 모델 – 오피스 | http://g.td21.com/gb70 |
| 개체 모델 – ADO | http://g.td21.com/gb71 |
| 개체 모델 – 아웃룩 | http://g.td21.com/gb72 |
| 개체 모델 – OWC (Office Web Components) | http://g.td21.com/gb73 |
| 개체 모델 – 비지오 | http://g.td21.com/gb74 |
| 개체 모델 – 프로젝트 | http://g.td21.com/gb75 |
| 개체 모델 – 비주얼 베이직 에디터 | http://g.td21.com/gb76 |

# 컬렉션 개체 반복하기

—For Each ~ Next

## 1 컬렉션 개체 다루어 보기

'컬렉션 개체'가 무엇인지 어렴풋하게 이해가 되었을 것입니다. 실제로 다루어 보면 더 잘 이해하게 될 것입니다. 예제파일을 열고, 다음 프로시저를 작성해 보세요.

```
001:   Public Sub 컬렉션1()
002:
003:      Debug.Print CurrentData.AllTables.Count
004:      Debug.Print CurrentProject.AllForms.Count
005:
006:   End Sub
```

이 프로시저가 하는 일은 'CurrentData.AllTables.Count' 값과 'CurrentProject.AllForms.Count' 값을 [직접 실행] 창에 출력하는 것 입니다.

실제로 21과 2라는 숫자를 출력합니다. 현재 예제파일에는 테이블이 9개 있습니다. 그러나, 숨겨진 12개의 시스템 테이블도 있습니다. 그래서 총 21을 출력합니다.

폼은 'f주문서'와 'f주문서_내역' 2개가 있습니다. 그래서 2를 출력합니다.

**'CurrentData' 개체는 현재 액세스 파일의 데이터쪽 개체를** 가리킵니다. VBA 편집기에 『CurrentData.』까지 입력하면 'AllTables', 'AllQuries'와 같은 컬렉션 개체가 보입니다. 따라서 'CurrentData.AllTables.Count'를 실행하게 되면, 현재 액세스 파일 모든 테이블 개수를 세어서 알려 주는 것입니다.

**'CurrentProject' 개체는 현재 액세스 파일의 사용자 인터페이스(UI; User Interface) 측면의 개체를** 가리킵니다. VBA 편집기에 『CurrentProject.』까지 입력하면 'AllForms', 'AllReports'와 같은 컬렉션 개체가 보입니다. 따라서 'CurrentProject.AllForms.Count'를 실행하게 되면, 현재 액세스 파일의 모든 폼 개수를 세어서 알려 주는 것입니다. [직접 실행] 창에 다음과 같은 식을 입력해 봅시다.

?Currentproject.AllForms(1).Name　　

그러면 'f주문서_내역'이라는 값을 표시할 것입니다. 첫 번째 폼은 'f주문서_내역'이라는 의미입니다.

이번에는 [직접 실행] 창에 다음과 같은 식을 입력해 봅시다.

?Currentproject.AllForms(0).Name

그러면 'f주문서'라는 값을 표시할 것입니다. 0번째 폼은 'f주문서'라는 의미입니다.

액세스 파일 안에는 여러 개의 폼이 있을 수 있습니다. 따라서, 'AllForms'라는 컬렉션 개체를 통해 특정 폼에 접근할 수 있는 것입니다. 이제 컬렉션 개체를 조금 알겠지요?

## ② For Each ~ Next 알아보기

For Each ~ Next 구문은 컬렉션 개체에 특화된 반복문입니다. 컬렉션 개체가 아니라면 For ~ Next 구문을 사용해야 합니다. 그러나, 컬렉션 개체라면 For Each ~ Next 구문을 사용하는 것이 더 편리합니다.

예제파일에 있는 **모든 테이블 이름을 출력하는 VBA 프로그래밍**을 해 봅시다.

```
001:  Public Sub 컬렉션2()
002:
003:    Dim 테이블 As AccessObject
004:
005:    For Each 테이블 In CurrentData.AllTables
006:       Debug.Print 테이블.Name
007:    Next
008:
009:  End Sub
```

이 프로시저를 실행하면 21개의 테이블 이름을 [직접 실행] 창에 표시합니다. '고객업체', '공급업체'로 시작해서 'MSysRelationships', 'MSysResources'로 끝납니다. 뒷부분의 'MSys'로 시작하는 테이블들은 시스템 테이블입니다. 탐색 창에 표시되지 않습니다.

003행에서 '테이블'이라는 AccessObject 형식의 개체 변수를 선언합니다.

005행에서 반복문이 시작됩니다. 'CurrentData.AllTables' 개체를 반복 처리를 하는데, 개체 하나씩을 '테이블'이라는 변수에 담아 줍니다.

006행에서, 현재의 테이블 개체의 이름을 출력합니다.

For Each ~ Next 구문을 이용할 때, For Each 다음에 들어갈 개체의 데이터 형식에 유의해야 합니다. 이 데이터 형식은 **'In' 다음에 오는 컬렉션 개체를 구성하고 있는 개체 형식**이어야 합니다. AllTables 개체의 구성 요소는 AccessObject입니다. 그래서 '테이블'이라는 변수를 'AccessObject' 형식으로 선언한 것입니다.

> **Tip**
> 'AllTables' 개체의 구성 요소가 'AccessObject'인 것은 어떻게 알 수 있을까요? 이것은 도움말을 볼 줄 알아야 합니다. 다음 링크를 참고하세요.
> • http://g.td21.com/gb80

For Each ~ Next 구문을 이용하면, 컬렉션 개체에 대한 작업을 편리하게 할 수 있습니다. 조금 전 작성했던, 모든 테이블 이름을 출력하는 프로시저를 For ~ Next 구문으로 만든 것은 다음과 같습니다.

```
001:  Public Sub 컬렉션4()
002:
003:    Dim 반복 As Long
004:
005:    For 반복 = 0 To (CurrentData.AllTables.Count- 1)
006:      Debug.Print CurrentData.AllTables(반복).Name
007:    Next
008:
009:  End Sub
```

'AllTables' 개체의 인덱스는 0부터 시작합니다. 그래서 005행에 보면, 반복이 0부터 시작해서 모든 테이블 개수에서 1을 뺀 만큼 반복합니다.

006행에 보면 '반복' 변수를 인덱스로 하여 'AllTables( 반복 ).Name'을 출력합니다.

어떻습니까? For ~ Next 구문을 사용하는 것보다, For Each ~ Next 구문을 사용하는 것이 훨씬 간편합니다. 컬렉션 개체를 다룰 때는 For Each ~ Next 구문을 적극 활용하기 바랍니다.

For Each ~ Next 구문의 일반형은 다음과 같습니다. '요소변수' 데이터 형식은 '컬렉션개체' 구성 요소의 단수형 데이터 형식과 같게 선언하면 된다는 점에 유의하기 바랍니다.

```
For Each 요소변수 In 컬렉션개체
      [VBA구문]
      [Exit For]
      [VBA구문]
Next [요소변수]
```

**잠깐만요** **배열을 사용할 수 있는 For Each ~ Next 구문 알아보기**

For Each ~ Next 구문은 컬렉션 개체뿐만 아니라, 배열도 사용할 수 있습니다. 그러나, 데이터베이스 프로그래밍에서는 배열을 사용할 일이 그리 많지 않은 반면, 배열은 꽤 어려운 프로그래밍 개념이기 때문에 이 책에서는 배열을 설명하지 않습니다. 그래서 For Each ~ Next 구문은 컬렉션 개체를 사용할 수 있다고 설명한 것입니다.

## 3 폼의 모든 컨트롤 이름을 출력하기

For Each ~ Next 구문을 조금 더 연습해 봅시다. 이번에는 'f주문서' 폼에 있는 모든 컨트롤 이름을 출력해 봅시다. 다음과 같이 프로시저를 작성하면 됩니다.

```
001:   Public Sub 컬렉션5()
002:
003:     Dim 컨트롤 As Control
004:
005:     DoCmd.OpenForm "f주문서"
006:
007:     For Each 컨트롤 In Forms("f주문서").Controls
008:         Debug.Print 컨트롤.Name
009:     Next
010:
011:   End Sub
```

이 프로시저를 실행하면 'Auto_Logo0'으로 시작해서 'subA'로 끝나는 컨트롤 목록을 출력해 줍니다.

003행에서 Control 형식의 '컨트롤' 개체 변수를 선언합니다. 007행에서 사용하는 'Controls' 컬렉션 변수의 구성원은 'Control' 형식이기 때문입니다.

005행에서 'f주문서' 폼을 엽니다. 007행에서 사용하는 'Forms' 컬렉션 개체는 폼이 열려 있을 때만 동작하는 개체이기 때문입니다.

007행에서 반복문이 시작됩니다. 'f주문서' 폼에 있는 모든 컨트롤을 반복 처리합니다. 008행에서 컨트롤 이름을 출력합니다.

For Each ~ Next 구문을 활용할 곳은 정말 많습니다. 액세스의 IME 모드 속성 때문에 고생했을 것입니다. 예를 들어, 제품명에서 영문을 입력하고 다음 칸으로 갔을 때, 자동으로 한글 입력 모드로 바뀌는 문제 때문에 고생한 적 없나요? 이것은 액세스 컨트롤의 IME 모드 속성이 '한글'로 되어 있기 때문에 발생하는 문제입니다.

이 문제를 해결하려면, 모든 폼을 열고, 각 컨트롤의 'IME 모드' 속성을 '현재 상태 유지'로 바꾸어 줘야 합니다. 아마, 일일이 수작업으로 하고 있는 독자도 있을 것 같습니다. 그러나, For Each ~ Next 구문을 이용하면 한번에 모든 컨트롤 속성 값을 바꿀 수 있지 않을까요?

> **Tip**
> 'IME 모드' 속성을 일괄적으로 바꾸는 방법은 다음 링크를 참고하세요.
> • http://g.td21.com/gb81

**잠깐만요** **열린 개체 참조하기**

'Forms' 컬렉션 개체는 '열려 있는 모든 폼들'이라고 이해하면 됩니다. 마찬가지로 'Reports' 컬렉션 개체 역시 '열려 있는 모든 보고서들'이라고 이해하면 됩니다. 'Forms'든 'Reports'든, 닫혀 있는 개체는 참조할 수 없습니다.

핵심
기능 **04** # 반복문을 중첩하여 사용하기

구구단을 출력하는 프로시저를 만들어 봅시다. 다음과 같이 출력되었으면 합니다.

2 * 1 = 2

2 * 2 = 4

…

9 * 8 = 72

9 * 9 = 81

출력 결과를 잘 살펴보기 바랍니다. 앞자리 수는 2~9 사이를 반복합니다. 뒷자리 수는 1~9 사이를 반복하지요. 반복해야 하는 것이 두 가지입니다. 그리고, 앞자리 수 하나의 뒷자리 수가 반복되어야 합니다. 이럴 때는 반복문을 '중첩'해서 사용합니다. 다음과 같이 프로시저를 만들기 바랍니다.

```
001:   Public Sub 구구단()
002:
003:     Dim 앞 As Long
004:     Dim 뒤 As Long
005:     Dim 결과 As Long
006:
007:     For 앞 = 2 To 9
008:         For 뒤 = 1 To 9
009:             결과 = 앞 * 뒤
010:             Debug.Print 앞 & " * " & 뒤 & " = " & 결과
011:         Next
012:     Next
013:
014:   End Sub
```

003~005행에서 필요한 변수를 선언합니다.

007행에서 반복문이 시작됩니다. 앞자리 수에 대한 반복문이 실행됩니다. 2부터 9까지 반복합니다.

008행에서 두 번째 반복문이 시작됩니다. 뒷자리수에 대한 반복문이 실행됩니다. 1부터 9까지 반복합니다.

009행에서 앞자리 수와 뒷자리 수를 곱한 결과를 '결과' 변수에 저장합니다.

010행에서 실제로 출력합니다. '[앞자리수] * [뒷자리수] = [결과]' 형식으로 출력합니다.

이렇게만 보아서는 잘 이해가 안 될 수 있습니다. 각 변수의 변화는 다음 표와 같이 나타납니다.

| 앞 | 뒤 | 결과 |
|:---:|:---:|:---:|
| 2 | 1 | 2 |
| 2 | 2 | 4 |
| 2 | ⋮ | ⋮ |
| 2 | 9 | 18 |
| 3 | 1 | 3 |
| 3 | 2 | 6 |
| ⋮ | ⋮ | ⋮ |
| 9 | 8 | 72 |
| 9 | 9 | 81 |

'앞' 변수는 2부터 시작합니다. '뒤' 변수는 1에서 9까지 반복됩니다. 이때의 '앞' 변수는 계속 2입니다. 008행에서 011행까지 계속 반복하는 것입니다.

'뒤' 변수가 9까지 가면 다시 7행으로 갑니다. '앞' 변수가 3으로 변합니다. '뒤' 변수를 다시 1부터 9까지 반복합니다. 이러한 방식으로 '앞' 변수가 9가 될 때까지 계속 반복 처리하는 것입니다.

이러한 반복문이 있을 때, **각 변수의 변화를 시뮬레이션해 보는 것은 좋은 방법**입니다. 처음에는 눈으로 봐서 이해가 되지 않겠지만, 여러 번 해 보면 나중에는 눈으로도 잘 이해할 수 있게 됩니다. 어려운 것이 아닙니다. 익숙하지 않을 뿐입니다. 어렵다면 변수 표를 만들어서 시뮬레이션해 보기 바랍니다.

그동안 액세스에서 제공하는 함수들을 이용했습니다. VBA를 이용하면 자신이 필요로 하는 함수를 직접 만들어 사용할 수 있습니다. 이러한 것을 사용자 정의 프로시저라고 합니다. 사용자 정의 프로시저는 Sub 프로시저와 Function 프로시저가 있습니다. 각각의 활용법을 알아봅시다.

> **PREVIEW**

```
001:  Public Function 원의넓이(반지름 As Double) As Double
002:
003:  '파이 상수 정의
004:     Const conPi = 3.141592
005:
006:  '넓이 구하기
007:     원의넓이 = (반지름 ^ 2) * conPi
008:
009:  End Function
010:
011:
012:  Public Sub 원의넓이_테스트()
013:
014:     Dim 반지름 As Double
015:
016:     반지름 = 5
017:     Debug.Print 원의넓이(반지름)
018:
019:  End Sub
```

▲ Sub 프로시저와 Function 프로시저의 차이

# Sub · Function 프로시저 알아보기

지금까지, 각종 프로시저를 만들어 보았습니다. 주로 'Sub' 프로시저를 만들어 보았습니다. 프로그래밍 언어 대부분에서 Sub 프로시저와 Function 프로시저를 명확히 구분하지 않는다는 점을 고려해 보면, VBA에서 Sub 프로시저와 Function 프로시저를 나누어 관리하는 것은 의아하기는 합니다.

**Sub 프로시저와 Function 프로시저의 가장 큰 차이는 '반환 값'이 있는지의 여부입니다.** 왼쪽 페이지 소스 코드가 이러한 점을 잘 나타내고 있습니다(예제파일에서 'Module1' 모듈을 열어 보면 있습니다).

원의 넓이를 구하는 프로시저들이 있는 소스 코드로, 첫 번째는 '원의넓이'라는 Function 프로시저가 정의되어 있습니다. 두 번째는 '원의넓이_테스트'라는 Sub 프로시저가 정의되어 있습니다.

007행에서 **'^' 연산자는 거듭 제곱을 하는 연산자**입니다. '반지름^2'라는 식은 '반지름*반지름'과 같은 식입니다. '반지름^3'이라면 '반지름*반지름*반지름'이 되겠지요.

017행에서 보면 'Debug.Print' 함수를 이용해서 [직접 실행] 창에 결과를 표시하는데요, 표시하는 값이 '원의넓이(반지름)'입니다. '원의넓이(반지름)' 앞, 뒤로 따옴표가 없으니, '원의넓이(반지름)'이라는 텍스트를 표시하려는 의도는 아니지요. '원의넓이'라는 프로시저는 Function으로 정의되어 있기 때문에, 어떤 변수와 비슷한 용법으로 사용되는 겁니다. '원의넓이(반지름)'라는 식은 인수로 '반지름'을 전달한 '원의넓이' 프로시저 결과 값을 의미합니다. 따라서, 반지름이 '반지름'인 실제 원의 넓이를 계산한 결과가 반환될 것입니다.

007행에서 '원의넓이'라는 변수에 값을 저장하는 것을 알 수 있습니다. 그런데, '원의넓이'라는 변수는 선언하지도 않았고, 인수에도 없습니다. '원의넓이'는 프로시저 이름입니다. **Function 프로시저의 가장 두드러진 특징은, 프로시저 이름 자체를 하나의 변수처럼 사용할 수 있다는 것입니다.** 그래서 001행의 맨 마지막에 보면 'As Double'과 같이 데이터 형식을 지정해 주었지요.

**Function 프로시저는 반환 값을 가질 수 있는 프로시저**입니다. 반환 값을 가질 수 있는 프로시저이므로, 해당 프로시저 안에서 변수처럼 사용할 수 있는 것입니다.

---

**잠깐만요** **Function 프로시저를 사용할지, Sub 프로시저를 사용할지 헛갈리는 경우**

Function 프로시저를 사용해야 할지, Sub 프로시저를 사용해야 할지 헛갈리나요? 그렇다면 Function 프로시저를 사용하세요. Function 프로시저는 Sub 프로시저를 거의 포함하고 있기 때문에, 대부분 Function 프로시저를 사용하면 됩니다. Function 프로시저 반환 값은 반드시 정의해야 하는 것은 아닙니다. 반환 값이 없는 Function 프로시저는 Sub 프로시저와 크게 다르지 않기 때문입니다.

단, 이벤트 프로시저를 만들고 있다면, 대부분 Sub 프로시저로 정의해 주어야 합니다.

핵심
기능 **02** # Sub 프로시저 만들기

## 1 Sub 프로시저의 일반형

Sub 프로시저 일반형은 다음과 같습니다.

> Sub 프로시저_이름([인수1, 인수2, ...])
>
> [VBA구문]
>
> End Sub

Sub 프로시저는 'Sub'로 시작해서 'End Sub'로 끝납니다. 인수가 필요하다면 인수를 넣어 주면
됩니다. Sub와 End Sub 사이에 적절한 VBA 구문을 넣어 주면 됩니다.

**Tip**

사실 이것이 정확한 일반형은 아닙니다. 'Sub' 앞에 'Private' 혹은 'Public'이 들어갈 수도 있는데, 이것은 초보 단계에서는 그리 중요한 것은 아닙
니다. 'Sub' 앞에 아무것도 없으면 'Public'으로 선언된 것과 동일합니다. 'Friend', 'Static' 키워드도 의미가 있지만, 이 책에서는 다루지 않겠습니다.

## 2 Sub 프로시저 만들기 및 실행하기

지금까지 Sub 프로시저를 많이 만들어 봤지만, '일반형'을 생각해 보면서 한번 더 만들어 보겠습니
다. 이번에는 원의 둘레를 구하는 프로시저를 만들어 봅시다.

예제파일을 열고, 'Module1' 모듈로 갑니다. 맨 마지막의 빈 공간에 다음과 같이 입력하세요.

```
001:  Sub 원의둘레_테스트()
002:
003:     Dim 반지름 As Double
004:
005:     반지름 = 5
006:     Debug.Print 2 * 반지름 * 3.141592
007:
008:  End Sub
```

그리고, 이 프로시저를 실행해 봅시다. [직접 실행] 창에 '31.41592'라는 값이 표시될 것입니다.

핵심
기능 **03** # Function 프로시저 만들기

## 1 Function 프로시저의 일반형

Function 프로시저 일반형은 다음과 같습니다.

> Function 프로시저_이름([인수1, 인수2, ...]) [As 데이터 형식]
>
> [VBA구문]
>
> End Function

Function 프로시저는 'Function'으로 시작해서 'End Function'으로 끝납니다. 데이터 형식은 지정할 수도 있고, 지정하지 않아도 됩니다. 데이터 형식을 지정하지 않으면 Variant 데이터 형식으로 자동 설정됩니다. 인수가 필요하다면 인수를 넣어 주면 됩니다. Function과 End Function 사이에 적절한 VBA 구문을 넣어 주면 됩니다.

> **Tip**
>
> 사실 이것이 정확한 일반형은 아닙니다. Sub 프로시저와 마찬가지로, 'Function' 앞에 'Private' 혹은 'Public'이 들어갈 수도 있는데, 이것은 초보 단계에서는 그리 중요한 것은 아닙니다. 'Function' 앞에 아무것도 없으면 'Public'으로 선언된 것과 동일합니다. 'Friend', 'Static' 키워드도 의미가 있지만, 이 책에서는 다루지 않겠습니다.

## 2 Function 프로시저 만들기 및 실행하기

'일반형'을 생각해 보면서 Function 프로시저를 만들겠습니다. 이번에는 원의 둘레를 구하는 Function 프로시저를 만들어 봅시다.

예제파일을 열고, 'Module1' 모듈로 갑니다. 맨 마지막 빈 공간에 다음과 같이 입력합니다.

```
001:  Function 원의둘레(반지름 As Double) As Double
002:
003:     원의둘레 = 2 * 반지름 * 3.141592
004:
005:  End Function
```

그리고 [직접 실행] 창에 다음 식을 입력합니다.

```
?원의둘레(5)   Enter
```

그러면 '31.41592'라는 값이 표시될 것입니다.

조금 전 만든 '원의둘레_테스트' Sub 프로시저에서 '원의둘레' Function 프로시저를 사용하도록 바꾸어 봅시다. '원의둘레_테스트' Sub 프로시저를 다음과 같이 수정합니다.

```
001:   Sub 원의둘레_테스트()
002:
003:     Dim 반지름 As Double
004:
005:     반지름 = 5
006:     Debug.Print 원의둘레(반지름)
007:
008:   End Sub
```

그러면 '31.41592'라는 값이 [직접 실행] 창에 표시될 것입니다.

### 1 프로시저는 중첩해서 사용할 수 없습니다.

다음 소스 코드와 같이, Sub로 시작하였으면 중간에 다른 Function 문이 올 수 없습니다.

```
001:  Sub 원의둘레_테스트()
002:
003:    Dim 반지름 As Double
004:
005:    반지름 = 5
006:  Function 원의둘레(반지름 As Double) As Double
007:
008:    원의둘레 = 2 * 반지름 * 3.141592
009:
010:  End Function
011:    Debug.Print 원의둘레(반지름)
012:
013:  End Sub
```

물론, 중간에 다른 Sub 문이 오는 것도 안 됩니다. Sub로 시작하였으면, End Sub로 끝나야 합니다. Function으로 시작하였으면, End Function으로 끝나야 합니다.

### 2 Sub 프로시저에서는 데이터 형식을 지정할 수 없습니다.

```
001:  Sub 원의둘레(반지름 As Double) As Double
002:
003:    원의둘레 = 2 * 반지름 * 3.141592
004:
005:  End Sub
```

Sub 프로시저는 반환 값이 없습니다. 따라서, 앞의 소스 코드처럼 'As Double'과 같은 반환 값을 주지 않도록 합니다.

## 3 다른 프로시저 호출하기

```
001:   Sub 원의둘레_테스트()
002:
003:      Dim 반지름 As Double
004:
005:      반지름 = 5
006:      Debug.Print 원의둘레(반지름)
007:
008:   End Sub
009:
010:
011:   Function 원의둘레(반지름 As Double) As Double
012:
013:      원의둘레 = 2 * 반지름 * 3.141592
014:
015:   End Function
```

앞의 소스 코드에서 006행을 보면, '원의둘레_테스트' Sub 프로시저 안에서, '원의둘레' Function 프로시저를 호출하여 사용하고 있음을 알 수 있습니다.

나중에 알아보겠지만, '원의둘레_테스트' 프로시저를 디버깅해 보면, 다음과 같은 순서로 실행됨을 알 수 있습니다.

001 → 002 → 003 → 004 → **005** → **011** → **012** → **013** → **014** → **015** → 006 → 007 → 008

> **Tip**
>
> 여기에서 '호출'이라는 용어를 사용했습니다. 영어로는 'Call'이라고 합니다. 이것을 직역하다 보니 '호출'이라는 용어가 굳어졌습니다. 국어로는 '치환'에 가깝습니다. 006행의 '원의둘레' 부분이 011~015행으로 치환되는 것과 아주 유사합니다.
> 혹은 소스 코드의 특정 부분을 '불러' 쓰는 것도 유사합니다. 006행의 '원의둘레' 프로시저 이름을 만나면, 프로그램이 011~015행까지 먼저 실행된 다음, 다시 006행으로 옵니다.

## 4 Function 프로시저에서는 반환 값을 꼭 설정하기

```
001:   Sub 원의둘레_테스트()
002:
003:      Dim 반지름 As Double
004:
005:      반지름 = 5
006:      Debug.Print 원의둘레(반지름)
007:
008:   End Sub
009:
```

```
010:
011:   Function 원의둘레(반지름 As Double) As Double
012:
013:      Dim 둘레 As Double
014:
015:      둘레 = 2 * 반지름 * 3.141592
016:
017:   End Function
```

015행에 보면, '둘레'라는 변수에서 계산을 합니다. 그리고 Function 프로시저는 그냥 종료되지요. 그러면 006행에 가서, '원의둘레'라는 값은 Double 데이터 형식의 기본값인 '0'을 갖게 됩니다. '둘레' 변수에 계산한 것이 무용지물이 되는 것입니다. 앞의 소스 코드와 같은 실수를 상당히 많이 합니다.

특히, Function 프로시저의 내부가 복잡할 때, 이런 실수를 합니다. 그리고 이런 오류는 찾기도 어려운 편에 속합니다. 꼭 유의하세요.

# 이벤트 프로시저 알아보기

버튼을 클릭했을 때, 어떤 기능이 실행되도록 하는 것은 아주 기본적인 프로그램 사용자 정의 기법입니다. '버튼을 클릭했을 때'라는 시점 이외에도, '폼을 열 때' 혹은 '데이터를 저장한 직후에'와 같은 프로그래밍 가능한 시점이 있습니다. 이러한 것을 '이벤트'라고 하고, 이러한 이벤트에 실행될 프로그램을 저장하고 있는 것을 '이벤트 프로시저'라고 합니다. 지금부터 알아보겠습니다.

> **PREVIEW**

**이벤트** : 키보드/마우스를 이용한 사용자의 데이터 조작 시점

### 주요 폼/컨트롤 이벤트

| 이벤트 종류 | 이벤트 | 발생 시기 |
|---|---|---|
| Window 이벤트 | Open | 폼을 열고 첫 레코드를 표시하기 전에(취소 가능) |
| | Unload | 폼을 닫을 때 폼이 화면에서 없어지기 직전에(취소 가능) |
| Focus 이벤트 | Enter | 컨트롤이 포커스를 받기 직전에 |
| | Exit | 컨트롤이 포커스를 잃기 직전에(취소 가능) |
| Data 이벤트 | BeforeInsert | 레코드를 삽입하기 직전에(취소 가능) |
| | AfterInsert | 레코드를 삽입한 후에 |
| | BeforeUpdate | 레코드를 변경하기 직전에(취소 가능) |
| | AfterUpdate | 레코드를 변경한 직후에 |
| | Current | 폼의 현재 레코드가 변경될 때, 폼이 새로 고쳐질 때, 폼이 다시 쿼리될 때 |
| Mouse 이벤트 | Click | 마우스로 해당 개체를 클릭하였을 때 |
| | DblClick | 마우스로 해당 개체를 더블클릭하였을 때(취소 가능) |

> **섹션별 주요 내용**　　**01** | 이벤트 프로시저 알아보고 만들어 보기　**02** | 이벤트 알아보기　**03** | 이벤트 프로시저 연습하기

⊙ 예제파일 : 010.이벤트 프로시저(시작).accdb   ⊙ 결과파일 : 011.이벤트 프로시저(완료).accdb

실무
예제 **01** 　**이벤트 프로시저 알아보고 만들어 보기**

## 1 이벤트 프로시저 체험하기

**1** 예제파일을 열고 'f주문서' 폼을 엽니다. 간단한 주문서 관리 폼이 열립니다. [주문서 미리 보기]를 클릭해 봅시다.

**2** '주문서' 보고서가 인쇄 미리 보기 형식으로 열립니다.

**3** '주문서' 보고서를 닫고 '납기일'의 값을 『2003-08-01』로 바꾸어 봅시다. 수주일이 '2004-07-04'이었으므로, 상식적으로 생각하면 납기일은 '2004-07-04' 이후여야 합니다. 그런데 지금은 '납기일'을 '2003-08-01'로 입력하는 것을 시도하는 것입니다.

입력하고 하위 폼을 클릭하면 '납기일은 수주일 이후여야 합니다'라는 메시지가 표시되고, 절대로 레코드가 저장되지 않습니다.

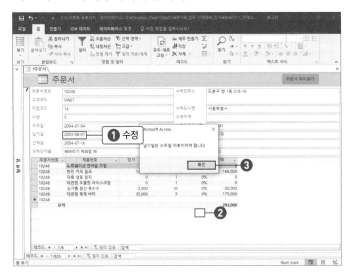

지금까지 '주문서' 보고서를 미리 보기하거나, 특정 조건에서 레코드가 저장되지 않도록 하는 것을 체험해 보았습니다. 이런 것은 모두 '이벤트 프로시저'를 통해서 구현합니다.

> • [주문서 미리 보기]를 클릭하면, '주문서' 보고서가 미리 보기로 열립니다. → '주문서 미리 보기'의 'Click' 이벤트에 적절한 VBA 명령을 입력해 놓은 것입니다.
> • 폼의 레코드가 저장되기 직전에, 납기일이 수주일 이후인지 판단하여 저장 여부를 결정합니다. → 폼의 'BeforeUpdate' 이벤트에 적절한 VBA 명령을 입력해 놓은 것입니다.

'이벤트(Event)'는 '시점'으로 생각하는 것이 좋습니다. 즉, **'이벤트 프로시저'란 어떤 특정한 시점에 실행되는 프로시저**입니다. 그리고, 우리가 액세스를 제어하는 것은 이러한 '이벤트'를 기반으로 합니다.

필자가 출판한 액세스 2010, 2013 책에서는 이러한 이벤트에 '매크로'를 설정하여 액세스를 제어하는 것을 주요 예제로 하였습니다. 이 책에서는 이러한 이벤트에 'VBA'를 설정하여 액세스를 제어하는 것을 알아봅니다. VBA가 매크로보다 어렵지만, 매크로는 VBA가 가지고 있는 기능의 5%도 지원을 하지 못하기 때문에 불편할 때가 있습니다. VBA는 우리가 몰라서 특정 기능을 구현하지 못할 수는 있어도, VBA 자체 한계 때문에 기능을 구현하지 못하지는 않습니다.

## 2 이벤트 알아보기

앞서, 이벤트는 '시점'으로 생각하는 것이 좋다고 했습니다. 여러분이 마우스나 키보드를 이용하여 어떤 작업을 할 때, 액세스는 내부적으로 지속적으로 이벤트를 발생시킵니다. 이러한 이벤트가 발생되는 주기는 매우 빈번합니다. 따라서 우리는 적절한 시점(이벤트)을 잡아서, 어떤 명령을 실행할지 액세스에게 알려 주면 됩니다.

이러한 구조는 매우 많은 장점을 가집니다. 액세스는 이벤트 기반(Event-Driven) 응용 프로그램입니다. 이러한 이벤트에 기반한 방식 덕분에 비전공자도 약간의 프로그래밍을 통해 액세스를 제어할 수 있습니다.

만약, 이벤트 개념이 없다면, 우리는 어떻게 액세스를 제어해야 할까요? 우선 사용자가 [주문서 미리보기]를 클릭하는 시점을 알아내야 합니다. 이것은 시스템 프로그래밍에 해당하는 영역입니다. 예전 도스(DOS) 기반 프로그래밍 작업이 이러했습니다. 아주 간단한 화면이라도, 모니터에 표시하려면 그래픽 카드를 직접 제어하는 프로그래밍 작업을 해야 했습니다. 굉장히 어려운 일입니다.

이벤트가 있다면, 우리는 사용자가 단추를 클릭하는 시점을 알아 낼 필요가 없습니다. 액세스가 (정확하게는 윈도우 운영체제가) 단추를 클릭했다고 말해 주기 때문입니다. 우리는 사용자가 단추를 클릭했는지 여부를 체크할 필요가 없습니다. 다만, 사용자가 단추를 클릭했을 때, 어떤 추가 동작을 취해야 할지만 액세스에게 알려 주면 됩니다. 액세스에게 알려 줄 때, 매크로로 알려도 되고, VBA로 알려도 됩니다. 매크로는 단어가 몇 개 없어서 매우 쉽지만, 원하는 것을 정확하게 표현하기 어렵습니다. VBA는 단어와 문법이 다양해서 다소 어렵지만, 원하는 것을 정확하게 표현할 수 있습니다.

**개체마다 고유의 이벤트가 있습니다.** 사람을 예로 들어 봅시다. 사람의 이벤트는 무엇이 있을까요? 졸릴 때, 앞으로 걸을 때, 뛸 때 등이 있을 것입니다. 이런 것은 모두 '사람'이라는 개체 자체에 대한 이벤트입니다. 반면, 눈을 깜빡일 때, 입을 벌릴 때 등의 이벤트는 각각 '눈'과 '입'이라는 개체에 대한 이벤트입니다. 이처럼 이벤트는 각 개체 특성에 맞게 정의되어 있습니다. '머리'라는 개체에서 '벌릴 때' 같은 이벤트는 존재하지 않는다는 뜻이죠.

액세스도 마찬가지입니다. 액세스를 구성하고 있는 개체는 모두 자신만의 특화된 이벤트가 있습니다. 폼에는 BeforeUpdate, AfterUpdate 등의 이벤트가 있습니다. 명령 단추에는 Click과 같은 이벤트가 있습니다.
폼에는 Click 이벤트가 있지만, 명령 단추에는 BeforeUpdate, AfterUpdate 이벤트는 없습니다.

앞선 주문서 예제에서, [주문서 미리 보기] 버튼을 클릭할 때라는 시점은 [주문서 미리 보기] 버튼의 Click 이벤트를 사용해야 합니다. 폼의 Click 이벤트가 아닙니다. 레코드가 저장되기 직전에 '납기일'이 '수주일' 이후인지 체크하는 것은, 폼의 BeforeUpdate 이벤트를 사용해야 합니다.
지금은 어느 개체에 어떤 이벤트가 있는지 모르기 때문에 헷갈릴 것이지만, 익숙해지면 어렵지 않게 새로운 이벤트를 찾을 수 있습니다.

우리가 어떤 기능을 제어하거나 추가할 때, When과 How를 생각하면 편리합니다. When은 이벤트이고, How는 VBA 코드가 될 것입니다. '어느 시점에 어떻게 하면 내가 원하는 대로 액세스를 동작할까?'라는 개념으로 접근하면 편리합니다.

### 3 이벤트 프로시저 만들기

앞에서도 간단히 만들어 봤지만, 본격적으로 이벤트 프로시저를 만들어 봅시다. 예제파일을 열고, 'f주문서' 폼이 열릴 때 '주문서 폼 입니다.'라는 메시지를 표시하도록 만들어 봅시다. When과 How로 구분하여 생각하면 편리합니다.

> • When : 폼이 열릴 때 → 폼의 Open 이벤트
> • How : '주문서 폼 입니다.' 메시지 표시 → MsgBox 함수

여기까지 생각했으면, 이 기능을 구현할 준비가 끝난 것입니다.

1  예제파일을 열고, 'f주문서' 폼을 디자인 보기로 엽니다. 폼 속성 시트에서 'On Open' 이벤트의 [만들기] 단추(⋯)를 클릭합니다. [작성기 선택] 창에 표시되면 [코드 작성기]를 클릭하고 [확인]을 클릭합니다.

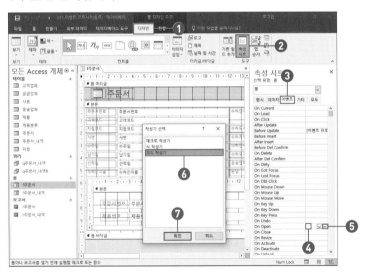

---

**잠깐만요**  이벤트 쉽게 찾기

다음 링크에서 이러한 이벤트를 쉽게 찾는 방법을 알아볼 수 있습니다.

• http://g.td21.com/gb80

**188**

**2** 'Form_Open' 이벤트 프로시저가 있는 것을 볼 수 있습니다.

**Tip**

이처럼 이벤트 프로시저는 다른 프로시저와는 달리 프로시저 선언부가 자동으로 만들어집니다.

**3** 그림과 같이 MsgBox 함수를 이용하여 메시지를 표시하는 명령을 입력합니다.

```
        DoCmd.OpenReport "r주문서", acViewPreview

    End Sub

    Private Sub Form_BeforeUpdate(Cancel As Integer)
        '납기일은 수주일 이후이어야 함.
        If Nz(수주일.Value, 0) > Nz(납기일.Value, 0) Then
            Cancel = True
            MsgBox "납기일은 수주일 이후이어야 합니다."
        End If

        '선적일은 수주일 이후이어야 함.
        If Nz(수주일.Value, 0) > Nz(선적일.Value, 0) Then
            Cancel = True
            MsgBox "선적일은 수주일 이후이어야 합니다."
        End If

    End Sub

    Sub Test1()

        MsgBox "테스트"

    End Sub

    Private Sub Form_Open(Cancel As Integer)

        MsgBox "주문서 폼 입니다."    ──── 입력

    End Sub
```

**4** VBA 창을 닫습니다. 그리고 'f주문서' 폼도 닫습니다. 저장할 것인지 묻는 대화상자가 표시되면 저장합니다. 탐색 창에서 'f주문서' 폼을 더블클릭하여 엽니다. 그러면 폼이 표시되지 않은 상태에서 '주문서 폼 입니다.'라는 메시지가 표시됩니다.

**Tip**

VBA 창을 닫으면서 방금 작성한 MsgBox 함수를 사용한 VBA 코드를 저장하지 않았다고 걱정하는 독자가 있을 수도 있습니다. **폼이나 보고서에서 정의한 VBA 코드는 폼이나 보고서와 함께 저장됩니다.** 그러니 VBA 창은 닫아도 상관 없습니다. 이런 이유로, 폼의 디자인을 수정하지 않았지만 폼을 닫을 때 저장할 것이냐고 묻는 것입니다.

**5** MsgBox 대화상자에서 [확인]을 클릭하면 '주문서' 폼이 표시됩니다.

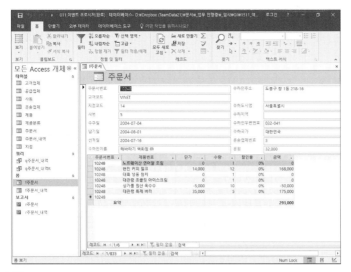

**Tip**

우리는 폼의 'Open' 이벤트 메시지가 표시되도록 하였습니다. 그런데, 왜 폼이 표시되지도 않고 메시지가 먼저 표시될까요? 'Open' 이벤트는 '폼을 연 다음 첫 번째 레코드를 화면에 표시하기 전에 발생'한다는 정의를 가지고 있습니다. 화면에 표시하기 전에 발생하는 이벤트이기 때문에 우리 눈에는 표시되지 않는 것입니다. 여기에서 우리는, 이벤트가 발생하는 시점이 중요하다는 것을 알 수 있습니다. 막연하게 '폼이 열릴 때'라고 인식하기보다는, '폼이 열리고 화면에 표시하기 직전'이라는, 좀 더 구체적인 정의를 명확히 알 필요가 있습니다.

간단하게 이벤트 프로시저를 만드는 방법을 소개하였습니다. 어떤 이벤트를 사용할지 결정하는 것이 어렵지, 이벤트 프로시저를 만드는 방법은 별로 어렵지 않습니다.

## 실무 예제 | 02 | 이벤트 알아보기

### 1 폼/컨트롤 이벤트 알아보기

| 이벤트 종류 | 이벤트 | 발생 시기 |
|---|---|---|
| Window 이벤트 | **Open** | 폼을 열고 첫 레코드를 표시하기 전에(취소 가능) |
| | Load | 폼이 열리고 폼의 레코드가 표시될 때 |
| | Close | 폼을 닫아 화면에서 없앨 때 |
| | **Unload** | 폼을 닫을 때 폼이 화면에서 없어지기 직전에(취소 가능) |
| | Resize | 폼 크기를 조정할 때 |
| Focus 이벤트 | Activate | 폼이 활성화될 때 |
| | Deactivate | 폼이 비활성화될 때 |
| | **Enter** | 컨트롤이 포커스를 받기 직전에 |
| | **Exit** | 컨트롤이 포커스를 잃기 직전에(취소 가능) |
| | GotFocus | 폼이나 컨트롤이 포커스를 가질 때 |
| | LostFocus | 폼이나 컨트롤이 포커스를 잃을 때 |
| Data 이벤트 | BeforeDelConfirm | 삭제를 확인하는 대화상자가 나타나기 전에 |
| | AfterDelConfirm | 실제로 레코드를 삭제하거나 삭제를 취소한 후에 |
| | **BeforeInsert** | 레코드를 삽입하기 직전에(취소 가능) |
| | **AfterInsert** | 레코드를 삽입한 후에 |
| | **BeforeUpdate** | 레코드를 변경하기 직전에(취소 가능) |
| | **AfterUpdate** | 레코드를 변경한 직후에 |
| | Change | 텍스트 상자 내용이나 콤보 상자 텍스트 부분을 변경할 때, 탭 컨트롤의 한 페이지에서 다른 페이지로 이동할 때 |
| | **Current** | 폼의 현재 레코드가 변경될 때, 폼이 새로 고쳐질 때, 폼이 다시 쿼리될 때 |
| | Delete | 레코드가 삭제되기 직전에 |
| | NotInList | 콤보 상자의 목록에 없는 값을 콤보 상자에 입력했을 때 |
| Mouse 이벤트 | **Click** | 마우스로 해당 개체를 클릭하였을 때 |
| | **DblClick** | 마우스로 해당 개체를 더블클릭하였을 때(취소 가능) |
| | MouseDown | 해당 개체 위에서 마우스 단추를 눌렀을 때 |
| | MouseUp | 해당 개체 위에서 마우스 단추를 눌렀다가 놓았을 때 |
| | MouseMove | 해당 개체 위에서 마우스가 이동 중일 때 |
| Keyboard 이벤트 | KeyDown | 폼이나 컨트롤에 포커스가 있는 동안 키를 눌렀을 때 |
| | KeyUp | 폼이나 컨트롤에 포커스가 있는 동안 눌렀던 키를 놓았을 때 |
| | KeyPress | 폼이나 컨트롤에 포커스가 있는 동안 키를 눌렀다 떼었을 때 |
| Filter 이벤트 | Filter | 폼의 필터 기능을 활성화할 때 |
| | ApplyFilter | 폼에서 필터를 적용할 때 |
| 기타 이벤트 | Error | 폼에서 런타임 오류가 발생할 때 |
| | **Timer** | 폼에서 TimerInterval 속성에서 지정한 시간 간격에 따라 발생 |

\* 굵게 표시한 것은 꼭 알아 두어야 할 이벤트입니다.

폼이나 컨트롤에서 자주 사용하는 이벤트는 앞의 표와 같습니다. 여기에서 **굵게 표시된 것은 꼭 알아두어야 할 이벤트**입니다. 이 이벤트들을 모두 설명하면 좋겠지만, 지면 관계상 그렇게 하기는 어렵습니다. 지금부터는 BeforeInsert, AfterInsert, BeforeUpdate, AfterUpdate 이벤트를 간단히 실습해 볼 것입니다. 이 실습을 통해, 이벤트를 직접 체험해 보는 방법을 설명할 것입니다. 다른 이벤트도 특히 **굵게 표시된 것이라면 따로 직접 체험해 볼 것**을 권합니다.

### 2 이벤트 체험해 보기

이벤트가 발생하는 순서를 체험하는 방법을 익히기 위해, BeforeInsert, AfterInsert, BeforeUpdate, AfterUpdate 이벤트를 발생시키고 그 순서를 시각적으로 표시해 봅시다.

**1** 예제파일을 열고, 'f주문서_이벤트체험1' 폼을 디자인 보기로 엽니다. 그리고 그림과 같이 'BeforeInsert' 이벤트 프로시저를 정의합니다.

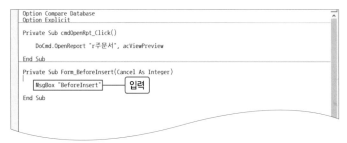

**2** 마찬가지 요령으로, 그림과 같이 'AfterInsert', 'BeforeUpdate', 'AfterUpdate' 이벤트를 정의합니다.

**3** 'f주문서_이벤트체험1' 폼을 폼 보기로 엽니다. 새 레코드로 이동한 다음, '고객코드'에 『A』를 입력합니다. 그러면 'A'라는 글자가 입력되기도 전에, 그림과 같이 'BeforeInsert'가 화면에 표시됩니다. 'BeforeInsert' 이벤트가 발생한 것입니다. 이것은 액세스가 새로운 데이터를 추가할 준비를 시작한다는 의미입니다.

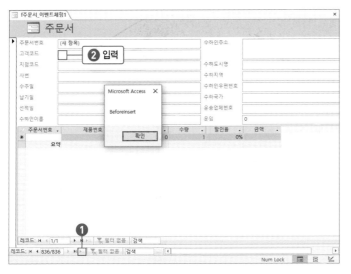

**4** [확인]을 클릭하면, 그림과 같이 '고객코드' 텍스트 상자에 'A'가 표시된 것을 확인할 수 있습니다. '고객코드'에 나머지 글자인 『LFKI』를 입력합니다. (최종적으로 'ALFKI'가 입력되어야 합니다.)

**5** 레코드를 저장해 봅시다. 그림과 같이 'BeforeUpdate' 메시지가 표시됩니다. 폼 왼쪽 윗부분 연필 모양을 주의깊게 보세요. 'BeforeUpdate'는 말 그대로, 데이터가 저장되기 직전에 발생 하는 이벤트입니다. 당연히 아직 레코드는 저장된 것이 아닙니다.

**6** [확인]을 클릭하면 곧바로 'AfterUpdate' 이벤트가 발생합니다. BeforeUpdate 이벤트와 AfterUpdate 이벤트는 사실 찰나의 순간입니다.

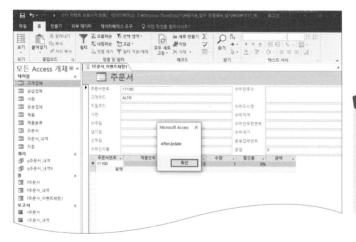

> **Tip**
>
> 여기에서 보면 알겠지만, 'Before Update' 이벤트와 'AfterUpdate' 이벤 트 사이의 간격은 '찰나의 순간'입니 다. 그러나 그 의미는 매우 크지요. 이 간격은 사람이 만든, 저장되기 직전 과 저장되기 직후라는 **논리적 간격으 로 이해**하는 것이 좋습니다.

---

**잠깐만요** **취소가 가능한 이벤트**

앞의 '폼/컨트롤 이벤트 알아보기' 표를 보면 'BeforeUpdate' 이벤트에 '(취소 가능)'이라고 되어 있습니다. 'AfterUpdate' 이벤트는 이미 저장된 이후이기 때문에 취소가 불가능하지만, 'BeforeUpdate' 이벤트는 아직 저장되기 직전이기 때문에 취소할 수 있습니다.
참고로, 'BeforeUpdate' 이벤트를 취소하면, 현재 레코드가 저장되지 않습니다. 그래서 권한을 체크하거나, 데이터 저장 조건에 맞는지를 체크할 때 'BeforeUpdate' 이벤트를 많이 사용합니다. 적절한 조건이 갖춰지지 않으면 이벤트를 취소하 면 되고, 그러면 데이터가 저장되지 않기 때문입니다.

**7** [확인]을 클릭하면 곧바로 'AfterInsert' 이벤트가 발생합니다.

지금까지 BeforeInsert, AfterInsert, BeforeUpdate, AfterUpdate 이벤트를 알아 보았습니다. 이 네 가지 이벤트의 발생 순서는 다음과 같습니다.

새 레코드 입력 시작 → Before Insert → 데이터 저장 시도 → Before Update → AfterUpdate → AfterInsert

만약, 새로운 레코드를 추가하는 것이 아니고, 기존 레코드를 수정하는 것이라면 이벤트 발생 순서는 다음과 같습니다.

데이터 입력 및 저장 시도 → Before Update → AfterUpdate

BeforeInsert, AfterInsert 이벤트는 새 레코드가 추가될 때만 생기는 이벤트로, 기존 레코드를 수정할 때는 발생하지 않습니다.

## 3 주요 폼/컨트롤 이벤트 알아보기

❶ **Open 이벤트** : 폼이 열릴 때 발생합니다. 정확하게는 폼이 열리고 첫 레코드를 표시하기 직전에 발생하는 이벤트로, 취소할 수 있습니다. Load 이벤트와 유사하지만, **Load 이벤트는 취소할 수 없습니다.**

주로, 폼이 열릴 수 있는 상태인지를 확인하여, 문제가 없으면 열고 문제가 있으면 열지 않는 용도로 사용합니다. 예를 들자면, 폼에 권한을 부여할 때, 현재 로그인한 사용자가 해당 폼에 권한이 있으면 열게 하고, 그렇지 않으면 열지 않게 할 수 있습니다.

❷ **Unload 이벤트** : 폼을 닫을 때 발생합니다. 취소할 수 있는 이벤트입니다. Close 이벤트와 유사하지만, **Close 이벤트는 취소할 수 없습니다.**

❸ **Enter 이벤트** : 컨트롤에 커서가 위치할 때 발생하며, 취소할 수 없는 이벤트입니다. 예를 들어, 콤보 상자에 커서가 가면 자동으로 목록이 펼쳐진다든지, 자동으로 콤보 상자 목록이 갱신된다든지 할 때 사용하는 이벤트입니다.

❹ **Exit 이벤트** : 현재 컨트롤에서 다음 컨트롤로 이동하기 직전에 발생하며, 취소할 수 있는 이벤트입니다. 예를 들어, 어떤 컨트롤 다음에 이동할 컨트롤이 상황에 따라 달라질 때 사용하는 이벤트입니다.

❺ **BeforeInsert/AfterInsert 이벤트** : 앞선 예제에서 충분히 설명했으므로 생략합니다.

❻ **BeforeUpdate/AfterUpdate 이벤트** : 폼에서 발생하는 이벤트는 앞선 예제에서 충분히 설명했습니다.

데이터를 입력할 수 있는 **컨트롤에도 BeforeUpdate, AfterUpdate가 발생할 수 있습니다**. 예를 들어, '성명' 텍스트 상자와 '부서' 텍스트 상자가 있을 때, '성명' 텍스트 상자에서 데이터를 입력한 후 '성명' 텍스트 상자로 이동하게 되면, '성명' 텍스트 상자에서 BeforeUpdate 이벤트가 발생하고 그 직후, AfterUpdate 이벤트가 발생한 다음 '부서' 텍스트 상자로 커서가 이동하게 됩니다.

이것을 Enter/Exit 이벤트까지 같이 고려해 보면 다음과 같은 순서로 발생합니다.

**'성명'에 데이터 입력 완료 → 성명.BeforeUpdate → 성명.AfterUpdate → 성명.Exit → 부서.Enter**

BeforeUpdate 이벤트는 **복잡한 유효성 검사**에 주로 사용합니다. 예를 들어, 비용보고를 입력할 때, 신용카드를 선택하는 콤보 상자에서, 사용 중이 아닌 콤보 상자일 때 입력을 허용하지 않는 경우가 있을 수 있습니다.

AfterUpdate 이벤트는 **논리적인 후속 작업**이 필요할 때 주로 사용합니다. 예를 들어, 대분류와 중분류를 입력할 때, 대분류를 선택하면 중분류 콤보 상자는 대분류에 선택된 중분류 항목만 표시되도록 설정하는 경우가 있을 수 있습니다. AfterUpdate 이벤트는 매우 많이 사용되는 이벤트입니다.

❼ **Current 이벤트** : 현재 레코드가 변경될 때 발생되는 이벤트입니다. 예를 들어, '사원' 폼을 보고 있는데, 그 사원의 실적이 팝업 폼으로 표시되는 화면이 있다고 가정해 봅시다. 이때, A 사원을 보다가 B 사원을 보게 되면, 팝업 폼으로 표시되는 사원의 실적이 B 사원의 실적으로 자동으로 바뀌어야 하는데, 이럴 때 주로 사용합니다.

❽ **Click 이벤트** : 해당 개체를 클릭했을 때 발생하는 이벤트입니다. 주로 명령 단추에서 많이 사용되지만, 텍스트 상자에도 Click 이벤트가 있을 수 있습니다.

❾ **Timer 이벤트** : 특정 시간 주기마다 이벤트를 반복해서 발생하는 이벤트입니다. 예를 들어, 어떤 현황판이 있는데, 30초마다 현재 데이터로 자동 갱신하고자 할 때 사용합니다.

## 4 폼/컨트롤 이벤트 순서 알아보기

• 폼을 열 때 : Open → Load → Resize → Activate → Current
• 폼을 닫을 때 : Unload → Deactive → Close
• 열려 있는 폼 사이 전환 : Deactive(Form1) → Activate(Form2)
• 레코드 삭제 : Delete → Current → BeforeDelConfirm → AfterDelConfirm

## 5 보고서 이벤트 알아보기

보고서 이벤트는 매우 어렵습니다. 폼이나 컨트롤 이벤트는 이벤트가 발생하는 것을 눈으로 확인할 수 있기 때문에 비교적 이해하기가 어렵지 않지만, 보고서 이벤트는 눈으로 확인할 수 없기 때문에 이해하기가 어렵습니다. 일단 다음에 소개하는 내용은 참고만 하고, 나중에 수준이 높아졌을 때 다시 시도해 보기 바랍니다.

| 이벤트 | 발생 시기 |
|---|---|
| **Open** | 보고서를 미리 보거나 인쇄하기 전에 |
| **Format** | 보고서 구역에 속할 데이터가 결정될 때, 미리 보기나 인쇄를 위해 구역 서식이 설정되기 전에 |
| Print | 보고서 구역의 데이터를 인쇄할 수 있게 서식을 설정한 다음, 구역을 인쇄하기 전에 |
| **Close** | 보고서를 닫아 화면에서 없앨 때 |
| NoData | 데이터가 없는(빈 레코드 집합에 연결된) 보고서를 인쇄하려고 서식을 설정한 후 보고서가 인쇄되기 전에. 이 이벤트를 사용하면 백지 보고서가 인쇄되는 것을 취소할 수 있음 |
| Page | Page 이벤트는 보고서의 페이지를 인쇄하려고 서식을 설정한 다음 페이지를 인쇄하기 전에. 이 이벤트를 사용하여 페이지에 테두리를 그리거나 다른 그래픽 요소를 추가할 수 있음 |
| Retreat | 보고서 서식을 지정하는 동안 이전의 보고서 구역으로 되돌아갈 때 |

\* 굵게 표시한 것은 자주 사용하는 이벤트입니다.

❶ **Open 이벤트** : 보고서가 열리기 직전에 발생하는 이벤트입니다. 보고서가 열릴 때, 보고서에 표시할 데이터를 새로 정의할 때 주로 사용합니다. 취소할 수 있는 이벤트입니다.

❷ **Format 이벤트** : 액세스가 보고서 서식을 정의할 때 발생하는 이벤트입니다. 보고서에 어떤 기능을 추가하려면 일반적으로 이 이벤트를 사용합니다. 보고서에 표시될 컨트롤 크기, 색상 등이 이 이벤트에서 결정되기 때문입니다.

실무
예제 **03** # 이벤트 프로시저 연습하기

### 1 폼이 열릴 때 '주문현황' 폼이 표시되도록 하기

**1** 'f주문서_이벤트연습' 폼이 열릴 때, 그림과 같이 '주문현황' 폼이 자동으로 표시되도록 해 봅시다. 이 '주문현황' 폼은 'f주문서_이벤트연습' 폼의 '고객코드'에 설정된 고객의 주문 이력을 보여주는 폼입니다.

**2** 'f주문서_이벤트연습' 폼을 디자인 보기로 엽니다. 폼의 'On Open' 이벤트에서 [코드 작성기]를 선택하여 VBA 코드를 입력해 봅시다.

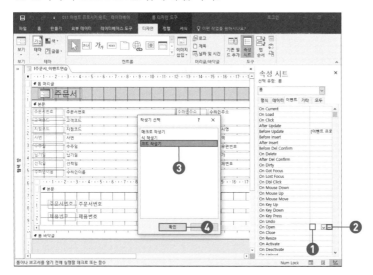

**3** 이벤트 프로시저를 작성합니다.

**4** 'f주문서_이벤트연습' 폼을 열어 봅니다. 그러면 그림과 같이 '주문현황' 폼도 같이 열리는 것을 알 수 있습니다.

## 2 '주문서' 폼의 고객코드에 따라, '주문현황' 폼의 데이터가 변경되도록 하기

**1** 지금 만든 '주문서' 폼은 완벽하지 않습니다. 그림과 같이 '주문서' 폼에서 다음 레코드(여기에서는 '주문서번호'가 '10249'인 레코드)로 이동해 보면, '주문현황' 폼에 아무런 변화가 없습니다. '주문현황' 폼은 '주문서' 폼의 '고객코드'에 정의된 고객의 주문 이력을 보여주는 폼입니다. 그런데, 지금 표시하는 고객 정보는 '산타페'의 고객정보가 아니므로, 잘못 표시되고 있는 것입니다.

**2** 이 문제를 해결하려면, When과 How를 생각해 봐야 합니다. 'When'은 어떤 이벤트가 될까요? 현재 레코드가 바뀔 때 발생하는 이벤트이므로 'Current' 이벤트를 사용해야 합니다. 'How'는 어떤 내용이 될까요? '주문현황' 폼을 갱신해 주기면 하면 됩니다. 여기까지 생각이 정리되었으면, 다음 소스 코드와 같은 이벤트 프로시저를 입력합니다.

```
001:  Private Sub Form_Current()
002:
003:  '팝업 폼이 열려있을 때만 동작함
004:    If CurrentProject.AllForms("f주문액_고객별").IsLoaded = True Then
005:      Forms!f주문액_고객별!주문내역.Requery
006:    End If
007:
008:  End Sub
```

---

**잠깐만요** **IsLoaded 속성 알아보기**

CurrentProject.AllForms("폼이름").IsLoaded 식에서 'IsLoaded'는 속성입니다. 이 속성은 폼이 디자인 보기로 열려 있더라도 True를 반환해 줍니다.

팝업 폼이 열려 있지 않을 상황도 있을 수 있으므로, 팝업 폼이 열려 있을 때만 동작하도록 해야 합니다. 'CurrentProject.AllForms("폼이름").IsLoaded는 '폼이름'에 해당하는 폼이 열려있는지 체크해 줍니다. 열려 있으면 True를, 열려 있지 않으면 False를 반환해 줍니다.

'f주문액_고객별' 폼은 '주문내역'이라는 하위 폼 컨트롤을 포함하고 있습니다. 이 하위 폼 컨트롤만 갱신해 주면, '주문서' 폼의 '고객코드'에 해당하는 데이터를 표시해 줍니다. 따라서 'Forms!f주문액_고객별!주문내역.Requery' 명령을 내려주면 우리가 원하는 기능은 모두 구현되는 것입니다.

### 3 '주문현황' 폼에 고객 이름을 같이 표시하기

**1** 지금까지 만든 폼은 팝업된 폼의 데이터가 어떤 고객의 데이터인지 표시하는 직관적인 표시가 없습니다. 팝업 폼 캡션에 고객 이름도 같이 표시해 봅시다.

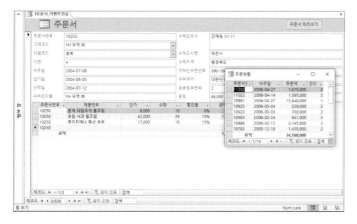

**2** 팝업 폼 캡션에 고객 이름도 같이 표시하려면 폼의 Current 이벤트를 설정해야 합니다. 다음 소스 코드의 005행처럼 폼의 'Caption' 속성을 지정해 주면 됩니다. 고객 회사명을 표시하려고 콤보 상자의 Column 속성을 이용했습니다. '고객코드.Column(1)'이라는 것은, 고객코드 콤보 상자에 설정된 행 원본의 두 번째 열 값을 반환해 줍니다.

```
001:  Private Sub Form_Current()
002:
003:  '팝업 폼이 열려있을 때만 동작함
004:      If CurrentProject.AllForms("f주문액_고객별").IsLoaded = True Then
005:          Forms!f주문액_고객별.Caption = "주문현황 - " & 고객코드.Column(1)
006:          Forms!f주문액_고객별!주문내역.Requery
007:      End If
008:
009:  End Sub
```

**3** 팝업 폼 캡션에 고객 회사 이름이 표시되므로 한층 보기가 편리해집니다.

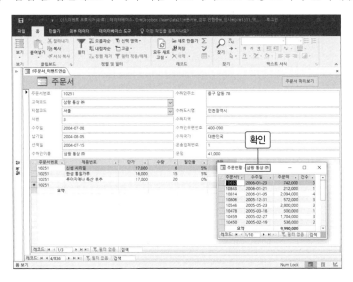

## ☑ 콤보 상자에 커서가 갈 때, 자동으로 목록이 펼쳐지도록 만들기

**1** '고객코드' 콤보 상자에 커서가 갈 때, 자동으로 목록이 펼쳐지도록 만들어 봅시다. When은 '고객코드' 컨트롤에 커서가 갈 때입니다. '고객코드' 컨트롤의 'Enter' 이벤트를 정의하면 됩니다. How는 콤보 상자 목록을 펼치는 것입니다.

여기까지 생각했으면, 그림과 같이 디자인 보기에서 '고객코드' 컨트롤을 선택하고 'On Enter' 이벤트에서 [코드 작성기]를 선택한 다음 [확인]을 클릭합니다.

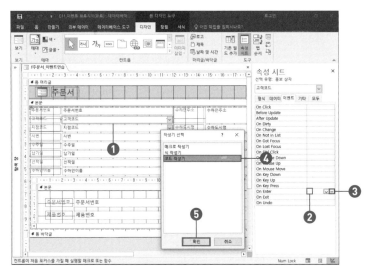

**2** 다음 소스 코드를 참고하여 이벤트 프로시저를 완료합니다. 콤보 상자에는 'Dropdown'이라는 메소드가 있습니다. 이 메소드를 실행시키면 콤보 상자 목록이 펼쳐집니다.

```
001:   Private Sub 고객코드_Enter()
002:
003:   고객코드.Dropdown        입력
004:
005:   End Sub
```

**3** '주문서' 폼(f주문서_이벤트연습)을 폼 보기로 엽니다. 그림과 같이 '고객코드' 콤보 상자를 클릭하면 자동으로 목록이 펼쳐질 것입니다.

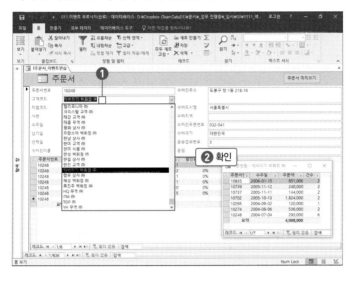

**4** 지금까지 몇 가지 이벤트 프로시저를 만들어 보았습니다. 액세스에서 어떤 기능을 만들려면 When과 How로 나누어서 생각하는 것이 중요합니다. 또, 어떤 개체에 대한 When인지도 중요합니다.

'폼이 열릴 때'라는 것은 폼의 Open 이벤트를 사용하면 됩니다. '컨트롤에 커서가 갈 때'라는 시점은 컨트롤의 Enter 이벤트를 사용하면 됩니다. 폼에는 Enter 이벤트가 없고, 컨트롤에는 Open 이벤트가 없습니다. **개체가 가지고 있는 고유의 이벤트를 잘 찾을 수 있어야 합니다.**

# 디버깅 및 오류 처리하기

VBA 프로그래밍을 하게 되면, 필수적으로 따라오는 것이 버그를 없애는 디버깅 작업입니다. 많은 오류가 평소에는 잠자고 있다가, 특정 시점에 발생하기 때문에, 이러한 오류를 잡는 방법이 쉬운 것은 아닙니다. 지금부터 이러한 오류를 잡는 방법을 알아봅시다.

> **PREVIEW**

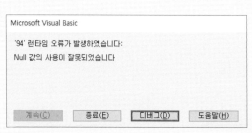

▲ 런타임 오류

▲ 조사식을 이용한 디버깅

On Error Goto LABEL

    CODES
    Exit Sub(혹은 Function)

LABEL:
    오류가 발생했을 때 처리해야 할 CODES

▲ On Error Goto LABEL 오류 처리기 일반형

# 오류 알아보기

## 1 오류 체험하기

VBA를 사용하지 않으면 오류를 만날 일이 거의 없습니다. 그러나, 액세스를 제대로 활용하려면 VBA는 필수입니다. VBA를 이용해서 코딩을 하는 것은 어렵지 않을 수 있지만 VBA를 사용하면 만나게 되는 '오류'는 개념을 제대로 잡아 두지 않으면 어려울 수 있습니다.

**1** 예제파일에서 'f주문서' 폼을 열고, 새 레코드로 이동합니다. 그 다음, 그림과 같이 '고객코드'와 '지점코드'를 입력한 후, '수주일' 필드에 적절한 값을 입력하고 다음 칸으로 이동하면 오류가 발생합니다.

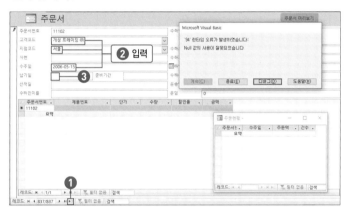

**2** [계속]은 비활성화되어 있고, [디버그]를 클릭하면 그림과 같이 화면이 바뀝니다. VBA 창이 표시되고, 노란색으로 한 줄이 표시됩니다.

```
End Sub

Private Sub Form_Open(Cancel As Integer)
    DoCmd.OpenForm "f주문액_고객별"
End Sub

Private Sub 고객코드_Enter()
    고객코드.Dropdown
End Sub

Private Sub 납기일_AfterUpdate()
    Dim var준비기간 As Byte

    var준비기간 = DateDiff("d", 수주일.Value, 납기일.Value)
    준비기간.Value = var준비기간
End Sub

Private Sub 수주일_AfterUpdate()
    Dim var준비기간 As Byte

    var준비기간 = DateDiff("d", 수주일.Value, 납기일.Value)
    준비기간.Value = var준비기간

End Sub
```

**205**

**3** 도구 모음에서 [계속] 단추(▶)를 클릭해 봅니다. 그러면 그림과 같이, 아까 보았던 오류 메시지 창이 다시 표시됩니다.

지금 우리가 체험한 오류는 **런타임 오류(Run-Time Error)입니다. 프로그램이 실행(Run)되는 중에 발생하는 오류**라는 뜻입니다. 그리고, 이러한 오류를 최소화하는 것이 아주 중요합니다.

## 2 오류 종류 알아보기

오류는 다음과 같은 종류가 있습니다.

> • **구문 오류 혹은 컴파일 오류(Syntax Error 혹은 Compile Error)** : 말 그대로 VBA 문법에 맞지 않도록 프로그래밍한 것을 말합니다. 프로그램이 실행되기 전에 잡아 낼 수 있는 오류이고, 상대적으로 처리가 쉽습니다. 구문 오류가 있는 VBA 코드는 실행되지 않습니다.
> • **런타임 오류(Run-Time Error)** : 프로그램이 실행되는 중에 발생하는 오류입니다. VBA 구문상의 문제가 있는 것은 아니기 때문에, 프로그램을 실행해 보지 않으면 오류가 발생되지 않습니다. 그리고 어떤 상황에서는 오류가 발생하지만, 어떤 상황에서는 오류가 발생하지 않을 수도 있어서 까다롭습니다. 대부분의 '오류 처리' 혹은 '디버깅'이라는 말은 이러한 런타임 오류를 지칭합니다.

**1** 'f주문서' 폼의 '납기일_AfterUpdate' 프로시저에서 '납기일.Value )' 부분 오른쪽 끝 괄호를 삭제하면 붉은색으로 표시됩니다. 아직 주문서 폼을 실행중인 상태는 아니지만, VBA가 오류라고 알려 줍니다. 이것을 구문 오류라고 합니다.

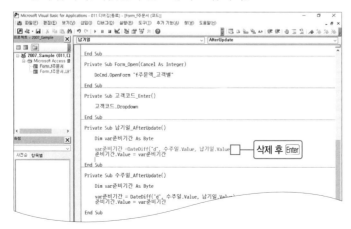

**2** 반면, 조금 전에 체험해 보았던 런타임 오류는 잡기가 어렵습니다. 구문상으로는 완벽하지만, 프로그램을 실행하였을 때 발생하는 오류이기 때문입니다. 특히, 상황에 따라 오류가 발생했다가 발생하지 않는 경우는 더 잡아 내기 어렵습니다.

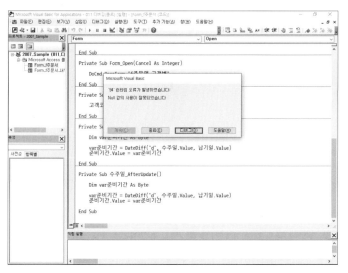

런타임 오류는 구문 자체는 문제가 없습니다. 따라서 우리 눈으로 보아서는 오류를 잡아 낼 수가 없습니다. 프로그램이 실행되고, 특정한 상황이 되어야 오류가 발생되고, 그때서야 비로소 오류가 발생했음을 알게 되기 때문입니다.

이제부터 집중적으로 알아볼 것은 런타임 오류입니다. 구문 오류는 간단히 알아볼 것입니다.

### 3 구문 오류 잡아 내기

**1** 먼저 간단한 구문 오류를 잡아 내 봅시다. 'f주문서' 폼의 '납기일_AfterUpdate' 이벤트 프로시저의 'var준비기간…' 행 오른쪽 맨 끝 부분에 있는 ' )'를 삭제하고 Enter 를 누릅니다. 그러면 이 행이 빨간색으로 표시될 것입니다. **[디버그] 탭-[2007_Sample 컴파일]**을 선택합니다.

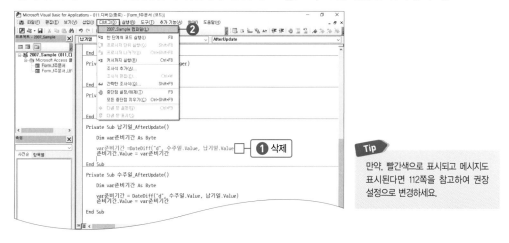

> **Tip**
> 만약, 빨간색으로 표시되고 메시지도 표시된다면 112쪽을 참고하여 권장 설정으로 변경하세요.

**2** 그러면 그림과 같이 오류 원인이 표시됩니다.

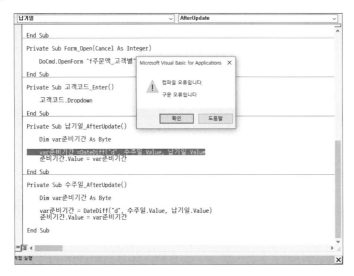

**3** 마지막 『 )』를 다시 기입하면 빨간색 표시가 없어집니다. 다른 테스트를 한 번 해 봅시다. 'var준 비기간…' 행 아래에, 그림과 같이 『If 1=1 Then』이라고 입력합니다. 그리고 [Alt]+[D]+[L]을 눌러 컴파일을 해 봅니다. 그러면 그림과 같이 'End If가 없는 If 블록 문'이라는 오류 원인이 표시됩니다.

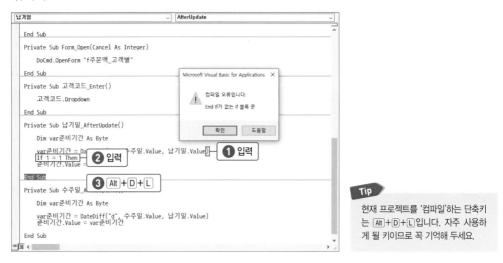

**Tip**

현재 프로젝트를 '컴파일'하는 단축키는 [Alt]+[D]+[L]입니다. 자주 사용하게 될 키이므로 꼭 기억해 두세요.

VBA 코드를 수정한 것은 저장하지 말고 닫으세요. 구문 오류(컴파일 오류)는 이처럼 '컴파일'을 해 보면 구체적인 오류 원인 및 메시지를 확인할 수 있기 때문에 상대적으로 쉽게 해결할 수 있습니다.

필자는 프로그래밍을 할 때, **한두 시간에 한 번씩은 수동으로 컴파일**을 해 줍니다. 그리고, 문제가 발생하면 바로바로 해결합니다. 그렇게 하지 않으면, 나중에 한꺼번에 고쳐야 하기 때문입니다. 필자가 튜터링을 할 때, 간혹 컴파일 오류 지옥을 만나는 경우가 있습니다. 질문자가 수동 컴파일을 아예 한 번도 하지 않는 경우인데요, 경우에 따라서는 진도를 나갈 수 없을 때가 있습니다. 그럴 때는 시간을 들여서 사용하지 않는 코드를 삭제하고, 구문 오류를 다 바로 잡고 난 후 다음 작업을 합니다. '컴파일'은 수동으로 자주 해 주세요. 문제를 바로 잡아 내는 것이 가장 좋은 방법입니다.

---

**잠깐만요** **컴파일이란?**

'컴파일'이 무엇일까요? 우리가 작성하는 VBA 코드는 사람이 이해하기 쉽게 만들어진 구문입니다. 이것을 컴퓨터는 바로 이해하지 못합니다. **이 VBA 구문을 컴퓨터가 이해할 수 있도록 변환**해 주어야 하는데, 그것을 '컴파일'이라고 합니다. 일종의 '번역'이라고 보면 됩니다.

원래 오피스에 있는 VBA는 필요할 때 자동으로 컴파일됩니다. 그래서 우리가 수동으로 컴파일해 줄 필요가 없습니다. 다만, VBA 구문에 포함되어 있는 구문 오류를 미리 찾고자 할 때, 수동으로 컴파일을 해 줄 뿐입니다. 오류를 그때그때 잡는 것이 훨씬 관리하기 편하기 때문입니다.

● 예제파일 : 이전 '010.디버깅(시작).accdb' 예제에 이어서 따라하세요.　　● 결과파일 : 011.디버깅(완료).accdb

| 실무 예제 | **02** | **디버깅 작업하기** |

### ① 버그, 디버그, 디버깅 알아보기

'세상에 버그 없는 프로그램은 없다'고 합니다. '버그'라는 컴퓨터 전문 용어는 우리의 일상 생활에도 아주 널리 사용되고 있습니다. 이 '버그(Bug)'라는 것은 말 그대로 '벌레'라는 뜻을 가지고 있습니다. 초창기 컴퓨터는 크기가 컸고, 전선으로 진공관을 연결하여 프로그래밍을 했습니다. 말 그대로, 나방이 컴퓨터 배선에 들어가 합선을 일으켜 프로그램이 비정상적으로 동작했고, 이때 이후로 **컴퓨터 프로그램의 논리적 오류를 '버그'**라고 부르고 있습니다.

디버그(Debug)는 벌레를 없애는 것을 말합니다. 즉, **컴퓨터 프로그램상 논리적 오류를 찾아서 제거하는 것을 '디버그'**라고 합니다. 디버그는 동사이고, 명사로서 디버깅(Debugging)이라는 단어를 사용합니다. 디버깅 작업에 도움을 주는 도구를 '디버거(Debugger)'라고 합니다. 이제 이 챕터의 제목, '디버깅 및 오류 처리하기'의 의미를 알겠지요?

VBA는 꽤 훌륭한 디버거를 내장하고 있습니다. 디버깅 작업이 편리하다는 의미입니다. 앞으로 천천히 배워 보겠습니다.

### ② 디버깅의 첫 단계, 오류 시작 지점 알기

컴퓨터 프로그램은 논리적입니다. 따라서, **디버깅의 첫 단계는 문제 원인을 정확히 찾는 것**입니다. 전문적인 프로그래밍 훈련이 되어 있지 않은 사람들은, 오류를 만나도 원인도 모른채 다양한 시도를 하는 경우가 많습니다. 이것은 또 다른 버그를 만들 가능성이 있기 때문에, 좋지 않은 방법입니다.

인터넷이 안 된다고 가정해 봅시다. 많은 유형의 사람들이 있겠지만, 액세스를 공부하는 여러분은 무턱대고 인터넷 서비스 업체 고객 센터에 전화를 하지는 않을 것이라고 예상해 봅니다. 인터넷이 안 될 때, 많은 사람들은 원인을 파악하지 않고 컴퓨터 재부팅, 그것도 안 되면 공유기 재부팅, 그것도 안 되면 고객센터에 전화하는 절차를 밟을 것입니다.

기술적인 것을 제외하고, 인터넷이 안 된다면 다음과 같은 순서로 체크해 보면 좋은 결과를 얻을 경우가 많습니다.

❶ 랜카드 통신 상태가 원활한지 확인합니다.
❷ 공유기가 통신할 수 있는지 확인합니다.
❸ 내 컴퓨터가 같은 네트워크에 있는 다른 컴퓨터와 통신할 수 있는지 확인합니다.
❹ 인터넷의 특정 컴퓨터와 통신할 수 있는지 확인합니다.

자, 이 체크 방법이 말하는 것은 무엇일까요? **작은 범위에서부터 차근차근 문제가 되는 부분을 찾는 것입**니다. 이렇게 체크를 해야, 정확히 어느 부분이 문제인지 알 수 있습니다. 이렇게 하지 않고, 단순히 컴퓨터나 공유기를 재부팅하는 것은, 재부팅한 이후에도 동일한 문제가 발생했을 때, 어느 부분에서 문제인지 알 수 없습니다. 그래서 좋지 않은 방법이라고 말하는 것입니다.

디버깅 역시 마찬가지입니다. 오류가 발생했다면, 오류가 발생한 지점을 정확히 찾는 것이 매우 중요합니다. 그 지점을 찾으면 왜 오류가 발생했는지, 우리가 이해할 수 있는 경우가 대부분이기 때문입니다.

1  'f주문서' 폼을 열고 오류를 발생시켜 보겠습니다. 그림과 같이 새 레코드를 입력합니다. '수주일'까지 입력한 후 다음 칸으로 이동을 하면 런타임 오류가 발생될 것입니다. 여기에서 [디버그]를 클릭합니다.

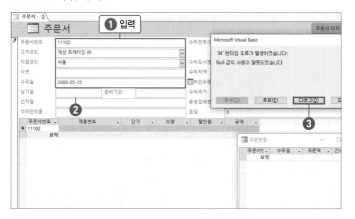

2  노란색으로 한 행이 선택되어 있을 것입니다. 이 지점이 바로 오류가 발생한 지점입니다. 우리는 노란색으로 선택된 행의 뒷부분은 신경 쓰지 않아도 됩니다. 이 행을 포함하여, 이 행 앞부분에 오류 원인이 있을 것입니다.

이처럼 오류 시작 지점을 정확히 아는 것이 디버깅의 첫 번째 단계입니다. 그리고, 오류 대부분은 '변수'와 관련된 오류입니다. 노란색으로 표시된 행 혹은 그 이전에 설정된 변수값들을 조사하다 보면, 오류가 발생한 원인을 이해할 수 있게 됩니다. 그리고, **오류가 발생한 원인을 이해하게 되면, 그 오류를 해결하는 것은 상대적으로 쉬운 일이 될 것입니다.**

## 3 [직접 실행] 창 사용하기

오류가 발생한 행이 노란색으로 표시됩니다. 오류 메시지는 'Null 값의 사용이 잘못되었습니다'이고, 오류번호는 94번입니다.

앞서 설명한 대로, 이 행에서 발생한 문제 때문에 오류가 발생할 수도 있고, 이 행 이전에 발생한 문제 때문에 오류가 발생할 수도 있습니다. 한 가지 확실한 것은, **노란색으로 표시된 행 뒷부분은 체크할 필요가 전혀없다는 점**입니다.

문제가 되는 소스 코드를 살펴봅시다.

```
001:   Private Sub 수주일_AfterUpdate()
002:
003:      Dim var준비기간 As Byte
004:
005:      var준비기간 = DateDiff("d", 수주일.Value, 납기일.Value)
006:      준비기간.Value = var준비기간
007:
008:   End Sub
```

005행이 오류라고 표시되어 있습니다. 프로시저 내용을 전체적으로 살펴보니, 'var준비기간'이라는 변수에 값을 계산한 후, '준비기간' 컨트롤에 값을 넣는 것입니다. 그리고, var준비기간 변수는 Byte 형식의 변수로 선언되어 있습니다.

> Byte 형식의 변수는 0~255까지 저장할 수 있는 변수입니다. '준비기간'이 200일을 넘을 일이 없을 것이기 때문에 이 변수를 사용한 것입니다.

한 가지 확실한 것은, 노란색으로 표시되어 있는 **이 행은 아직 실행되지 않았다**는 점입니다. 그리고, 노란색으로 표시되어 있는 이 행의 **이전 행은, 이미 실행되었다**는 점입니다. 우리가 작성한 프로그래밍 소스는 컴퓨터 내부적으로 한 줄씩 실행됩니다. 그래서 우리는 적당한 시점에 프로그램 실행을 멈추고, 그 시점의 각종 변수값들을 조사하는 작업을 통해 오류를 찾는 것입니다.

지금은 005행에 프로그램 실행이 멈춰 있는 상황입니다. 앞서 언급한 대로, 아직 005행은 실행되지 않은 상태입니다. 005행이 실행되면 오류가 발생하고, 그때 오류 메시지는 'Null 값의 사용이 잘못되었습니다'입니다. 오류 원인이 되는 힌트는 이것이 전부입니다. 그러면 이제 005행을 봅시다. 'var준비기간'이라는 변수에 'DateDiff' 함수의 결과를 저장하는 것입니다. 'DateDiff' 함수가 실

행되면서 오류가 발생하는 것은 아닐까 하고 의심해 볼 수 있겠지요?

그러면 그림과 같이 'DateDiff' 부분을 복사해서 [직접 실행] 창에서 실행해 봅시다. [직접 실행] 창 맨 앞에 '?'를 붙여야 하는 것을 잊지 마세요.

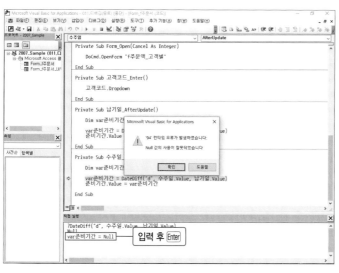

[직접 실행] 창에서는 오류 없이 결과가 출력됩니다. 'Null' 값이 반환됩니다. 오류가 있었다면 [직접 실행] 창에서도 런타임 오류가 발생합니다. 그렇다면, 오류 원인은 DateDiff 함수를 계산하는 중에는 없다는 결론에 이르게 됩니다. 마지막으로 의심할 수 있는 것은 'var준비기간'이라는 변수에 'Null'이라는 값을 넣을 때입니다.

그림과 같이, [직접 실행] 창에 『var준비기간 = Null』이라는 식을 입력합니다. 그러면 'Null 값의 사용이 잘못되었다'는 오류 메시지를 볼 수 있을 것입니다.

드디어 오류 원인을 찾았습니다. DateDiff 함수의 결과는 경우에 따라 'Null' 값을 반환할 수 있습니다. 'var준비기간' 변수는 Byte 형 변수이므로 'Null' 값을 가질 수 없습니다. 즉, 'var준비기간' 변수에 'Null' 값이 들어가서 오류가 발생한 것입니다.

이를 업무적으로 이야기해 봅시다. '수주일' 혹은 '납기일'을 입력을 하지 않은 상황이라면 준비기간을 계산할 때 오류가 발생할 수 있다고 할 수 있습니다.

오류 원인을 알면, 문제를 해결하는 것은 비교적 간단합니다. 지금의 이벤트 프로시저는 '수주일' 값이 변경되었을 때 실행되는 것이고, 준비기간을 계산하는 것입니다. 준비기간은 납기일과 수주일 사이의 뺄셈으로 계산하는 것입니다. 납기일과 수주일 중 하나에 빈 값이 있을 때 오류가 발생하는 것인데, 이때는 어떻게 처리하면 좋을까요? 다양한 방법이 있겠지만, 준비기간은 '0'으로 되도록 하겠습니다. 그렇다면 005행을 다음과 같이 수정해 주면 됩니다.

```
var준비기간 = Nz(DateDiff("d", 수주일.Value, 납기일.Value), 0)
```

DateDiff 함수의 결과 값을 Nz 함수를 이용해서 Null 처리 해 주는 것입니다. 지금은 DateDiff 함수의 결과가 Null이 되면 0으로 변환해서 반환하도록 설정해 두었습니다.

[계속] 단추(▶)를 클릭하여 프로그램을 계속 실행해 봅시다. 그러면 그림과 같이 '준비기간' 필드에 '0일'이 입력되고, 오류 메시지는 발생되지 않을 것입니다.

지금까지 간단하게 오류가 발생하는 지점을 찾아보고, 문제를 해결하는 방법을 알아 보았습니다. 프로그래밍에서의 문제를 해결할 때 가장 먼저 할 일은 문제가 발생하는 위치를 정확하게 알아 내는 것입니다. 문제가 발생하는 위치와 원인을 알고 나면, 문제를 해결하는 것은 어렵지 않습니다.

'Null' 값을 가질 수 있는 VBA 데이터 형식은 Variant 데이터 형식이 유일합니다. 그 이외의 다른 변수는 Null 값을 가질 수 없습니다. 가장 많이 발생하는 오류 유형이니 꼭 참고하세요.

### Nz 함수

Nz 함수는 많이 사용할 함수입니다. Nz 함수는 입력된 식이 Null이 아닐 경우에는 입력된 식의 결과 값을 반환하고, 입력된 식이 Null일 경우에는 특별히 지정된 값을 변환합니다. Nz 함수는 다음과 같은 일반형을 갖습니다.

> Nz(평가식, Null일 때의 값)

Nz 함수는 다음과 같이 사용할 수 있습니다.

- Nz(1+2, "널") : 3을 반환합니다.
- Nz(var, "널") : var 변수값이 Null이면 '널'을 반환합니다. var 변수값이 Null이 아니면 var 변수값을 반환합니다.
- Nz("Null", "널") : 'Null'을 반환합니다. "Null"과 Null은 서로 다른 값입니다. "Null"은 'Null'이라는 문자열을 갖는 값이고, Null은 VBA에서 특수하게 다루는 Null 값입니다.
- Nz(var, 0) : var 변수값이 Null 이면 '0'을 반환합니다. var 변수값이 Null이 아니면 var 변수값을 반환합니다.

## 4 중단점 설정하기

앞선 예제에서, 프로그래밍 코드는 한 줄씩 실행된다는 것을 알았을 것입니다. 프로그래밍 코드 실행을 추적하려고 '중단점'이라는 것을 설정할 수 있습니다. **'중단점'이 설정되면, 그 자리에서 프로그램 실행이 멈춥니다.** 그러면 우리는 프로그램을 한 줄씩 실행해 가면서 변수값을 조사할 수 있습니다. 지금부터 한 번 알아보겠습니다.

**1** 'f주문서' 폼을 열고 [Ctrl]+[G]를 눌러 VBA 창을 활성화합니다. 'Private Sub 수주일_ AfterUpdate( )' 왼쪽 회색 부분을 클릭합니다. 그러면 이 행이 적갈색으로 표시될 것입니다. 이렇게 하면 중단점이 설정된 것입니다.

**Tip**

적갈색 동그라미 부분을 클릭하면 됩니다. 이미 중단점이 설정된 상태에서 한 번 더 클릭하면 중단점을 지울 수 있습니다.

**2** 'f주문서' 폼에서 새 레코드를 등록하고, '수주일' 칸에 적당한 값을 입력합니다. 그러면 그림과 같이 중단점이 설정된 곳에서 프로그램 실행이 멈출 것입니다. 노란색으로 표시된 줄이 현재 프로그램 실행 위치입니다. 앞서 언급했듯, 이 줄이 아직 실행된 것은 아닙니다.

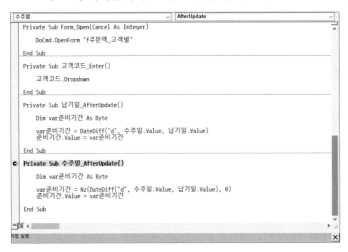

**3** F8을 눌러 봅시다. 그러면 노란색 줄이 다음 줄로 넘어갑니다.

**잠깐만요** **디버그할 때, 노란 줄이 생기지 않는 줄 알아보기**

여기에서 'Dim var준비기간 As Byte' 행은 멈추지 않고 건너뛰는 것을 볼 수 있습니다. 변수 선언 부분에는 중단점을 설정할 수 없으며, 따라서 한 줄씩 실행하더라도 건너뜁니다. 프로그램 코드가 없는 빈 줄이나, 주석 줄도 한 줄씩 실행하는 모드에서 건너뜁니다.

**4** 각종 변수 위에 마우스 포인터를 놓으면 그림과 같이 값이 표시됩니다. '수주일.Value', '납기일.Value'에도 마우스 포인터를 놓으면 값이 표시됩니다. 꼭 [직접 실행] 창에서 조사하지 않더라도, 마우스 포인터를 가져다 대는 것만으로, 변수값을 조사할 수 있습니다.

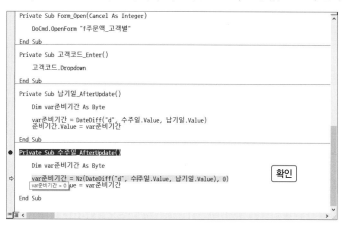

**5** F8 을 한 번 더 눌러봅니다. 다음 행으로 노란색 줄이 바뀝니다. 이때, '준비기간.Value'에 마우스 포인터를 올려다 놓으면 'Null'이 표시되고, 'var준비기간'에 커서를 올려다 놓으면 '0'이 표시됩니다. 아직 이 행이 실행되기 전의 변수값들인 것입니다.

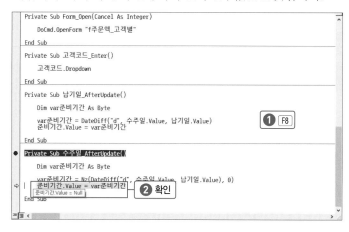

**6** F8 을 한 번 더 누르고 다시 한 번 '준비기간.Value' 값을 조사해 봅시다. 그림과 같이, 아까는 'Null'이었던 값이 '0'으로 바뀐 것을 알 수 있습니다. 프로그램이 한 줄씩 실행되면서, 값이 바뀐 것을 추적할 수 있는 것입니다.

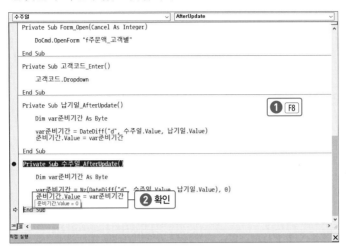

잠깐만요 **디버그에 사용하는 바로 가기 키 알아보기**

F8 말고, VBA 편집기 메뉴에도 한 줄씩 실행하는 명령이 있습니다. 원래는 메뉴에 있는 기능인데, 메뉴보다는 바로 가기 키로 사용하기 때문에 바로 가기 키를 먼저 소개했습니다.

그림과 같이 [디버그] 메뉴에 보면 [한 단계씩 코드 실행(F8)], [프로시저 단위 실행(Shift+F8)] 등이 있는데, 많이 사용하는 기능이니 단축키를 꼭 익혀 두세요. F8 과 Shift+F8 은 꼭 익혀 두어야 합니다.

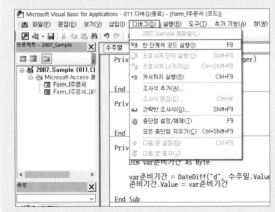

### 5 조사식을 이용한 변수값 확인하기

디버깅 작업의 대부분은 프로그램이 실행되는 시점의 변수값을 확인하는 것입니다. 이러한 변수값을 확인하는 방법으로 [직접 실행] 창과, 소스 코드 상에서 마우스 포인터를 올려서 확인하는 방법을 소개했습니다.

지금부터는 조금 더 편리한 방법인 '조사식'을 소개하려고 합니다. **별도의 창으로 변수값을 계속 표시해 주기 때문에,** 매우 편리하게 특정 변수값을 추적할 수 있습니다.

**1** 예제파일을 열고, 'f주문서' 폼의 코드 창으로 이동합니다. '수주일_AfterUpdate' 프로시저에 중단점을 설정해 놓습니다. 그리고 'var준비기간 = '으로 되어 있는 행에서 'var준비기간'을 마우스 오른쪽 단추로 클릭한 다음 **[조사식 추가]**를 선택합니다. 그러면 그림과 같은 화면이 표시됩니다. 여기에서 다른 것을 고칠 것은 없습니다. [확인]을 클릭합니다.

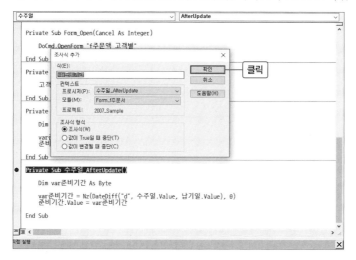

**2** [조사식] 창이 표시됩니다. 아직은 프로그램이 실행되지 않은 상태이기 때문에 'var준비기간' 변수의 '값'에는 아무런 값도 표시되지 않고 있습니다.

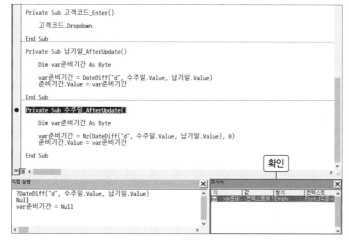

> **Tip**
> [조사식] 창은 대부분 앞의 그림과 같이 오른쪽 아래에 표시될 것입니다. 그러나, 이전에 [조사식] 창 위치를 변경한 적이 있다면, 다른 위치에 표시될 수도 있습니다.

**3** 'f주문서' 폼을 열고 새 레코드 입력 화면으로 전환합니다. '수주일_AfterUpdate' 이벤트 프로시저에 조사식을 추가하였으니, 데이터 입력에 유의해야 합니다. '납기일'에 먼저 『2006-05-30』이라고 입력한 후, '수주일'에 『2006-05-01』을 입력합니다. 그리고 Tab 을 눌러 다음 컨트롤로 이동합니다. 그러면 그림과 같이 [조사식] 창에서 'var준비기간' 변수값이 '0'으로 표시되는 것을 볼 수 있습니다.

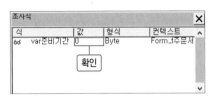

**4** F8 을 한 번 누릅니다. [조사식] 창의 값은 변하지 않습니다. F8 을 한 번 더 누릅니다. 그러면 'var준비기간' 변수의 '값'이 '29'로 바뀌는 것을 확인할 수 있습니다.

이처럼 '조사식' 기능을 이용하면, 마우스 위에 포인터를 올려 놓지 않아도 되고, [직접 실행] 창에 변수값을 출력하도록 하지 않아도 되기 때문에, 변수값을 추적하는 작업이 쉬워집니다.

## 6 프로그램 실행 흐름 되돌리기

프로그램 실행 흐름을 되돌릴 수 있습니다. 이것은 오류가 발생했을 때, 프로그램 로직을 수정하지 않고도 임시로 테스트를 해 볼 때 유용합니다.

**1** 'f주문서' 폼의 모듈로 갑니다. '수주일_AfterUpdate' 이벤트 프로시저에 중단점을 설정합니다. 그 다음 'f주문서' 폼을 열고 '수주일' 값을 변경한 후 다음 칸으로 이동해 봅니다. VBA 편집기가 표시될 것입니다. 여기에서 F8을 두 번 누르면 다음 화면과 같아집니다(수주일에는 '2006-05-01'을, 납기일에는 '2006-05-30'을 입력해 두었습니다).

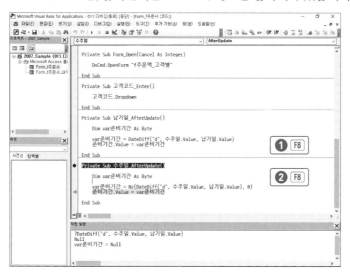

**2** 이미 'var준비기간' 변수값은 29가 설정된 상태입니다. 이때 [직접 실행] 창에 『납기일.Value = #2006-05-31#』이라고 입력하고 Enter를 누릅니다. 이렇게 하면, 실제 'f주문서' 폼의 '납기일' 컨트롤의 값이 변경됩니다. 그 다음 노란색 행의 오른쪽 화살표(➡)를 한 행 위로 드래그합니다.

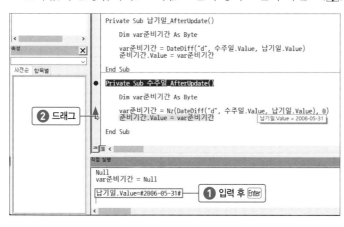

**3** 프로그램 실행 지점이 한 행 위로 표시됩니다. 프로그램 실행 흐름을 되돌린 것입니다. 이제 끝까지 실행시켜 봅시다. '준비기간' 컨트롤에는 '29'가 표시될까요, '30'이 표시될까요?

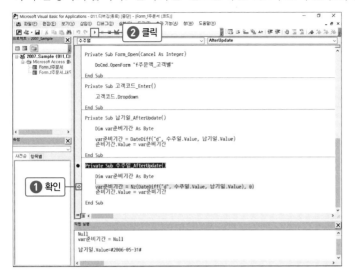

**4** '준비기간' 컨트롤에는 '30일'이 표시된 것을 확인할 수 있습니다. 이처럼, 우리는 프로그램 흐름을 되돌리거나 건너뛸 수 있습니다.

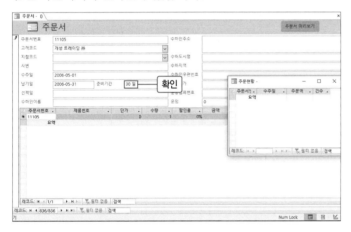

잠깐만요 **흐름을 되돌리는 기능의 사용**

프로그램 흐름을 되돌리거나 건너뛰는 기능은 훌륭한 기능이지만, 이것은 매우 제한적으로만 사용해야 합니다. 그렇지 않으면, 선언하지 않은 변수값을 대입하는 등의 논리적 오류가 발생할 경우가 많기 때문입니다. 또, 이런 식으로 프로그램의 흐름을 되돌릴 때 액세스가 강제 종료되는 경우가 있습니다.

예제파일 : 020.오류 처리(시작).accdb    결과파일 : 021.오류 처리(완료).accdb

| 실무<br>예제 | **03** | **오류 처리하기** |

## 1 오류 처리기 체험하기

예제파일을 열고 'f주문서' 폼을 엽니다. 그리고 새 레코드를 추가한 다음 그림과 같이 입력해 봅니다. '수주일'에는 『2004-05-15』, 그리고 '납기일'에는 『2005-05-14』를 입력합니다. 그러면 그림과 같이 '오버플로' 오류가 발생합니다.

오버플로(Overflow) 오류는 말 그대로 '흘러넘치는' 오류입니다. 정수(Long) 데이터 형식은 ±20억 정도의 숫자를 표시할 수 있습니다. 그런데 정수 데이터 형식에 30억의 값을 입력하게 되면, 데이터를 입력할 수 없겠죠? 이럴 때 '흘러넘친다'라는 의미의 오버플로 오류가 발생합니다. 오류가 발생한 부분의 소스 코드는 다음과 같습니다.

```
001:   Private Sub 납기일_AfterUpdate()
002:
003:      Dim var준비기간 As Byte
004:
005:      var준비기간 = DateDiff("d", 수주일.Value, 납기일.Value)
006:      준비기간.Value = var준비기간
007:
008:   End Sub
```

005행에서 오류가 발생하는데요, 'var준비기간' 변수는 255까지 저장할 수 있는 Byte 형식입니다. 그런데 DateDiff 함수의 결과는 365일이 되니, 변수에 저장할 수 없는 오버플로 오류가 발생하는 것입니다. 이 오류를 해결하는 것은 아주 간단합니다. 'var준비기간' 변수를 좀 더 용량이 큰 정수

(Long) 변수로 바꾸면 됩니다.

그런데, 여기에서의 초점은 이런 방식의 문제 해결에 있지 않습니다. 오버플로 오류는 많은 빈도로 발생합니다. 또, 정수(Long) 데이터 형식의 범위를 초과하는 경우의 입력값이 발생하면 어떻게 될까요?

여기에서의 초점은 **'예측하기 어려운 오류가 발생했을 때 어떻게 처리할 것인가'**입니다. 이런 문제를 해결 하려고, VBA에서는 오류 처리기를 제공합니다. 오류 처리기를 이용하면, 예측하지 못한 오류가 발 생하더라도, 디버그 창으로 가지 않고, 적절히 처리를 할 수 있습니다.

'납기일_AfterUpdate' 프로시저를 다음 소스 코드와 같이 수정해 봅시다. 이것이 오류 처리기를 추가한 것입니다.

```
001:   Private Sub 납기일_AfterUpdate()
002:
003:   On Error GoTo Herror
004:
005:       Dim var준비기간 As Byte
006:
007:       var준비기간 = DateDiff("d", 수주일.Value, 납기일.Value)
008:       준비기간.Value = var준비기간
009:   Exit Sub
010:
011:   Herror:
012:       MsgBox Err.Description & vbNewLine & Err.Number
013:
014:   End Sub
```

003행에서 오류 처리기를 가동합니다. 오류가 발생할 경우 'Herror' 레이블로 가라는 의미입니다. 009행에서 프로시저를 종료합니다. 009행 이전까지가 정상적인 상황에서의 프로시저 동작입니 다. 009행을 실수로 누락시키면, 011행과 012행이 실행됩니다. 오류가 아닌데, 오류 관련된 행동들 이 실행되는 것입니다.

011행은 오류가 발생했을 때 가야 하는 레이블입니다.

012행은 오류가 발생했을 때 취해야 하는 동작입니다. 오류 메시지를 표시하는데, 줄 바꿈 문자 (vbNewLine)를 이용해서 오류 메시지 다음 줄에 오류 번호를 출력해 주는 기능을 하고 있습니다.

이제 다시 'f주문서' 폼을 열고, 비슷한 동작을 취해 봅시다. 그러면 그림과 같이 메시지가 표시됩니 다. 그리고 [확인]을 클릭하더라도, VBA 코드창이 표시되거나 하지는 않습니다. 이제 오류가 발생 되더라도, VBA 코드창이 표시되지 않습니다. 이것은 모든 오류를 다 처리해 주는 것입니다.

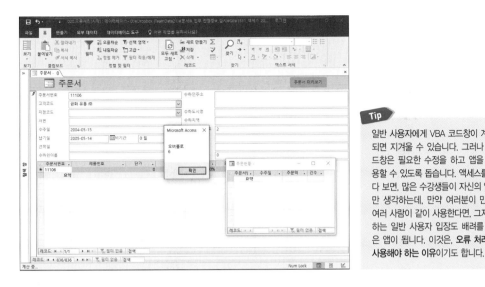

Tip

일반 사용자에게 VBA 코드창이 계속 표시되면 지겨울 수 있습니다. 그러나 VBA 코드창은 필요한 수정을 하고 앱을 계속 사용할 수 있도록 돕습니다. 액세스를 교육하다 보면, 많은 수강생들이 자신의 입장에서만 생각하는데, 만약 여러분이 만든 앱을 여러 사람이 같이 사용한다면, 그저 사용만 하는 일반 사용자 입장도 배려를 해야 좋은 앱이 됩니다. 이것은, **오류 처리기를 꼭 사용해야 하는 이유**이기도 합니다.

## 2 On Error Goto LABEL 오류 처리기 알아보기

앞서 살펴본 예제에서는 'On Error Goto LABEL' 형식의 오류 처리기를 사용했습니다. 오류가 발생할 때는 'LABEL'로 가서 나머지 동작을 수행하라는 뜻입니다. 저는 'LABEL'로 'Herror'를 사용했습니다. 'Handle Error'를 줄여서 쓴 것입니다. LABEL은 여러분이 마음대로 이름을 정해서 사용해도 됩니다.

이 오류 처리기는 다음과 같은 일반형을 갖습니다.

```
On Error Goto LABEL

    CODES
    Exit Sub(혹은 Function)

LABEL:
    오류가 발생했을 때 처리해야 할 CODES
```

그리고 'CODES'에서 오류가 발생하면, 발생한 시점에서 점프하여 'LABEL'쪽으로 갑니다. 만약 'CODES'가 20행이 있었고, 3행에서 오류가 발생했다면, 3행만 실행되고 17행은 건너뛴다는 것입니다.

이 오류 처리기에 대한 연습은 앞에서 체험한 것으로 대신하겠습니다. **가장 많이 사용하는 오류 처리기**이니, 제대로 기억해 두세요.

### 3 On Error Resume Next 오류 처리기 알아보기

'On Error Resume Next' 오류 처리기는 오류가 발생할 때, 무시하고 다음 행으로 가라는 것입니다. 한참 액세스를 공부할 때, 모든 오류 처리기가 'On Error Resume Next' 오류 처리기로 도배가 되어 있는 앱을 본 적이 있습니다. 결과적으로 VBA 창이 표시되는 상황은 피할 수 있었지만, 앱 자체는 전혀 쓸모가 없었습니다. **엉뚱한 결과를 표시하는데, 왜 그런 결과를 표시하는지 알 수 없었기 때문입니다.**

> **Tip**
>
> 우리가 '통증'을 느끼지 못하면 어떻게 될까요? 아픔을 모르니 행복할까요? 실제로 아픔을 모르는 병이 있다고 합니다. 그 사람은 외출하고 돌아오면, 온 몸을 꼼꼼히 살펴보는 것이 일이라고 합니다. 피가 철철 흐르고 있어도 모르고, 멍이 들어도 몰라서 위험한 상태가 될 수 있기 때문입니다. 상처가 곪아 고름이 나올 정도가 된 후에 알아서 처치한 경우도 있다고 합니다.
>
> 오류도 마찬가지입니다. 오류는 어떤 '문제'라기보다는, 통증과 같이 우리에게 잘못된 것을 알려 주는 역할을 합니다. 이 오류가 없다면, 우리는 원활한 앱을 만들 수 없습니다. 잘못된 것을 자각할 수 없기 때문입니다. 어떤 의미로는, 오류(Error)라는 용어보다는 알림(Alarm)이라는 용어에 가깝다고 생각하면 됩니다.

'On Error Resume Next' 오류 처리기의 일반형은 다음과 같습니다.

```
On Error Resume Next

    CODES
```

라벨도 없고, 별도의 오류 처리 루틴이 없는 것을 알 수 있습니다. 오류가 발생하면 그냥 무시하고 다음 행을 실행할 뿐입니다. 그래서 상당히 위험하지요.

그래서 'On Error Resume Next' 오류 처리기는 사용하지 않기를 권합니다. 필자는 이 오류 처리기를 사용할 때는 단 한 줄 짜리 프로시저로 제한하고 있습니다. 두 줄 이상의 프로시저에서 이 오류 처리기를 사용한다면 어떤 결과가 올 지 장담하기 어렵기 때문입니다.

이것 말고도 다른 오류 처리기가 있기는 하지만, 잘 사용하지는 않습니다. 일단 지금 수준에서는 이 두 가지 오류 처리기 정도만 알고 넘어가도 좋습니다. 'On Error Goto LABEL' 오류 처리기만 사용해도 충분합니다.

### 4 On Error Goto LABEL 오류 처리기 활용하기

조금 전 예제에서, VBA 창이 표시되는 상황은 피했지만, '오버플로'라는 메시지를 받는 사용자의 마음은 여전히 답답할 것입니다. '오버플로'라는 것의 용어를 아는 일반 사용자는 거의 없을 것이기 때문입니다. 이것을 조금만 수정하면, 좋은 앱을 만들 수 있습니다.

예제파일을 열고, 'f주문서' 폼의 '납기일_AfterUpdate' 이벤트 프로시저를 다음과 같이 만듭니다.

```
001:   Private Sub 납기일_AfterUpdate()
002:
003:   On Error GoTo Herror
004:
005:      Dim var준비기간 As Byte
006:
007:      var준비기간 = DateDiff("d", 수주일.Value, 납기일.Value)
008:      준비기간.Value = var준비기간
009:      Exit Sub
010:
011:   Herror:
012:   If Err.Number = 6 Then
013:      MsgBox "준비기간은 255일 이내여야 합니다. " & _
014:          "그런데 지금 입력한 수주일과 납기일의 차이는 255일을 넘습니다. " & _
015:          "수주일과 납기일의 차이를 줄여 주십시오."
016:   Else
017:      MsgBox Err.Description & vbNewLine & Err.Number
018:   End If
019:
020:   End Sub
```

VBA

012행에서, 오류 번호가 6번인 경우와, 그 밖의 경우로 나누어서 메시지를 정의합니다.

오버플로 오류는 013행~015행과 같이 친절한 설명을 표시합니다.

017행에서는 예상하지 못한 오류를 표시합니다.

이제 그림과 같이 '수주일'과 '납기일'을 입력해 봅시다. 훨씬 사용자 친화적인 메시지로 바뀌었습니다. 오류 처리기를 제대로 활용하면 친절한 앱을 만들 수 있습니다.

> **Tip**
>
> 현재의 '납기일_AfterUpdate' 프로시저는 적절하지 않습니다. 잘못된 값을 입력하였을 때, 사용자에게 메시지만 표시할 뿐, 강제하지 않기 때문입니다. 원래 이러한 처리는 '납기일_BeforeUpdate'에서 해 주어야 하고, '납기일_AfterUpdate' 프로시저는 올바른 값이 넘어왔다는 가정에서 두 날짜의 차이만 계산해 주는 것이 맞습니다. 그러나 이러한 것은 현재의 범위를 벗어나기 때문에 '납기일_AfterUpdate' 프로시저에서만 처리하는 예를 든 것뿐입니다.

### 잠깐만요  메시지 창에서 강제로 행을 나누어야 할 경우

013행~015행은 VBA에서는 하나의 행으로 인식합니다. 다만, 한 줄짜리 텍스트가 계속되면 매우 불편하기 때문에, **강제로 행을 나누어야 할 때 '_' 문자를 사용**합니다. VBA는 문장의 끝에 '_' 문자가 있다면, 한 행이 끝났다고 판단하지 않으며, 다음 행까지를 하나의 행으로 인식합니다. 한 가지 주의할 사항은 '_' 앞에 반드시 공백이 있어야 한다는 점입니다.

## 5 Error 개체 알아보기

지금까지 별다른 설명 없이 'Err.Number', 'Err.Description' 등을 사용했습니다. 'Err' 개체는 오류가 발생했을 때, 자동으로 설정되는 특별한 개체입니다. 오류가 발생하면 '**Err.Number**'에는 **오류 번호가**, '**Err.Description**'에는 **오류 메시지가 저장**됩니다.

이것 말고도 많은 속성과 메소드가 있지만, 일단 Number와 Description 속성 정도만 잘 활용해도 됩니다.

중요한 것은, 이 오류 개체에는 마지막 오류만 저장된다는 점입니다. 연속적으로 두 번의 오류가 발생했다면, 마지막 오류만 저장됩니다. 정상적인 상황일 때 'Err.Number'는 '0'을 가지고 있습니다.

## 6 오류 처리기 작성 원칙 알아보기

VBA 창을 표시하지 않는 것이 무엇보다 중요합니다. 그리고, 액세스는 이벤트 프로시저에서 시작해서 이벤트 프로시저에서 끝납니다. 따라서, 필자는 다음과 같은 원칙을 세웠습니다.

> 모든 이벤트 프로시저에는 'On Error Goto LABEL' 오류 처리기를 추가한다.

이렇게 하면, 일단 VBA 창은 표시되지 않습니다.

자, 그렇다면 이벤트 프로시저가 아닌, 일반 프로시저에는 오류 처리기를 넣지 않아도 될까요? 그렇습니다. 만약, A 이벤트 프로시저에서 프로그램이 실행될 때, B 프로시저나 C 프로시저를 호출해서 사용할 수 있습니다. 이때, **B 프로시저나 C 프로시저에서 오류가 발생하더라도, VBA는 자동으로 A 이벤트 프로시저의 오류 처리기에 의해 처리가 됩니다.** 그래서 모든 프로시저에 오류 처리기를 다 추가할 필요는 없습니다.

다만, 로직을 구현하다 보면, 일반 프로시저에서도 오류 처리기를 넣는 것이 더 나을 때가 많이 있습니다. 이때는 오류 처리기를 추가해도 무방합니다.

※ 정답은 다음 링크에 있습니다 : http://g.td21.com/gb84

# 1 │ 잘못된 변수 수정하기

다음은 잘못된 변수 선언 예입니다. 무엇을 어떻게 잘못했는지 설명해 보세요.

- Dim 1Abc As String
- Dim Abc-1 As String
- Dim MsgBox As String

> **정답**
> **예시**
>
> **(다음 내용을 보지 말고 먼저 생각해 보세요.)**
> - Dim 1Abc As String : 변수 이름은 문자로 시작해야 합니다. 숫자로 시작할 수 없습니다.
> - Dim Abc-1 As String : 변수 이름에는 특수 문자를 거의 사용할 수 없습니다. '_'는 사용할 수 있습니다.
> - Dim MsgBox As String : 액세스에서 사용하는 키워드는 변수 이름으로 사용할 수 없습니다.

# 2 │ 구문 변경하기

📂 **예제파일** : 030.리뷰실무예제(시작).accdb　　📂 **결과파일** : 031.리뷰실무예제(완료).accdb

다음 코드는 성적에 따라 등급을 표시해 주는 프로시저로, If ~ ElseIf 구문을 사용하였습니다. Select Case 구문을 이용해서 동작하도록 변경해 보세요.

```
001:   Public Sub 다중If()
002:
003:     Dim 성적 As Long
004:     Dim 등급 As String
005:
006:     성적 = 70
007:
008:     If 성적 < 60 Then
009:       등급 = "F"
010:     ElseIf 성적 < 70 Then
011:       등급 = "D"
012:     ElseIf 성적 < 80 Then
013:       등급 = "C"
014:     ElseIf 성적 < 90 Then
015:       등급 = "B"
016:     Else
017:       등급 = "A"
018:     End If
019:
020:     Debug.Print 성적 & vbTab & 등급
021:
022:   End Sub
```

CHAPTER

# CHAPTER 4 조회 폼 만들기

이제 지금까지 배워 본 VBA를 바탕으로 하여, 실무에서 바로 사용할 만한 고급 기능에 대해서 알아보고 구현해 봅시다. 가장 많이 활용할 만한 것은 역시, 데이터 조회 기능입니다. 액세스에 기본으로 내장된 폼 필터로 조회 기능을 사용할 수 있기는 하지만, 편리하지는 않습니다.

지금부터 만들어 볼 조회 폼은 일반적인 DB 기반 앱(ERP 등)에서 볼 수 있는 친숙한 화면입니다. 화면 윗부분에는 조회 조건이 있고, 화면 아래 부분에는 조회 결과 데이터가 표시됩니다.

이것을 만드는 것은 쉬운 것은 아닙니다. 그래서 필자가 '데이터 조회 모듈'을 제공합니다. 이 모듈을 이용하여 약간의 환경 설정 작업만 하면 조회 폼을 쉽게 만들 수 있습니다.

Access

# 조회 폼 개념 잡기

조회 폼을 이용하면 많은 데이터에서 자신이 원하는 데이터를 쉽고 편리하게 찾을 수 있습니다.
조회 폼이 어떻게 동작하고, 어떻게 구현되는지 그 개념을 알아보겠습니다. 결론부터 말하면, 쿼리 그 자체인 SQL 구문의
WHERE 절 부분을 VBA를 이용하여 그때그때 만드는 것입니다. 이런 작업에 대한 기본 개념부터 천천히 알아보겠습니다.

> ## PREVIEW

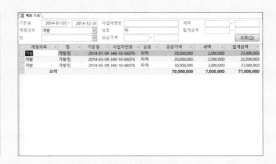

▲ 다양한 조건을 입력하여 원하는 데이터를 찾을 수 있습니다.

## 조회 폼 구현 원리

'기준일'로 조회할 때의 'WHERE' 구문

```
001:  SELECT *
002:  FROM q공통_매출
003:  WHERE (기준일 Between #1/1/2014# And #12/31/2014#);
```

'기준일'과 '계정과목'으로 조회할 때의 'WHERE' 구문

```
001:  SELECT *
002:  FROM q공통_매출
003:  WHERE (기준일 Between #1/1/2014# And #12/31/2014#)
004:  AND (계정과목="개발");
```

## 1 조회 폼 살펴보기

1 조회 폼을 알아봅시다. 예제파일을 열고 탐색 창에서 '조회_매출' 폼을 엽니다. 그리고 그림과
  같이 [조회]를 클릭해 봅시다. 그러면 2013년부터 2015년까지의 모든 매출 데이터가 2243건
  표시됩니다.

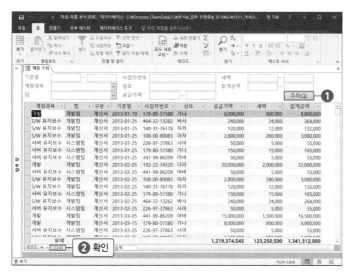

2 데이터가 너무 많습니다. 그림과 같이, '기준일'에 2014년 데이터만 표시되도록 하고 [조회]를
  클릭해 봅시다. 그러면 2014년 데이터만 714건이 표시됩니다.

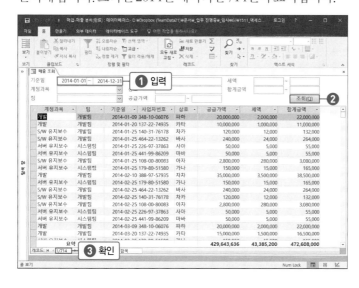

**3** 여전히 너무 많습니다. 이번에는 '계정과목' 중 [개발]에 해당하는 것만 표시해 봅시다. 그림과 같이 14건의 레코드가 표시됩니다. 이제 다시 생각해 봅시다. **2014년이라는 조건과 '개발'이라는 계정과목 모두를 만족하는 조건이 14건이라는 뜻입니다. 이런 것을 'AND 조건'이라고 합니다. 2014년이거나 '개발'이라는 계정과목인 경우와는 다릅니다. 이런 것은 'OR 조건'이라고 합니다.**

보통 조회 폼에는 여러 개의 조회 칸이 있는데, 특별한 것이 없다면 이러한 조회 칸은 모두 'AND 조건'입니다. 따라서, 조건을 입력하면 할수록 표시되는 레코드 수는 적어지면 적어지지, 절대로 많아지지 않습니다.

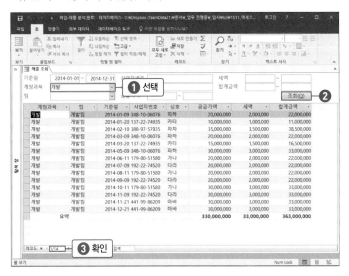

**4** 마지막으로, '상호' 란에 『하』를 입력하고 조회해 봅시다. 이것은 2014년이면서, '계정과목'이 '개발'이고, '상호' 필드에 '하'가 포함된 조건으로 데이터를 찾는 것입니다. 이것 역시 AND 조건입니다. 총 3건의 레코드가 표시됩니다.

이런 것이 바로 조회 폼입니다. 조회 폼을 이용하면 수많은 데이터 중에 자신이 원하는 데이터를 아주 쉽게 찾을 수 있습니다. 이런 폼을 직접 만든다면 매우 편리하게 DB를 사용할 수 있겠지요? 지금부터 이런 것을 직접 만드는 방법을 익혀 볼 것입니다. 폼을 만드는 것은 어렵지만 필자가 미리 프로그래밍해 놓은 조회 모듈을 제공하니 걱정하지 않아도 됩니다. VBA 코드를 복사-붙여넣기 정도만 하고, 설정만 적절하게 변경하면 됩니다.

## 2 조회 컨트롤 알아보기

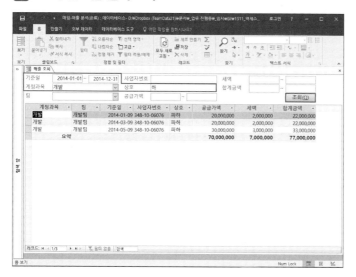

'기준일' 필드를 살펴봅시다. '기준일' 필드는 두 칸으로 검색하게 되어 있습니다. 이것을 '범위 검색'이라고 합니다.

'상호' 필드는 부분 일치 검색입니다. 정확한 값을 모르더라도, 해당하는 글자를 찾아주는 검색입니다. 이런 것은 한 칸으로 검색하게 되어 있습니다.

'계정과목' 필드는 일치 검색입니다. 정확히 콤보 상자에서 선택한 값만 표시하는 것입니다. '상호' 필드와는 의미가 많이 다릅니다. 일치 검색은 한 칸의 콤보 상자로 검색하게 되어 있습니다.

조회 컨트롤은 이처럼 세 가지 유형으로 나뉘어 있습니다. 조회 조건을 설정할 필드의 특성에 따라, 이러한 세 가지 유형 중 하나를 선택해서 만들 수 있습니다.

예제파일 : 이전 '매입-매출 분석(완료).accdb' 예제에 이어서 따라하세요.

조회 폼을 어떻게 만드는지 궁금하지 않나요? 지금부터 하나하나 알아보겠습니다.

> **Tip**
>
> 지금 설명하는 것은 100% 이해할 필요는 없습니다. 이러한 내용을 포함하여 조회 폼 모듈을 만들었기 때문에, **조회 폼 모듈을 사용하는 사람은 이런 원리를 몰라도 사용할 수 있기 때문입니다.** 그러나, 원리를 조금이라도 이해하면 조회 폼 모듈을 사용하는 데 도움이 될 것입니다.

우선 그림을 살펴봅시다. 조회 조건을 하나도 주지 않은 매출 조회 폼입니다. 총 2243개의 레코드가 표시되고 있지요. 오른쪽 그림은 이때 표시되어야 할 조회 폼 데이터에 대한 쿼리입니다. 'q공통_매출' 쿼리를 표시하고 있고, 모든 필드를 출력하는데, 조건은 하나도 없는 상태입니다.

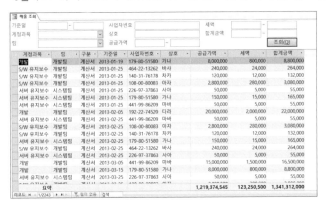 

이럴 때 SQL 구문은 다음과 같이 표시됩니다. 'q공통_매출' 쿼리에서 모든 필드를 표시하라는 의미를 가지고 있지요.

```
001:  SELECT q공통_매출.*
002:  FROM q공통_매출;
```

이 쿼리 식은 단순해서 이해하기가 어렵지는 않습니다. 다만 더 간단히 표현할 수도 있습니다. 다음과 같이 표시해도 무방합니다.

데이터를 'q공통_매출' 쿼리 하나에서 가져오는 것이기 때문에, 'SELECT' 이후에 'q공통_매출.*'에서 'q공통_매출.'까지는 생략해도 됩니다.

```
001:  SELECT *
002:  FROM q공통_매출;
```

이번에는 '기준일' 필드에 조건을 하나 넣어 봅시다. 다음 왼쪽 그림과 같이 표시됩니다. 오른쪽 쿼리는 이럴 때의 쿼리입니다. '기준일' 필드의 2014년 데이터만 표시되도록 조건식을 주었지요.

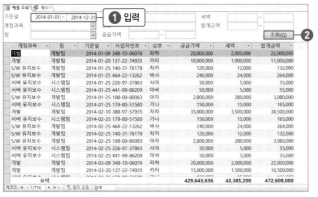 

이럴 때의 SQL 구문은 다음과 같이 표시됩니다. 이전 쿼리에 비해 003행이 추가되었지요?

```
001:  SELECT q공통_매출.*
002:  FROM q공통_매출
003:  WHERE (((q공통_매출.기준일) Between #1/1/2014# And #12/31/2014#));
```

이 쿼리 식도 더 간단히 표시할 수 있습니다. 'WHERE' 이후에 'q공통_매출.기준일'에서 'q공통_매출.'까지는 생략해도 됩니다.

```
001:  SELECT *
002:  FROM q공통_매출
003:  WHERE (((기준일) Between #1/1/2014# And #12/31/2014#));
```

식이 조금 간단해지기는 했는데, 'WHERE' 이후에 괄호가 너무 많지요? 불필요한 괄호를 생략하면 다음과 같이 단순화할 수 있습니다.

```
001:  SELECT *
002:  FROM q공통_매출
003:  WHERE (기준일 Between #1/1/2014# And #12/31/2014#);
```

이번에는 '계정과목'에서 '개발' 항목만 표시되도록 해 봅시다. 왼쪽과 같이 표시되고, 오른쪽과 같은 쿼리를 만들어야 할 것입니다.

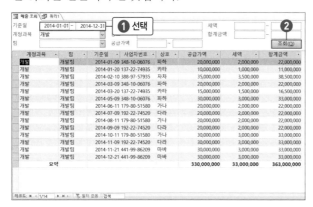 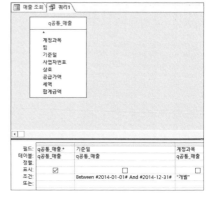

그리고 이때의 SQL 구문은 다음과 같습니다. 004행이 추가된 것을 알 수 있습니다.

```
001:  SELECT q공통_매출.*
002:  FROM q공통_매출
003:  WHERE (((q공통_매출.기준일) Between #1/1/2014# And #12/31/2014#)
004:  AND ((q공통_매출.계정과목)="개발"));
```

> **Tip**
> 실제로 여러분이 쿼리를 만들어 봤다면, 004행은 별도의 행으로 표시되는 것이 아니고, 003행 끝에 이어서 나옵니다. 설명의 편의를 위해 필자가 임의로 줄 바꿈을 한 것입니다.

역시 이 식도 좀 간단히 만들어 보겠습니다. 'AND' 이후에 표시되는 'q공통_매출.계정과목'은 '계정과목'으로 바꿀 수 있습니다. 그리고 불필요하게 많은 괄호를 없애면 다음과 같이 표시됩니다.

```
001:  SELECT *
002:  FROM q공통_매출
003:  WHERE (기준일 Between #1/1/2014# And #12/31/2014#)
004:  AND (계정과목="개발");
```

조건이 더 생기면 'WHERE' 이후로 'AND' 키워드와 함께 조건식을 더 넣기만 하면 됩니다. 불필요할 때는 조건식을 빼면 되고요. 조건식이 있으면 'AND' 키워드와 함께 SQL 구문을 프로그래밍적으로 만들어 주면 되는 겁니다. 이러한 것을 **조회를 위한 동적 쿼리 생성**이라고 합니다. 'WHERE' 이후가, 사용자 폼의 조건식에 따라 동적으로 변경되기 때문입니다.

하나 더 해 봅시다. 이번에는 '상호' 필드에 '하'가 포함되는 모든 레코드를 검색하는 조건을 추가하겠습니다. 왼쪽이 그 결과이고, 오른쪽이 이에 해당하는 쿼리입니다.

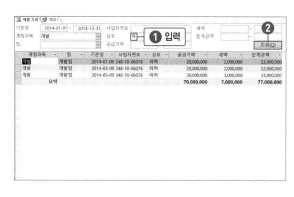

그리고 이때 쿼리는 다음과 같습니다. 복잡하네요.

```
001:   SELECT q공통_매출.*
002:   FROM q공통_매출
003:   WHERE (((q공통_매출.기준일) Between #1/1/2014# And #12/31/2014#)
004:   AND ((q공통_매출.계정과목)="개발")
005:   AND ((q공통_매출.상호) Like "*하*"));
```

이 쿼리를 단순화하면 다음과 같습니다. 훨씬 보기 편합니다. 005행이 추가되었습니다.

```
001:   SELECT *
002:   FROM q공통_매출
003:   WHERE (기준일 Between #1/1/2014# And #12/31/2014#)
004:   AND (계정과목="개발")
005:   AND (상호 Like "*하*");
```

자, 이제는 거꾸로 해 봅시다. 쿼리를 만들고 SQL 구문을 보는 것이 아니고, SQL 구문을 수정하고 그 결과가 조회 폼의 결과와 같은지 살펴보는 것입니다. 앞선 SQL 구문에서 004행을 삭제해 봅시다. 이것은 '기준일'과 '상호'만으로 검색하는 것입니다? 다음 왼쪽 그림이 이럴 때의 조회 화면이고, 오른쪽 그림이 SQL 구문에서 004행을 삭제한 다음 디자인 보기를 한 쿼리 화면입니다.

쿼리 화면에는 모든 필드를 표시하라는 식은 빠져 있지요? 걱정하지 마세요. 제대로 나올 겁니다.

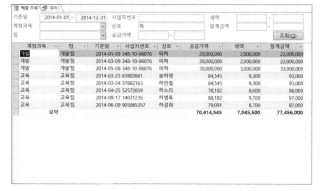
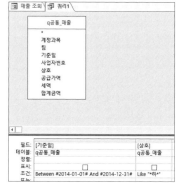

그리고 이 쿼리의 결과는 다음과 같습니다. 조회 폼의 경우와 동일하게, 총 8건의 레코드가 제대로 표시되고 있습니다.

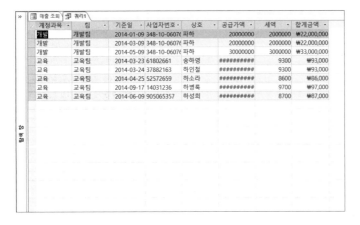

이처럼, 쿼리문을 동적으로 만들어서 하위 폼에 넣어 주면 됩니다. 이 중에 '쿼리문을 동적으로 만들어 내는 부분'이 가장 핵심인데, 이것을 제대로 이해하는 것은 그리 쉽지 않습니다. 그래서 조회모듈을 제공합니다. 모듈을 사용하면 자신이 원하는 조회 폼은 얼마든지 만들 수 있게 될 것입니다.

몇 가지 연습을 해 보겠습니다. 다음과 같은 쿼리문에서, '세액'이 1,500,000 ~ 2,500,000원인 데이터를 구하려면 'WHERE' 절을 어떻게 바꾸면 될까요? 정답을 보지 말고, 잠시 생각해 보기 바랍니다. 종이와 연필을 가지고 써 보는 것이 좋습니다. 아니면 컴퓨터에서 직접 입력해 보아도 좋습니다.

```
001:  SELECT *
002:  FROM q공통_매출
003:  WHERE (기준일 Between #1/1/2014# And #12/31/2014#)
004:  AND (계정과목="개발")
005:  AND (상호 Like "*하*");
```

정답은 다음과 같습니다. 별로 어렵지 않지요? 005행의 마지막에 있는 ';'를 삭제하였고, 006행에 'AND'로 시작하는 조건식을 하나 더 넣어 주었습니다. 조건식 자체는 그리 어렵지 않게 작성할 수 있지요. 이 쿼리의 결과는 2건의 레코드를 보여줄 것입니다.

```
001:  SELECT *
002:  FROM q공통_매출
003:  WHERE (기준일 Between #1/1/2014# And #12/31/2014#)
004:  AND (계정과목="개발")
005:  AND (상호 Like "*하*")
006:  AND (세액 Between 1500000 And 2500000);
```

마지막으로 하나만 더 연습해 봅시다. 'q공통_매출' 쿼리에서 모든 필드를 표시하는데, '계정과목' 은 '교육'이고 '상호'는 '백충현'인 데이터를 찾는 쿼리문을 만들어 보세요. 다음과 같은 기본 쿼리 문에서 'WHERE' 구문만 제대로 작성하면 됩니다. 정답을 보지 말고, 잠시 생각해 보기 바랍니다. 종이와 연필을 가지고 써 보는 것이 좋으며 컴퓨터에서 직접 입력해 보아도 좋습니다.

```
001:  SELECT *
002:  FROM q공통_매출
```

정답은 다음과 같습니다. 그리고 이때 총 4건의 레코드가 표시될 것입니다.

```
001:  SELECT *
002:  FROM q공통_매출
003:  WHERE (계정과목 = '교육')
004:  AND (상호 LIKE '*백충현*')
```

**Tip**

SQL문 작성에서 문자열 상수를 나타내는 것으로 작은따옴표 혹은 큰따옴표를 사용할 수 있습니다. 혼용해서 사용하지 않는다면, 아무 것이나 사용해도 됩니다(예를 들자면 "상수" 같은 형식).
다만 필자는 작은따옴표를 더 선호합니다. 큰 따옴표를 사용하게 되면, VBA에서 사용하는 문자열 상수 표기인 큰 따옴표와 충돌이 나기 때문입니다.

이 두 개의 문제를 자유롭게 풀어낼 수 있다면, 'WHERE' 구문에 적절한 조건식을 입력하는 것이 큰 문제가 안 될 것입니다.

마지막으로, 235쪽 '조회 컨트롤'에서 언급한 '범위 검색', '부분 일치 검색', '일치 검색'은 WHERE 절에서 다음과 같이 표시됩니다. 004행은 '일치 검색', 005행은 '부분 일치 검색', 006행은 '범위 검색'이 될 것입니다. **이때 사용하는 연산자**도 주의 깊게 살펴보기 바랍니다.

```
001:  SELECT *
002:  FROM q공통_매출
003:  WHERE (기준일 Between #1/1/2014# And #12/31/2014#)
004:  AND (계정과목="개발")
005:  AND (상호 Like "*하*")
006:  AND (세액 Between 1500000 And 2500000);
```

**잠깐만요** **SQL 구문에서 ';'의 의미 알아보기**

';'는 쿼리의 끝을 나타내는 문자라고 69쪽에서 언급한 바 있습니다. 그리고 이런 쿼리 편집 창에서 ';'는 아예 표시하지 않아도 됩니다.

# 핵심! 실무 노트
**프로 비즈니스맨을 위한 활용 Tip**

## 1 | 조회 폼 모듈 사용법

> **예제파일** : 이전 '매입-매출 분석(완료).accdb' 예제에 이어서 따라하세요.

우선 조회 폼 모듈의 사용법을 간략히 익혀 봅시다. 구체적인 것은 실제로 폼을 만들면서 익혀 보겠지만, 전체적인 흐름을 여기서 일단 한번 알아 봅시다.

예제파일을 열고, '조회_매출' 폼을 디자인 보기로 엽니다. 그리고 그림과 같이 [조회]의 'On Click' 이벤트 프로시저를 살펴봅시다. 그러면 오른쪽 그림과 같이 이벤트 프로시저가 표시됩니다.

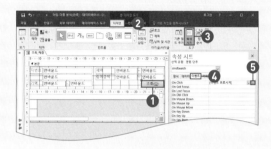 

'cmdSearch_Click' 이벤트 프로시저 내용을 조회 폼 구성에 따라 적절히 구성하면 조회 기능이 구현됩니다. 소스 코드가 다소 길기는 하지만, 대략적인 내용을 살펴보아야 합니다.

```
001:   Private Sub cmdSearch_Click()
002:
003:   On Error GoTo Herror
004:
005:      Dim obj기준일 As SearchCond
006:      Dim obj계정과목 As SearchCond
007:      Dim obj팀 As SearchCond
008:      Dim obj사업자번호 As SearchCond
009:      Dim obj상호 As SearchCond
010:      Dim obj공급가액 As SearchCond
011:      Dim obj세액 As SearchCond
012:      Dim obj합계금액 As SearchCond
013:
014:      Dim strWhere As String
015:      Dim strSQL As String
016:
017:   ' 환경 설정
018:      Const conSourceTableQuery = "q공통_매출"
019:
020:
021:   ' 개체 변수 초기화
022:      Set obj기준일 = New SearchCond
```

```
023:        Set obj계정과목 = New SearchCond
024:        Set obj팀 = New SearchCond
025:        Set obj사업자번호 = New SearchCond
026:        Set obj상호 = New SearchCond
027:        Set obj공급가액 = New SearchCond
028:        Set obj세액 = New SearchCond
029:        Set obj합계금액 = New SearchCond
030:
031:
032:    ' 조회 컨트롤 설정
033:        obj기준일.Init_Between "기준일", enmSearchDataType_Date, txt기준일S, txt기준일E
034:        obj계정과목.Init_Equal "계정과목", enmSearchDataType_Text, cbo계정과목
035:        obj팀.Init_Equal "팀", enmSearchDataType_Text, cbo팀
036:        obj사업자번호.Init_Like "사업자번호", enmSearchDataType_Text, txt사업자번호
037:        obj상호.Init_Like "상호", enmSearchDataType_Text, txt상호
038:        obj공급가액.Init_Between "공급가액", enmSearchDataType_Number, txt공급가액S, txt공급가액E
039:        obj세액.Init_Between "세액", enmSearchDataType_Number, txt세액S, txt세액E
040:        obj합계금액.Init_Between "합계금액", enmSearchDataType_Number, txt합계금액S, txt합계금액E
041:
042:
043:    ' 조회 조건 생성
044:        strWhere = gfnConCatConds( _
045:            obj기준일.MakeCond, obj계정과목.MakeCond, obj팀.MakeCond, obj사업자번호.MakeCond _
046:            obj상호.MakeCond, obj공급가액.MakeCond, obj세액.MakeCond, obj합계금액.MakeCond _
047:            )
048:
049:
050:    ' 조회 실시
051:        subA.Form.RecordSource = gfnSearchSQL(conSourceTableQuery, strWhere)
052:
053:        Exit Sub
054:
055:    Herror:
056:        Select Case Err.Number
057:            Case Else
058:                MsgBox Err.Description & vbNewLine & Err.Number, vbCritical + vbOKOnly
059:        End Select
060:
061:    End Sub
```

005~012행은 'SearchCond' 형식의 변수를 선언하고 있습니다. 'SearchCond'는 필자가 만든 조회 모듈의 핵심으로, 'SearchCondition'의 약자입니다. 우리말로는 '조회 조건'이라고 보면 됩니다. 'Condition'이 너무 길기 때문에 'Cond'로 축약해서 사용했습니다. 앞으로 'Cond'라는 단어를 보면, '조건'으로 인식하면 됩니다.

현재 '매출 조회' 폼에서 조회 조건으로 사용할 필드는 '기준일', '계정과목', '팀', '사업자번호', '상호', '공급가액', '세액', '합계금액'이 있습니다. 조회 조건으로 사용할 필드마다 하나씩을 'SearchCond' 변수로 선언해 주어야 합니다.

014~015행은 이 프로시저에서 사용할 임시 변수입니다. 이 변수는 무조건 있어야 합니다.

018행에서는 조회 폼 환경을 설정합니다. 조회 결과로 표시될 데이터의 원본을 정의해 주면 됩니다. 우리는 매출 내역을 조회하는 폼을 만들 것이기 때문에 'q공통_매출' 쿼리를 원본으로 설정했습니다.

022~029행은 005~012행에서 선언한 개체 변수를 초기화하는 부분입니다. 이 부분은 005~012행에서 선언한 SearchCond 형식의 개체 변수만큼 무조건 작성해 주어야 합니다.

033~040행은 각 조회 컨트롤의 속성을 정의하는 것입니다. 이때, 다음의 세 가지 프로시저를 이용하게 됩니다.

❶ Init_Equal : '일치 검색'에 해당하는 조회 컨트롤을 설정할 때 사용합니다.
❷ Init_Like : '부분 일치 검색'에 해당하는 조회 컨트롤을 설정할 때 사용합니다.
❸ Init_Between : '범위 검색'에 해당하는 조회 컨트롤을 설정할 때 사용합니다.

Init_Equal과 Init_Like 프로시저는 한 개의 컨트롤만 조건으로 입력받지만, Init_Between 프로시저는 두 개의 컨트롤을 조건으로 입력받는 것이 다릅니다.

'Init_Between' 프로시저를 중심으로 설명해 보겠습니다. 'Init_Between' 프로시저는 다음과 같은 일반형을 갖습니다.

Init_Between ([필드명], [필드의_데이터형], [컨트롤1], [컨트롤2])
　　　　　　　　❶　　　　　❷　　　　　　　❸

❶ [필드명] : 조회 컨트롤에 사용할 필드 이름을 기입합니다.
❷ [필드의_데이터형] : 조회 컨트롤에 사용할 필드의 데이터형을 기입합니다. 데이터형에 따라 조건식에 작은 따옴표('), 날짜 표시 기호(#) 등을 자동으로 넣거나 빼 줍니다.
　여기에서 정의하는 데이터형은 액세스 데이터형과 정확하게 일치하지 않을 수 있습니다. 여기에서 사용하는 데이터형은 다음과 같습니다.
　• enmSearchDataType_Text : 텍스트 데이터 형식입니다. '짧은 텍스트', '긴 텍스트' 데이터 형식은 모두 이것으로 지정하면 됩니다.
　• enmSearchDataType_Number : 숫자 데이터 형식입니다. '숫자', '통화', '일련 번호' 데이터 형식은 모두 이것으로 지정하면 됩니다.
　• enmSearchDataType_Date : 날짜 데이터 형식입니다. 정확하게는 시간이 없는 날짜 데이터 형식입니다.
　• enmSearchDataType_Time : 시간 데이터 형식입니다. 정확하게는 날짜가 없이 시간만 있는 데이터 형식입니다.
　• enmSearchDataType_DateTime : 날짜와 시간이 모두 있는 데이터 형식입니다.
　• enmSearchDataType_YesNo : Yes/No 데이터 형식입니다.

❸ [컨트롤1], [컨트롤2] : 조회 컨트롤을 기입합니다.

'Init_Equal', 'Init_Like', 'Init_Between' 프로시저를 통해, 우리는 컴퓨터에게 어떤 필드가 어떤 방식으로 검색되어야 하는지를 소상히 알려 주게 됩니다. 역시 마찬가지로 005~012행에서 선언한 개체 변수 개수만큼 정의해 두어야 합니다.

044~046행을 통해 조회 조건을 만듭니다. 005~012행에서 선언한 개체 변수 개수만큼, gfnConCatConds 함수 인수로 집어 넣어 주어야 합니다.

051행을 통해 실제 조회 결과를 화면에 표시합니다. 이 부분은 수정 없이 그대로 사용하면 됩니다.

053~059행은 오류 처리기입니다. 예상치 못한 오류가 발생하였을 때, 메시지를 표시해 줍니다.

# 2 | 연습 문제

연습 문제를 통해 이 프로시저를 어떻게 수정해야 하는지 한번 알아 봅시다. 다음과 같이 세 개의 필드가 있는 조회 폼의 프로시저를 구성해 봅시다. 앞서 설명한 cmdSearch_Click() 프로시저를 적절히 수정해 보세요. 원본 데이터가 저장되어 있는 테이블은 '판매'입니다. 실제로 작성해 보세요. 눈으로만 이해해서는 절대로 다시 따라할 수 없습니다.

| 필드 이름 | 데이터 형식 | 조회 방법 | 조회 컨트롤 |
|---|---|---|---|
| 판매일 | 날짜/시간 (날짜만) | 범위 검색 | txt판매일S, txt판매일E |
| 품목코드 | 짧은 텍스트 (15) | 일치 검색 (콤보 상자) | cbo품목코드 |
| 수량 | 숫자 (정수) | 범위 검색 | txt수량S, txt수량E |

정답은 다음과 같습니다.

```
001:    Private Sub cmdSearch_Click()
002:
003:    On Error GoTo Herror
004:
005:        Dim obj판매일 As SearchCond
006:        Dim obj품목코드 As SearchCond
007:        Dim obj수량 As SearchCond
008:
009:        Dim strWhere As String
010:        Dim strSQL As String
011:
012:    '환경 설정
013:        Const conSourceTableQuery = "판매"
014:
```

```
015:
016:    '개체 변수 초기화
017:        Set obj판매일 = New SearchCond
018:        Set obj품목코드 = New SearchCond
019:        Set obj수량 = New SearchCond
020:
021:
022:    '조회 컨트롤 설정
023:        obj판매일.Init_Between "판매일", enmSearchDataType_Date, txt판매일S, txt판매일E
024:        obj품목코드.Init_Equal "품목코드", enmSearchDataType_Text, cbo품목코드
025:        obj수량.Init_Between "수량", enmSearchDataType_Number, txt수량S, txt수량E
026:
027:
028:    '조회 조건 생성
029:        strWhere = gfnConCatConds( _
030:            obj판매일.MakeCond, obj품목코드.MakeCond, obj수량.MakeCond _
031:            )
032:
033:
034:    '조회 실시
035:        subA.Form.RecordSource = gfnSearchSQL(conSourceTableQuery, strWhere)
036:
037:        Exit Sub
038:
039:    Herror:
040:        Select Case Err.Number
041:            Case Else
042:                MsgBox Err.Description & vbNewLine & Err.Number, vbCritical + vbOKOnly
043:        End Select
044:
045:    End Sub
```

005~007행에서 조회 조건으로 사용할 개체 변수를 정의합니다. 필드가 3개뿐이기 때문에, 3개의 개체 변수만 정의하면 됩니다.

013행에서 원본이 되는 테이블/쿼리를 '판매'로 지정합니다.

017~019행에서 조회 조건으로 사용할 개체 변수를 초기화합니다. 필드가 3개이므로, 3개의 행에서 초기화하였습니다.

022~025행에서 각 조회 컨트롤들을 세밀하게 정의합니다. '판매일'은 '범위 검색'이므로 'Init_Between' 프로시저를 이용하였습니다. '품목코드'는 콤보 상자이고 '일치 검색'이므로 'Init_Equal' 프로시저를 이용하였습니다. '수량'은 '범위 검색'이므로 'Init_Between' 프로시저를 이용하였습니다.

028~030행에서 조회 조건식을 만들어 냅니다. 필드가 3개이므로, 3개의 조건식을 만들면 됩니다.

그 이외의 부분은 특별히 수정할 것이 없습니다. 이 정도면 조회 컨트롤에 사용할 필드 개수가 늘어나거나 줄어들더라도, 특별히 문제 없이 사용할 수 있을 것입니다.

그리고, 지금 100% 이해가 되지 않더라도 큰 문제가 되지는 않습니다. 앞으로 '매출_조회' 폼과 '매입_조회' 폼을 만들어 볼 텐데, 이것을 만들어 보면서 이해해도 괜찮습니다.

# 02 조회 폼 만들기

본격적으로 조회 폼을 만들어 봅시다.

조회 폼을 만들기 위한 기획 작업부터, 조회 모듈을 이용하여 조회 폼을 만드는 방법까지 알아보겠습니다.

## PREVIEW

▲ 매출 조회 폼

▲ 매입 조회 폼

## 조회 폼을 만들기 위한 순서

'기준일'로 조회할 때의 'WHERE' 구문

❶ 조회 기능 기획하기 : 조회할 데이터를 보고 조회 방식 등을 결정합니다.

❷ 모듈 가져오기 : '모듈DB.accdb' 파일의 모든 개체를 자신의 파일로 가져옵니다.

❸ 참조 설정하기 : 조회 모듈, 업로드 모듈, 엑셀 차트 생성 모듈을 사용하기 위해 액세스 외부의 기능을 설정합니다.

❹ VBA 코드 템플릿 복사하기 : 조회 템플릿 코드를 복사하여 'cmdSearch_Click' 이벤트 프로시저를 만듭니다.

❺ 조회 기능 설정하기 : A. 대부분의 핵심 기능은 'SearchCond' 모듈에 정의되어 있습니다.

         B. 사용자들은 단순히 조회 필드 개수만큼 VBA 코드를 적절히 가감하면 됩니다.

❻ 테스트 : 모든 필드에 조회 조건을 입력하여 테스트해 보아야 합니다.

**예제파일** : 010.조회폼 만들기(시작).accdb    **결과파일** : 011.조회폼 만들기(완료).accdb

실무
예제 **01**    # 매출 조회 폼 디자인하기

## 1 '매출 조회' 폼 살펴보기

'매출 조회' 폼의 완성된 모습은 다음과 같습니다. 윗부분에 조회 컨트롤이 놓이고, [조회]를 클릭하면 아래에 있는 데이터시트에 데이터가 표시되는 구성입니다.

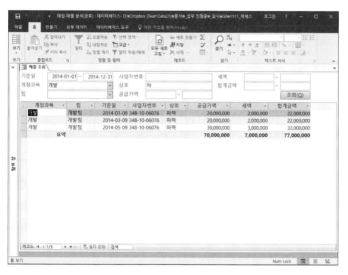

이것을 디자인 보기로 열면 다음과 같습니다. 상위 폼 – 하위 폼으로 구성되어 있는 것을 알 수 있습니다. **조회 컨트롤은 상위 폼에 있고, 조회 결과는 하위 폼**으로 표시됩니다.

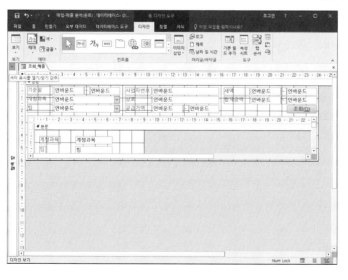

### 2 '매출 조회' 폼 디자인하기

1 대략의 생김새를 파악했으니 실제로 만들어 봅시다. [만들기] 탭–[폼] 그룹에서 [새 폼]을 클릭하여 새 폼을 만들고, [폼 디자인 도구]의 [디자인] 탭–[보기] 그룹에서 [보기]–[디자인 보기]를 클릭하여 디자인 보기로 전환합니다.

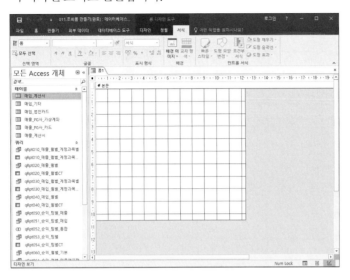

2 그림과 같이 컨트롤을 배치합니다. [조회(Q)] 단추는 해당 컨트롤의 캡션 속성을 『조회(&Q)』라고 설정합니다. 그러면 바로 가기 키가 설정됩니다. 이 폼이 열려있을 때, Alt+Q를 누르면 곧바로 데이터가 조회됩니다.

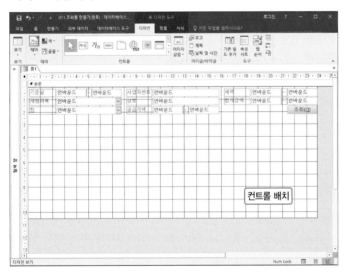

**3** 각 컨트롤의 이름은 다음 표를 참고하여 설정합니다.

| 레이블 명 | 컨트롤 이름 1 | 컨트롤 이름 2 |
|---|---|---|
| 기준일 | txt기준일S | txt기준일E |
| 계정과목 | cbo계정과목 | |
| 팀 | cbo팀 | |
| 사업자번호 | txt사업자번호 | |
| 상호 | txt상호 | |
| 공급가액 | txt공급가액S | txt공급가액E |
| 세액 | txt세액S | txt세액E |
| 합계금액 | txt합계금액S | txt합계금액E |
| 조회(Q) | cmdSearch | |

**Tip**

컨트롤 이름을 정의할 때 txt, cbo 같은 **접두어를 사용하면 VBA 편집기 창에서 VBA 코드를 해석하는 데 큰 도움**을 줍니다. 참고로 목록 상자는 lst, 명령 단추는 cmd, 레이블은 lbl, 하위 폼은 sub와 같은 접두어를 사용합니다.

'기준일'의 경우 컨트롤이 두 개가 있는데, 'txt기준일S'는 'txt기준일Start'를 줄여서 쓴 것입니다. 마찬가지로 'txt기준일E'는 'txt기준일End'를 줄여서 쓴 것입니다.

**4** '하위 폼' 컨트롤을 추가합니다. 하위 폼 마법사가 나오면 [취소]를 눌러 취소하세요. 그리고 하위 폼 레이블을 삭제하세요. 하위 폼 컨트롤의 이름을 『subA』로 지정합니다.

폼의 전체 너비는 24cm로 설정하고, 폼 본문의 높이는 11cm를 초과하지 않도록 설정하세요.

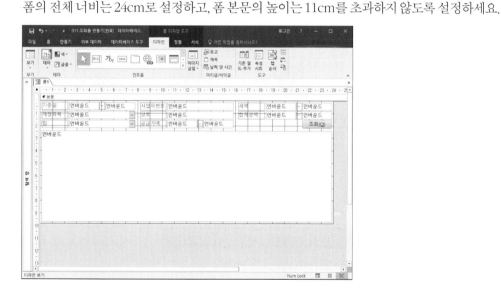

**잠깐만요** **폼 적정 크기 알아보기**

폼의 크기, **24cm×11cm는 1024×768 해상도를 가진 기기들**을 사용할 때 표준 화면 크기입니다. 이렇게 설정하면 화면 크기에 따라 폼이 잘려서 표시되는 것을 방지할 수 있습니다.

1024×768이 너무 작은 크기이기는 하지만, 여전히 노트북은 1024×768 혹은 1366×768 정도의 해상도가 많이 있는 것을 고려할 때, 폼 최소 크기를 1024×768 크기에 맞추는 것은 꽤 중요합니다. 폼 크기를 작게 설정한 것을 큰 모니터에서 사용하는 불편함보다, **폼 크기를 크게 설정한 것을 작은 모니터에서 사용하는 불편함이 훨씬 크기** 때문입니다.

그래서, 필자 역시, 지금 DB 앱을 만들 때도 여전히 1024×768 크기를 표준으로 사용합니다.

**5** 폼 보기로 전환해 봅니다. 어떤 문제가 있나요? '계정과목' 콤보 상자와 '팀' 콤보 상자가 표시되지 않고 있고, '하위 폼'이 여백에 맞춰 커지지 않는 문제가 있습니다.

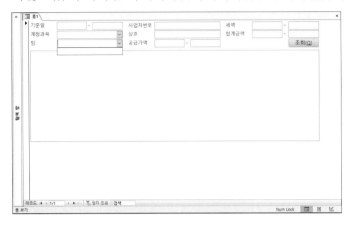

**6** 디자인 보기로 전환합니다. 그림과 같이, 하위 폼을 선택하고 [폼 디자인 도구]-[**정렬**] 탭-[**위치**] **그룹**에서 [**기준 위치 지정**]-[**세로로 늘이기(가운데)**]를 클릭하세요.

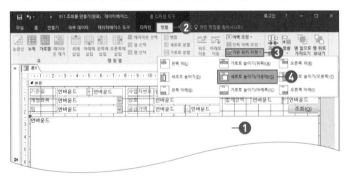

**7** 폼 보기로 전환해 봅니다. 하위 폼 컨트롤이 폼 크기가 변함에 따라 꽉 차게 표시됩니다. 여전히 콤보 상자에는 아무것도 표시되지 않습니다.

**8** 디자인 보기로 갑니다. 컨트롤 경계선과 폼에 표시된 격자가 헷갈리기 때문에 눈금자가 보이지 않게 조절하겠습니다.

[폼 디자인 도구]-[**정렬**] 탭-[**크기 및 순서 조정**] 그룹에서 [**크기/공간**]-[**눈금**]을 선택되지 않도록 합니다. (그림은 눈금이 선택된 상태입니다.)

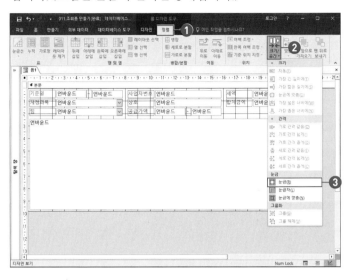

**9** 눈금이 사라졌습니다. 다시 [**크기/공간**]을 클릭하면 [**눈금**]이 선택되지 않은 상태로 표시될 것입니다.

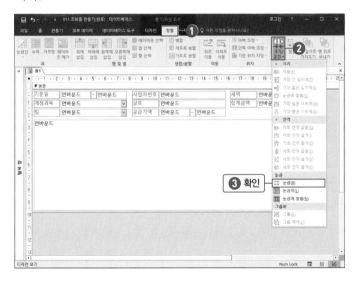

### 3 콤보 상자 및 테이블 만들기 쿼리 만들기

이제 '계정과목' 콤보 상자를 정의해 봅시다. '계정과목'은 'q공통_매출' 쿼리에 있습니다. 'q공통_매출' 쿼리에서 '계정과목'을 불러올 수도 있지만, 잠시 생각해 봅시다. 'q공통_매출' 쿼리는 시간이 갈수록 늘어나는 데이터를 가지고 있습니다. 지금은 예제파일이기 때문에 데이터가 별로 없어서 별 문제가 없지만, 10만 개, 100만 개가 될 수도 있습니다. 그렇다면 **'q공통_매출' 쿼리에서 '계정과목'을 뽑아 오는 것은 DB에 과부하를 줄 수도 있습니다.** '계정과목'이 자주 바뀌지 않을 테니, 기존 데이터에서 별도의 '계정과목' 코드 테이블을 만들어 놓는 것이 좋습니다. 그 작업을 해 보겠습니다.

**1** 새 쿼리를 만듭니다. [쿼리 도구]-[디자인] 탭-[쿼리 유형] 그룹에서 [테이블 만들기]를 클릭하고 [테이블 만들기] 대화상자에 '테이블 이름'을 『코드_계정과목_매출』로 입력한 다음 [확인]을 클릭합니다.

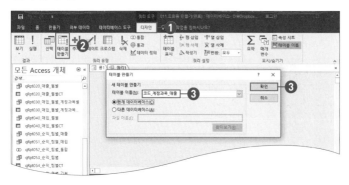

**2** [쿼리 도구]-[디자인] 탭-[쿼리 설정] 그룹에서 [테이블 표시]를 클릭하고 'q공통_매출' 쿼리에서 데이터를 가져오도록 그림과 같이 쿼리를 만듭니다. 데이터시트 보기로 전환합니다.

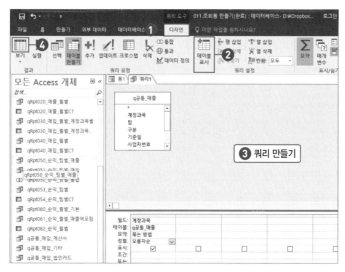

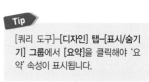

Tip

[쿼리 도구]-[디자인] 탭-[표시/숨기기] 그룹에서 [요약]을 클릭해야 '요약' 속성이 표시됩니다.

**3** 'q공통_매출' 테이블에 있는 2171건의 레코드 중, 고유한 '계정과목'을 불러왔습니다. 이제 이 쿼리를 실행하면 현재 화면에 표시되는 데이터가 '코드_계정과목_매출' 테이블로 만들어집니다.

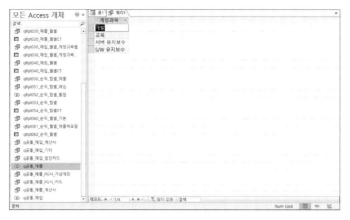

**4** 다시 쿼리 디자인 보기로 갑니다. **[쿼리 도구]–[디자인] 탭–[결과] 그룹**에서 **[실행]**을 클릭하고 클릭합니다. 다음과 같은 경고 메시지가 표시되면 **[예]**를 클릭합니다.

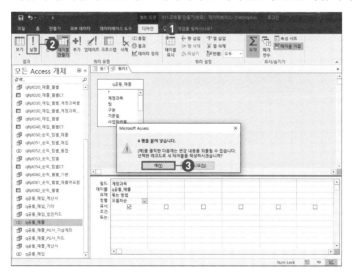

**5** 탐색 창에 '코드_계정과목_매출' 테이블이 생깁니다. 열어 보면 그림과 같이 '계정과목'이 제대로 표시되는 것을 확인할 수 있습니다. 이제 **콤보 상자 원본으로 단지 4개의 레코드가 있는 테이블의 데이터를 이용하게 되니 DB에 부하를 거의 주지 않습니다.**

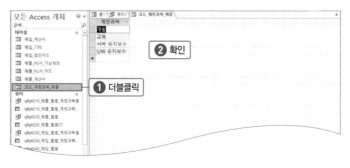

**6** 조회 폼으로 돌아옵니다. 조회 폼에서 'cbo계정과목' 콤보 상자를 클릭하고 속성 시트의 [데이터] 탭에서 '행 원본'의 [...]을 클릭합니다. 'cbo계정과목' 콤보 상자의 행 원본 속성을 다음과 같이 설정한 다음 저장하고 닫습니다.

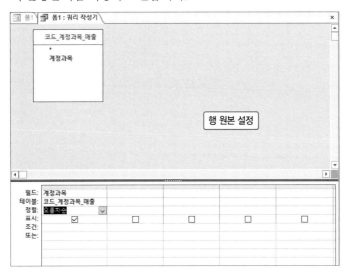

**7** 폼 보기로 다시 전환합니다. '계정과목' 콤보 상자가 그림과 같이 제대로 표시됩니다.

---

**잠깐만요** **테이블 만들기 쿼리 알아보기**

이러한 쿼리를 '테이블 만들기 쿼리'라고 합니다. 테이블 만들기 쿼리는 선택 쿼리의 결과를 새로운 테이블로 만들어 줍니다. 많이 사용하는 기능으로, 특히 지금처럼 원 데이터에서 코드 테이블을 뽑아 내는 경우 많이 사용합니다.

**8** '팀' 콤보 상자를 정의해 봅시다. 새 쿼리를 만들고 그림과 같이 'q공통_매출' 쿼리에서 '팀' 데이터를 뽑아옵니다. 이 쿼리 역시 '테이블 만들기 쿼리'입니다. [쿼리 도구]-[디자인] 탭-[쿼리 유형] 그룹에서 [테이블 만들기]를 클릭하고 테이블 이름을 『코드_팀』으로 지정한 다음 [확인]을 클릭합니다.
[쿼리 도구]-[디자인] 탭-[결과] 그룹에서 [실행]을 클릭하여 실행합니다.

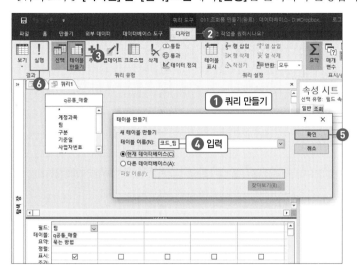

**9** 3행을 붙여 넣는다는 메시지가 표시되고 [예]를 클릭하면 '코드_팀' 테이블이 만들어집니다. 탐색 창에서 '코드_팀' 테이블을 더블클릭하여 확인합니다.

**10** 조회 폼으로 돌아옵니다. 'cbo팀' 콤보 상자의 행 원본을 그림과 같이 설정합니다. 쿼리 작성기를 닫습니다.

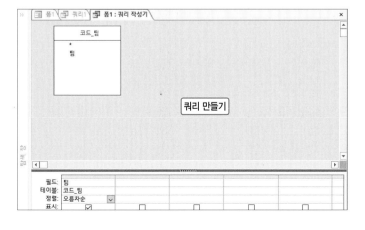

**11** 조회 폼에서 확인해 보면 '팀' 콤보 상자도 잘 표시됩니다.

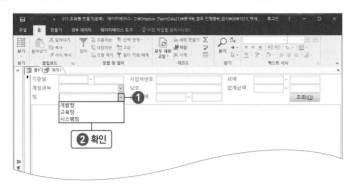

## 4 날짜 컨트롤에 달력 표시하기

**1** 한 가지 문제가 더 있습니다. 폼 보기로 전환한 후, '기준일'의 첫 번째 칸에 그림과 같이 『14-1-1』이라고 입력해 봅시다. '2014-01-01'을 의도하고 입력한 것인데요, '14-1-1'로 입력한 값이 그대로 표시됩니다. 그리고, 날짜를 입력하는 컨트롤인데, 달력 단추도 생기지 않습니다.

---

**잠깐만요** **언바운드 폼에서 날짜 캘린더 단추 표시하기**

지금 만드는 폼은 '언바운드' 폼입니다. 지금 '기준일'에 입력하는 값은 테이블에 저장되지 않는다는 뜻입니다. 우리는 데이터를 '조회'하고 있는 것이지, '입력'하고 있는 것이 아니기 때문입니다.

'바운드' 폼의 경우, 데이터 형식이 '날짜/시간'이라면 자동으로 달력을 표시해 줍니다. '14-1-1'로 입력한 것은 '2014-01-01'로 바뀌게 되지요. '바운드' 폼일 경우, 데이터 형식을 통해 해당 컨트롤이 '날짜/시간' 데이터를 취급하는지의 여부를 알 수 있습니다. 그러나, 언바운드 폼은 컴퓨터가 이것이 날짜 필드인지 알 수 없겠죠?

문제는 바로 여기서 발생하는 것입니다. 그래서 우리는 **컴퓨터에게 '이 컨트롤에는 날짜가 들어가'라는 이야기를 해 줘야 합니다.** 그것은 바로, 이 컨트롤의 '형식' 속성에 날짜라는 표시인 'yyyy-mm-dd'를 설정해 주는 것입니다.

**2** 디자인 보기로 전환하고, '기준일'의 첫 번째 컨트롤 '형식' 속성에 『yyyy-mm-dd』를 입력합니다. 폼 보기로 전환합니다.

**3** '기준일'의 첫 번째 컨트롤에 『14-1-1』이라고 입력하면 자동으로 '2014-01-01'로 변환됩니다. 또, '기준일'의 첫 번째 컨트롤에 커서를 놓으면 그 오른쪽에 달력 모양이 표시됩니다.

마찬가지 방법으로 '기준일'의 두 번째 컨트롤(txt기준일E)의 '형식' 속성도 『yyyy-mm-dd』로 지정합니다.

여기까지 하면 매출 조회 폼의 상위 폼을 다 만든 것입니다. 폼 이름을 『조회_매출』로 설정하고 저장합니다.

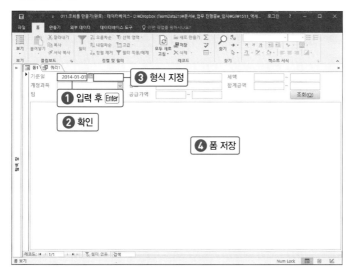

> **Tip**
> 칸이 너무 좁으면 날짜가 제대로 표시되지 않고 # 기호가 연달아 표시됩니다.

## 5 결과 표시용 하위 데이터시트 만들기

**1** 조회 폼 결과를 표시할 하위 데이터시트를 만들어 봅시다. 탐색 창에서 'q공통_매출' 쿼리를 선택하고 **[만들기] 탭–[폼] 그룹**에서 **[기타 폼]–[데이터시트]**를 클릭하여 'q공통_매출'에 기반한 데이터시트 폼을 만듭니다. 다음과 같은 문제가 있습니다.

❶ '공급가액', '세액', '합계금액'이 왼쪽 정렬되어 있습니다.

❷ '공급가액', '세액'에는 세 자리수마다 콤마가 표시되면 좋겠습니다.

❸ '합계금액'에는 원 표시(₩)가 없었으면 좋겠습니다.

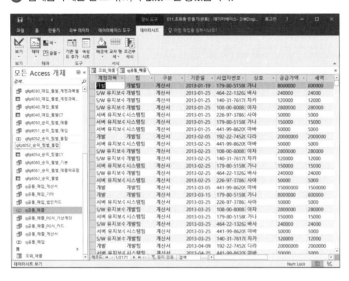

**2** 폼을 디자인 보기로 열고 그림과 같이 '공급가액', '세액', '합계금액' 필드를 선택합니다. 그리고 속성 시트에서 '형식' 속성을 『#,##0』으로 지정합니다. 계속해서 '텍스트 맞춤' 속성을 [오른쪽]으로 지정합니다.

**3** 폼을 데이터시트 보기로 전환합니다. '공급가액', '세액', '합계금액' 필드가 제대로 표시되는 것을 알 수 있습니다.

이어서 각 필드의 너비를 적절히 조절합니다.

마지막으로 **[홈] 탭-[레코드] 그룹**에서 **[요약]**을 클릭하고 '공급가액', '세액', '합계금액' 필드의 '요약' 행을 모두 [합계]로 지정합니다.

이 폼의 이름을 『조회_매출_DS』로 저장하고 닫습니다.

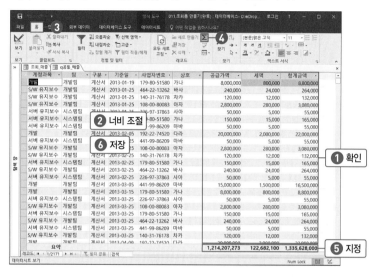

**4** '조회_매출' 폼으로 돌아옵니다. 이제 하위 폼 컨트롤에 조금 전에 만든 '조회_매출_DS' 폼을 집어 넣어야 합니다. 그림과 같이, 하위 폼의 '원본 개체' 속성을 [폼.조회_매출_DS]로 지정합니다.

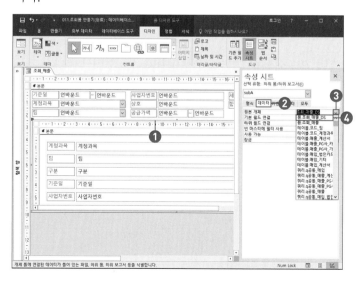

## 6 마무리 작업하기

**1** 폼 보기로 전환해 봅니다. 화면 아래쪽에 보면 탐색 단추가 겹쳐서 표시됩니다. 이것은 상위 폼이 바운드 폼이라면 의미가 있습니다. 그러나 지금 **상위 폼은 언바운드 폼이고, 하위 폼은 바운드 폼입니다. 그래서 바깥쪽에 있는 탐색 단추는 의미가 없습니다. 언바운드 폼에서는 레코드 이동이 되지 않기때문입니다.**

비슷한 이유로, 언바운드 폼 왼쪽에 표시된 레코드 선택기도 의미가 없습니다. 언바운드 폼에서는 선택할 '레코드'라는 개념 자체가 없기 때문입니다. 언바운드 폼에서는 이러한 것을 모두 없애는 것이 낫습니다.

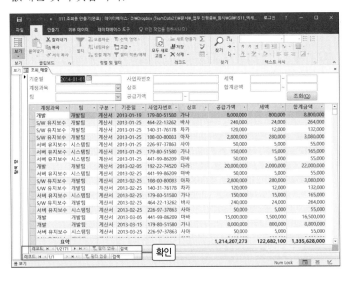

**2** 폼 디자인 보기로 전환합니다. 그리고 '레코드 선택기' 속성을 [아니요]로, '탐색 단추' 속성을 [아니요]로 지정합니다.

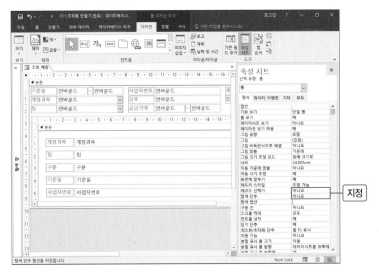

**3** 폼 보기로 확인합니다. 상위 폼의 레코드 선택기와 탐색 단추가 없어지니 한결 깔끔한 폼이 되었습니다. 이제 남은 작업은 조회 기능이 동작되도록 하는 것입니다.

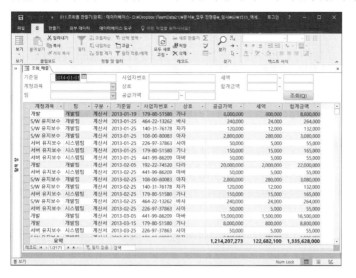

📁 **예제파일** : 010.조회폼 만들기(시작).accdb, 모듈DB.accdb, 조회폼 VBA 템플릿.txt
📁 **결과파일** : 011.조회폼 만들기(완료).accdb

| 실무<br>예제 | **02** | **매출 조회 폼에 조회 기능 넣기** |

## 1 조회 기능 기획하기

지금까지 매출 조회 폼의 레이아웃을 만들고, 기본적인 기능을 추가하였습니다. 이제부터는 매출 조회 폼 본연의 기능인 '조회' 기능을 추가해 보겠습니다.

'조회' 기능을 추가할 데이터 원본은 'q공통_매출'입니다. 이 데이터를 먼저 제대로 살펴봐야 합니다. 'q_공통_매출' 쿼리를 열어 보면, 다음과 같은 데이터를 볼 수 있습니다.

이 데이터를 보고, 다음과 같이 조회 기능을 기획할 수 있습니다.

| 필드 이름 | 데이터 형식 | 조회 방법 | 조회 컨트롤 |
|---|---|---|---|
| 기준일 | 날짜/시간 (날짜만) | 범위 검색 | txt기준일S, txt기준일E |
| 계정과목 | 짧은 텍스트 | 일치 검색 (콤보 상자) | cbo계정과목 |
| 팀 | 짧은 텍스트 | 일치 검색 (콤보 상자) | cbo팀 |
| 구분 | 조회 기능 사용 안 함 | | |
| 사업자번호 | 짧은 텍스트 | 부분 일치 검색 | txt사업자번호 |
| 상호 | 짧은 텍스트 | 부분 일치 검색 | txt상호 |
| 공급가액 | 통화 | 범위 검색 | txt공급가액S, txt공급가액E |
| 세액 | 통화 | 범위 검색 | txt세액S, txt세액E |
| 합계금액 | 통화 | 범위 검색 | txt합계금액S, txt합계금액E |

> **Tip**
> 이 표를 잘 기억해 두세요. 앞으로 조회 폼을 만들 일이 있을 때, 이 표를 이용해서 조회 기능을 기획하면 됩니다.

> **Tip**
> 조회 모듈을 이용하여 조회 폼을 만들 것입니다. 조회 모듈을 이용해서 조회 폼을 만드는 것은 매우 쉽습니다. 그러나, 책이라는 매체 특성상, 이것을 이해하는 데 어려움이 있을 수 있습니다. 필자는 책과 함께 동영상 강의도 같이 제공하고 있습니다. 동영상 강의를 보면 아주 쉽게 조회 모듈을 적용할 수 있습니다. 동영상 강의를 볼 것을 권장합니다.
> • http://g.td21.com/gb64

## 2 모듈 가져오기

'모듈DB.accdb' 파일 내용을 현재 데이터베이스로 가져와야 합니다.

**1** [외부 데이터] 탭-[가져오기 및 연결] 그룹에서 [Access]를 클릭합니다. 그러면 [외부 데이터 가져오기] 대화상자가 표시됩니다. [찾아보기]를 클릭하여 '모듈DB.accdb' 파일을 선택하고 [확인]을 클릭합니다.

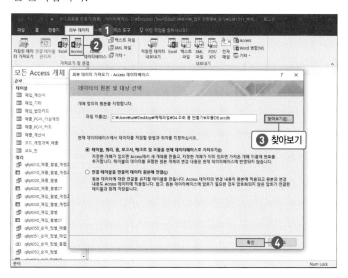

**2** [개체 가져오기] 대화상자가 표시됩니다. [테이블] 탭을 선택하고 [모두 선택]을 클릭합니다.

---

**잠깐만요**   외부 데이터 가져오기

'모듈DB.accdb' 파일의 내용을 현재 자신의 작업 파일로 가져오는 것은 한 번만 하면 됩니다. 그러나, 다른 파일에서 새로운 DB를 만든다면, 다시 가져오는 작업을 해야 합니다. 즉, 액세스 파일 하나당 한 번씩만 해 주면 됩니다.
그리고, 앞으로 조회 모듈, 업로드 모듈, 차트 생성 모듈 등을 제공할 것인데, 이 '모듈DB.accdb' 파일의 내용을 파일당 한 번만 가져오면 모든 기능을 사용할 수 있습니다.

**3** 마찬가지 방법으로 [쿼리] 탭, [폼] 탭, [모듈] 탭에서 각각 [모두 선택]을 클릭하고 [확인]을 클릭합니다.

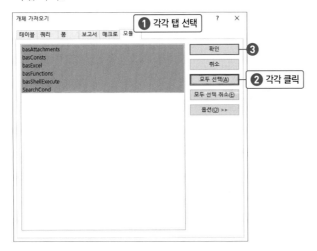

**4** '모듈DB.accdb' 파일의 모든 개체를 가져왔습니다. 다음과 같은 가져오기 완료 화면이 표시되면 [닫기]를 클릭합니다.

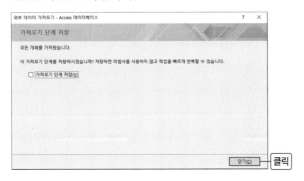

**5** 탐색 창을 보면 '모듈'을 비롯해서 '모듈DB.accdb' 파일의 모든 개체를 가져온 것을 확인할 수 있습니다.

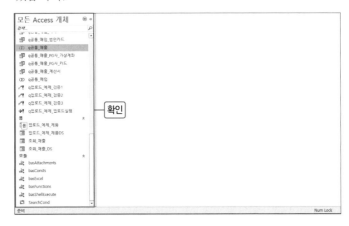

## 3 참조 설정하기

**1** VBA 설정을 해야 합니다. [데이터베이스 도구] 탭–[매크로] 그룹에서 [Visual Basic]([Alt]+[F11])을 클릭하여 VBA 편집기를 표시하고, 메뉴에서 **[도구] 탭–[참조]**를 선택합니다.

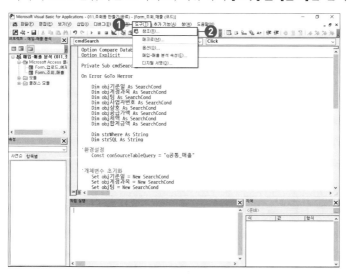

**2** 그림과 같이 [참조] 대화상자가 표시됩니다.

**잠깐만요**  **참조를 통해 액세스 기능 확장하기**

[참조] 대화상자는 액세스 기능을 확장하는 데 사용합니다. 액세스는 액세스 본연의 기능뿐만 아니라, 별의별 기능을 액세스로 가지고 와서 사용할 수 있습니다. 예를 들면, 웹 브라우저를 액세스 폼 안에 표시할 수도 있습니다. 웹 브라우저는 액세스 기능이 아니지요. 이처럼 다른 프로그램이 가지고 있는 기능을 액세스에서 사용할 때, [참조] 대화상자를 이용합니다.

우리는 지금 '조회' 모듈, '업로드' 모듈, 'Excel 차트' 생성 모듈 등을 사용하려고 합니다. 대표적으로 엑셀 차트를 만들고 제어하는 것은 액세스 본연의 기능이 아닙니다. 따라서, 엑셀을 '참조'에 추가해야 합니다. 그래야 액세스에서 엑셀을 제어할 수 있기 때문입니다.

'참조'를 통해서 액세스 기능을 무한히 확장할 수 있습니다. 실제로 필자는 상용으로 판매하는 바코드 모듈 혹은 미려한 차트를 만들기 위한 차트 모듈 등을 '참조'에 추가하여 액세스 기능을 확장한 적이 있습니다. '참조'를 통해서 액세스가 가지고 있지 않은 기능을 액세스에서 사용할 수 있습니다.

**3** '사용 가능한 참조'에서 아래로 스크롤해 보면 [Microsoft ActiveX Data Objects 2.6 Library]라는 것을 볼 수 있습니다. 여기에 체크 표시합니다.

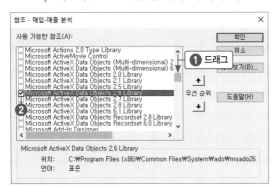

> **Tip**
> 'Microsoft ActiveX Data Objects 2.6 Library'는 줄여서 'ADO' 혹은 'ADO DB'라고 합니다. 액세스의 데이터 액세스 개체는 DAO라고 하는데, 이것을 개선한 것이 바로 'ADO'입니다. 데이터를 프로그래밍적으로 제어할 때 'ADO'를 사용합니다. 이것은 VBA를 사용한다면 거의 필수적으로 참조에 추가해야 합니다.

**4** 아래로 더 스크롤해 보면 [Microsoft Excel 16.0 Object Library]라는 것을 볼 수 있습니다. 여기에 체크 표시합니다.

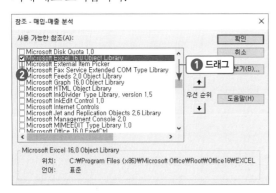

---

**잠깐만요** **예제 파일의 호환성**

현재 이 책에서 제공하는 예제 파일은 액세스 2010, 2013, 2016에서 모두 동작하도록 되어 있습니다. 자신의 액세스 버전에 따라, 다음의 버전명을 참고하여 참조를 설정하기 바랍니다.

- 액세스 2010 : Microsoft Excel 14.0 Object Library
- 액세스 2013 : Microsoft Excel 15.0 Object Library

필자가 제공하는 모듈 중, 엑셀 차트를 만드는 gsbMakeChart( ) 프로시저만 액세스 2010을 지원하지 않습니다. 이 프로시저의 소스를 보면 'FullSeriesCollection' 개체를 사용하는 부분이 있는데, 이것이 엑셀 2013에서 새로 추가된 개체이기 때문입니다.

gsbMakeChart( ) 프로시저만 제외하면, 나머지는 액세스 2010, 2013, 2016을 모두 지원합니다.

---

**잠깐만요** **Microsoft Excel 16.0 Object Library란?**

'Microsoft Excel 16.0 Object Library'는 액세스에서 엑셀을 제어해서 차트를 만드는 데 사용하는 모듈입니다. 이것은 엑셀 그 자체이며, 이 모듈을 참조함으로써 엑셀의 모든 기능을 액세스에서 사용할 수 있습니다.

여기에서 '16.0'은 버전입니다. '16.0'은 오피스 2016을 말합니다. 만약 PC에 오피스 2013과 2016이 설치되어 있다면 'Microsoft Excel 15.0 Object Library'도 볼 수 있을 것입니다. 만약 여러분이 이 책을 오피스 2010 환경에서 보게 된다면 'Microsoft Excel 14.0 Object Library'로 표시되어 있을 것입니다. '16.0'이 없다면, 그보다 낮은 버전에 체크 표시해도 괜찮습니다.

**5** 조금 더 아래로 가 보면 [Microsoft Office 16.0 Object Library]를 찾을 수 있습니다. 여기 역시 체크 표시합니다. 이제 필요한 모든 모듈을 선택했습니다. [확인]을 클릭합니다.

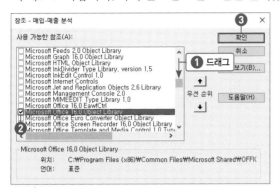

'Microsoft Office 16.0 Object Library'는 '오피스' 모듈입니다. 엑셀 업로드 모듈을 사용할 때, [파일 찾기] 대화상자를 불러오거나, 업로드 템플릿 파일을 다운로드할 때 [파일 저장] 대화상자를 사용해야 하는데, 이것 역시 액세스 기능이 아닙니다. 이런 것은 엑셀, 워드, 파워포인트 같은 오피스 제품군에서 공용으로 사용하기 때문에 '오피스' 모듈에 있습니다. 우리는 이런 기능을 사용해야 하기 때문에 이 모듈을 참조로 선택하는 것입니다.

**6** 다시 **[도구] 탭-[참조]**를 실행하여 [참조] 대화상자를 열어 봅니다. 그러면 지금까지 체크한 것이 윗부분에 제대로 표시되어 있을 것입니다. 이것을 보고 '아, 체크한 기능을 이 액세스 파일에서 사용할 예정이구나'라고 생각하면 정확합니다. [확인]을 클릭하여 창을 닫습니다. 이로써 모듈을 사용하기 위한 준비가 모두 끝났습니다.

---

**기본적으로 선택되어 있는 모듈 알아보기**

그렇다면 원래 체크되어 있었던 모듈은 무엇일까요? 제일 처음에 'Visual Basic For Applications'가 있습니다. 이것이 VBA이죠. 이것은 반드시 체크되어 있어야 합니다.

두 번째 있는 'Microsoft Access 16.0 Object Library'가 바로 액세스입니다. 이것 역시 체크되어 있어야 합니다. 세 번째 있는 'OLE Automation'은 'OLE 자동화' 모듈입니다. OLE는 Object Linking and Embedding의 약자이며, 좀 어려운 개념입니다. 윈도우 프로그램의 기반이 되는 모듈이므로 반드시 필요하다고 생각하면 됩니다. 네 번째 있는 'Microsoft Office 16.0 Access database engine Object Library'가 앞서 설명했던 'DAO'와 관련된 모듈입니다. 이것 역시 반드시 체크되어 있어야 하는 모듈입니다.

중요한 것은 **기본적으로 체크되어 있던 모듈 4개는 체크 해제하지 않는** 것입니다.

## ☑ VBA 코드 템플릿 복사하기

**1**  예제파일 폴더에서 '조회폼 VBA 템플릿.txt' 파일을 엽니다. 그리고 'On Error Goto Herror'
행부터 'End Sub' 직전까지의 행을 복사합니다.
이것이 조회 폼에 기능을 부여하는 VBA 코드 템플릿입니다.

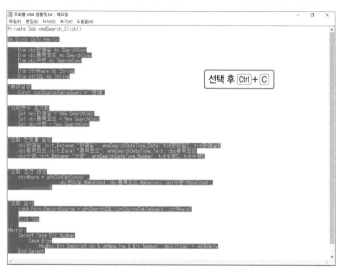

**2**  예제파일을 열고, '조회_매출' 폼을 디자인 보기로 엽니다. [조회] 명령 단추를 선택하고 속성
시트의 [이벤트] 탭에서 'On Click' 이벤트의 [...]을 클릭합니다.

[작성기 선택] 대화상자가 표시되면 [코드 작성기]를 선택하고 [확인]을 클릭합니다.

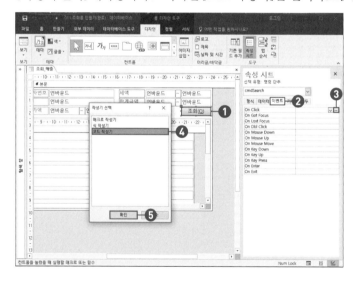

**3** 'Private Sub…'으로 시작하여 'End Sub'으로 끝나는 VBA 코드가 자동으로 생기게 됩니다. 총 3줄짜리 코드인데, 두번째 줄에 복사한 VBA 코드를 붙여넣기 합니다.

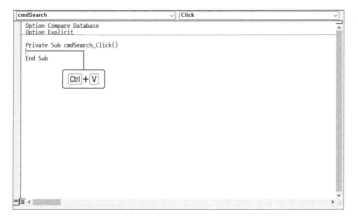

**4** VBA 코드가 붙여넣어질 것입니다.

## 5 조회 기능 설정하기

현재 VBA 코드는 다음과 같습니다.

```vba
001:  Private Sub cmdSearch_Click()
002:
003:    On Error GoTo Herror
004:
005:      Dim obj판매일 As SearchCond
006:      Dim obj품목코드 As SearchCond
007:      Dim obj수량 As SearchCond
008:
009:      Dim strWhere As String
010:      Dim strSQL As String
011:
012:   '환경 설정
013:      Const conSourceTableQuery = "판매"
014:
015:
016:   '개체 변수 초기화
017:      Set obj판매일 = New SearchCond
018:      Set obj품목코드 = New SearchCond
019:      Set obj수량 = New SearchCond
020:
021:
022:   '조회 컨트롤 설정
023:      obj판매일.Init_Between "판매일", enmSearchDataType_Date, txt판매일S, txt판매일E
024:      obj품목코드.Init_Equal "품목코드", enmSearchDataType_Text, cbo품목코드
025:      obj수량.Init_Between "수량", enmSearchDataType_Number, txt수량S, txt수량E
026:
027:
028:   '조회 조건 생성
029:      strWhere = gfnConCatConds( _
030:          obj판매일.MakeCond, obj품목코드.MakeCond, obj수량.MakeCond _
031:          )
032:
033:
034:   '조회 실시
035:      subA.Form.RecordSource = gfnSearchSQL(conSourceTableQuery, strWhere)
036:
037:      Exit Sub
038:
```

```
039:  Herror:
040:    Select Case Err.Number
041:      Case Else
042:        MsgBox Err.Description & vbNewLine & Err.Number, vbCritical + vbOKOnly
043:    End Select
044:
045:  End Sub
```

여기에서 우선 005~007행을 다음과 같이 바꿔야 합니다. 템플릿은 3개의 필드를 정의한 것이었지만, 지금은 8개 필드를 가진 조회 폼을 만들어야 하기 때문입니다. **'SearchCond' 개체 변수는 조회 컨트롤 개수만큼 정의해 주어야 합니다.**

```
Dim obj기준일 As SearchCond
Dim obj계정과목 As SearchCond
Dim obj팀 As SearchCond
Dim obj사업자번호 As SearchCond
Dim obj상호 As SearchCond
Dim obj공급가액 As SearchCond
Dim obj세액 As SearchCond
Dim obj합계금액 As SearchCond
```

013행은 조회 결과가 표시될 데이터 원본을 정의하는 곳입니다. 우리는 'q공통_매출' 쿼리의 결과를 조회할 것입니다. 따라서 다음과 같이 정의해야 합니다.

```
Const conSourceTableQuery = "q공통_매출"
```

017~019행은 다음과 같이 바꿔야 합니다. **역시 8개의 필드를 사용하므로, 8개의 SearchCond 개체 변수를 초기화해 주어야 하기 때문**입니다.

```
Set obj기준일 = New SearchCond
Set obj계정과목 = New SearchCond
Set obj팀 = New SearchCond
Set obj사업자번호 = New SearchCond
Set obj상호 = New SearchCond
Set obj공급가액 = New SearchCond
Set obj세액 = New SearchCond
Set obj합계금액 = New SearchCond
```

023~025행은 다음 표를 참고하여 바꾸어야 합니다. 264쪽에 정의했던 조회 기능에 대한 기획 표입니다.

| 필드 이름 | 데이터 형식 | 조회 방법 | 조회 컨트롤 |
|---|---|---|---|
| 기준일 | 날짜/시간 (날짜만) | 범위 검색 | txt기준일S, txt기준일E |
| 계정과목 | 짧은 텍스트 | 일치 검색 (콤보 상자) | cbo계정과목 |
| 팀 | 짧은 텍스트 | 일치 검색 (콤보 상자) | cbo팀 |
| 구분 | 조회 기능 사용 안 함 | | |
| 사업자번호 | 짧은 텍스트 | 부분 일치 검색 | txt사업자번호 |
| 상호 | 짧은 텍스트 | 부분 일치 검색 | txt상호 |
| 공급가액 | 통화 | 범위 검색 | txt공급가액S, txt공급가액E |
| 세액 | 통화 | 범위 검색 | txt세액S, txt세액E |
| 합계금액 | 통화 | 범위 검색 | txt합계금액S, txt합계금액E |

023~025행은 8개 조회 필드의 '조회 방법'과 '데이터 형식'에 따라 다음과 같이 정의해야 합니다.

```
obj기준일.Init_Between "기준일", enmSearchDataType_Date, txt기준일S, txt기준일E
obj계정과목.Init_Equal "계정과목", enmSearchDataType_Text, cbo계정과목
obj팀.Init_Equal "팀", enmSearchDataType_Text, cbo팀
obj사업자번호.Init_Like "사업자번호", enmSearchDataType_Text, txt사업자번호
obj상호.Init_Like "상호", enmSearchDataType_Text, txt상호
obj공급가액.Init_Between "공급가액", enmSearchDataType_Number, txt공급가액S, txt공급가액E
obj세액.Init_Between "세액", enmSearchDataType_Number, txt세액S, txt세액E
obj합계금액.Init_Between "합계금액", enmSearchDataType_Number, txt합계금액S, txt합계금액E
```

**Tip**

Init_Between, Init_Equal, Init_Like 프로시저는 이미 244~247쪽에서 알아보았습니다. 잘 기억이 나지 않는다면, 244~247쪽을 참고하세요.

029~030행은 다음과 같이 바꿔야 합니다. 'WHERE' 조건식을 만들어 내는 구문입니다. 8개의 필드를 모두 정의해 주어야 합니다.

```
strWhere = gfnConCatConds( _
                obj기준일.MakeCond, obj계정과목.MakeCond, obj팀.MakeCond, obj사업자번호.MakeCond _
                , obj상호.MakeCond, obj공급가액.MakeCond, obj세액.MakeCond, obj합계금액.MakeCond _
```

최종적으로 'cmdSearch_Click' 프로시저는 다음과 같이 만들어져야 합니다.

```
001:    Private Sub cmdSearch_Click()
002:
003:    On Error GoTo Herror
004:
005:        Dim obj기준일 As SearchCond
006:        Dim obj계정과목 As SearchCond
007:        Dim obj팀 As SearchCond
008:        Dim obj사업자번호 As SearchCond
009:        Dim obj상호 As SearchCond
010:        Dim obj공급가액 As SearchCond
011:        Dim obj세액 As SearchCond
012:        Dim obj합계금액 As SearchCond
013:
014:        Dim strWhere As String
015:        Dim strSQL As String
016:
017:    '환경 설정
018:        Const conSourceTableQuery = "q공통_매출"
019:
020:
021:    '개체 변수 초기화
022:        Set obj기준일 = New SearchCond
023:        Set obj계정과목 = New SearchCond
024:        Set obj팀 = New SearchCond
025:        Set obj사업자번호 = New SearchCond
026:        Set obj상호 = New SearchCond
027:        Set obj공급가액 = New SearchCond
028:        Set obj세액 = New SearchCond
029:        Set obj합계금액 = New SearchCond
030:
031:
032:    '조회 컨트롤 설정
033:        obj기준일.Init_Between "기준일", enmSearchDataType_Date, txt기준일S, txt기준일E
034:        obj계정과목.Init_Equal "계정과목", enmSearchDataType_Text, cbo계정과목
035:        obj팀.Init_Equal "팀", enmSearchDataType_Text, cbo팀
036:        obj사업자번호.Init_Like "사업자번호", enmSearchDataType_Text, txt사업자번호
037:        obj상호.Init_Like "상호", enmSearchDataType_Text, txt상호
038:        obj공급가액.Init_Between "공급가액", enmSearchDataType_Number, txt공급가액S, txt공급가액E
039:        obj세액.Init_Between "세액", enmSearchDataType_Number, txt세액S, txt세액E
```

```
040:    obj합계금액.Init_Between "합계금액", enmSearchDataType_Number, txt합계금액S, txt합계금액E
041:
042:
043:    '조회 조건 생성
044:    strWhere = gfnConCatConds( _
045:            obj기준일.MakeCond, obj계정과목.MakeCond, obj팀.MakeCond, obj사업자번호.MakeCond _
046:            , obj상호.MakeCond, obj공급가액.MakeCond, obj세액.MakeCond, obj합계금액.MakeCond _
047:            )
048:
049:
050:    '조회 실시
051:    subA.Form.RecordSource = gfnSearchSQL(conSourceTableQuery, strWhere)
052:
053:    Exit Sub
054:
055: Herror:
056:    Select Case Err.Number
057:        Case Else
058:            MsgBox Err.Description & vbNewLine & Err.Number, vbCritical + vbOKOnly
059:    End Select
060:
061:  End Sub
```

## 6 조회 테스트하기

**1** 모든 기능 구현이 완료되었습니다. VBA를 저장하고 닫은 다음 '조회_매출' 폼을 열어 봅시다. 그림과 같이 조회 컨트롤과 모든 데이터가 표시됩니다. (총 2171건)

276

**2** 그림과 같이 '기준일'에 2014년 데이터만 표시되도록 하고 [조회]를 클릭해 봅시다. 그러면 714건의 데이터만 표시됩니다.

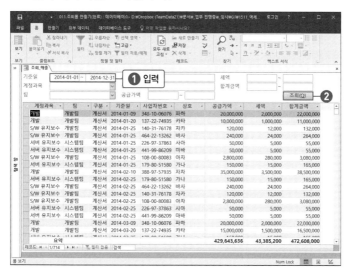

**3** '계정과목'에서 [서버 유지보수]를 선택하고 [조회]를 클릭해 봅시다. 총 53건의 데이터가 표시됩니다. 이런 식으로 모든 필드 조회 조건을 설정해 보기 바랍니다. 데이터가 잘 표시되는지 테스트해 보아야 합니다.

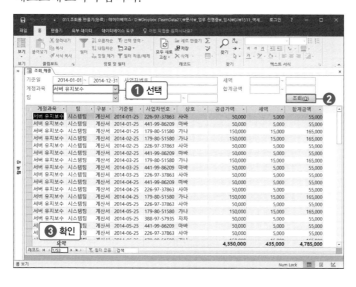

## 7 마무리 작업하기

**1** 기능 하나만 더 알아봅시다. 조회 조건을 입력한 후, [조회]를 클릭하려고 마우스를 이용했나요? `Alt`+`Q`를 눌러보세요. 커서가 어디에 있든지 바로 조회될 것입니다. 이것이 액세스에서 정의할 수 있는 바로 가기 키입니다. 이것은 우리가 'cmdSearch' 컨트롤의 '캡션' 속성을 '조회 (&Q)'라고 정의하였기 때문에 이렇게 동작하는 것입니다.

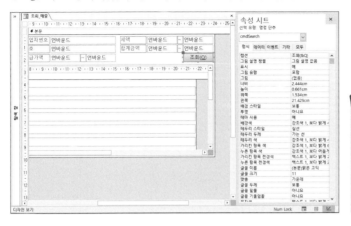

> **Tip**
> 왜 `Alt`+`Q`일까요? 여기에서 'Q'는 'Query'의 약자입니다. 조회 폼에서 필자가 바로 가기 키로 즐겨 사용하는 약자입니다. 'Search'의 의미로 'S'를 바로 가기 키를 사용해도 좋지만, 'S'는 'Save'의 약자로 '저장'하는 단추의 바로 가기 키로 더 많이 씁니다.

**2** `Enter`를 이용해서 바로 검색하는 기능을 알아봅시다. 그림은 '기준일'에 조회 조건을 입력하고, '계정과목'에 '서버 유지보수'라는 값을 선택한 직후입니다. 더 이상 다른 조건을 입력할 것이 없는 상황입니다. 바로 조회가 되면 좋겠지요. 이럴 때 물론, `Alt`+`Q`를 눌러서 바로 조회할 수도 있습니다. 그러나 더 친숙한 `Enter`로 검색이 되면 더 편리하지 않을까요?

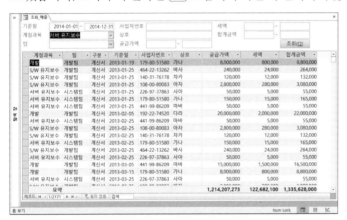

---

**잠깐만요** | **`Enter`와 `Tab`의 역할 알아보기**

여기에서 '어? `Enter`는 다음 칸으로 이동하는 데 사용하는 것 아닌가요?'라고 질문하는 분이 종종 있습니다. 그러나 `Enter`를 이용해서 다음 칸으로 이동하는 것은 예전의 DOS나 UNIX 시스템의 습관이 그대로 이어져 온 것이라, 좋은 습관은 아닙니다.

**윈도우를 비롯한 현대 운영체제에서 다음 칸으로 이동할 때는 `Tab`을 이용합니다.** 액세스뿐만 아니라, 네이버 같은 웹 사이트에서도 ID를 입력하고 `Tab`을 누르면 자동으로 암호 입력란으로 갑니다. `Enter`를 누르면 바로 로그인 처리를 시도합니다. 말 그대로 `Enter`는 들어가다, 입력이 끝나다라는 의미를 가지고 있기 때문입니다.

**3** 디자인 보기에서 [조회] 명령 단추의 속성 시트를 살펴봅시다. [기타] 탭에서 '기본값' 속성을 [예]로 지정하면, 이 폼에서 Enter를 누를 때, 곧바로 이 단추가 클릭되는 효과를 갖습니다.

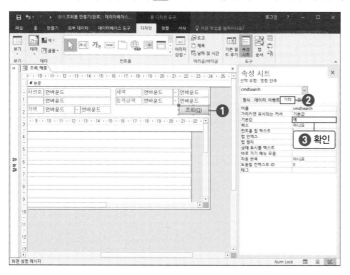

**4** 폼 보기에서 테스트해 봅시다. '기준일'에 값을 입력하고, '계정과목'에 [서버 유지보수]를 선택합니다. 그 다음 Enter를 누르면 바로 데이터가 조회됩니다. 편리하지요? 컨트롤 사이 이동은 Tab을 이용하세요.

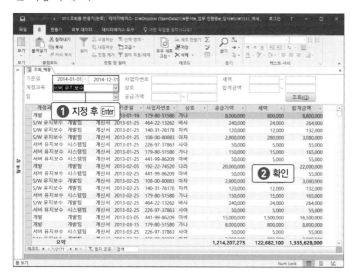

---

**잠깐만요** **'기본값' 속성과 '취소' 속성 알아보기**

명령 단추의 '기본값' 속성은 해당 폼에서 한 개에만 설정할 수 있습니다. 만약 다른 단추가 있고, 그 단추의 '기본값' 속성을 [예]로 지정하면 [조회] 명령 단추의 '기본값' 속성은 자동으로 [아니요]로 바뀌게 됩니다. 테스트 한번 해 보세요.

'기본값' 속성 밑의 '취소' 속성은 무엇일까요? 이것은 폼에서 Esc를 눌렀을 때 자동으로 클릭되는 효과를 발휘합니다. Enter는 '기본값' 속성, Esc는 '취소' 속성입니다. 이것은 예를 들어, 폼에서 Esc를 눌렀을 때 자동으로 폼이 닫히게 하고 싶을 때 주로 사용합니다.

**5** 마지막으로 폼 제목을 봅니다. '조회_매출'이라는 개체 이름이 그대로 표시됩니다. 폼을 만들 때, 별다른 행동을 하지 않으면 폼 개체 이름이 그대로 제목으로 표시됩니다. 그게 문제될 수준 은 아니더라도 보기가 좋지는 않습니다. 이것을 바꿔 봅시다.

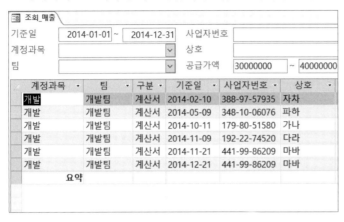

**6** 폼을 디자인 보기로 열고 '캡션' 속성을 봅니다. '캡션' 속성이 비어 있지요? '캡션' 속성이 비어 있으면 개체 이름을 그대로 표시합니다. 이 '캡션' 속성을 『매출 조회』로 지정합니다.

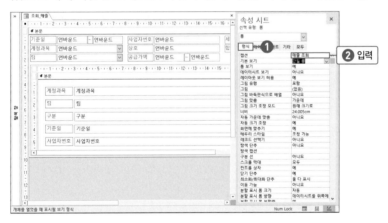

**7** 폼을 저장하고 닫은 다음 다시 엽니다. 폼의 캡션이 '매출 조회'로 제대로 표시됩니다. '매출 조 회' 폼이 완성되었습니다.

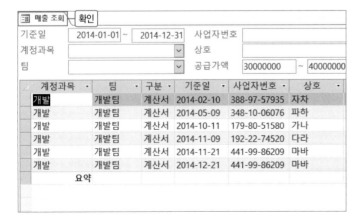

# 03 매입 조회 폼 만들기

## 1 복사하여 폼 만들기

**1** '매입 조회' 폼을 만들어 봅시다. 원래대로하면 '매출 조회' 폼을 만들 듯, 처음부터 다시 만들어야 하겠지만, 매출 조회 데이터와 매입 조회 데이터 필드 구성이 동일합니다. 그림에서 왼쪽은 '매출', 오른쪽은 '매입' 데이터입니다. 데이터는 다르지만 필드 이름이나 각 필드별 데이터 형식은 완전히 같습니다.

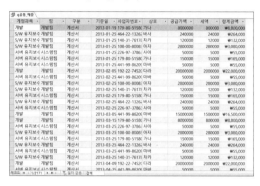
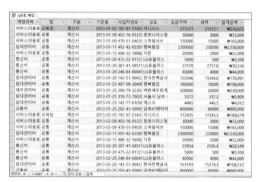

**2** 필드 구조가 완전히 같으니, '조회_매출' 폼을 복사하여 '조회_매입' 폼을 만들 수 있지 않을까요? 복사해서 만들면 아주 간단히 만들 수 있습니다.

탐색 창에서 '조회_매출' 폼과 '조회_매출_DS' 폼을 선택하고 Ctrl+C를 누른 다음 Ctrl+V를 누릅니다. 그러면 [붙여넣기] 대화상자가 표시됩니다. 그림에서는 하위 폼이 먼저 복사되는 경우입니다. 여기에 『조회_매입_DS』라고 입력하고 [확인]을 클릭합니다.

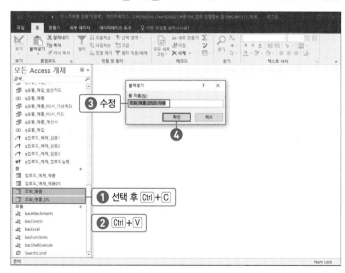

**3** [붙여넣기] 대화상자가 한번 더 표시됩니다. 이름을 보니 상위 폼이네요. 상위 폼의 이름을 『조
회_매입』이라고 입력하고 [확인]을 클릭합니다.

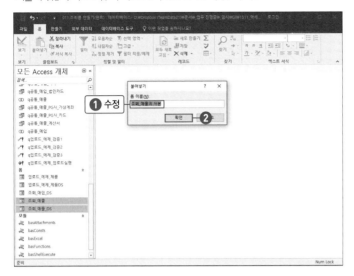

**4** 탐색 창을 보면 복사한 '조회_매입' 폼과 '조회_매입_DS' 폼이 표시됩니다. '조회_매입' 폼을 디
자인 보기로 열어 봅시다. 이 폼들은 복사한 것이기 때문에, 하위 폼으로 표시되는 것이 '매입'
관련한 폼이 아닙니다. 하위 폼을 클릭하고 속성 시트의 [데이터] 탭에서 '원본 개체' 속성을 보
면 '조회_매출_DS'로 설정되어 있는 것을 볼 수 있습니다.

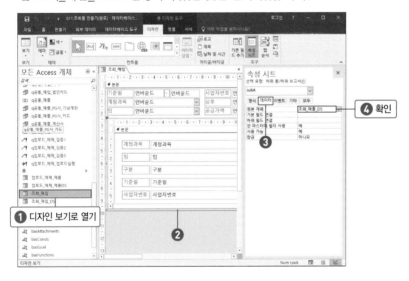

**5** [폼.조회_매입_DS]로 바꿔 줍니다.

**Tip**

폼을 복사해서 만들 때, 하위 폼의 '원본 개체' 속성을 제일 먼저 바꾸세요. 그렇지 않으면 의도하지 않은 폼을 한참 수정하게 될수도 있습니다. 물론, 경험을 통해 깨닫는 것도 좋지만 미리 알고 피하는 것이 더 좋겠지요?

**6** 폼 보기로 표시해 봅시다. 어떤 문제가 있는지 살펴봅시다.

- 폼의 캡션이 '매출 조회'로 되어 있지요? 이것을 '매입 조회'로 바꿔야 합니다.
- '계정과목'과 '팀'의 콤보 상자가 '매출' 것으로 되어 있습니다.
- 하위 폼에 표시되는 결과가 '매출'로 되어 있습니다.

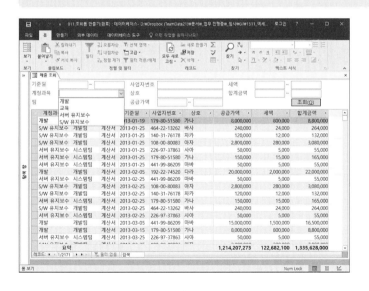

## 2 캡션 바꾸기

**1** 문제를 하나하나 해결해 나가 봅시다. 그러다 보면 '매입 조회' 폼으로 바뀌어 있을 겁니다. 디자인 보기에서 상위 폼의 '캡션' 속성을 『매입 조회』로 변경합니다.

**2** 폼 보기로 전환합니다. 폼의 캡션이 '매입 조회'로 제대로 표시됩니다. 이번에는 '계정과목' 콤보 상자의 데이터 원본을 바꾸어 봅시다.

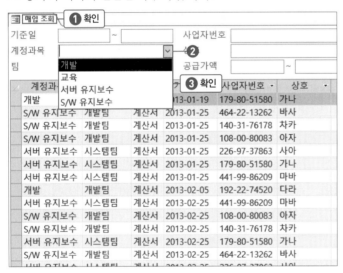

## ❸ 계정과목 콤보 상자 원본 설정하기

**1** '매출 조회' 폼을 만들 때와 마찬가지로, 'q공통_매입' 쿼리에서 계정과목을 뽑아오는 것은 별로 바람직하지 않습니다. 'q공통_매입' 쿼리에서 계정과목을 뽑아서 '코드_계정과목_매입' 테이블을 만들어 봅시다. 그림과 같이 쿼리를 만들고 실행합니다.

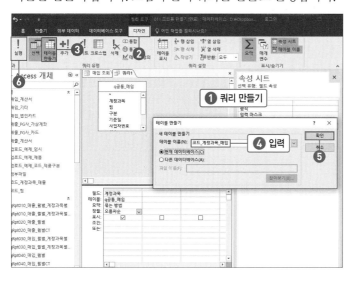

**2** 19행을 붙여 넣는다는 메시지가 표시됩니다. [예]를 클릭합니다. '코드_계정과목_매입' 테이블이 만들어집니다.

**3** '계정과목' 콤보 상자의 행 원본을 바꾸어 봅시다. 그림과 같이, '코드_계정과목_매입' 테이블
에서 데이터를 가져오도록 설정한 다음 저장하고 닫습니다.

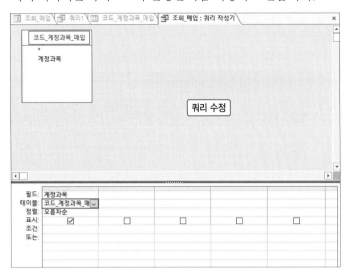

**4** 폼 보기로 다시 전환합니다. 그러면 '계정과목'에 '매입'에 해당하는 계정과목이 제대로 표시될
것입니다.

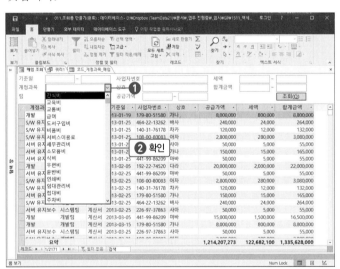

## 4 팀 콤보 상자 원본 설정하기

**1** '팀' 콤보 상자를 제대로 표시해야겠죠? '팀'은 '계정과목'과 달리, 매입이든 매출이든 거의 비슷하게 사용하지만 반드시 확인 과정을 거쳐야 합니다. 왼쪽 그림은 '매출'을 만들 때 만들어 놓은 '코드_팀' 테이블입니다. 오른쪽 그림은 'q공통_매입' 쿼리에서 뽑은 고유한 '팀' 필드 값들입니다. '매출'에는 '공통'이 없는데, '매입'에는 '공통'이 있습니다.

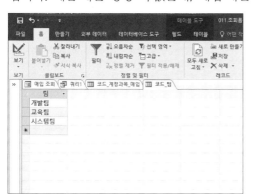 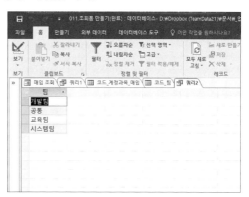

> **Tip**
>
> 오른쪽 그림은 'q공통_매입' 쿼리에서 '팀' 필드를 표시하고 [묶는 방법]으로 요약한 모습입니다.

**2** 쿼리를 이용해서 문제를 해결할 수 있기는 하지만, '공통' 하나만 다르므로, '코드_팀' 테이블에 『공통』이라는 필드 값을 입력하는 것으로 간단히 해결할 수 있습니다.

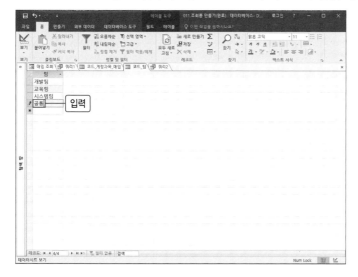

## 5 결과 데이터 표시 설정 바꾸기

**1** '팀' 콤보 상자도 제대로 표시됩니다. 하위 폼에 표시되는 데이터가 '매출'인 문제를 해결해 봅시다.

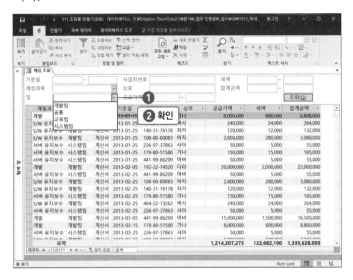

**2** 디자인 보기에서 폼의 '레코드 원본' 속성이 'q공통_매출'로 되어 있습니다. [q공통_메입]으로 변경합니다.

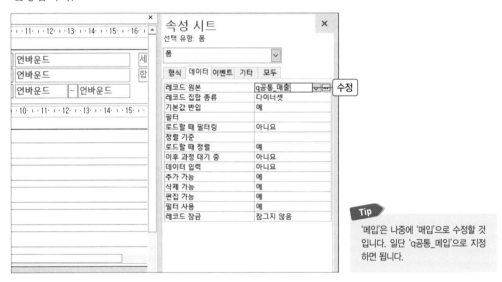

> **Tip**
> '메입'은 나중에 '매입'으로 수정할 것입니다. 일단 'q공통_메입'으로 지정하면 됩니다.

## 6 조회 기능 추가하기

**1** 폼을 다시 열어 봅니다. 제대로 나옵니다. 이것으로 모든 문제가 해결되었을까요? '계정과목'에 표시되는 필드를 살펴본 후, 조건들을 입력하지 않고 그냥 [조회]를 눌러봅시다.

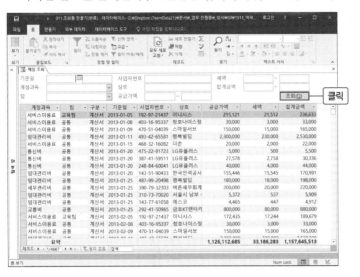

**2** 조회가 제대로 되는 것 같은데, '계정과목' 필드를 보면 매출의 계정과목이네요. 무엇이 문제일까요?

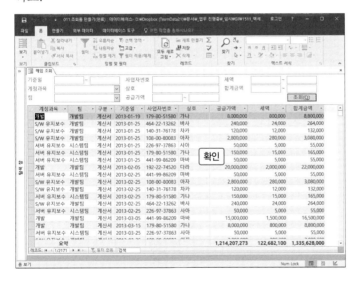

**3** [데이터베이스 도구] 탭-[매크로] 그룹에서 [Visual Basic]( Alt + F11 )을 클릭하여 VBA 편집기를 엽니다. 왼쪽에서 'Form_조회_매입'을 더블클릭하여 표시합니다. 'Const conSourceTableQuery = "q공통_매출"' 부분이 보입니다. 여기에 매출로 정의되어 있으니 매출 데이터가 표시되는 것입니다. 이 부분을 'Const conSourceTableQuery = "q공통_매입"'이라고 바꾸어 봅니다. 그리고 'cmdSearch_Click' 프로시저의 나머지 부분을 살펴보세요. 나머지 부분은 고칠 것이 없을 것입니다.

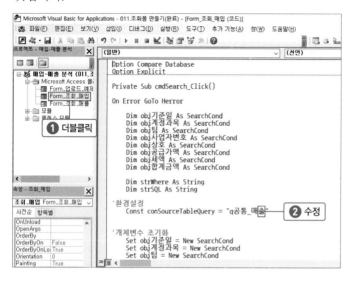

**4** 다시 조회 폼으로 돌아옵니다. 조회 조건을 입력하지 않고 [조회]를 클릭합니다. 그러면 그림과 같은 오류 메시지가 표시됩니다. 문제의 원인을 살펴봤더니, 오타가 있었네요.

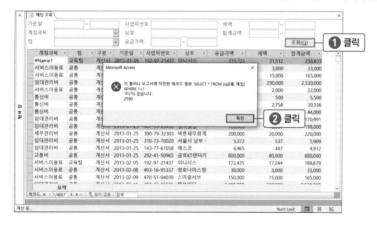

**5** 'q공통_매입' 쿼리가 아니고, 'q공통_메입'이라는 이름으로 쿼리가 있었습니다. 이 문제를 어떻게 해결할까요? 우선 드는 생각은 'q공통_메입' 쿼리를 'q공통_매입'으로 바꾸는 것입니다. 그런데, 이렇게 하면 'q공통_메입' 쿼리를 참조했던 쿼리들은 어떻게 될까요? 오류가 발생하겠지요. 앞서 만들었던 'qRpt030_매입_월별_계정과목별' 쿼리, 'qRpt051_순익_팀별_매입' 쿼리 등이 문제가 될 것입니다.

**필자는 이런 상황일 때, 일반적으로 모든 쿼리를 찾아 다니면서 고칩니다.** 필자만의 잘못된 쿼리를 빨리 찾는 방법이 있기도 하고요. 그러나 여러분은 그렇게 하기가 어려울 수도 있습니다. 일단 여기에서는, 'q공통_메입' 쿼리를 너무 많이 사용해서 고치는 것이 불가능하다고 가정해 보겠습니다.

**6** 가장 간단한 방법은 기존 VBA 편집기의 'q공통_매입'이라고 된 부분을 'q공통_메입'으로 바꾸는 것입니다. 그러나, 앞으로도 계속 'q공통_메입'으로 참조하기는 싫습니다. 이때의 간단한 팁은, 'q공통_메입' 쿼리를 기반으로 하여 'q공통_매입' 쿼리를 하나 더 만드는 것입니다. 지금까지는 'q공통_메입' 쿼리를 사용했지만, 앞으로는 'q공통_매입' 쿼리를 사용하면 그 뿐입니다. 그림과 같이 쿼리를 만들고 『q공통_매입』이라는 이름으로 저장합니다.

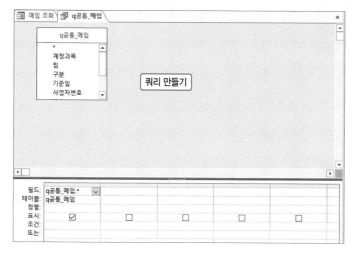

**7** 다시 '매입 조회' 폼으로 돌아가 봅니다. 조건을 넣지 않고 [조회]를 클릭하면, 그림과 같이 제대로 조회됩니다.

이것으로 테스트를 끝내면 안 됩니다. 지면 관계상 여기에서 더 테스트는 해 보지 않을테지만, 모든 필드에 조회 조건을 넣어 보면서 테스트해 보아야 합니다.

이렇게 해서 비교적 간단하게 '매입 조회' 폼을 만들어 보았습니다.

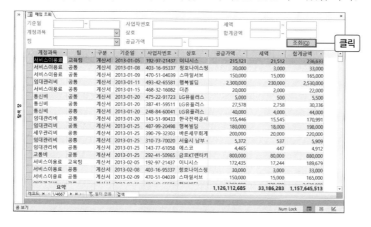

※ 정답은 다음 링크에 있습니다 : http://g.td21.com/gb85

# 조회 폼 만들기

🔵 **예제파일** : 020.리뷰실무예제(시작).accdb    🔵 **결과파일** : 021.리뷰실무예제(완료).accdb

표의 '데이터 형식'과 '조회 방법'을 참고하여 다음 그림과 같은 조회 폼을 만들어 보세요.

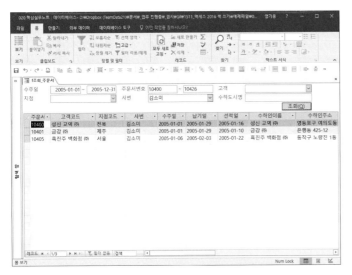

| 필드 이름 | 데이터 형식 | 조회 방법 |
|---|---|---|
| 수주일 | 날짜/시간 | 범위 검색 |
| 주문서번호 | 숫자 | 범위 검색 |
| 고객 | 텍스트 | 일치 검색(콤보 상자) |
| 지점 | 숫자 | 일치 검색(콤보 상자) |
| 사번 | 숫자 | 일치 검색(콤보 상자) |
| 수하도시명 | 텍스트 | 부분 일치 검색 |

**Hint**

① 조회 폼을 사용할 수 있는 모듈은 이미 예제 파일에 있습니다. 다시 가져올 필요는 없습니다.

② 조회 폼과 조회 결과를 나타내는 데이터시트 폼은 직접 만들어야 합니다.

③ 조회 폼 자체에는 탐색 단추와 레코드 선택기가 표시되지 않아야 합니다.

④ '수주일' 조회 조건에는 달력이 표시되도록 해야 합니다.

⑤ '고객' 조회 조건은 콤보 상자로 설정합니다. '고객업체코드' 필드는 감춰야 하며, '고객업체명'을 표시해야 합니다.

⑥ '지점' 조회 조건은 콤보 상자로 설정합니다. '지점코드' 필드는 감춰야 하며, '지점'을 표시해야 합니다.

⑦ '사번' 조회 조건은 콤보 상자로 설정합니다. '사번' 필드는 감춰야 하며, '성명'과 '직위'를 표시해야 합니다.

# 행정 교육 관리 시스템 적용 사례

카이스트에서 근무하는 이희찬 님은 약 2년 전부터 행정 직원을 교육하는 일을 맡고 있습니다. 새로운 일이다 보니 업무 프로세스가 정의되지 않아 상용 시스템을 사용할 수가 없었습니다. 또한 초기에 부딪히는 시행착오에 대한 대응과 요구 사항에 대한 반영이 지속적으로 필요한 상황이었습니다. 이를 위해 행정 교육 관리 시스템을 만들게 되었으며, 이를 활용하여 현재 매월 300여 명 학습자에 대한 교육 운영에 활용하고 있습니다.

## Q1 액세스를 이용하여 도움을 얻은 것이 무엇이 있나요?

액세스는 테이블, 쿼리, 폼, 보고서 등 각 요소가 유기적으로 결합되어 있습니다. 그러다 보니 한 요소가 다른 곳에 많은 영향을 미칩니다. DB 디자인 초기에는 본인이 뭘 원하는지조차 명확하게 정의하기 힘든 경우가 있습니다. 하지만 실무 경험이 많은 강사님의 튜터링을 통해 다음에 필요한 사항을 미리 예상함으로서 전체적인 개발 속도와 완성도를 높이는 데 큰 도움이 되었습니다.

## Q2 튜터링 서비스를 이용한 후 가장 좋았던 점은 어떤 것이 있나요?

튜터링 서비스를 이용하여 얻은 가장 큰 효과는 문제가 즉각적으로 해결된다는 점이었습니다. 몇 권의 책을 구입하였으나 필요한 사례를 찾기가 쉽지 않았으며, 카페에서도 마찬가지였습니다. 튜터링을 이용할 경우 거의 당일에 문제가 해결되어 다음날부터 신규 버전으로 업무를 진행할 수 있었습니다.

## Q3 튜터링 서비스에 대한 소감을 말씀해 주십시오.

우리 같은 직장인이 앞에 놓여진 문제를 해결하는 데 도움이 될 수 있는 것은 관련 도서 또는 집합 교육 정도일 것입니다. 하지만 두 가지 모두 본인의 과제를 직접적·즉시적으로 처리하는 데는 어려움이 있습니다. 이런 점을 고려할 때 액세스 튜터링은 비용 대비 효율이 굉장히 큰 교육 방법이라고 생각합니다. 집합 교육의 경우 한 번에 많은 양을 배우지만 교육 과정에서 전체를 완전히 이해하기 어려운 부분이 있습니다. 그리고 학습 내용을 실무에 적용할 때 예상치 못한 문제를 만나게 됩니다. 하지만 튜터링은 DB를 계획하고, 적용해 보고 그리고 다시 수정하는 전체 사이클을 본인의 일정에 맞춰서 배울 수 있다는 점에서 좋은 교육 과정이었습니다.

# CHAPTER 5 엑셀 업로드 폼 만들기

이번에는 또 다른 고급 기능인 '엑셀 업로드 폼'을 만들어 보겠습니다.

자신만의 DB를 만들어 사용할 때, 외부 데이터를 가져오는 것은 아주 필수적인 기능입니다. 그러나,

아주 골치 아픈 문제를 많이 만나기도 하는 부분이기도 합니다. 데이터를 가져올 때 발생할 수 있는

각종 문제점을 알아보고, 이러한 문제를 줄일 수 있는 방법도 알아볼 것입니다. 무엇보다도, 엑셀 업

로드 모듈을 제공하여, 이러한 작업을 아주 쉽게 자동화할 수 있도록 합니다.

엑셀 업로드 폼을 이용하면 아주 쉽게 외부 데이터를 가져올 수 있습니다. 또, 외부 데이터를 가져올

때 만나게 되는 문제를 해결해 나가는 방법도 익혀 보겠습니다.

*Access*

# 엑셀 업로드 폼 개념 잡기

액세스에는 엑셀 데이터를 가져오는 기능이 내장되어 있기는 하지만 그 기능이 실무에 활용할 만한 수준은 아니라는 것이 문제입니다. 실무에 활용할 만한 수준의 엑셀 업로드 폼을 소개합니다. 이 폼을 이용하면, 데이터 유효성 검증 작업 같은 것을 비교적 쉽게 할 수 있습니다.

## PREVIEW

▲ 엑셀 업로드 폼

▲ 엑셀 업로드를 위한 환경 설정 창

### 엑셀 업로드 기능 구현을 위한 주요 함수

- [파일 열기] 대화상자 : gfnGetFileOpen([_기본_폴더_], [_필터1_], [_필터2_], [_필터3_], [_필터4_], [_필터5_])
- [파일 저장] 대화상자 : gfnGetFileSaveAs([_기본_폴더_])
- 첨부 파일 다운로드 : gsbDownloadAttachment([_파일ID_], [_다운로드 위치_])
- 다운로드한 파일 실행 : gfnShellExecute([_파일 위치경로_], [_창 형태_])

▲ 데이터 검증 쿼리 : 단순

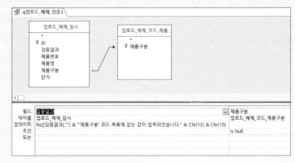

▲ 데이터 검증 쿼리 : 다른 테이블 값과 비교

실무
예제 | **01** | # 엑셀 업로드 폼 알아보기

엑셀을 포함한 외부 데이터를 액세스로 가져오는 것은 번거로운 일입니다. 소소한 오류도 많이 발생하고, 원인을 알 수 없는 메시지도 많이 봅니다. 무엇보다도 **외부 데이터 가져오기 마법사는 데이터를 가져올 때마다 여러 번 클릭해야 하고, 여러 가지 설정을 해야 합니다.** 항상 가져오는 데이터는 일정한데, 이런 작업을 매번 반복하는 것은 번거로운 일입니다.

물론, 외부 데이터 가져오기 마법사의 '가져오기 단계 저장' 기능을 이용하면, 이러한 문제를 해결할 수 있습니다. 하지만, **가져오는 파일의 이름과 경로가 항상 같아야 한다는 불편함**이 있습니다. '저장된 데이터 가져오기' 기능을 이용하려고, 데이터 파일을 고정된 위치에, 동일한 파일 이름으로 변경해 놓아야 합니다. 가져올 파일을 '불러오기' 하고 싶지 않습니까?

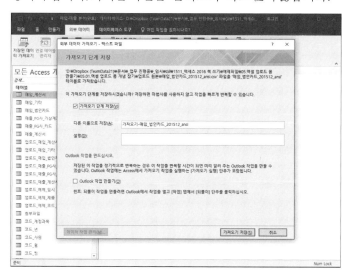

그뿐만 아닙니다. 가져올 파일에 오류가 있다면, 마법사를 취소하고 이미 추가된 데이터를 삭제해야 합니다. 외부 데이터 가져오기 마법사는 오류가 있는 레코드는 가져오지 않고, 정상적인 레코드만 가져옵니다. 이것이 더 혼란스럽습니다. 오류가 있으면 가져오지 않는 것이, 업무적으로, 그리고 데이터 무결성을 위해 더 도움이 됩니다. 이러한 여러 가지 이유로, 외부 데이터 가져오기 마법사는 아주 좋은 대안은 아닙니다. 그러면 필자의 대안을 한번 살펴봅시다.

**1** 예제파일을 열고 '업로드_매입_기타' 폼을 한 번 열어 봅시다. 그러면 그림과 같은 폼이 열립니다. 윗부분의 [찾아보기]를 클릭하여 데이터를 가져올 수 있습니다. [찾아보기]를 클릭합니다.

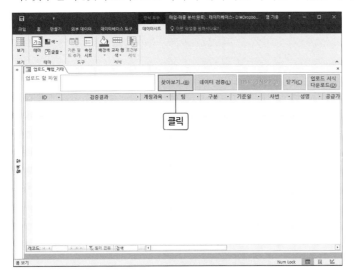

**2** [파일 열기] 대화상자가 표시됩니다. 여기에서 PC에 있는 파일을 선택하기만 하면 됩니다. 예제 폴더에 보면 '업로드 원본'이라는 폴더가 있습니다. 이 폴더 안에 있는 '매입_기타_201512.xlsx' 파일을 선택하고 [열기]를 클릭합니다.

**3** 선택한 파일을 열고, 임시 테이블에 기록합니다. 그리고 미리 정의된 유효성 검사를 하고 그 결과를 화면에 표시해 줍니다.

지금의 데이터를 보면 '계정과목' 필드와 '팀' 필드가 비어 있다는 경고 메시지를 표시해 줍니다. 당연합니다. 이 필드는 외부 데이터 자체에는 없는 데이터이고, 매출/매입 분석 DB에서 필요한 데이터이니까요. 어쨌든 계정과목과 팀 필드는 필수 필드로 지정해 놓은 상태이고, 유효성 검사 로직에 의해 오류로 표시됩니다. [확인]을 클릭합니다.

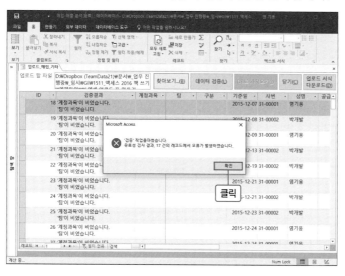

**4** '검증결과' 필드가 붉은색으로 표시됩니다. 이 업로드 폼의 최대 강점은 문제를 이 자리에서 바로 잡을 수 있다는 것입니다. 그림과 같이 '계정과목' 필드와 '팀' 필드에 『1』을 입력합니다. 레코드가 몇 개 되지 않으니, 금방 입력할 수 있습니다.

그리고, 주의 깊게 봐야 할 것은 [DB로 가져오기]가 비활성화된 상태라는 점입니다. 데이터를 가져올 조건이 되지 않으면 실제 테이블로 데이터를 가져올 수 없습니다.

한 가지 더 살펴봅시다. 현재 가져올 데이터는 총 17건입니다.

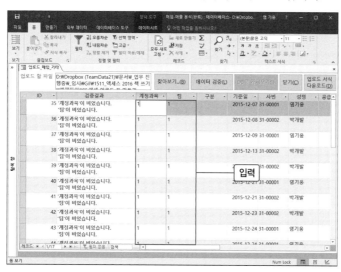

**5** 이제 문제를 해결했지요? 그러면 다시 [데이터 검증]을 클릭합니다. 그러면 오류 레코드가 없다는 메시지가 표시되고, [DB로 가져오기]가 비로소 활성화됩니다.

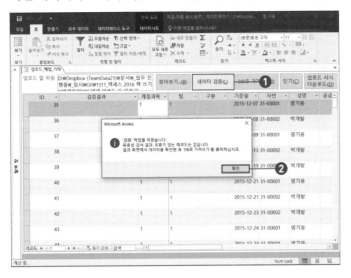

**6** [DB로 가져오기]를 클릭해야 하는데, 그 전에 추가될 테이블의 데이터를 살펴봅시다. '매입_기타' 테이블을 열어 보면, 현재 566건의 레코드가 있는 것을 볼 수 있습니다.

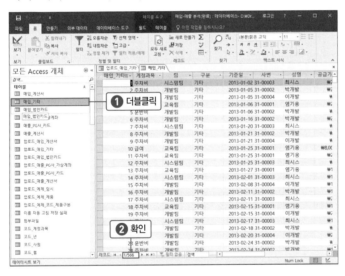

**7** '업로드_매입_기타' 화면으로 돌아옵니다. 이제 [DB로 가져오기]를 클릭합니다. 그러면 실제 테이블에 데이터가 추가되고, 임시 테이블이 초기화된 후, 완료 메시지가 표시됩니다.

**8** '매입_기타' 테이블을 다시 열어 봅니다. 이미 있었던 566건에 17건이 더해져서 583건의 레코드가 되었습니다. 아랫부분에서 '계정과목' 필드와 '팀' 필드에 테스트 값인 '1'이 들어 있는 것도 확인할 수 있습니다.

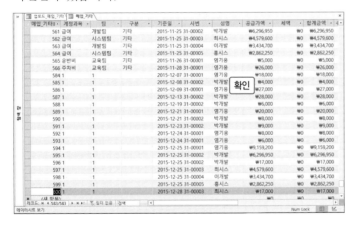

이 '엑셀 업로드 폼'은 실무 수준에서 활용하는 수준에 상당히 근접한 기능을 가지고 있습니다. 이 것이 여러 모로 좋기는 한데, 이러한 기능을 만들어 내는 것은 전문가 수준의 VBA 코딩 실력을 가지고 있어야 합니다. 그래서 필자가 모듈화하여 제공합니다. 여러분은 필자가 제공한 모듈에 적절한 '설정' 정도만 하면 이러한 기능을 활성화할 수 있게 되는 것입니다. 지금부터 한번 알아 봅시다.

> **Tip**
>
> 지금 '엑셀 업로드 폼'이라는 용어를 사용하고 있습니다. 실제로는 엑셀뿐만 아니라, 탭으로 구분된 텍스트 파일이나 쉼표로 구분된 텍스트 파일도 가져올 것입니다. 따라서 정확하게는 '외부 데이터 업로드 폼'이라는 용어를 사용해야 하지만, '엑셀 업로드 폼'이 더 와닿지 않나요? 그래서 '엑셀 업로드 폼'이라는 용어를 사용하기로 했습니다. 하지만 실제로 각종 데이터를 다 업로드할 수 있다고 이해하면 됩니다.

# 1 | 파일 불러오기 기능

🔵 **예제파일** : 이전 '매입-매출 분석(완료).accdb' 예제에 이어서 따라하세요.

엑셀 업로드 폼의 주요 기능 및 구현 원리를 알아봅시다. 여기에서 설명하는 것은 100% 이해하지 않아도 상관 없습니다. 조금이라도 이해할 수 있다면 도움이 됩니다. 정 어렵다고 느끼는 독자는 이 부분을 건너 뛰고, 다음으로 넘어가도 괜찮습니다.

예제파일을 열고, '업로드_매입_기다' 폼을 열어 봅니다. 제일 먼저 눈에 들어오는 것은 [찾아보기]일 것 입니다. 이 단추를 누르면 [파일 열기] 대화상자가 표시됩니다. 그림은 예제파일 폴더의 '업로드 원본' 폴 더입니다. 사실 여기에는 총 6개의 파일이 있는데, 1개만 표시됩니다. [파일 열기] 대화상자 오른쪽 아래 쪽에 보면 'Excel 파일 (*.xlsx)'이라고 되어 있는데, 여기에서 필터가 되기 때문입니다. 그리고 [열기]를 클릭하면 파일 위치와 이름을 보냅니다. 그래서 파일을 열 수 있게 되는 것입니다.

이런 기능을 동작하게 하는 소스 코드는 다음과 같습니다. '업로드_매입_기타' 폼의 'cmdBrowse_ Click' 이벤트 프로시저를 보면 됩니다.

```
001:  '파일 선택창을 열어 업로드할 파일을 선택하여 경로를 반환
002:    strFilePathName = gfnGetFileOpen(, mFILE_EXTENSION_1, mFILE_EXTENSION_2, mFILE_
EXTENSION_3, mFILE_EXTENSION_4, mFILE_EXTENSION_5)
003:
004:
005:  '오류 발생시 처리
006:    If strFilePathName Like "***Error: *" Then
007:      MsgBox strFilePathName, vbCritical + vbOKOnly
008:      Exit Sub
009:    End If
010:
011:
```

```
012:    '선택한 것이 없으면 종료
013:      If strFilePathName = "" Then Exit Sub
014:
015:
016:    '파일 경로+이름 표시
017:      txtFilePathName = strFilePathName
```

002행에 보면 'gfnGetFileOpen' 함수가 있습니다. 이것이 **필자가 제공하는 [파일 열기] 대화상자**입니다. 이 함수의 일반형은 다음과 같습니다.

Public Function gfnGetFileOpen([_기본_폴더_], [_필터1_], [_필터2_], [_필터3_], [_필터4_], [_필터5_])

❶ [_기본_폴더_] 인수 : [파일 찾기] 대화상자가 열릴 때, 처음으로 표시할 폴더이며, 생략 가능합니다. 생략하면 기본적으로 직전에 열렸던 폴더를 엽니다. 직전에 열렸던 폴더가 없다면 '내 문서'가 열리게 됩니다.

❷ [_필터1_], … , [_필터5_] 인수: [파일 찾기] 대화상자에 표시할 필터를 정의하며, 생략 가능합니다. 생략하면 기본적으로 파일을 필터하지 않습니다. 필터 형식은 다음과 같습니다.

· 모든 파일|*.*
· 엑셀 파일|*.xlsx;*.xlsm;*.xls
· 이미지 파일|*.jpg;*.jpeg;*.gif;*.png;*.bmp

이 함수는 **[보기]-[직접 실행 창(Ctrl+G)]**을 실행했을 때 표시되는 [직접 실행] 창에서 테스트해 볼 수 있습니다. 이 함수는 모든 인수가 생략 가능합니다. 따라서 [직접 실행] 창에 다음과 같이 입력해도 동작합니다.

?gfnGetFileOpen

이렇게 하면 [파일 찾기] 대화상자가 표시됩니다. 그리고 파일을 선택하면 다음과 같이 그 **파일의 위치와 이름을 반환**합니다. 이 값을 이용해서 파일을 가져올 수 있는 것입니다.

?gfnGetFileOpen
D:\예제파일\매출_PG사_카드_201512.xls

이번에는 [_기본_폴더_] 변수를 활용한 테스트를 진행해 봅시다. [직접 실행] 창에 다음과 같이 입력하고 Enter를 누릅니다.

```
?gfnGetFileOpen("C:\Windows")    Enter
```

그러면 그림과 같이, 'C:\Windows' 폴더가 첫 폴더로 표시됩니다.

이번에는 [_필터1_]과 [_필터2_] 변수를 사용해 봅시다. 마찬가지로 [직접 실행] 창에 다음과 같이 입력하고 Enter를 누릅니다.

```
?gfnGetFileOpen(,"엑셀 파일|*.xlsx;*.xls", "텍스트 파일|*.txt;*.csv")    Enter
```

그러면 [파일 열기] 대화상자가 표시됩니다. 이때, 예제 폴더에 있는 '업로드 원본' 폴더로 이동해 보면 그림과 같이 3개의 XLSX/XLS 파일이 표시될 것입니다. 첫 번째 필터로 엑셀 파일이 표시되도록 했기 때문입니다.

[파일 열기] 대화상자의 오른쪽 아래에 있는 필터 상자를 클릭한 후, [텍스트 파일]로 필터를 바꿉니다. 그러면 그림과 같이 3개의 TXT/CSV 파일이 표시될 것입니다. 이 정도면 [gfnGetFileOpen] 대화상자는 잘 사용할 수 있겠지요?

006~009행에는 gfnGetFileOpen 함수가 동작할 때 발생하는 오류를 처리하는 코드가 기록되어 있습니다. gfnGetFileOpen 함수는 오류가 발생했을 때 '***Error : '로 시작하는 텍스트를 반환해 줍니다. 따라서 gfnGetFileOpen 함수의 결과 값이 '***Error : '로 시작하는지를 검사하는 것이 006행입니다. VBA If 구문에서도 'Like' 연산자를 사용할 수 있습니다.

013행에는 파일을 선택하지 않았을 때의 동작을 지정합니다. gfnGetFileOpen 함수는 파일을 선택하지 않으면 빈 문자열("")을 반환합니다. 그래서 이 값이 빈 문자열이라면 후속 동작 없이 종료시키는 것입니다.

'cmdBrowse_Click' 이벤트 프로시저 나머지 부분은 다음과 같습니다.

```
001:    '파일 존재 여부 체크
002:      If Nz(Dir(txtFilePathName.Value), "") = "" Then
003:        MsgBox "선택한 파일이 존재하지 않습니다.", vbCritical + vbOKOnly
004:        Exit Sub
005:      End If
006:
007:
008:    '임시 테이블에 데이터 복사
009:      Select Case mUPLOAD_TYPE
010:        Case "EXCEL"
011:          DoCmd.TransferSpreadsheet acImport, mUPLOAD_FILE_FORMAT_EXCEL, mTEMP_TABLE_
NAME, txtFilePathName.Value, mHAS_FIELD_NAME
012:
013:        Case "TEXT"
014:          If mCODE_PAGE = 0 Then
015:            DoCmd.TransferText acImportDelim, mSPEC_NAME, mTEMP_TABLE_NAME,
txtFilePathName.Value, mHAS_FIELD_NAME
016:          Else
```

```
017:                    DoCmd.TransferText acImportDelim, mSPEC_NAME, mTEMP_TABLE_NAME,
txtFilePathName.Value, mHAS_FIELD_NAME, , mCODE_PAGE
018:        End If
019:
020:    Case Else
021:        MsgBox "mUPLOAD_TYPE 상수는 'EXCEL' 혹은 'TEXT' 중 하나여야 합니다.", vbCritical + vbOKOnly
022:        Exit Sub
023:    End Select
```

002~005행은 선택한 파일이 실제로 있는지 확인합니다. [파일 찾기] 대화상자를 이용했다면 파일이 사라질 가능성은 적겠지만, 엑셀 업로드 폼의 '업로드할 파일' 텍스트 상자에 직접 입력해서 파일을 지정할 수도 있기 때문입니다. 그래서 이러한 명령을 넣어 둔 것입니다.

**파일이 실제로 존재하는지 확인하는 것은 Dir 함수를 이용**합니다. 'Dir("파일 위치\파일명")'과 같은 명령을 내리면 파일이 있는지 확인할 수 있기 때문입니다. **Dir 함수는 파일이 있다면 파일 위치와 파일명을 반환**합니다. 파일이 없다면 빈 문자열(" ")을 반환합니다. 이런 특성을 이용하여 파일이 실제하는지 판단할 수 있습니다.

009~023행까지는 임시 테이블에 데이터를 복사하는 코드입니다. 엑셀 파일인지 텍스트 파일인지에 따라 호출하는 액세스 함수가 다릅니다. **엑셀 파일일 때는 DoCmd.TransferSpreadsheet 함수를 사용하고, 텍스트 파일일 때는 DoCmd.TransferText 함수를 이용**합니다. 또, 텍스트 파일일 때는 텍스트 파일에 적용된 인코딩에 따라서 함수를 조금 다르게 호출하기도 합니다.

**잠깐만요** ## Dir 함수 용도 알아보기

Dir 함수는 파일이 실제하는지 판단하는 용도로만 사용하는 함수는 아닙니다. DOS 명령의 'Dir' 처럼, 특정 위치에 있는 파일의 목록을 반환하는 것이 주된 용도입니다. 이에 대한 자세한 사항은 액세스 도움말을 참고하세요.

### 인코딩 알아보기

'인코딩(Encoding)'이라는 것이 나오는데, 사실 이것을 제대로 이해하려면 방대한 사전 지식이 필요합니다. 여기에서의 '인코딩'은 '텍스트 인코딩'을 줄여서 말하는 것이라고 보면 됩니다.

이메일이나 웹 페이지에 접속할 때, 한글이 깨져서 나올 때의 경험이 한 번 정도는 있을 것입니다. 그때 웹 프라우저 인코딩을 다른 것(예를 들면 UTF-8)으로 변경하면 한글이 잘 나온 적이 있지요? 이 사실만 놓고 보면, 한글이 그 자체로 저장되는 것은 아닌 것으로 생각할 수 있습니다. 한글을 어떤 '기호'로 저장해 놓고, 그것을 해석하는 방식에 따라 제대로 표시하거나 그렇지 않을 수도 있다고 봐야 합니다.

실제로 컴퓨터는 문자를 저장할 때 어떤 '기호'로 저장해 놓습니다. 그리고 그 기호를 저장하는 방식을 명확히 언급해 주지 않으면 그 문자를 제대로 해석할 수 없습니다. **이런 기호를 저장하는 방식을 '인코딩'이라고 합니다.**

일단 지금 여기에서는 TransferSpreadSheet 함수와 TransferText 함수가 있다는 것 정도만 알아 두고 넘어가면 됩니다.

그 이후로는 다음과 같은 코드가 있습니다.

```
001:   '유효성 검증
002:   cmdVerify_Click
```

'cmdVerify_Click' 프로시저는 [유효성 검증]을 클릭할 때 사용하는 이벤트 프로시저입니다. 이렇게 이벤트 프로시저 이름을 기록해 놓으면, 해당 이벤트가 발생된 것과 동일한 효과를 볼 수 있습니다. 임시 테이블로 데이터를 가져온 후 유효성 검증을 하는 것입니다. 그래서 사용자는 데이터를 가져온 후, 번거롭게 [유효성 검증]을 한 번 더 누르지 않아도 됩니다. 다른 이벤트 프로시저도 이렇게 직접 만든 프로시저처럼 '호출'하여 사용할 수 있습니다.

## 2 | 유효성 검증 기능

이번에는 'cmdVerify_Click()' 이벤트 프로시저를 살펴봅시다.

```
001:   '검증 필드 초기화
002:     strSQL = "UPDATE [" & mTEMP_TABLE_NAME & "] SET 검증결과 = NULL"
003:     CurrentProject.Connection.Execute strSQL
```

'cmdVerify_Click()' 이벤트 프로시저 첫 부분은 검증 필드를 초기화하는 코드가 들어 있습니다. 우선, '검증'이라는 것의 본질을 알아봅시다. 어떤 규칙이든, 문제가 있다고 판단되는 레코드에는 '검증결과' 란에 메시지를 표시하는 것이, 필자가 고안한, 유효성 검증 결과를 사용자에게 알리는 방식입니다. 그래서 **사용자는 '검증결과' 필드만 살펴보면 문제가 있는 레코드인지의 여부를 쉽게 알 수 있는 것**입니다. '검증' 을 하면 검증 결과를 '검증결과' 필드에 기록합니다. 이것이 '검증'의 본질입니다.

[데이터 검증]을 처음 한 번만 클릭하는 것은 아닙니다. 유효성 검증을 한 다음, 문제를 해결하고, 다시 한 번 유효성 검증을 할 때도 있겠지요? 그래서 유효성 검증을 하기에 앞서 가장 먼저 해야 할 일이 임시 테이블의 '검증결과' 필드를 빈 값(여기에서는 NULL)으로 초기화를 해 주는 것입니다. 이렇게 하지 않으면, 표시되는 오류 메시지가 이전 유효성 검증때 발생한 메시지인지, 이번 유효성 검증 때 발생한 메시지인지 구분할 수 없겠지요?

그래서 002~003행과 같은 코드를 사용하는 것입니다. 002행은 좀 알아보기가 어렵게 되어 있는데요, 이것은 다음과 같은 SQL 구문을 만들어내는 코드입니다.

```
UPDATE 업로드_매입_기타 SET 검증결과 = NULL
```

SQL 구문이지만, 별로 어렵지는 않죠? '업로드_매입_기타' 테이블의 '검증결과' 필드를 모두 'NULL'로 초기화하라는 뜻입니다. 이때, '업로드_매입_기타' 테이블은 업로드 폼이 바뀌게 되면 임시 테이블이 바뀔 것이기 때문에 변수 처리해 놓은 것입니다.

유효성 검사를 실시합니다.

```
001:  '유효성 검사
002:    varChkQrys = Split(mCHECK_QUERY_NAMES, "|")
003:    For Each var In varChkQrys
004:      If Trim(var) <> "" Then
005:        CurrentProject.Connection.Execute CurrentDb.QueryDefs(Trim(var)).SQL
006:      End If
007:    Next
008:    subA.Requery
```

**Tip**

Trim 함수는 입력한 문자열에서 앞뒤에 있는 공백을 제거해 주는 문자열입니다. 여기에서는 사용자가 실수로 mCHECK_QUERY_NAMES 상수에 "쿼리1 | 쿼리2" 형식으로 데이터를 입력하더라도, 오류가 발생하지 않도록 하기 위해 사용하였습니다.

이 부분은 좀 어려운 코드일 수 있습니다. 유효성 검사는 쿼리 하나로 하는 것이 아닙니다. 예를 들어, '품목코드' 필드가 필수인지 확인하고, '품목코드' 필드가 '품목' 테이블에 있는 코드인지 확인하려면, 필드는 한 개이지만 두 번의 유효성 검사 쿼리가 필요합니다. 그래서 유효성 검사는 여러 개의 쿼리를 가동할 수 있습니다.

그래서 **엑셀 업로드 모듈에는 유효성 검사에 사용할 쿼리를 여러 개 등록해 놓도록** 했습니다. 예를 들어, 유효성 검사에 사용할 쿼리가 '쿼리1', '쿼리2', '쿼리3'의 3개라면, 사용자는 다음과 같이 설정해야 합니다.

```
mCHECK_QUERY_NAMES = "쿼리1 | 쿼리2 | 쿼리3"
```

그러면 컴퓨터는 이 값을 해석하여 '쿼리1', '쿼리2', '쿼리3'을 순차적으로 실행하는 처리를 해야 하는 것입니다. 그래서 002행이 있는 것입니다. 'Split'이라는 함수를 사용하고 있지요? 'Split' 함수는 텍스트 문자열을 특정 규칙에 의해서 '배열'에 담는 함수입니다. 002행의 결과, 한 줄로 정의된 'mCHECK_QUERY_NAMES' 변수는 '|' 문자로 구분되어 다음과 같이 기록됩니다.

```
varChkQrys(0) = "쿼리1"
varChkQrys(1) = "쿼리2"
varChkQrys(2) = "쿼리3"
```

이제 이 배열에 담긴 쿼리를 실행하기만 하면 되겠죠? 그래서 003~007행이 있는 것입니다. varChkQrys 배열에 담긴 원소 하나씩을 반복해서 실행하는 것입니다. 실제로 쿼리가 실행되는 것은 005행입니다. 'CurrentProject.Connection.Execute' 구문은 **사용자에게 메시지를 표시하지 않고 쿼리를 실행하는 함수**입니다. DoCmd.OpenQuery 함수를 이용할 수도 있지만, OpenQuery 함수는 쿼리를 실제로 여는 것과 동일하게, 사용자에게 계속해서 무엇인가를 물어봐서 사용하기가 다소 불편합니다.

008행은 하위 폼을 갱신하는 명령입니다. 임시 테이블에 불러온 데이터는 유효성 검증을 마쳤으니, 사용자에게 최신 결과를 표시하기 위함입니다. 기억하세요. **'검증'이란 결국, '검증결과' 필드에 값을 쓰는 것으로, 이렇게 쓴 결과를 표시하는 것입니다.**

그러면 이러한 검증 쿼리는 어떤 동작을 하는 것일까요? '매입_기타'에 대한 검증은 '계정과목' 필드와 '팀' 필드에 빈 값이 없어야 한다는 것입니다. 그래서 'q업로드_매입_기타_검증_계정과목' 쿼리와 'q업로드_매입_기타_검증_팀' 쿼리를 만들어 두었습니다.

우선 '계정과목' 검증 쿼리를 살펴보겠습니다. '계정과목' 필드가 NULL 이거나 빈 문자열(" ")인 레코드를 찾는 쿼리입니다. 이런 데이터를 찾아서 업데이트를 해 주는데, **이미 '검증결과'에 기록된 것에 추가해서 오류 메시지를 기록하는 것입니다.**

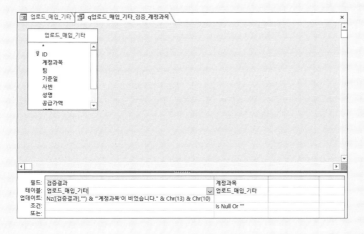

잠깐만요 **배열 간략히 알아보기**

Chapter 3에서 VBA를 공부할 때, '배열'은 언급하지 않았습니다. SQL 구문에 '배열'이라는 개념이 없듯, DB에 기반한 액세스는 초/중급 수준에서 '배열'을 사용할 일이 그리 많지 않기 때문입니다.

**'배열'은 변수들의 집합입니다.** 위 예제에서 strQuery1, strQuery2 형식으로 변수를 사용한다면 몇 개의 변수를 사용해야 하는지 모른다는 문제가 있습니다. 비슷한 이유로 반복문으로 쿼리를 실행할 수도 없지요. 이럴 때 배열은 유용합니다. varChkQrys(n) 형식으로 변수에 접근할 수 있기 때문입니다.

이런 것 말고도, '배열'은 배워야 할 것이 많습니다. 하지만 지금 단계에서는 이 정도만 알고 넘어가도록 하겠습니다. 우리가 '엑셀' 같은 프로그램을 만든다면 배열을 쓸 줄 알아야 하겠지만, 우리에게는 테이블과 쿼리가 있기 때문에 이 정도만 알아도 문제는 없습니다.

왜 이미 '검증결과'에 기록된 것에 추가해서 오류 메시지를 기록해야 할까요? 검증 쿼리가 여러 개일 수 있기 때문에, 그냥 '검증결과' 필드에 값을 기록해 버리면 이전에 검증했던 결과가 덮어씌워지기 때문입니다. 유용한 기술이니 잘 알아 두세요.

그리고, 쿼리를 보면 'Chr(13) & Chr(10)'이라는 부분이 있지요? 이것은 '강제 개행 문자'라고 하는 것입니다. 이 문자를 보면, 줄을 바꾸어서 다음 줄에 표시해 줍니다. 그래서 필드 하나에 여러 가지 문제가 있다면, 줄을 바꾸어서 문제를 표시해 줍니다. 보기가 편하겠죠. 검증용 쿼리는 이것과 유사하게 만들면 됩니다. 앞의 그림에서 '검증결과' 필드는 필수입니다. '업데이트' 행에 기록되는 메시지만 조금씩 달라지겠지요. 오른쪽의 '계정과목' 필드에 문제가 될 조건들을 기입하면 됩니다. 여기는 아주 복잡해질 수 있겠습니다.

005행에 보면 'CurrentDb.QueryDefs(Trim(var)).SQL'이라는 부분이 있습니다. 'CurrentDb. QueryDefs("쿼리이름")'은 쿼리 개체를 지칭하는 것입니다. QueryDefs는 'Query Definitions'의 약자가 아닐까 합니다. 따라서 'CurrentDb.QueryDefs("쿼리이름").SQL'은 '쿼리이름'의 SQL 구문을 뽑아 오는 데 사용하지요. 그러니, 'CurrentDb.QueryDefs(Trim(var)).SQL' 구문은 변수 var에 해당하는 이름을 가진 쿼리의 SQL 구문이 되는 것입니다.

변수 var를 가져올 때 Trim 함수를 사용한 것은, 사용자들이 쿼리 이름을 정의할 때 '쿼리1|쿼리2' 스타일로 기록해야 하는데, 실수로 '쿼리1 | 쿼리2'와 같이, 쿼리 이름 앞 뒤로 공백이 있을지도 모를 것에 대비하여 이렇게 처리한 것입니다.

이제 유효성 검사 결과 메시지를 표시해야 합니다. 이 부분의 코드는 다음과 같습니다.

```
001:    '유효성 검사 결과 메시지 표시
002:    lngChkCnt = DCount("검증결과", mTEMP_TABLE_NAME, "nz(검증결과,'') <> ''")
003:
004:    If lngChkCnt = 0 Then
005:        cmdImport.Enabled = True
006:        MsgBox "'검증' 작업을 마쳤습니다." & vbNewLine & _
007:            "유효성 검사 결과, 오류가 있는 레코드는 없습니다." & vbNewLine & _
008:            "결과 화면에서 데이터를 확인한 후 'DB로 가져오기'를 클릭하십시오." _
009:            , vbInformation
010:
011:    Else
012:        cmdImport.Enabled = False
013:        strErrMsg = "'검증' 작업을마쳤습니다." & vbNewLine & _
014:            "유효성 검사 결과, [_RecordCount_] 건의 레코드에서 오류가 발생하였습니다."
015:        strErrMsg = Replace(strErrMsg, "[_RecordCount_]", lngChkCnt)
016:        MsgBox strErrMsg, vbCritical + vbOKOnly
017:        Exit Sub
018:    End If
```

'검증결과' 필드가 비어 있으면 별 문제가 없지만, '검증결과' 필드에 값이 있으면 오류가 있는 데이터이 죠? 그래서 002행에서는 **DCount 함수를 이용해서 '검증결과' 필드에 값이 있는 레코드 개수를 셉니다.**

004행에서 이렇게 센 레코드 개수가 0개라면, 정상이므로 정상 메시지를 표시합니다. 그와 동시에 005행을 통해 [DB로 가져오기]를 사용할 수 있도록 활성화(Enabled=True)합니다.

만약, 레코드 개수가 0이 아니라면, 문제가 있는 레코드가 있다는 뜻이죠? 그래서 012행을 통해 [DB로 가져오기]를 사용할 수 없도록 비활성화(Enabled=False)합니다. 그리고 그러한 오류 레코드가 몇 건 있는지 메시지를 표시하고 종료합니다.

# 3 | 임시 테이블의 데이터를 실제 테이블로 가져오는 기능

임시 테이블 데이터를 실제 테이블로 가져오는 기능을 한 번 알아봅시다. 'cmdImport_Click()' 이벤트 프로시저에 이런 내용이 구현되어 있습니다. 다음 코드를 봅시다.

```
001:  '데이터 가져오기
002:    varUploadQrys = Split(mUPLOAD_QUERY_NAMES, "|")
003:    For Each var In varUploadQrys
004:      If Trim(var) <> "" Then
005:        CurrentProject.Connection.Execute CurrentDb.QueryDefs(Trim(var)).SQL
006:      End If
007:    Next
008:
009:    txtFilePathName.Value = ""
010:    cmdBrowse.SetFocus
011:
012:    sbInit
013:    MsgBox "데이터를 업로드하였습니다.", vbInformation
```

---

**잠깐만요** **Dcount 함수 알아보기**

DCount 함수는 특정 테이블/쿼리에서 특정 조건에 맞는 레코드 개수를 세는 함수입니다. 초/중급 책인 '액세스 2010 무작정 따라하기'와 '액세스 2013 무작정 따라하기'에 설명해 놓았으니 그 책을 보거나 액세스 도움말을 보기 바랍니다.

가져오는 엑셀/텍스트 파일은 한 개이지만, DB 테이블은 여러 개가 될 수 있습니다. 예를 들어, '판매내역' 데이터를 가져온다고 생각해 봅시다. 판매에 대한 고유 정보인 '판매일', '고객' 등의 정보는 '판매' 테이블로 가져와야 하고, 판매한 '품목', '수량', '단가' 등의 정보는 '판매내역' 테이블로 가져올 수도 있습니다. 그래서 데이터를 가져오는 쿼리도 여러 개가 될 수 있습니다. 이 부분의 코드는 '검증'용 코드와 상당히 유사합니다. varUploadQrys 배열을 만들고, 하나씩 실행하는 것입니다.

009~012행은 마무리 작업입니다. 프로그램 실행이 009행까지 왔다면, 정상적으로 데이터를 모두 추가한 것입니다. 그래서 '업로드할 파일' 텍스트 상자를 빈 값으로 초기화하고, 마우스 포인터를 [찾아보기]에 가져다 놓습니다. 012행은 초기화에 대한 공통 작업을 모아 놓은 사용자 정의 프로시저입니다. sbInit 프로시저 소스는 다음과 같습니다.

```
001:    cmdImport.Enabled = False
002:
003:    strSQL = "DELETE * FROM [" & mTEMP_TABLE_NAME & "]"
004:    CurrentProject.Connection.Execute strSQL
005:    subA.Form.Requery
```

001행을 보면 [DB로 가져오기]를 비활성화합니다.
003~004행을 통해, 임시 테이블 데이터를 모두 삭제합니다.
005행을 통해, 하위 폼을 갱신합니다. 임시 테이블 데이터를 삭제한 직후이니, 빈 임시 테이블의 내용을 표시합니다.

# 4 | 기타 기능

이제 핵심적인 내용은 모두 설명하였습니다. 남은 것은 'cmdClose_Click()' 프로시저와 'cmdDnTemplate_Click()' 프로시저입니다. 이것은 핵심적인 것이 아니기 때문에 간략히 설명하겠습니다.

'cmdClose_Click()' 프로시저는 [닫기]에 대한 이벤트 프로시저입니다. 현재의 업로드 폼을 닫아 줍니다.

'cmdDnTemplate_Click()' 프로시저는 [업로드 서식 다운로드]에 대한 이벤트 프로시저입니다. 업로드 서식 파일을 DB에 보관하면 매우 편리합니다. **'첨부 파일'이라는 테이블에 첨부 파일로 업로드 서식 파일을 저장해 놓고, [업로드 서식 다운로드]를 클릭하면 이 서식 파일이 다운로드되는 기능**입니다.

[파일 열기] 대화상자와 상대되는 개념인 [파일 저장] 대화상자를 사용하기 위한 함수인 'gfnGetFileSaveAs' 프로시저를 볼 수 있습니다. 그리고, 첨부 파일 필드에 있는 데이터를 다운로드하는 함수인 'gsbDownloadAttachment' 프로시저도 사용하고 있습니다. 그리고 **다운로드하는 파일을 바로 열어 주는 gfnShellExecute 프로시저**도 있습니다. 첨부 파일을 다운로드하는 것은 고급 구문을 사용하고 있습니다. 이런 기능이 필요한 독자나 관심이 가는 독자는 이 프로시저의 소스 코드를 살펴보기 바랍니다.

🔵 예제파일 : 이전 '매입-매출 분석(완료).accdb' 예제에 이어서 따라하세요.

| 실무 예제 | **02** | # 엑셀 업로드 폼 모듈 사용하기

## 1 업로드 모듈 알아보기

업로드 모듈 사용법을 알아봅시다. '엑셀 업로드 폼 구현 원리'는 잘 몰라도 된다고 했지만, '엑셀 업로드 폼 모듈 사용법'은 꼭 알아야 합니다. 당연한 이야기지만, 사용법을 모르고 엑셀 업로드 폼 모듈을 DB에 적용할 수는 없기 때문입니다.

우선, 필자가 제공하는 모듈을 여러분의 액세스 파일에 적용해야 합니다. 이것은 앞서 언급한 바 있습니다. 265쪽을 참고하여 '모듈DB.accdb'의 내용을 액세스 파일에 가져오고, 참조를 설정해야 합니다.

검색 창에서 '업로드_예제'라는 키워드로 검색해 보세요. 그러면 '업로드_예제'로 시작하는 9개의 개체가 나옵니다. 이것이 업로드 예제파일입니다. 이것을 보고 설명하겠습니다.

그림과 같은, '업로드_예제_제품' 테이블로 데이터를 업로드할 것입니다.

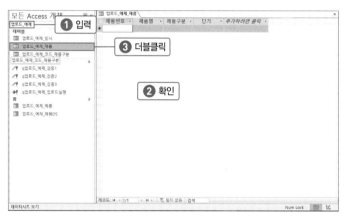

이때 임시 테이블은 '업로드_예제_임시' 테이블입니다. '업로드_예제_제품' 테이블에 'ID'와 '검증 결과' 필드가 추가된 구성입니다.

**313**

'업로드_예제_코드_제품구분' 테이블은 '업로드_예제_제품' 테이블에 있는 '제품구분' 필드에 대한 코드 테이블입니다. '업로드_예제_제품' 테이블의 '제품구분' 필드는 '업로드_예제_코드_제품구분' 테이블에 있는 '제품구분' 값 이외에는 입력할 수 없어야 합니다. 이런 것도 유효성 검사에서 거를 수 있습니다.

'q업로드_예제_검증1', 'q업로드_예제_검증2', 'q업로드_예제_검증3' 쿼리는 유효성 검증용 쿼리입니다. 'q업로드_예제_업로드실행' 쿼리는 임시 테이블의 데이터를 실제 테이블로 추가해 주는 쿼리입니다.

'업로드_예제_제품' 폼과 '업로드_예제_제품DS' 폼이 바로 엑셀 업로드 폼입니다.

마지막으로, 예제 폴더 하위의 '업로드 예제' 폴더에 있는 6개의 파일이 실제로 업로드 테스트를 해 볼 파일입니다.

## 2 환경 설정 알아보기

업로드 모듈을 사용하기 위한 코드는 '업로드_예제_제품' 폼에 모두 기록되어 있습니다. 예제파일을 열고, '업로드_예제_제품' 폼의 소스 코드를 보면 다음과 같습니다. 340여 줄이나 되는 꽤 긴 코드입니다.

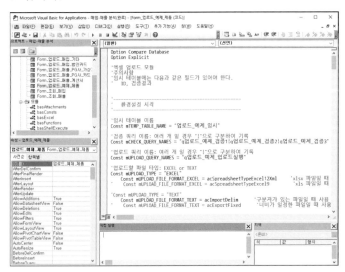

아마, 데이터를 업로드하려면 '업로드_예제_제품' 폼을 복사해서 업로드 폼을 만들게 될 것인데, 이때 340여 줄이나 되는 코드를 이해할 필요는 없습니다. '업로드_예제_제품' 폼에 있는 모듈 중, **'환경설정 시작'이라고 되어 있는 부분부터 '환경설정 끝'이라고 되어 있는 부분까지 적절히 설정하기만 하면, 업로드 모듈이 제대로 동작하도록 디자인**되어 있기 때문입니다.

지금부터는 이 '환경 설정'을 알아 봅시다. 소스 코드에서 '환경 설정' 부분의 첫 부분은 다음과 같습니다.

```
001:    '임시 테이블 이름
002:    Const mTEMP_TABLE_NAME = "업로드_예제_임시"
003:
004:    '검증 쿼리 이름: 여러 개 일 경우 "|"으로 구분하여 기록
005:    Const mCHECK_QUERY_NAMES = "q업로드_예제_검증1|q업로드_예제_검증2|q업로드_예제_검증3"
006:
007:    '업로드 쿼리 이름: 여러 개 일 경우 "|"으로 구분하여 기록
008:    Const mUPLOAD_QUERY_NAMES = "q업로드_예제_업로드실행"
```

002행에서 **임시 테이블 이름을 지정**하게 되어 있습니다. 299쪽에서 설명하였듯, 데이터 업로드를 할 때는 임시 테이블로 일단 데이터를 가져오고, 유효성 검사를 거치고 오류 데이터를 수정한 후 실제 테이블로 데이터를 업로드합니다. 그래서 임시 테이블이 반드시 필요합니다. 임시 테이블에는 'ID' 필드와 '검증결과' 필드가 반드시 있어야 합니다. 'ID' 필드는 '일련번호' 데이터 형식이고, '검증결과' 필드는 '긴 텍스트' 데이터 형식이어야 합니다.

005행에 **검증용 쿼리 이름을 기입**합니다. 검증용 쿼리가 보통은 여러 개인데, '|' 문자를 이용하여 여러 개의 쿼리 이름을 연속하여 입력합니다.

008행에 **업로드용 쿼리 이름을 기입**합니다. 여기에서 '업로드용 쿼리'라는 것은 임시 테이블의 데이터를 실제 테이블로 추가하는 것을 말합니다. 원본 파일을 임시 테이블로 추가하는 것이 아님에 유의해야 합니다. 이 쿼리도 여러 개가 될 수 있는데, 여러 개일 경우 '|' 문자를 이용하여 여러 개의 쿼리 이름을 연속하여 입력합니다.

환경 설정의 그 다음 부분은 **업로드할 형식을 타입을 지정하는 부분**입니다. 이 부분의 소스 코드는 다음과 같습니다.

```
001:    '업로드할 파일 타입: EXCEL or TEXT
002:    Const mUPLOAD_TYPE = "EXCEL"
003:        Const mUPLOAD_FILE_FORMAT_EXCEL = acSpreadsheetTypeExcel12Xml    'xlsx 파일일 때 사용
004:    '   Const mUPLOAD_FILE_FORMAT_EXCEL = acSpreadsheetTypeExcel9       'xls 파일일 때 사용
005:
006:    'Const mUPLOAD_TYPE = "TEXT"
007:        Const mUPLOAD_FILE_FORMAT_TEXT = acImportDelim    '구분자가 있는 파일일 때 사용
008:    '   Const mUPLOAD_FILE_FORMAT_TEXT = acImportFixed    '너비가 일정한 파일일 때 사용 : 최근에는 거
    의 사용 안 함.
```

이 부분은 주의 깊게 설정해야 합니다. 지금 설정되어 있는 것은 **엑셀 파일일 경우의 사례**입니다. 만약 **텍스트 파일이라면 다음과 같이 설정**되어야 합니다.

```
001:   '업로드할 파일 타입: EXCEL or TEXT
002:   'Const mUPLOAD_TYPE = "EXCEL"
003:       Const mUPLOAD_FILE_FORMAT_EXCEL = acSpreadsheetTypeExcel12Xml      'xlsx 파일일 때 사용
004:   '   Const mUPLOAD_FILE_FORMAT_EXCEL = acSpreadsheetTypeExcel9        'xls 파일일 때 사용
005:
006:   Const mUPLOAD_TYPE = "TEXT"
007:       Const mUPLOAD_FILE_FORMAT_TEXT = acImportDelim      '구분자가 있는 파일일 때 사용
008:   '   Const mUPLOAD_FILE_FORMAT_TEXT = acExportFixed      '너비가 일정한 파일일 때 사용 : 최근에는 거
       의 사용 안함.
```

어디가 달라졌나요? 002행에 주석이 추가되었고, 006행의 주석이 해제되어 있습니다. 002행과 006행에 모두 주석 처리하거나, 모두 주석이 해제되어 있다면 오류가 발생하거나 의도하지 않은 상태로 업로드될 수 있습니다.

mUPLOAD_TYPE 상수는 'EXCEL' 혹은 'TEXT' 값을 가질 수 있습니다. 말 그대로, 엑셀 파일을 가져올 것인지, 텍스트 파일을 가져올 것인지 지정하는 상수입니다.

엑셀 파일을 가져올 때, 'mUPLOAD_FILE_FORMAT_EXCEL' 상수는 다음과 같은 값을 가질 수 있습니다.

- xlsx 파일을 가져올 때 : acSpreadsheetTypeExcel12Xml
- xls 파일을 가져올 때 : acSpreadsheetTypeExcel9

이것 말고도 다른 상수를 사용할 수도 있지만, 대부분은 위의 두 개의 상수로 해결이 될 것입니다. 텍스트 파일을 가져올 때, 'mUPLOAD_FILE_FORMAT_TEXT' 상수는 다음과 같은 값을 가질 수 있습니다.

- 구분자로 구분된 파일을 가져올 때 : acImportDelim
- 너비가 일정한 파일을 가져올 때 : acImportFixed

너비가 일정한 파일은 오래된 시스템에서 데이터를 가져오는 것이 아니라면, 요즘에는 거의 사용하지 않습니다. 대부분은 'acImportDelim'을 사용하면 됩니다.

그 이후의 소스 코드는 다음과 같습니다.

```
001:   '필드 이름 포함?: True or False
002:   Const mHAS_FIELD_NAME = True
003:   'Const mHAS_FIELD_NAME = false
004:
005:   '코드페이지: 잘 모르면 0 사용
```

```
006:    Const mCODE_PAGE = 0
007:    '자주 사용하는 코드 페이지
008:    '949 : 한글 완성형
009:    '51949 : euc-kr
010:    '65001 : utf-8
011:    '1200 : utf-16
012:    '기타: https://msdn.microsoft.com/en-us/library/windows/desktop/dd317756(v=vs.85).aspx
```

002행은 **원본 데이터에 필드 이름이 포함되어 있는지 여부를 지정**하는 옵션입니다. 엑셀 파일이든 텍스트 파일이든, 원본 데이터의 첫 행이 필드 이름이라면 'True'를 설정하고, 첫 행부터 데이터가 표시된다면 'False'를 설정하면 됩니다.

006행은 **코드 페이지를 설정**하는 부분입니다. 코드 페이지는 앞서 306쪽에서 설명한 '인코딩'과 같은 말이라고 생각하면 됩니다. 엑셀 파일일 때는 기본 설정된 '0'을 그대로 사용하면 됩니다. 문제는 텍스트 파일인데, 텍스트 파일의 인코딩을 파악하는 간단한 방법은 없습니다. 나중에 '매입_법인카드' 업로드 폼을 만들 때, 텍스트 파일의 인코딩을 파악하는 방법을 소개하겠습니다.

008~011행에 필자가 자주 사용하는 코드 페이지 값을 기록해 놓았으니 참고 바랍니다. 여기에 없는 코드 페이지의 데이터를 가져올 때는 012행을 참고해서 설정하면 됩니다.

그 다음 환경 설정 요소는 다음과 같습니다.

```
001:    '업로드 서식 첨부 파일ID
002:    Const mUPLOAD_TEMPLATE_ID = "업로드템플릿_매입_기타"
003:
004:    '가져오기 설정 이름 : 잘 모르면 빈 문자열로 설정("")
005:    Const mSPEC_NAME = ""
006:
007:    '업로드할 파일 확장자
008:    Const mFILE_EXTENSION_1 = "Excel 파일|*.xlsx"
009:    Const mFILE_EXTENSION_2 = "모든 파일|*.*"
010:    Const mFILE_EXTENSION_3 = ""
011:    Const mFILE_EXTENSION_4 = ""
012:    Const mFILE_EXTENSION_5 = ""
013:    '  파일 확장자 예제
014:    '   "CSV 파일|*.csv"
015:    '   "텍스트 파일|*.txt"
```

002행에 **업로드 서식 첨부 파일의 'ID' 값을 기록**해 놓으면 됩니다. 물론, 여기에 값을 기록하기 전에 '첨부 파일' 테이블을 열어서, 업로드 서식 파일을 첨부해야겠지요? 그때 'ID' 값을 여기에 기록해 놓으면, 업로드 폼에서 손쉽게 업로드 서식 첨부 파일을 다운로드할 수 있습니다.

005행에는 **'가져오기 설정'의 이름을 기입**합니다. 액세스는 데이터 파일의 첫 스무 행 정도를 가지고 각 필드의 데이터 형을 자동으로 판단합니다. 이 판단이 유용하기는 하지만, 경우에 따라서는 심각한 오류를 발생시킬 때도 있습니다. 그래서 **수동으로 필드의 데이터 형식을 설정하고 이를 저장해 놓는 기능이 있는데, 이때 설정 이름을 기입**해 놓는 것입니다. 그러면 데이터를 가져올 때, 오류 가능성이 대폭 줄어듭니다. 이런 내용이 지금은 이해하기 어려울 것입니다. 이것은 '매입_법인카드 업로드 폼 만들기'에서 제대로 다루어 보겠습니다.

008~012행은 [파일 열기] 대화상자에서 사용할 '필터'를 정의하는 것입니다. 총 다섯 개의 필터를 적용할 수 있도록 해 놓았으니, 실 사용에는 큰 문제가 되지 않을 것입니다. 014행~015행에 필터용 파일 확장자를 기입하는 예를 들어 두었으니 참고하기 바랍니다.

009행에 정의해 둔 대로, **'모든 파일'에 대한 필터는 꼭 넣어 둘 것을 권장**합니다. '모든 파일'에 대한 필터를 뺐을 경우, [파일 열기] 대화상자에서 예외가 되는 파일 확장자를 불러올 수 없기 때문입니다. 'mFILE_EXTENSION_1' ~ 'mFILE_EXTENSION_5'까지의 상수가 모두 빈 문자열(" ")로 정의되어 있으면 업로드 모듈이 자동으로 '모든 파일'을 가져오게 설정합니다.

여기까지의 내용을 이해하고 설정하였으면, 의도하는 대로 엑셀/텍스트 파일이 DB로 쉽게 업로드될 것입니다.

### ③ 데이터 검증 쿼리 알아보기

307쪽에서 '데이터 검증'에 대한 개념을 설명해 두었습니다. 그 부분을 읽지 않은 독자는 읽고 오는 것이 좋겠습니다. '데이터 검증'은 결국 '검증결과' 필드에 오류를 기록하는 것입니다. 따라서 업데이트 쿼리를 사용하면 됩니다. 만약, '제품번호'가 비어 있을 때 오류를 기록하고 싶다면 그때의 업데이트 쿼리는 어떻게 만들면 될까요?

업데이트 쿼리를 만드는 것에 익숙치 않은 사람들은 이런 쿼리를 구하는 것에 꽤 애를 먹습니다. 이럴 때는 **우리에게 익숙한 '선택 쿼리'를 먼저 만들고, 그것을 업데이트 쿼리로 전환하는 방식**을 사용하면 보다 편리합니다.

**1**  그림과 같이 '제품번호' 필드가 비어 있는 쿼리를 만듭니다.

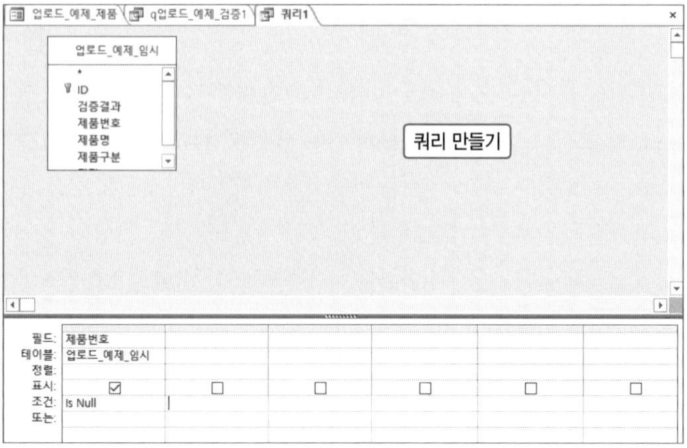

318

**2** [쿼리 도구]-[디자인] 탭-[쿼리 유형] 그룹에서 [업데이트]를 클릭하여 업데이트 쿼리로 전환합니다. 그러면 '업데이트' 행이 표시됩니다. 이 **'업데이트' 행에 업데이트할 값을 기입**해 주면 되는 것입니다.

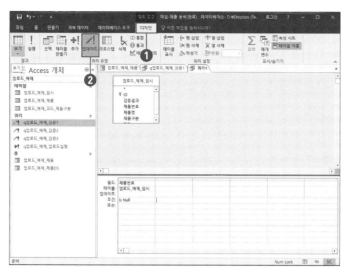

**3** 『 "'제품번호'가 비었습니다." 』라는 메시지를 표시하게 만듭니다.

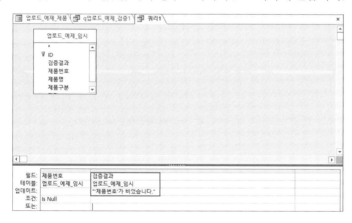

**4** 지면 관계상 테스트를 해 보지는 않겠지만, 이렇게만 처리하면 올바르지 않습니다. 검증 쿼리는 여러 번 실행될 수 있습니다. 이렇게만 처리하면, **마지막 검증 쿼리에 걸리는 오류만 표시**될 것입니다. 예를 들어, '제품번호가 비었습니다'라는 오류와 '제품구분이 비었습니다'라는 오류가 연속적으로 발생한다면, 나중에 실행되는 검증 쿼리 결과인 '제품구분이 비었습니다'라는 메시지만 표시될 것입니다. 이런 문제를 해결하려면, **이전 검증 결과 이후에 메시지를 추가하는 개념**으로 가야 합니다. 이런 문제를 해결한 것이 다음과 같은 쿼리입니다.

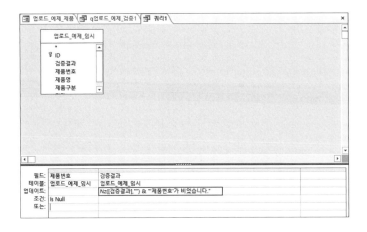

**5** 이런 쿼리의 결과로 연속된 문제가 있었을 때, 메시지는 다음과 같이 표시될 것입니다.

> 제품번호가 비었습니다.제품구분이 비었습니다.

**6** 한 줄로 메시지가 계속해서 표시됩니다. 심지어는 앞의 메시지와 뒤의 메시지 사이에 공백도 없어서 무척 답답하게 느껴집니다. 유효성 검사가 많을 경우, 좀 극대화하면 다음과 같은 메시지 홍수에 쌓이게 됩니다.

> 제품번호가 비었습니다.제품구분이 비었습니다.제품구분값이 코드 테이블에 없습니다.단가는 0보다 커야 합니다.기존 제품명과 동일한 제품명을 업로드하려고 하였습니다.기존 제품번호와 동일한 제품번호를 업로드하려고 하였습니다.

**7** 이런 메시지 속에서 오류를 어떻게 식별하겠습니까? 굉장히 짜증이 나는 상황이 되겠죠. 우리는 메시지가 다음과 같이 표시되기를 원합니다. **오류가 발생한 메시지가 끝나면 줄이 바뀌어서 다음 메시지가 표시되는 것입니다.**

> 제품번호가 비었습니다.
> 제품구분이 비었습니다.
> 제품구분값이 코드 테이블에 없습니다.
> 단가는 0보다 커야 합니다.
> 기존 제품명과 동일한 제품명을 업로드하려고 하였습니다.
> 기존 제품번호와 동일한 제품번호를 업로드하려고 하였습니다.

**8** 이럴 때 최종적인 검증 쿼리는 다음과 같습니다. 문자열을 조합할 때, 『Chr(13) & Chr(10)』을 입력하면 자동으로 줄을 바꾸어서 표시해 줍니다. 이런 것을 줄 바꿈 문자라고 합니다. 이렇게 해서 '제품번호'에 빈 값이 없도록 하는 쿼리가 바로 'q업로드_예제_검증1' 쿼리입니다.

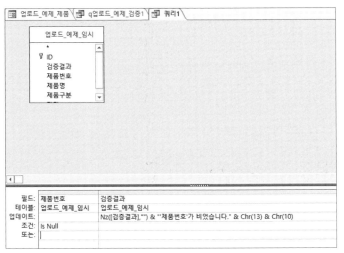

**9** 'q업로드_예제_검증2' 쿼리는 '제품명'이 비어 있는지 체크하는 쿼리입니다. '제품번호'의 경우 NULL인지의 여부만 체크하면 되었습니다. 그러나 **'제품명'의 경우 텍스트 필드이기 때문에, NULL인지의 여부를 체크해야 하지만, 빈 문자열(" ")인지도 체크**해야 합니다. 그래서 그림과 같이 'Is Null OR " "'과 같은 식으로 비교해야 합니다.

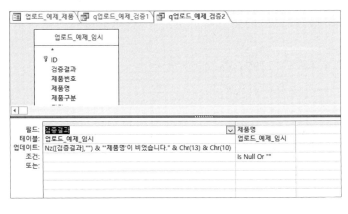

**10** 'q업로드_예제_검증3' 쿼리는 재미있는 쿼리입니다. '업로드_예제_코드_제품구분' 테이블은 코드 테이블입니다. 이 테이블을 열어 보면 '가구류'와 '문구류' 두 개의 값만 있습니다. 따라서, '업로드_예제_제품' 테이블의 '제품구분' 필드에는 '가구류'와 '문구류' 이외의 값이 오면 안 됩니다. 이런 것은 어떻게 검증해야 할까요?

이럴 때, '내부 조인'과 '외부 조인'이 생각나야 합니다. 검증용 업데이트 쿼리는 문제가 되는 데이터를 구하는 쿼리를 만든 후에 업데이트 쿼리로 전환하는 것이 좋다고 했습니다. 문제가 되는 데이터를 구하는 쿼리를 어떻게 구할지 생각해 봅시다. '업로드_예제_임시' 테이블의 '제품구분' 필드 값 중 '가구류'와 '문구류'가 아닌 레코드를 구하면 됩니다. 그리고 이것은 **전형적인 'A'에는 있는데 'B'에는 없는 것을 구하는 쿼리**입니다. 'A'는 '업로드_예제_임시' 테이블이고, 'B'는 '업로드_예제_코드_제품분류' 테이블이 됩니다. 따라서, 가중치는 'A' 테이블인 '업로드_예제_임시' 테이블에 주어야 합니다.

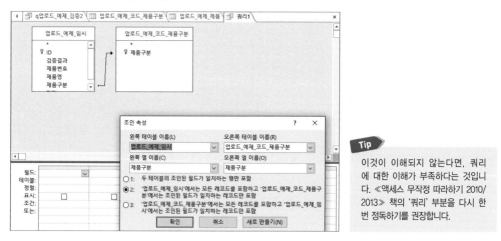

Tip
이것이 이해되지 않는다면, 쿼리에 대한 이해가 부족하다는 것입니다. 《액세스 무작정 따라하기 2010/2013》 책의 '쿼리' 부분을 다시 한 번 정독하기를 권장합니다.

**11** 어딘가에 'Is Null'을 넣어야 하지요? 그림과 같이 가중치를 두지 않은 테이블인 '업로드_예제_코드_제품구분' 테이블에 있는 '제품구분' 필드가 'Null'로 조합되는 데이터를 찾으면 됩니다.

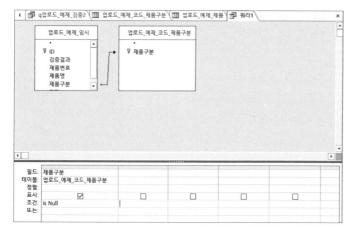

**12** 문제가 되는 데이터를 다 찾았습니다. 이제 업데이트 쿼리로 전환하면 됩니다. 그림과 같이 업데이트 쿼리로 전환한 다음, '검증결과' 필드에 기록될 메시지를 표시해 주면 됩니다.

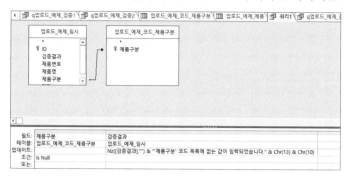

마지막에 설명한 쿼리는 데이터 검증용으로 많이 사용합니다. 새로 들어오는 데이터가, 기존 코드 테이블에 없는 것이 들어가면 안 됩니다. 이런 데이터가 있을 때, 지금처럼 오류를 발생시킬 수도 있지만, 경우에 따라서는 코드 테이블에 자동으로 데이터를 추가해 주는 활용법도 있을 수 있습니다. 많이 쓰는 검증 방법이니 제대로 파악해 두기를 권장합니다.

### 4 데이터 가져오기 쿼리 알아보기

데이터를 가져오는 쿼리는 비교적 쉽게 만들 수 있습니다. 임시 테이블인 '업로드_예제_임시' 테이블에 있는 모든 데이터를 '업로드_예제_제품' 테이블로 가져오면 됩니다. '업로드_예제_임시' 테이블에는 'ID' 필드와 '검증결과' 필드가 있는데, 이것은 '업로드_예제_제품' 테이블에는 없는 것입니다. 이것만 유의하여 '추가 쿼리'를 만들면 됩니다.

**1** '추가 쿼리'를 만들 때의 유의사항은, [테이블 추가] 대화상자가 표시될 때 그 창을 닫고 쿼리 유형을 제일 먼저 지정한 다음 이후 작업을 한다는 것입니다. 여기에서 테이블이든 쿼리든 쿼리 편집 창에 표시하면 안 됩니다.

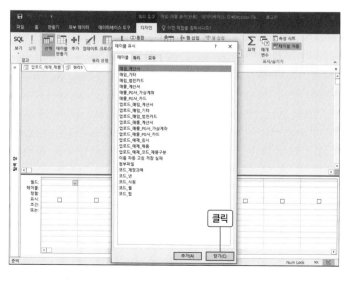

**2** 어떤 테이블의 데이터를 어디로 추가하는지 생각해 봅시다. 추가 쿼리를 만드는 과정 내내, 다음과 같은 식이 머리 속에 있어야 합니다.

> 업로드_예제_임시 → 업로드_예제_제품

여기까지 생각이 도달했으면 [쿼리 도구]-[**디자인**] 탭-[**쿼리 유형**] 그룹에서 [**추가**]를 클릭하여 쿼리 유형을 '추가 쿼리'로 바꾸어 봅시다. 그러면 다음과 같이 [추가] 대화상자가 표시됩니다. 여기에서 추가될 대상인 [업로드_예제_제품] 테이블을 지정하고 [확인]을 클릭합니다.

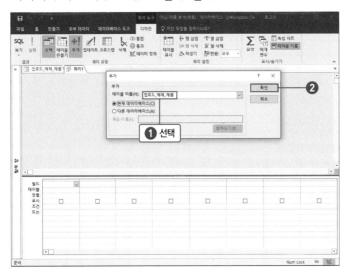

**3** [새 쿼리] 창과 크게 다르지 않은-그러나 내부적으로는 많이 다른-창이 표시됩니다. 자세히 보면 '추가' 행이 표시되어 있습니다. 여기에 추가될 데이터를 정의하면 됩니다.

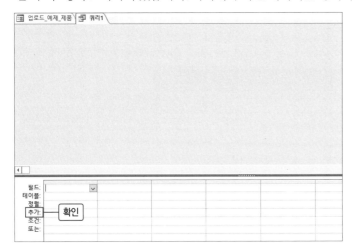

**4** [쿼리 도구]-[디자인] 탭-[쿼리 설정] 그룹에서 [테이블 표시]를 클릭하여 [테이블 표시] 창을 다시 한 번 표시하고 [업로드_예제_임시] 테이블을 표시합니다.

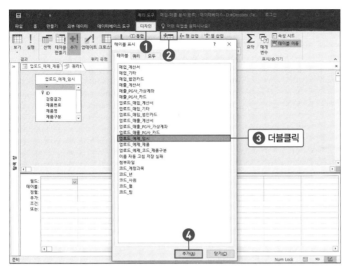

**5** 추가할 필드인 '제품번호', '제품명', '제품구분', '단가' 필드를 표시합니다. '추가' 행이 자동으로 설정되는 것을 볼 수 있을 것입니다.

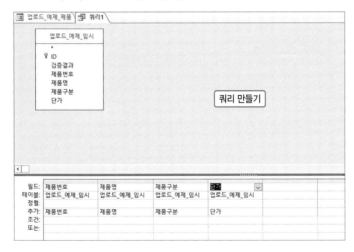

---

**잠깐만요** **숫자로만 구성된 필드의 데이터 형식 선정하기**

'추가' 행의 역할이 중요합니다. 자동으로 '추가' 행의 값이 설정되지 않을 수도 있는데, 이것은 원본 테이블의 필드 이름과 대상 테이블의 필드 이름이 같지 않기 때문입니다. 이럴 때, 필드 이름을 수동으로 '매핑'해 주어야 합니다.

물론, 추가하지는 않지만, 조건으로 필터링해야 하는 필드가 있다면 '추가' 행은 빈 값으로 놔 두어야 할 때도 있습니다. '추가' 행을 모두 채워야 하는 것은 아닙니다. 다만, '추가' 행을 비워 둔 필드의 데이터는 대상 테이블에 추가되지 않습니다.

**325**

이렇게 하면 임시 테이블의 데이터를 실제 테이블로 가져오게 됩니다. 데이터 가져오는 쿼리는 상대적으로 어렵지 않을 것입니다.

## 5 엑셀 파일 테스트하기

1 업로드 모듈을 다양하게 테스트해 봅시다. 지금은 엑셀 파일을 업로드하도록 설정되어 있습니다. 설정을 줄여 보면 다음과 같습니다.

```
001: '임시 테이블 이름
002: Const mTEMP_TABLE_NAME = "업로드_매입_기타"
003:
004: '검증 쿼리 이름 : 여러 개 일 경우 "|"으로 구분하여 기록
005: Const mCHECK_QUERY_NAMES = "q업로드_매입_기타_검증_계정과목|q업로드_매입_기타_검증_팀"
006:
007: '업로드 쿼리 이름 : 여러 개 일 경우 "|"으로 구분하여 기록
008: Const mUPLOAD_QUERY_NAMES = "q업로드_매입_기타_업로드실행"
009:
010: '업로드할 파일 타입 : EXCEL or TEXT
011: Const mUPLOAD_TYPE = "EXCEL"
012:    Const mUPLOAD_FILE_FORMAT_EXCEL = acSpreadsheetTypeExcel12Xml    'xlsx 파일일 때 사용
013:
014:    Const mUPLOAD_FILE_FORMAT_TEXT = acImportDelim       '구분자가 있는 파일일 때 사용
015:
016: '필드 이름 포함? : True or False
017: Const mHAS_FIELD_NAME = True
018:
019: '코드페이지 : 잘 모르면 0 사용
020: Const mCODE_PAGE = 0
021:
022: '업로드 서식 첨부 파일ID
023: Const mUPLOAD_TEMPLATE_ID = "업로드템플릿_매입_기타"
024:
025: '가져오기 설정 이름 : 잘 모르면 빈 문자열로 설정("")
026: Const mSPEC_NAME = ""
027:
028: '업로드 할 파일 확장자
029: Const mFILE_EXTENSION_1 = "Excel 파일|*.xlsx"
030: Const mFILE_EXTENSION_2 = "모든 파일|*.*"
031: Const mFILE_EXTENSION_3 = ""
032: Const mFILE_EXTENSION_4 = ""
033: Const mFILE_EXTENSION_5 = ""
```

**2** 현재 '업로드_예제_제품' 테이블에는 레코드가 하나도 없습니다.

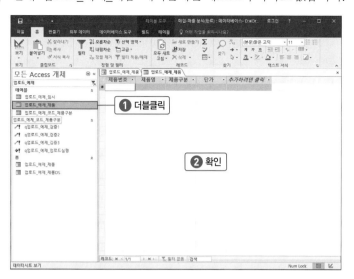

**3** '업로드_예제_제품' 폼을 열고 [찾아보기]를 클릭합니다. 예제파일이 있는 폴더에서 '업로드
예제' 폴더로 이동합니다. 처음 표시되는 '업로드_010_엑셀_정상.xlsx' 파일을 선택하고 [열
기]를 클릭합니다.

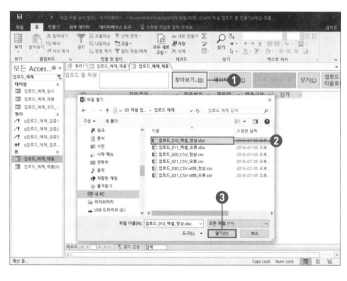

**4** 데이터가 불러와집니다. 오류 데이터가 전혀 없습니다. [확인]을 클릭하고, [DB로 가져오기]를 클릭합니다.

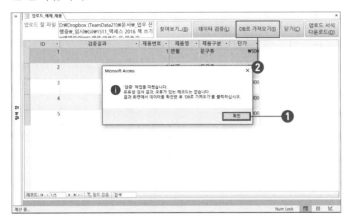

**5** 메시지가 표시되고 데이터가 업로드됩니다. [확인]을 클릭합니다.

**6** '업로드_예제_제품' 테이블을 열어 봅니다. 다음과 같이 5개의 레코드가 업로드된 것을 확인할 수 있습니다. 다음 테스트를 위해, 업로드된 데이터를 모두 삭제합니다. 삭제 메시지가 표시되면 [예]를 클릭합니다.

**7** 오류가 발생했을 때, 데이터가 어떻게 표시되는지 알아봅시다. '업로드_예제_제품' 폼에서 [찾아보기]를 클릭합니다. 그림과 같이 두 번째 파일인 '업로드_011_엑셀_오류.xlsx' 파일을 선택합니다.

**8** 다음과 같이 2건의 레코드에서 오류가 발생했다고 표시됩니다. [확인]을 클릭합니다.

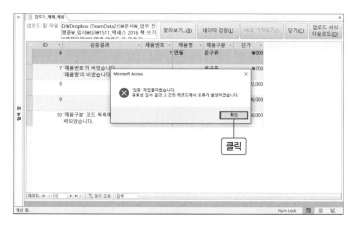

**9** 오류 메시지가 한 줄에 하나씩, 붉은색으로 제대로 표시됩니다. 두 번째 레코드를 봅시다. 눈으로 볼 때는 2건의 오류만 표시되지만, 사실은 3건의 오류가 발생한 상태입니다. 데이터시트 행 높이를 키워 봅시다.

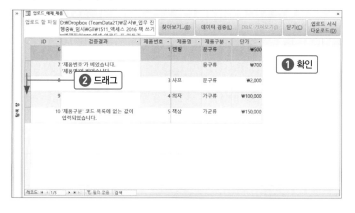

**10** 데이터시트의 행 높이를 키운 상태입니다. 두 번째 레코드에는 총 3건의 오류가 발생했음을 알 수 있습니다.

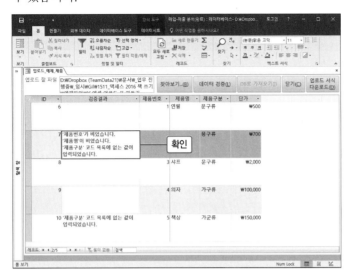

**11** 오류를 해결해 봅시다. 다음과 같이 변경합니다.

- 두 번째 레코드, 제품번호 : 2
- 두 번째 레코드, 제품명 : 볼펜
- 두 번째 레코드, 제품구분 : 문구류
- 다섯 번째 레코드, 제품구분 : 가구류

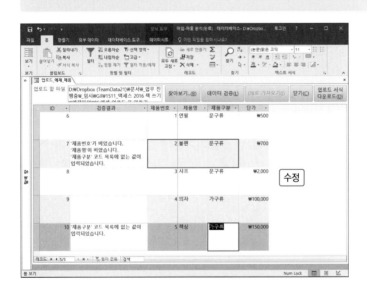

**12** 문제가 되는 데이터를 수정했으니, 다시 [데이터 검증]을 클릭합니다. 다음과 같이 정상 메시지가 표시되고 [DB로 가져오기]가 활성화됩니다.

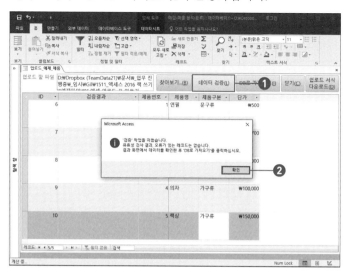

## 6 CSV 파일 테스트하기

**1** UTF-8로 인코딩된 텍스트 파일을 가져와 봅시다. 이때의 VBA 창의 환경 설정은 다음과 같이 수정하면 됩니다. 이전 설정 대비 변경된 부분을 굵은 글씨로 표시해 두었습니다.

```
001:  '임시 테이블 이름
002:  Const mTEMP_TABLE_NAME = "업로드_예제_임시"
003:
004:  '검증 쿼리 이름: 여러 개 일 경우 "|"으로 구분하여 기록
005:  Const mCHECK_QUERY_NAMES = "q업로드_예제_검증1|q업로드_예제_검증2|q업로드_예제_검증3"
006:
007:  '업로드 쿼리 이름: 여러 개 일 경우 "|"으로 구분하여 기록
008:  Const mUPLOAD_QUERY_NAMES = "q업로드_예제_업로드실행"
009:
010:  '업로드할 파일 타입 : EXCEL or TEXT
011:  'Const mUPLOAD_TYPE = "EXCEL"
012:    Const mUPLOAD_FILE_FORMAT_EXCEL = acSpreadsheetTypeExcel12Xml   'xlsx 파일일 때 사용
013:
014:  Const mUPLOAD_TYPE = "TEXT"
015:    Const mUPLOAD_FILE_FORMAT_TEXT = acImportDelim   '구분자가 있는 파일일 때 사용
016:
017:  '필드 이름 포함? : True or False
018:  Const mHAS_FIELD_NAME = True
019:
020:  '코드페이지 : 잘 모르면 0 사용
```

```
021:   Const mCODE_PAGE = 65001
022:
023:   '업로드 서식 첨부 파일ID
024:   Const mUPLOAD_TEMPLATE_ID = "업로드템플릿_예제"
025:
026:   '가져오기 설정 이름 : 잘 모르면 빈 문자열로 설정("")
027:   Const mSPEC_NAME = ""
028:
029:   '업로드할 파일 확장자
030:   Const mFILE_EXTENSION_1 = "CSV 파일|*.csv"
031:   Const mFILE_EXTENSION_2 = "모든 파일|*.*"
032:   Const mFILE_EXTENSION_3 = ""
033:   Const mFILE_EXTENSION_4 = ""
034:   Const mFILE_EXTENSION_5 = ""
```

텍스트 파일이므로 011행을 주석 처리하였습니다. 그리고 014행의 주석을 제거했습니다.
UTF-8로 인코딩된 파일이므로 021행과 같이 설정하였습니다.

마지막으로, CSV 파일을 가져오기 할 것이므로, 030행과 같이 필터를 설정하였습니다.


2  '업로드_예제_제품' 폼에서 [찾아보기]를 클릭합니다. [파일 열기] 대화상자에서 다섯 번째 파
   일인 '업로드_030_CSV-utf8_정상.csv' 파일을 선택합니다.

**3** 데이터를 제대로 가져오는 것을 확인할 수 있습니다.

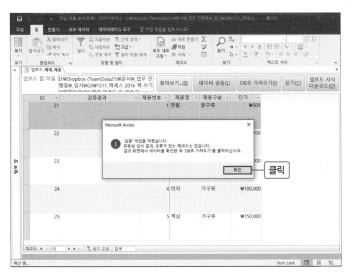

**4** 인코딩을 잘못 지정하면 어떤 결과가 되는지 살펴봅시다. 환경 설정에서 'Const mCODE_PAGE = 65001'이라고 되어 있는 부분을 'Const mCODE_PAGE = 0'으로 바꿉니다. 그 다음 '업로드_030_CSV-utf8_정상.csv' 파일을 불러와 봅시다. 그러면 그림과 같이 이상한 오류 메시지가 표시됩니다.

**5** 이 문제도 해결할 수 있는 범주에 있는 문제이기는 하지만, 문자 인코딩을 자동으로 판별하는 로직을 추가해야 하므로 문제를 해결하기 쉽지 않습니다. 문자 인코딩을 사전에 잘 약속해야 할 것입니다.

# 엑셀 업로드
# 폼 만들기

지금까지 엑셀 업로드 폼에 대한 개념을 살펴봤습니다. 이제 실제로 엑셀 업로드 폼을 만들어 보겠습니다. 엑셀뿐만 아니라, 텍스트 파일도 업로드할 수 있는 폼을 만들 것입니다. 약간의 VBA 설정 변경으로, 자신이 원하는 업로드 폼을 쉽게 만들 수 있습니다.

> **PREVIEW**

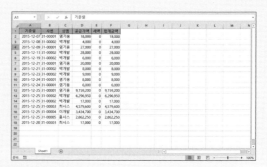

▲ 엑셀 파일을 업로드하는 폼 　　　　　　　　▲ 엑셀 파일 원본

▲ 텍스트 파일을 업로드하는 폼 　　　　　　　▲ 텍스트 파일 원본

## 엑셀 업로드 폼을 만들기 위한 표준 절차
❶ 데이터 확인하기　❷ 임시 테이블 만들기　❸ 수동으로 업로드해 보기 및 쿼리 만들기　❹ 폼 만들기 및 기본 설정하기
❺ 환경 설정하기　❻ 테스트하기

# 매입_기타 업로드 폼 만들기(XLSX)

## 1 폼 만들기 및 기본 설정하기

지금까지 엑셀 업로드 폼에 대한 개념을 알아보았습니다. 이제부터는 매출/매입 분석에 필요한 엑셀 업로드 폼을 만들어 보겠습니다.

엑셀 업로드 기능은, 엑셀 파일을 가져오는 것이 가장 문제가 적습니다. 반면, 텍스트 파일은 상당한 문제가 발생할 수 있고, 문제를 해결하는 것도 어려운 편에 속합니다. 그래서, 엑셀 업로드 기능을 만들어 보겠습니다.

우선, XLSX 파일을 가지고 오는 '매입_기타'에 해당하는 엑셀 업로드 폼을 만들어 보겠습니다. 엑셀 업로드 폼은 '모듈DB.accdb'에 있는 모든 개체를 자신의 액세스 파일에 가져와야 합니다. 그리고 참조도 설정이 되어 있어야 합니다. 이것은 이미 되어 있다고 가정하겠습니다. '모듈DB.accdb'에 있는 모든 개체를 가지고 오는 것은 265쪽을 참고하기 바랍니다.

**1** 엑셀 업로드 폼을 만들 때는 '업로드_예제_제품' 폼과 '업로드_예제_제품DS' 폼을 복사하여 사용합니다. 지금은 '매입_기타'를 가져올 것이므로, 다음과 같이 폼을 복사하겠습니다.

| 원본 폼 이름 | 대상 폼 이름 |
|---|---|
| 업로드_예제_제품 | 업로드_매입_기타 |
| 업로드_예제_제품DS | 업로드_매입_기타DS |

**2** 탐색 창에 '업로드_매입_기타' 폼과 '업로드_매입_기타DS' 폼이 표시될 것입니다.
'업로드_매입_기타' 폼을 디자인 보기로 엽니다. 여기에서 유의할 사항은, 폼이 복사된 것이므로, 하위 폼의 '원본 개체' 속성은 새로 복사한 '업로드_매입_기타DS'가 아니고 '업로드_예제_제품DS'로 되어 있는 것입니다. 속성 시트를 표시하고, 하위 폼의 '원본 개체' 속성을 [폼.업로드_매입_기타DS]로 지정하고 폼을 저장한 다음 닫습니다.

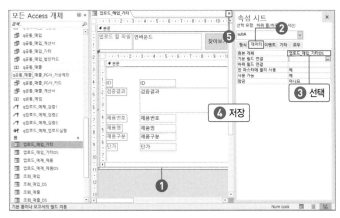

**335**

**3** 업로드용 임시 테이블을 만들어야 합니다. 임시 테이블은 업로드할 대상 테이블에 다음 필드를 추가하면 됩니다.

| 필드 이름 | 데이터 형식 |
|---|---|
| ID | 일련 번호 |
| 검증결과 | 긴 텍스트 |

'매입_기타' 테이블을 복사하고 붙여넣기 합니다. 그러면 [테이블 붙여넣기] 대화상자가 표시되는데, 그림과 같이 '테이블 이름'에는 『업로드_매입_기타』를, '붙여넣기 옵션'에는 [구조만]을 선택하고 [확인]을 클릭합니다.

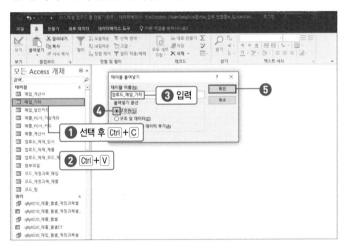

**4** '업로드_매입_기타' 테이블을 디자인 보기로 엽니다. '매입_기타ID' 필드의 이름을 『ID』로 변경하고, 그림과 같이 필드 마지막에 『검증결과』 필드를 [긴 텍스트] 형식으로 추가합니다. 테이블을 저장하고 닫습니다.

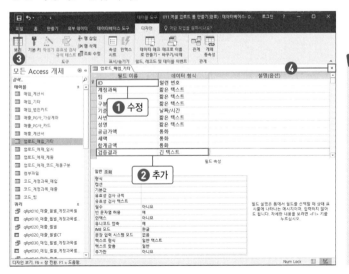

> **Tip**
>
> 'ID' 필드를 왜 새로 추가하지 않고 기존에 있던 '매입_기타ID' 필드 이름을 'ID'로 변경할까요? 대상 테이블인 '매입_기타ID' 필드가 의미가 없는 일련 번호 필드이기 때문입니다.
>
> '매입_기타ID' 필드가 별 의미가 없기 때문에, 임시 테이블에서 삭제한 후, 업로드할 때 필요한 'ID' 필드를 추가한 것이라고 봐도 됩니다.
>
> 모든 일련번호 필드의 이름을 변경해서 처리하는 것은 아닙니다. 이것은 상황에 따라 다른데, 대상 테이블에서 의미가 없다면 지금처럼 변경해서 처리합니다.

**5** 하위 폼의 속성을 바꿔 봅시다. 하위 폼인 '업로드_매입_기타DS' 폼을 디자인 보기로 엽니다. 복사한 폼이기 때문에, 이 폼의 '레코드 원본' 속성이 '업로드_예제_임시'로 되어 있을 것입니다. 이 '레코드 원본' 속성을 [업로드_매입_기타]로 변경합니다. 그러면 그림과 같이 '제품번호'부터 '단가' 컨트롤까지, 컨트롤 왼쪽 윗부분에 녹색 삼각형이 생길 것입니다.

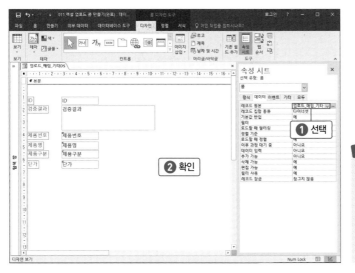

**Tip**

이 녹색 삼각형을 '스마트 태그'라고 합니다. 액세스 개체를 편집할 때, 현재 상황에서 오류로 인식이 되는 것을 미리 표시해 주는 것입니다. 스마트 태그를 클릭하면 문제 원인과 문제를 해결하는 몇 가지 방법이 제시됩니다.

**6** '제품번호' 컨트롤을 클릭해 봅시다. 그러면 그림과 같이 스마트 태그가 표시됩니다. 표시를 클릭하면 '컨트롤 원본' 속성이 유효하지 않다고 나옵니다. '업로드_예제_임시' 테이블에는 '제품번호' 필드가 있었지만, '업로드_매입_기타' 테이블에는 '제품번호'가 없기 때문입니다.

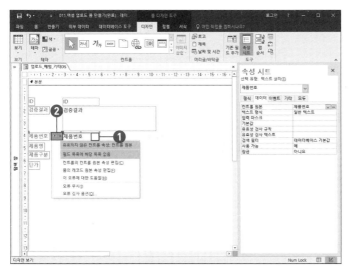

**7** 스마트 태그가 생긴 4개의 컨트롤을 삭제합니다. 그리고 '기존 필드 추가' 기능을 이용해서 'ID'와 '검증결과'를 제외한 나머지 필드를 추가합니다. 이제 하위 폼에서 고칠 것은 없습니다. 폼을 저장하고 닫습니다.

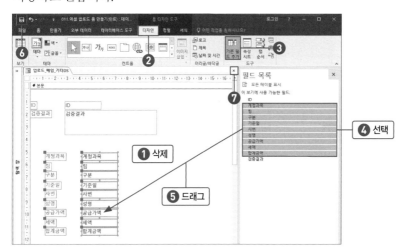

**8** 업로드할 원본 데이터를 살펴봅시다. 예제파일이 설치된 폴더에 보면 '업로드 원본'이라는 폴더가 있습니다. 여기에 들어가 보면 '매입_기타_201512.xlsx' 파일이 있습니다. 이것을 열어 봅니다. 그림과 같이 6개의 필드가 있는 데이터가 있습니다. 엑셀 파일을 닫습니다.

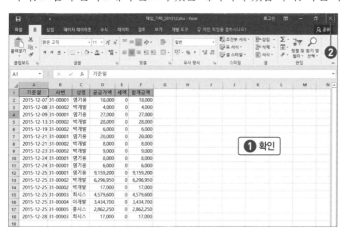

---

## 2 수동으로 업로드해 보기

**1** 수동으로 업로드해 봅시다. 업로드 모듈을 적용하기 전에, 수동으로 업로드해 보면서 어떤 문제가 발생할 수 있을지 확인해 보는 것이 좋습니다. **[외부 데이터] 탭-[가져오기 및 연결] 그룹**에서 **[Excel]**을 클릭하여 외부 데이터 가져오기 마법사를 가동합니다.

'파일 이름'에서는 [찾아보기]를 클릭하고 예제 폴더에 있는 '업로드 원본' 폴더로 들어가서 '매입_기타_201512.xlsx' 파일을 선택합니다. 그 다음, '다음 테이블에 레코드 복사본 추가'를 선택하고 [업로드_매입_기타] 테이블을 지정한 다음 [확인]을 클릭합니다.

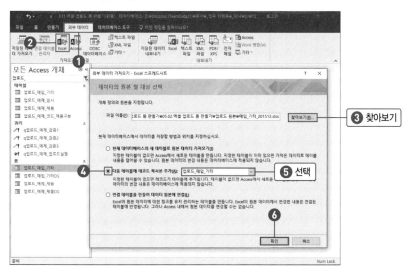

**2** [스프레드시트 가져오기 마법사]가 실행됩니다. 엑셀 파일을 가져올 때는 따로 설정할 것이 별로 없습니다. [다음]을 클릭합니다.

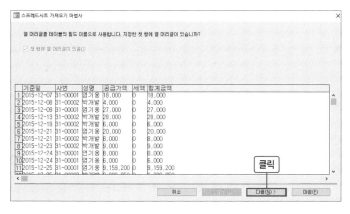

**3** 이 화면에서도 별로 설정할 것이 없습니다. [마침]을 클릭합니다.

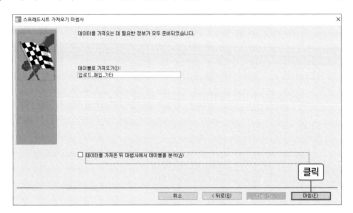

**4** 완료 메시지가 표시됩니다. [닫기]를 클릭합니다.

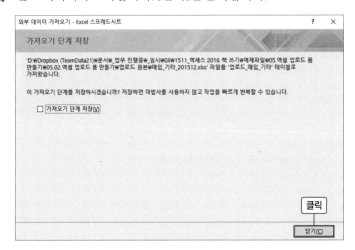

**5** '업로드_매입_기타' 테이블을 열어 봅니다. 17건의 레코드가 제대로 추가될 것을 알 수 있습니다. '계정과목'과 '팀' 필드는 비어 있습니다. 테이블을 닫습니다.

**6** 수동으로 가져오기 작업을 할 때 별 문제가 없었습니다. 계속해서 수동으로 검증 작업을 해 보겠습니다. '계정과목' 필드가 비어 있으면 업로드되지 않도록 하고 싶습니다.

'계정과목' 필드가 비어 있을 때, '검증결과' 필드에 '계정과목이 비었습니다'라는 메시지를 표시하는 업데이트 쿼리를 만들어야 합니다. 그림과 같이 검증용 업데이트 쿼리를 만듭니다.

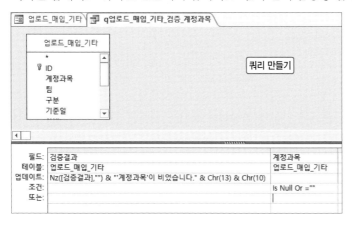

**7** 이 쿼리를 실행해 봅시다. 17행을 새로 고친다는 메시지가 표시되면 [예]를 클릭합니다. '업로드_매입_기타' 테이블을 열고, '검증결과' 필드를 살펴봅시다. '검증결과' 필드에 오류가 제대로 기록되었습니다. 테이블을 닫고 만든 쿼리를 『q업로드_매입_기타_검증_계정과목』으로 저장하고 닫습니다.

> **Tip**
>
> 여기에서 왜 이런 업데이트 쿼리를 만들어야 하는지 모르는 독자는 302쪽 '엑셀 업로드 폼 구현 원리'와 313쪽 '엑셀 업로드 폼 모듈 사용하기'를 다시 살펴보기 바랍니다.

**8** 마찬가지 방법으로 '팀'의 유효성을 검증하는 쿼리를 만들어 봅시다. '팀' 필드가 비어 있을 때, '검증결과' 필드에 '팀이 비었습니다'라는 메시지를 표시하는 업데이트 쿼리를 만들어야 합니다. 그림과 같이 쿼리를 만들고 실행합니다. 17행을 새로 고친다는 메시지가 표시되면 [예]를 클릭합니다. 이 쿼리를 『q업로드_매입_기타_검증_팀』으로 저장하고 닫습니다.

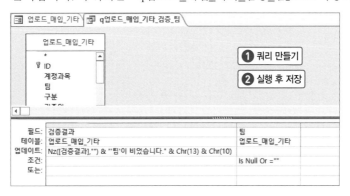

**9** '업로드_매입_기타' 테이블을 열어 봅니다. 그림과 같이, 계정과목이 비어 있다는 메시지만 표시될 것입니다.

**10** 이것은 행 높이가 한 줄 높이라서 그런 것입니다. 그림과 같이, **행 높이를 적당히 높이면 팀이 비었다는 메시지도 같이 제대로 표시됨**을 알 수 있습니다. 테이블을 저장하고 닫습니다.

**11** 검증 쿼리를 모두 다 만들었습니다. 검증이 완료되었다고 가정하고, 이제 실제 테이블에 데이터를 업로드하는 쿼리를 만들어야 합니다. '업로드_매입_기타' 테이블의 '계정과목'에서 '합계금액'까지 필드를 '매입_기타' 테이블로 추가하는 쿼리를 만들어야 합니다. 그림과 같이 쿼리를 디자인합니다. 이 쿼리를 『q업로드_매입_기타_업로드실행』으로 저장하고 닫습니다.

**12** 이 쿼리를 실행해 봅니다. 17건의 레코드를 추가한다는 메시지가 표시될 것입니다. 레코드를 추가한 후, '매입_기타' 테이블을 열어서 확인해 봅니다. 아랫부분에서 그림과 같이 '계정과목'과 '팀' 필드가 비어 있는 17건의 레코드를 확인할 수 있을 것입니다. 수동으로 추가한 17건의 레코드를 삭제하고 테이블을 닫습니다.

삭제

## 3 환경 설정하기

환경 설정을 해 봅시다. '업로드_매입_기타' 폼을 디자인 보기로 열고, 이 폼에 정의된 VBA 코드를 봅시다. 그림과 같이 표시될 것입니다. 여기에서 '환경 설정 시작' 부분부터 '환경 설정 끝' 부분까지를 적절히 설정하면 됩니다.

환경 설정 중 수정해야 할 부분은 다음과 같습니다. 변경 값이 있는 행만 표시했습니다. 여기에 있는 값들만 수정하면 제대로 동작할 것입니다. 다음과 같이 변경하고 저장한 후 편집기를 닫습니다.

```
001:    '임시 테이블 이름
002:    Const mTEMP_TABLE_NAME = "업로드_매입_기타"
003:
004:    '검증 쿼리 이름: 여러 개일 경우 "|"으로 구분하여 기록
005:    Const mCHECK_QUERY_NAMES = "q업로드_매입_기타_검증_계정과목|q업로드_매입_기타_검증_팀"
006:
007:    '업로드 쿼리 이름: 여러 개일 경우 "|"으로 구분하여 기록
008:    Const mUPLOAD_QUERY_NAMES = "q업로드_매입_기타_업로드실행"
009:
010:    '업로드 서식 첨부 파일ID
011:    Const mUPLOAD_TEMPLATE_ID = "업로드템플릿_매입_기타"
012:
013:    '업로드 할 파일 확장자
014:    Const mFILE_EXTENSION_1 = "Excel 파일|*.xlsx"
```

다른 부분은 이미 설명한 내용이라 자세히 설명하지 않겠습니다.

014행이 원래는 'Excel 파일|*.xlsx;*.xls'로 설정되어 있었을 것입니다. 여기에서 마지막의 ';*.xls'를 뺀 것은 '매입_기타' 업로드 파일이 XLSX 확장자를 갖는 것으로 약속이 되어 있기 때문입니다. 원래대로 'Excel 파일|*.xlsx;*.xls'로 설정하면, XLSX 파일뿐만 아니라, XLS 파일도 [파일 열기] 대화상자에 표시되어 불편할 수 있습니다.

> 환경 설정을 수정하는 것은 313쪽 '엑셀 업로드 폼 모듈 사용하기'에서 설명했습니다. 여기에 제시한 수정 조건이 잘 이해가 되지 않는다면 '엑셀 업로드 폼 모듈 사용하기'를 다시 한번 읽어 보기 바랍니다.

## 🔳 테스트하기

**1** 업로드 테스트를 해 봅시다. '업로드_매입_기타' 폼을 폼 보기로 표시하고 [찾아보기]를 클릭합니다. '업로드 원본' 폴더에서 '매입_기타_201512.xlsx' 파일을 선택하고 [열기]를 클릭하여 업로드합니다.

**2** 오류 메시지가 표시될 것입니다. [확인]을 클릭합니다. 테스트용이므로 '계정과목' 필드와 '팀' 필드에 『1』 같은 임의의 값을 입력합니다.

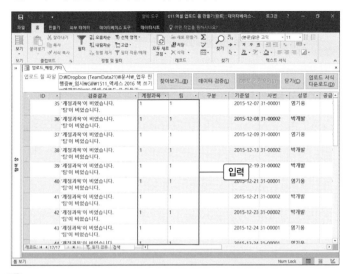

**3** [데이터 검증]을 클릭합니다. 문제가 없다는 메시지가 표시됩니다. [확인]을 클릭합니다.

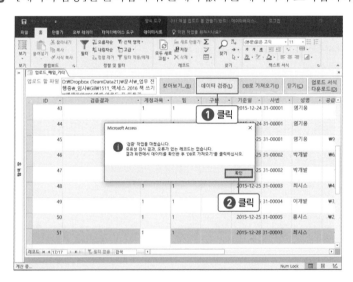

**4** [DB로 가져오기]를 클릭합니다. 데이터를 업로드하였다는 메시지가 표시됩니다. [확인]을 클릭합니다.

**5** '매입_기타' 테이블을 열어 봅니다. 테이블 마지막에서 '계정과목'과 '팀'이 '1'인 17개의 레코드를 확인할 수 있습니다.

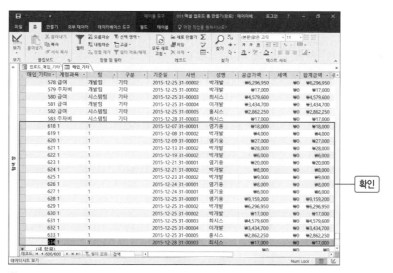

Tip

어렵다면, 동영상 강의를 참고하세요. 이런 것은 책으로 보는 것보다, 설명 몇 마디를 듣는 것이 훨씬 도움이 됩니다.

---

# 02 매출_PG사_카드 업로드 폼 만들기(XLS)

## 1 데이터 확인하기

'매입_기타'를 만들 때, 업로드 폼부터 복사해서 만들었습니다. 직관적인 설명이 필요하기 때문입니다. 그러나 이 절차는 좋은 방법이 아닙니다. '업로드_매입_기타' 폼을 열었다 닫았다를 여러 번 하기 때문입니다.

이 절차가 익숙해진 상태라면, 테이블, 쿼리, 폼 순서로 만들어 나가는 것이 더 좋습니다. 이 순서를 정리하면 다음과 같습니다.

- ❶ 임시 테이블 만들기
- ❷ 수동으로 업로드해 보기 및 쿼리 만들기
- ❸ 폼 만들기 및 기본 설정
- ❹ 환경 설정하기
- ❺ 테스트하기

앞으로는 이 순서대로 설명하겠습니다.

우선 데이터 파일을 열어 봅시다. 가져올 데이터 파일은 '업로드 원본' 폴더의 '매출_PG사_카드_201512.xls' 파일입니다. 앞서 '매입_기타'를 업로드할 때는 XLSX 파일이었습니다. 필드 제목도 있고, '매출_PG사_카드' 테이블과 필드를 비교하면 특별히 다른 필드도 없습니다. XLSX 파일과 XLS 파일 정도의 차이이기 때문에, 템플릿인 '업로드_예제_제품' 폼을 복사하기보다는 '매입_기타' 폼을 복사해서 만드는 것이 더 편리할 것 같습니다.

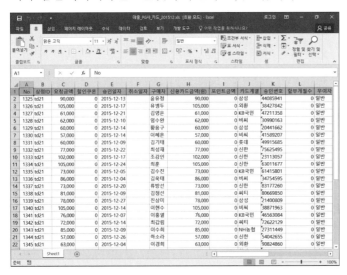

## 2 임시 테이블 만들기

'매출_PG사_카드' 테이블을 [구조만] 복사하여 『업로드_매출_PG사_카드』라는 임시 테이블을 만들고 다음과 같이 수정합니다.

➊ '매출_PG사_카드ID' 필드의 이름을 『ID』로 변경합니다.

➋ 『검증결과』 필드를 [긴 텍스트] 데이터 형식으로 추가합니다.

테이블을 저장한 다음 닫습니다.

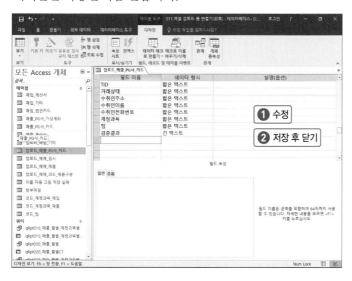

## 3 수동으로 업로드해 보기 및 쿼리 만들기

**1** 수동으로 업로드하면서 검증용 쿼리 및 데이터 추가용 쿼리를 만들어 보겠습니다. **[외부 데이터] 탭-[가져오기 및 연결] 그룹**에서 **[Excel]**을 클릭한 다음 파일 이름에서 **[찾아보기]**를 클릭합니다. '업로드 원본' 폴더에서 '매출_PG사_카드_201512.xls' 파일을 선택합니다. [다음 테이블에 레코드 복사본 추가]를 선택하고 [업로드_매출_PG사_카드] 테이블로 가져오도록 설정합니다.

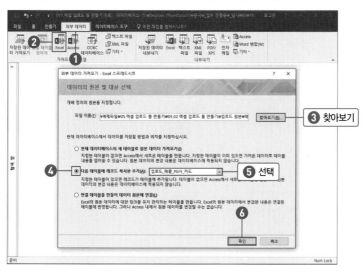

**2** [다음], [마침], [닫기]를 클릭하여 데이터를 가져옵니다. '업로드_매출_PG사_카드' 테이블을 열어 보면 데이터를 제대로 가져왔음을 확인할 수 있습니다.

**Tip**
이 과정의 마법사 마지막 단계에서 진행이 되지 않는다면, 파일을 저장하고 **1**번 과정부터 다시 작업을 진행해 주세요.

**3** 검증용 쿼리를 만들어 봅시다. '매입_기타' 때와 크게 다르지 않으므로 핵심적인 부분만 설명하겠습니다. 우선, '계정과목' 필드가 비어 있는지 검증하는 쿼리를 만듭니다. 업데이트할 대상 테이블만 '업로드_매출_PG사_카드' 테이블로 설정하면 됩니다. 그림과 같이 만듭니다.

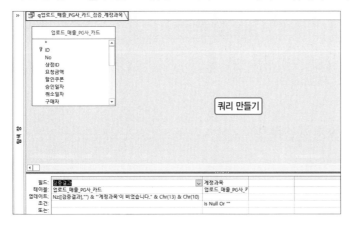

**4** '팀' 필드가 비어 있는지 검증하는 쿼리를 그림과 같이 만듭니다.

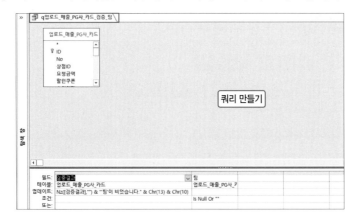

**5** 만든 검증용 쿼리를 실행해 봅니다. 그림과 같이, '검증결과' 필드에 두 줄씩 메시지가 표시되어야 합니다.

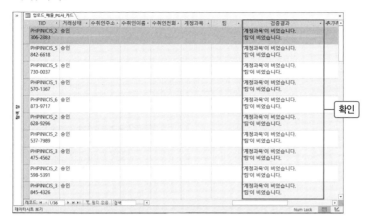

**6** 업로드용 쿼리를 만들어 봅시다. '업로드_매출_PG사_카드' 테이블에서 'ID'와 '검증결과' 필드를 제외한 모든 필드를 '매출_PG사_카드'로 추가하는 쿼리를 만들어야 합니다. 그림과 같이 만듭니다.

**7** 이 쿼리를 실행해 봅니다. '매출_PG사_카드' 테이블 아랫부분에 '계정과목'과 '팀'이 비어 있는 것을 확인할 수 있습니다.

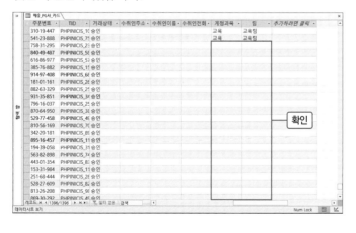

## 4 폼 만들기 및 기본 설정하기

1  업로드 폼을 만들어 봅시다. 앞서 언급한 대로, 템플릿인 '업로드_예제_제품' 폼을 복사하는 것
   보다, '업로드_매입_기타' 폼을 복사해서 만드는 것이 더 편리해 보입니다. 다음 표에 의해 폼을
   복사합니다.

| 원본 폼 이름 | 대상 폼 이름 |
|---|---|
| 업로드_매입_기타 | 업로드_매출_PG사_카드 |
| 업로드_매입_기타DS | 업로드_매출_PG사_카드DS |

2  '업로드_매출_PG사_카드' 폼을 디자인 보기로 열고, 하위 폼의 원본 개체 속성을 [폼.업로드_
   매출_PG사_카드DS]로 지정합니다. 폼을 저장하고 닫습니다.

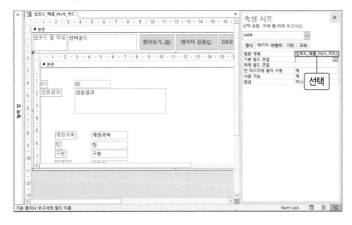

3  '업로드_매출_PG사_카드DS' 폼을 디자인 보기로 열고 폼의 레코드 원본 속성을 [업로드_매
   출_PG사_카드]로 설정합니다. 그리고 'ID', '검증결과'를 제외한 필드를 삭제한 다음 '기존 필
   드 추가' 기능을 이용해서 '업로드_매출_PG사_카드' 테이블 필드를 폼에 추가합니다.

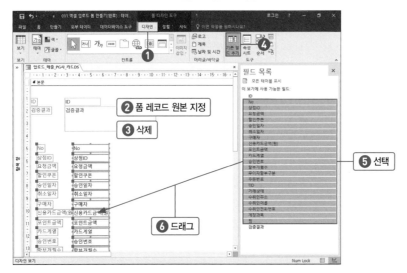

## 5 환경 설정하기

[데이터베이스 도구] 탭–[매크로] 그룹에서 [Visual Basic]([Alt]+[F11])을 클릭합니다. 코드 창 왼쪽에서 'Form_업로드_매출_PG사_카드'를 더블클릭하고 다음과 같이 환경을 설정합니다. 변경값이 있는 행만 표시했습니다.

```
001:  '임시 테이블 이름
002:  Const mTEMP_TABLE_NAME = "업로드_매출_PG사_카드"
003:
004:  '검증 쿼리 이름 : 여러 개 일 경우 "|"으로 구분하여 기록
005:   Const mCHECK_QUERY_NAMES = "q업로드_매출_PG사_카드_검증_계정과목|q업로드_매출_PG사_카드_검증_팀"
006:
007:  '업로드 쿼리 이름 : 여러 개 일 경우 "|"으로 구분하여 기록
008:  Const mUPLOAD_QUERY_NAMES = "q업로드_매출_PG사_카드_업로드실행"
009:
010:  '  Const mUPLOAD_FILE_FORMAT_EXCEL = acSpreadsheetTypeExcel12Xml    'xlsx 파일일 때 사용
011:    Const mUPLOAD_FILE_FORMAT_EXCEL = acSpreadsheetTypeExcel9       'xls 파일일 때 사용
012:
013:  '업로드 서식 첨부 파일ID
014:  Const mUPLOAD_TEMPLATE_ID = "업로드템플릿_매출_PG사_카드"
015:
016:  '업로드할 파일 확장자
017:  Const mFILE_EXTENSION_1 = "Excel 파일|*.xls"
```

'업로드_매입_기타'에서는 mUPLOAD_FILE_FORMAT_EXCEL 상수를 'acSpreadsheet TypeExcel12Xml'로 정의했었습니다. 이번에는 XLS 파일을 업로드하므로, 이 상수를 'acSpreadsheetTypeExcel9'로 설정해야 합니다.

## 6 테스트하기

345~347쪽을 참고하여 업로드 테스트해 봅니다. 그림과 같이, 앞서 수동으로 했던 '계정과목'과 '팀' 필드가 비어 있는 레코드 뒤로 '계정과목'과 '팀' 필드에 '1'이 채워진 데이터가 표시되는 것을 확인할 수 있습니다.

**실무 예제 | 03**

# 매입_법인카드 업로드 폼 만들기(CSV)

## 1 데이터 확인하기

**1** 우선, 업로드할 데이터를 확인해 봅시다. 업로드할 파일은 '매입_법인카드_201512_ansi.csv' 파일입니다. 이 파일을 열어 보면 그림과 같습니다.

여기에서 'CSV' 파일을 엑셀 파일이라고 인식하면 안 됩니다. **CSV 파일은 콤마로 구분된 텍스트 파일입니다.**

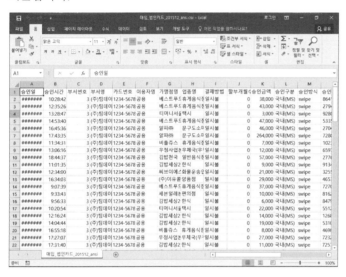

**2** 왼쪽 그림은 메모장을 열고 '매입_법인카드_201512_ansi.csv' 파일을 연 모습입니다. 오른쪽 그림은 메모장을 열고 '매출_PG사_카드_201512.xls' 파일을 연 모습입니다. 오른쪽 XLS 파일은 내부를 해독할 수 없는 파일입니다. 그러나 왼쪽 CSV 파일은 내부를 해독할 수 있습니다. CSV 파일은 운영체제에서 엑셀로 열리도록 기본 설정되어 있어서 열리는 것뿐입니다. CSV 파일은 엑셀 파일과 완전히 다른 파일입니다.

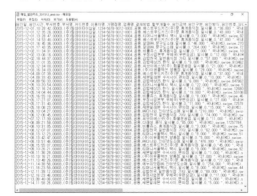

이 CSV 파일은 각 필드가 ','로 구분되어 있습니다. 그리고 각 필드를 살펴보면 '매입_법인카드' 테이블과 필드 구성이 다르지 않습니다. 또, 첫 행에는 필드 이름이 표시되어 있고, 두 번째 행부터 데이터가 나옵니다.

텍스트 파일을 가져올 때는 반드시 체크해야 할 것이 하나 더 있습니다. 바로 '인코딩'입니다. 이 인코딩을 간단히 확인하기는 어렵습니다. 그러나 별도의 앱을 하나 설치하면 쉽게 확인할 수 있습니다. 다음 링크에서 'Notepad++'이라는 프로그램을 다운로드하고 설치합니다.

https://notepad-plus-plus.org

> **Tip**
>
> Notepad++은 오픈소스 프로그램입니다. 개인뿐만 아니라, 회사나 관공서에서도 무료로 사용할 수 있으니, 안심하고 설치하면 됩니다(물론, 유료로 바뀔 가능성도 있겠죠. 이 책을 집필하는 현재 무료입니다. 라이선스 확인은 프로그램을 설치할 때 하는 것이 좋습니다).
> 윈도우에 기본적으로 있는 '메모장'은 편의 기능이 부족하여 불편합니다. '메모장'을 대용할 텍스트 에디터를 사용하는 것이 좋습니다. Notepad++은 훌륭한 대안이 됩니다.

**3** Notepad++에서 '매입_법인카드_201512_ansi.csv' 파일을 열어 봅니다. 그러면 그림과 같이 오른쪽 아래에 'ANSI' 또는 'EUC-KR'이라고 표시되는 것을 볼 수 있습니다. 이것이 바로 인코딩입니다. 텍스트 파일을 확인할 때는 '인코딩'을 반드시 확인하기 바랍니다.

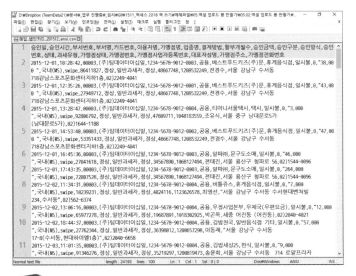

> **Tip**
>
> Notepad++의 버전에 따라, 인코딩이 'ANSI'라고 표시될 수도 있고, 'EUC-KR'이라고 표시될 수도 있습니다. 여기에서의 'ANSI'와 'EUC-KR'은 같은 의미로 봐도 됩니다. 인코딩이 'ANSI' 또는 'EUC-KR'이라고 표시되었다는 것은 특별히 고민할 것이 없다는 뜻입니다. 이 파일은 별도의 인코딩 지정 없이 바로 액세스로 업로드해도 한글이 깨지지 않습니다.
> 인코딩이 'ANSI' 또는 'EUC-KR'이라는 의미를 정확히 설명하는 것은 많은 배경 지식이 필요하므로 생략합니다.

## 2 임시 테이블 만들기

'매입_법인카드' 테이블을 [구조만] 복사해서 임시 테이블을 만들어 봅시다. 테이블 이름을 『업로드_매입_법인카드』로 지정합니다. 『매입_법인카드ID』 필드를 'ID'로 바꾸고, 『검증결과』 필드를 [긴 텍스트] 형식으로 만듭니다.

## 3 수동으로 업로드 해 보기 및 쿼리 만들기

1 수동으로 데이터를 업로드해 봅시다. [외부 데이터] 탭-[가져오기 및 연결] 그룹에서 [텍스트 파일]을 차례로 클릭하여 외부 데이터 가져오기 마법사를 가동합니다. 그림과 같이, '매입_법인카드_201512_ansi.csv' 파일을 [업로드_매입_법인카드] 테이블로 바로 가져오도록 설정합니다.

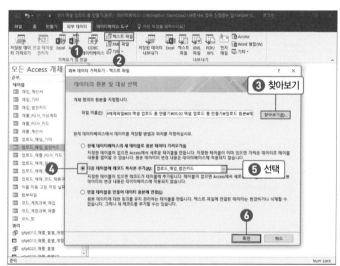

**2** 우선, 특별한 옵션을 설정하지 않고 가져오기를 해 보겠습니다. [다음]을 클릭합니다.

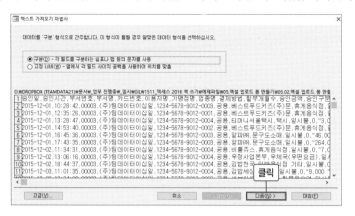

**3** '텍스트 묶음 기호'를 큰 따옴표(")로 설정하고, [첫 행에 필드 이름 포함]에 체크합니다. 그리고 [다음]을 클릭합니다.

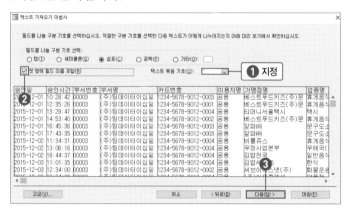

**잠깐만요** **[첫 행에 필드 이름 포함]에 나중에 체크 표시하는 이유**

여기에서 [첫 행에 필드 이름 포함]을 먼저 체크 표시하지 않는 이유가 있습니다. [첫 행에 필드 이름 포함]에 먼저 체크 표시하면, 경우에 따라 **첫 행에 필드 이름으로 사용할 수 없는 데이터가 있다**는 오류 메시지를 볼 때가 있기 때문입니다. [텍스트 묶음 기호]를 먼저 설정하고 [첫 행에 필드 이름 포함]을 나중에 설정하면 이런 오류를 볼 확률이 대폭 줄어듭니다.

**4** [마침]을 클릭하여 데이터를 가져옵니다.

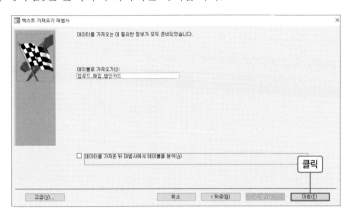

**5** 데이터를 가져오는 중에 오류가 발생했다는 메시지가 표시됩니다. 오류 설명이 '매입_법인카드_201512_ansi_가져오기 오류' 테이블에 기록되었다는 메시지가 표시됩니다. [닫기]를 클릭합니다.

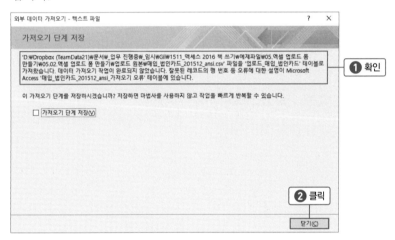

**6** 오류 메시지를 무시하고 일단 '업로드_매입_법인카드' 테이블을 열어 봅니다. 문제가 없어 보입니다.

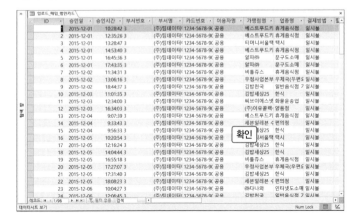

**7** '매입_법인카드_201512_ansi_가져오기 오류' 테이블을 열어 봅니다. 다음과 같이 65행과 82행의 '가맹점사업자등록번호' 필드에 '형식 변환 실패' 오류가 발생했다고 하네요. 이것이 어떤 의미일까요?

**8** '업로드_매입_법인카드' 테이블을 열어 봅시다. 그림과 같이 65행과 82행의 '가맹점사업자등록번호' 필드의 값이 비어 있는 것을 알 수 있습니다.

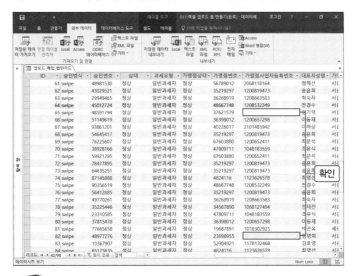

> **Tip**
>
> 여기에서 65행이라는 것은 원본 데이터 파일의 65행이 아닙니다. 데이터로 인식되는 행을 1행으로 보고, 데이터 중 65번째 행이라는 뜻입니다. 따라서 메모장에서 이 파일을 열어 본다면, 66행 데이터에 문제가 있다는 뜻입니다.

**9** 원본 텍스트 파일인 '매입_법인카드_201512_ansi.csv'을 열어서 66행(65행이 아닙니다)의 가맹점사업자번호 데이터를 살펴봅니다. '2150610397'이라는 값이 있습니다. 숫자로 읽으면 21억 정도 됩니다.

**액세스는 숫자로만 되어 있는 필드는 숫자로 읽으려고 합니다.** 소수가 표현되어 있지 않으면 기본적으로 정수(Long)로 읽어 들입니다. 이것이 **대략 20억까지 처리할 수 있습니다. 그런데 21억 정도의 숫자이므로 '형식 변환 실패' 오류가 발생**하는 겁니다. 이런 것을 액세스 공부하는 사람들이 스스로 깨우치기는 무척 어렵습니다.

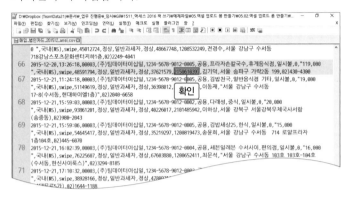

그리고 액세스는 해당 필드 값을 Null로 바꾸고 오류 메시지만 다른 테이블에 기록해 놓습니다. 이것을 무시하면 데이터가 오염됩니다. 경우에 따라 문제가 발생할 수도 있습니다. 그래서 이런 오류 메시지를 무시하면 안 됩니다.

**10** 이런 문제는 어떻게 해결해야 할까요? 수동으로 필드의 데이터 형식을 지정하는 방법을 써야 합니다.

우선 '업로드_매입_법인카드' 테이블의 데이터를 모두 삭제합니다. 그리고, 수동으로 텍스트 파일을 다시 가져와 봅시다. 다음과 같은 화면이 나오면 첫 번째 옵션인 [현재 데이터베이스의 새 테이블로 원본 데이터 가져오기]를 선택합니다.

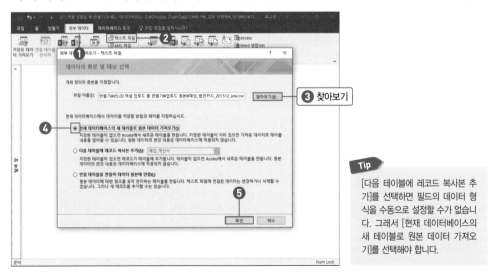

> **Tip**
>
> [다음 테이블에 레코드 복사본 추가를 선택하면 필드의 데이터 형식을 수동으로 설정할 수가 없습니다. 그래서 [현재 데이터베이스의 새 테이블로 원본 데이터 가져오기]를 선택해야 합니다.

**11** [텍스트 가져오기 마법사]가 구동됩니다. 여기에서 별도로 설정할 것은 없습니다. [다음]을 클릭합니다.

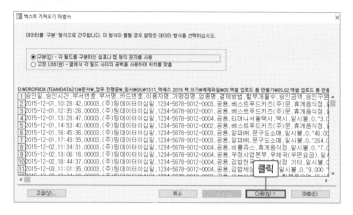

**12** '텍스트 묶음 기호'를 큰 따옴표(")로 설정하고, [첫 행에 필드 이름 포함]에 체크 표시합니다. [다음]을 클릭합니다.

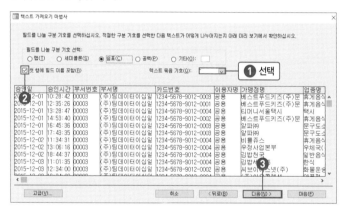

**13** 각 필드의 데이터 형식을 지정하는 화면이 표시됩니다. '가맹점사업자등록번호' 필드로 가 보면, 기본적으로 설정된 데이터 형식이 [정수(Long)]로 되어 있는 것을 확인할 수 있습니다. 문제의 원흉이 바로 이것입니다. 이것을 [짧은 텍스트]로 지정합니다.

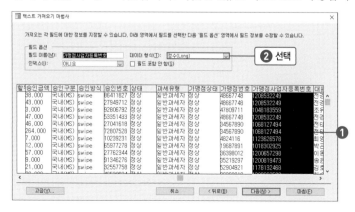

**14** '가맹점번호' 필드 역시 이러한 문제에서 자유로울 수 없습니다. 20억이 넘는 숫자가 '가맹점번호'에 출현하면, 역시 동일한 문제가 발생할 수 있습니다. 다음 필드도 '데이터 형식'을 변경합니다.

| 필드 | 변경할 데이터 형식 |
|------|--------------------|
| 부서번호 | 짧은 텍스트 |
| 승인금액 | 통화 |
| 승인번호 | 짧은 텍스트 |

**15** [고급]을 클릭합니다.

**16** [가져오기 설정] 창이 표시됩니다. '필드 정보'를 보면 그동안 설정한 것이 제대로 나와 있습니다. 이 설정을 저장해야 합니다. TransferText 함수를 사용할 때 이 설정 이름을 제공해 주어야 이런 오류를 또 발생시키지 않기 때문입니다. [다른 이름으로 저장]을 클릭합니다.

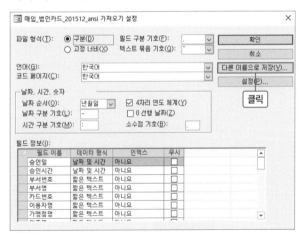

**17** [가져오기/내보내기 설정 저장] 대화상자가 표시됩니다. 이름을 『가져오기_매입_법인카드』로 지정하고 [확인]을 클릭한 다음 [확인]을 한 번 더 클릭합니다.

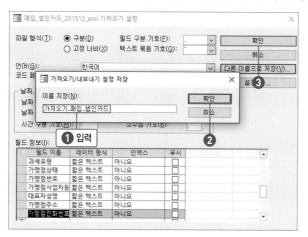

**18** [텍스트 가져오기 마법사] 창이 다시 표시됩니다. 여기에서 [다음]을 클릭합니다.

---

**잠깐만요** **숫자로만 구성되어 있는 필드의 데이터 형식 지정하기**

숫자로만 구성되어 있는 필드를 숫자로 인식할 것인지, 텍스트로 인식할 것인지는 '연산' 여부에 달려 있습니다. 더하기 빼기 등의 사칙연산을 해야 하는 필드라면 당연히 '숫자'로 지정해야 합니다. 하지만, 숫자로만 구성되어 있는 필드라도, 사칙연산을 할 필요가 없는 '가맹점사업자등록번호' 필드 같은 것은 텍스트 데이터 형식을 사용하는 것이 좋습니다.

**19** 기본 키를 설정하는 화면이 표시됩니다. [기본 키 없음]을 선택하고 [다음]을 클릭합니다.

**20** 데이터를 가져올 준비가 끝났다는 메시지가 표시됩니다. [마침]을 클릭합니다.

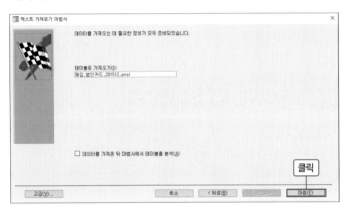

**21** 오류 없이 데이터를 가져오는 것을 확인할 수 있습니다. [닫기]를 클릭합니다.

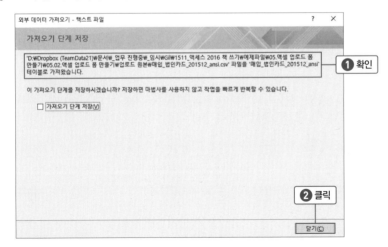

**22** '매입_법인카드_201512_ansi' 테이블을 열어 보면, 65행과 82행의 데이터를 제대로 가져온 것을 확인할 수 있습니다. 이 데이터를 '업로드_매입_법인카드'에 복사해야 검증 쿼리를 만들 수 있습니다. 이 데이터를 모두 선택하고 복사합니다.

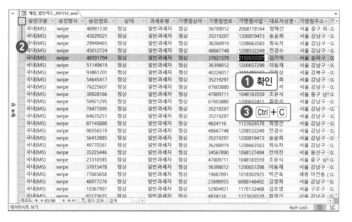

**23** '업로드_매입_법인카드' 테이블을 엽니다. '승인일' 필드부터 '가맹점전화번호' 필드까지 선택합니다.

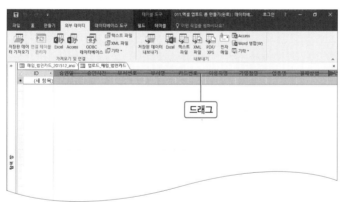

**24** Ctrl+V를 눌러 붙여넣기 합니다. 그림과 같이 제대로 붙여 넣어지는 것을 확인할 수 있습니다.

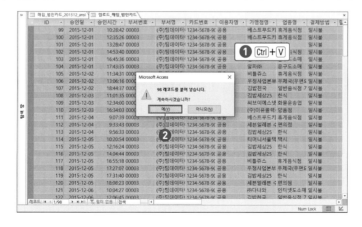

**25** 검증 쿼리를 만들고 실행합니다. '계정과목'과 '팀'이 비어 있지 않아야 합니다. 왼쪽 그림은 '계정과목'을 검증하는 쿼리이고, 오른쪽 그림은 '팀'을 검증하는 쿼리입니다. 각각 『q업로드_매입_법인카드_검증_계정과목』, 『q업로드_매입_법인카드_검증_팀』으로 저장합니다.

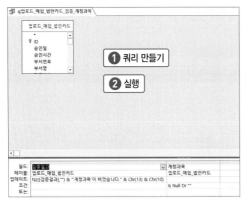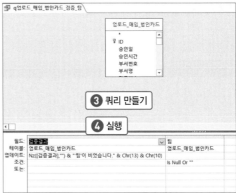

**26** 그림과 같이 '업로드_매입_법인카드' 테이블에서 'ID'와 '검증결과' 필드를 제외한 모든 필드를 '매입_법인카드'로 추가하는 쿼리를 만듭니다. 이 쿼리를 『q업로드_매입_법인카드_업로드실행』으로 저장하고 실행합니다.

## ④ 폼 만들기 및 기본 설정

다음 절차에 따라 폼을 만들고 기본적인 설정을 합니다.

| 액션 | 구분1 | 구분2 |
|---|---|---|
| 폼 복사 | 원본 : 업로드_예제_제품 | 대상 : 업로드_매입_법인카드 |
| 폼 복사 | 원본 : 업로드_예제_제품DS | 대상 : 업로드_매입_법인카드DS |
| '원본 개체' 속성 변경 | 개체 : 업로드_매입_법인카드.subA | 변경값 : 업로드_매입_법인카드DS |
| 하위 폼 '레코드 원본' 속성 변경 | 개체 : 업로드_매입_법인카드DS | 변경값 : 업로드_매입_법인카드 |
| 하위 폼에 컨트롤 추가하기 | 'ID'와 '검증결과'를 제외한 컨트롤 삭제. '업로드_매입_법인카드' 테이블의 '승인일'부터 '팀'까지 필드 추가 | |

## 5 환경 설정하기

[데이터베이스 도구] 탭-[매크로] 그룹에서 [Visual Basic](Alt+F11)을 클릭합니다. 코드 창 왼쪽에서 'Form_업로드_매입_법인카드'를 더블클릭하고 다음과 같이 환경을 설정합니다. 템플릿 파일 대비, 수정한 행만 표시하였습니다.

```
001:   '임시 테이블 이름
002:   Const mTEMP_TABLE_NAME = "업로드_매입_법인카드"
003:
004:   '검증 쿼리 이름 : 여러 개 일 경우 "|"으로 구분하여 기록
005:    Const mCHECK_QUERY_NAMES = "q업로드_매입_법인카드_검증_계정과목|q업로드_매입_법인카드_검
증_팀"
006:
007:   '업로드 쿼리 이름 : 여러 개 일 경우 "|"으로 구분하여 기록
008:   Const mUPLOAD_QUERY_NAMES = "q업로드_매입_법인카드_업로드실행"
009:
010:   '업로드할 파일 타입 : EXCEL or TEXT
011:   'Const mUPLOAD_TYPE = "EXCEL"
012:
013:   Const mUPLOAD_TYPE = "TEXT"
014:
015:   '업로드 서식 첨부 파일ID
016:   Const mUPLOAD_TEMPLATE_ID = "업로드템플릿_매입_법인카드"
017:
018:   '가져오기 설정 이름 : 잘 모르면 빈 문자열로 설정("")
019:   Const mSPEC_NAME = "가져오기_매입_법인카드"
020:
021:   '업로드할 파일 확장자
022:   Const mFILE_EXTENSION_1 = "CSV 파일|*.csv"
```

여기에서 중요한 것은 다음과 같습니다.

❶ 텍스트 파일을 가져오는 것이므로, 011행을 주석 처리하였고, 013행의 주석을 해제하였습니다.
❷ 019행에서 저장한 가져오기 설정인 '가져오기_매입_법인카드'를 지정하였습니다. 이것이 가장 중요한 설정입니다.
❸ 022행에서 업로드 파일 확장자를 'CSV' 파일로 지정하였습니다.

실무
예제 **04** 매출_계산서 업로드 폼 만들기(TXT)

## 1️⃣ 데이터 확인하기

매출_계산서 데이터를 확인해 봅시다. 예제가 설치된 폴더의 '업로드 원본' 폴더에 들어가서 '매출_계산서_201512_utf8.txt' 파일을 Notepad++로 열어 봅시다. 그림과 같이 파일이 열립니다.

이 파일은 콤마로 구분된 파일이 아닙니다. 눈에 보이지는 않지만, 탭으로 구분된 파일입니다. 첫 행의 '작성일자' 맨 끝에 커서를 놓고, 오른쪽 방향키를 눌러 보면 '승인번호' 가장 왼쪽으로 커서가 이동됩니다. '작성일자'의 '자'와 '승인번호'의 '승' 사이에는 공백이 3~4개 정도 있는 것 같은데, 한 번에 이동됩니다. 이것이 바로 '탭' 문자입니다. 그리고, 이 파일은 첫 행에 필드 이름이 표시되고 있습니다. 텍스트 파일은 '인코딩'을 확인하라고 했습니다. Notepad++의 오른쪽 아래를 보니 'ANSI as UTF-8'로 표시되어 있습니다. 이것은 UTF-8로 인코딩된 파일입니다.

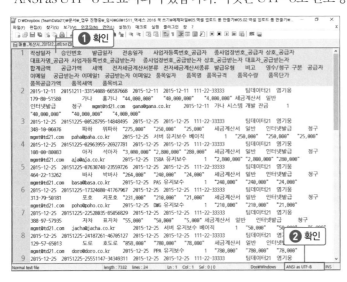

**Tip**

Notepad++ 버전에 따라, 'ANSI as UTF-8'로 표시될 수도 있고, 'UTF-8'로 표시될 수도 있습니다. 이 두 가지 표기는 서로 약간은 다른 의미가 있지만, 지금은 같은 의미라고 생각해도 됩니다.

## 2️⃣ 임시 테이블 만들기

'매출_계산서' 테이블을 [구조만] 복사해서 임시 테이블을 만들어 봅시다. 테이블 이름을 『업로드_매출_계산서』로 지정합니다. 테이블을 디자인 보기로 열고 '매출_계산서ID' 필드를 『ID』로 바꾼 다음 『검증결과』 필드를 [긴 텍스트] 형식으로 만듭니다.

## 3 수동으로 업로드해 보기 및 쿼리 만들기

**1** 수동으로 업로드하면서 문제점이 있는지 확인해 봅시다. **[외부 데이터] 탭-[가져오기 및 연결] 그룹**에서 **[텍스트 파일]**을 클릭하여 외부 데이터 가져오기 마법사를 가동합니다. '매출_계산서_201512_utf8.txt'을 선택하고, [다음 테이블에 레코드 복사본 추가]를 [업로드_매출_계산서]로 지정한 다음 [확인]을 클릭합니다.

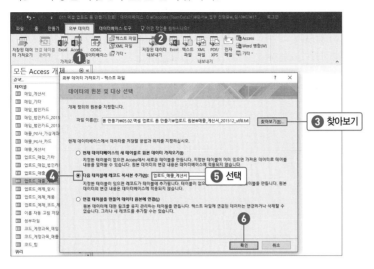

**2** 데이터를 미리 보여줍니다. 1행을 보면 한글이 깨져 나오는 것을 볼 수 있습니다. [고급]을 클릭하여 한글 인코딩을 지정해 주어야 합니다.

**3** '코드 페이지'를 [유니코드(UTF-8)]로 지정하고 [확인]을 클릭합니다.

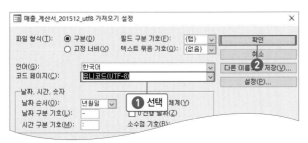

**4** 1행의 한글이 제대로 표시되는 것을 확인할 수 있습니다. [다음]을 클릭합니다.

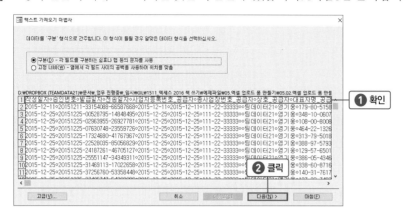

**5** '텍스트 묶음 기호'와 [첫 행에 필드 이름 포함]을 그림과 같이 지정하고 [다음]을 클릭합니다.

**6** 모든 준비가 완료되었다고 표시됩니다. [마침]을 클릭합니다.

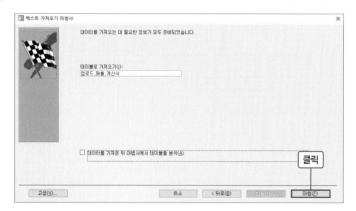

**7** 오류 메시지가 표시됩니다. 이 메시지는 배열과 관련된 메시지입니다.

이러한 업로드 문제는 거의 모두 데이터 형식 변환과 관련된 문제입니다. [확인]을 클릭하고 [취소]를 클릭하여 마법사를 닫습니다.

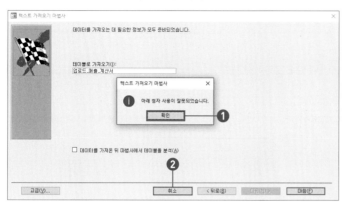

**8** 텍스트 파일을 가져오기 할 때는 '가져오기 설정'을 이용하는 것이 필수적입니다. 액세스가 자동으로 데이터 형식을 지정할 경우 오류가 발생될 경우가 많기 때문입니다. 앞으로, 텍스트 파일을 가져올 때는, 수동으로 데이터를 한 번 가져오되, 새 테이블로 가져오는 옵션을 통해 '가져오기 설정'을 저장하기를 권장합니다.

다음과 같이 새 테이블로 가져오는 옵션을 사용합니다.

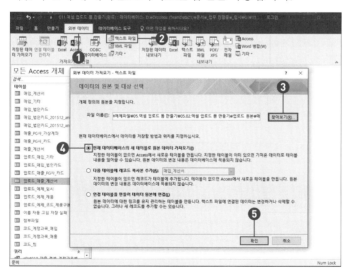

**9** 한글 데이터가 깨져서 표시됩니다. [고급]을 클릭하고, 그림과 같이 '코드 페이지'를 [유니코드 (UTF-8)]로 지정합니다.

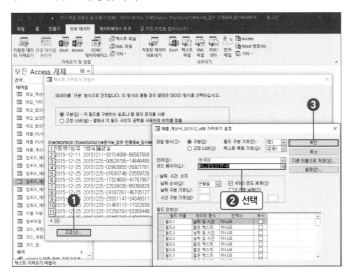

**10** '텍스트 묶음 기호'와 [첫 행에 필드 이름 포함]을 다음과 같이 설정합니다.

**11** 데이터 형식을 지정합니다. 다음 표를 참고하여 변경하세요.

| 필드 | 변경할 데이터 형식 |
|---|---|
| 합계금액 | |
| 공급가액 | |
| 세액 | 통화 |
| 품목단가 | |
| 품목공급가액 | |
| 품목세액 | |

**12** [고급]을 클릭합니다.

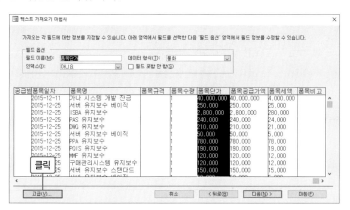

**13** [다른 이름으로 저장]을 클릭하고 '이름 지정'을 『가져오기_매출_계산서』로 저장합니다. [확인]을 2번 클릭하고, [다음]을 클릭합니다.

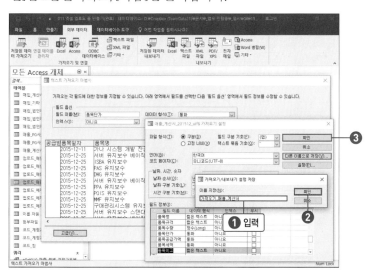

**14** 기본 키를 설정하는 화면이 표시됩니다. [기본 키 없음]을 선택하고 [다음]을 클릭합니다.

**15** 데이터를 가져올 준비가 완료되었다고 표시됩니다. [마침]을 클릭합니다.

**16** 정상적으로 데이터를 가져왔다는 메시지가 표시됩니다. [닫기]를 클릭합니다.

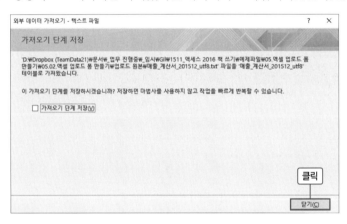

**17** '매출_계산서_201512_utf8' 테이블의 데이터를 복사한 다음, '업로드_매출_계산서' 테이블에 붙여넣기 합니다. 그림과 같이 '작성일자' 필드부터 '계정과목' 필드까지 선택한 다음 붙여넣기를 해야 합니다.

**18** 검증 쿼리를 만들고 실행합니다. '계정과목'과 '팀'이 비어 있지 않아야 합니다. 왼쪽 그림은 '계정과목'을 검증하는 쿼리이고, 오른쪽 그림은 '팀'을 검증하는 쿼리입니다. 각각 『q업로드_매출_계산서_검증_계정과목』, 『q업로드_매출_계산서_검증_팀』으로 저장합니다.

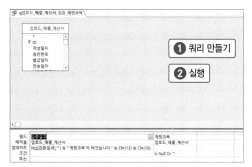 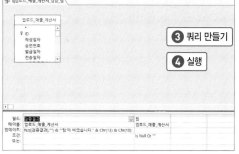

**19** 데이터 추가 쿼리를 만들고 실행합니다. '업로드_매출_계산서' 테이블의 데이터를 '매출_계산서'로 추가해야 합니다. 이 쿼리를 『q업로드_매출_계산서_업로드실행』으로 저장하고 실행합니다.

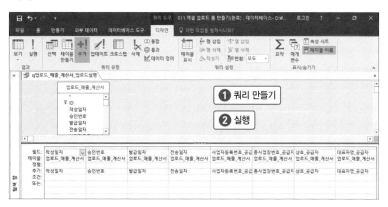

## 4 폼 만들기 및 기본 설정하기

다음 절차에 따라 폼을 만들고 기본적인 설정을 합니다.

| 액션 | 구분1 | 구분2 |
|------|-------|-------|
| 폼 복사 | 원본 : 업로드_예제_제품 | 대상 : 업로드_매출_계산서 |
| 폼 복사 | 원본 : 업로드_예제_제품DS | 대상 : 업로드_매출_계산서DS |
| '원본 개체' 속성 변경 | 개체 : 업로드_매출_계산서.subA | 변경값 : 업로드_매출_계산서DS |
| 하위 폼 '레코드 원본' 속성 변경 | 개체 : 업로드_매출_계산서DS | 변경값 : 업로드_매출_계산서 |
| 하위 폼에 컨트롤 추가하기 | 'ID'와 '검증결과'와 컨트롤 삭제. 그리고 '업로드_매출_계산서' 테이블의 모든 필드 추가 | |

## 5 환경 설정하기

다음 내용을 보고 환경을 설정합니다. 템플릿 파일 대비, 수정한 행만 표시하였습니다.

```
001:    '임시 테이블 이름
002:    Const mTEMP_TABLE_NAME = "업로드_매출_계산서"
003:
004:    '검증 쿼리 이름 : 여러 개 일 경우 "|"으로 구분하여 기록
005:    Const mCHECK_QUERY_NAMES = "q업로드_매출_계산서_검증_계정과목|q업로드_매출_계산서_검증_팀"
006:
007:    '업로드 쿼리 이름 : 여러 개 일 경우 "|"으로 구분하여 기록
008:    Const mUPLOAD_QUERY_NAMES = "q업로드_매출_계산서_업로드실행"
009:
010:    '업로드할 파일 타입 : EXCEL or TEXT
011:    'Const mUPLOAD_TYPE = "EXCEL"
012:
013:    Const mUPLOAD_TYPE = "TEXT"
014:       Const mUPLOAD_FILE_FORMAT_TEXT = acImportDelim    '구분자가 있는 파일일 때 사용
015:
016:    '코드페이지 : 잘 모르면 0 사용
017:    Const mCODE_PAGE = 65001
018:
019:    '업로드 서식 첨부 파일ID
020:    Const mUPLOAD_TEMPLATE_ID = "업로드템플릿_매출_계산서"
021:
022:    '가져오기 설정 이름: 잘 모르면 빈 문자열로 설정("")
023:    Const mSPEC_NAME = "가져오기_매출_계산서"
024:
025:    '업로드할 파일 확장자
026:    Const mFILE_EXTENSION_1 = "텍스트 파일|*.txt"
```

여기에서 중요한 것은 다음과 같습니다.

❶ 텍스트 파일을 가져오는 것이므로, 011행을 주석 처리하였고, 013행의 주석을 해제하였습니다.
❷ 023행에 저장한 가져오기 설정인 '가져오기_매출_계산서'를 지정하였습니다. 이것이 가장 중요한 설정입니다.
❸ 026행에서 업로드 파일 확장자를 TXT 파일로 설정하였습니다.

---

**잠깐만요** **가져오기 설정을 만드는 이유**

탭으로 구분된 문서는 '가져오기 설정'을 반드시 만들어야 합니다. '가져오기 설정'을 만들지 않으면, 액세스는 콤마(,)만 구분자로 인식하기 때문입니다.

**05** # 나머지 업로드 폼 만들기

이제 '업로드_매입_계산서' 폼과 '업로드_매출_PG사_가상계좌' 폼을 만들어야 합니다. 이것은 지금까지 만든 엑셀 업로드 폼과 크게 다르지 않습니다. 지면 관계상 이것을 만드는 방법은 생략합니다.

몇 가지 팁은 다음과 같습니다.

❶ '업로드_매입_계산서'는 '업로드_매출_계산서'와 거의 동일합니다. '매출'만 '매입'으로 바꾸면 됩니다.

❷ '업로드_매출_PG사_가상계좌'는 '업로드_매출_PG사_카드'와 거의 동일합니다. '카드'만 '가상계좌'로 바꾸면 됩니다.

❸ 이렇게 해서 제대로 안 된다면, '011.엑셀 업로드 폼 만들기(완료).accdb' 파일에 완료된 것이 있으니, 이것을 참고하기 바랍니다.

❹ 그래도 안 된다면, 질문/답변 게시판을 이용해 보십시오. 다음 링크로 이동하면 됩니다.

http://www.td21.com/qna

- 길벗 게시판에 올려도 되지만, 길벗 게시판은 필자가 모니터링하고 있지 않고, 길벗에서 질문을 전달받게 됩니다. 따라서 위 링크에 질문하는 것이 더 빠릅니다.
- 게시판에 질문을 올릴 때는 반드시 작업하던 파일을 올려서 질문하세요. 그리고 설명을 충실히 해 주세요.
- 긴급히 답을 얻고 싶거나, 좀 더 깊은 질문을 하고 싶다면 튜터링 서비스를 이용해 보세요. 이 책 맨 마지막 페이지에 '튜터링 10분 무료 체험 코드'가 나와 있습니다. 원격으로 필자가 여러분의 PC 화면을 같이 보면서 질문/답변을 하기 때문에, 굉장히 빠르고 편하게 답을 얻을 수 있습니다.

이 챕터의 각 절은 다음과 같은 의도를 가지고 썼습니다. 참고하세요.

| 절 | 의도 |
|---|---|
| 매입_기타 업로드 폼 만들기(XLSX) | 기본적인 업로드 폼을 만드는 방법을 설명합니다. |
| 매출_PG사_카드 업로드 폼 만들기(XLS) | XLS 파일의 업로드 방법을 설명합니다. 업로드 폼을 만드는 표준 절차를 설명합니다. |
| 매입_법인카드 업로드 폼 만들기(CSV) | 텍스트 파일 중, CSV 파일의 업로드 방법을 설명합니다. 사용자 정의 '가져오기 설정'을 하는 방법을 설명합니다. |
| 매출_계산서 업로드 폼 만들기(TXT) | 탭으로 구분된 텍스트 파일을 가져오는 방법을 설명합니다. 'UTF-8'로 인코딩된 문서를 가져오는 방법을 설명합니다. |

※ 정답은 다음 링크에 있습니다 : http://g.td21.com/gb86

# 엑셀 업로드 폼 만들기

● **예제파일** : 020.리뷰실무예제(시작).accdb　　● **결과파일** : 021.리뷰실무예제(완료).accdb, 022_리뷰실무예제_예제.xlsx

다음 그림과 같이 엑셀 파일을 업로드하는 폼을 만들어 보세요.

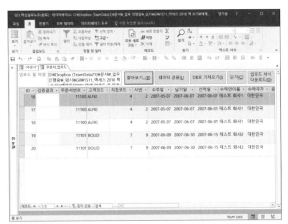 

**Hint**

① 원본 데이터는 '주문서' 테이블과 '주문서_내역' 테이블에 나눠 들어가야 합니다.

　ⓐ 실무 수준에서, 다른 시스템에서 엑셀로 데이터를 다운로드할 때, 여러 테이블 데이터를 합친 형태의 데이터를 받는 경우가 많습니다.

　ⓑ 이럴 때는 다른 시스템에서 테이블 별로 데이터를 다운로드하는 것이 가장 바람직합니다.

　ⓒ 하지만, 실무에서는 이러한 요청을 하는 것이 쉽지 않을 때가 많이 있습니다.

　ⓓ 이럴 때는 데이터 하나를 여러 테이블로 나눠 넣는 방법을 알아 두면 좋을 경우가 있습니다.

② 원본 데이터는 다음과 같이 구분할 수 있습니다.

　ⓐ '주문서번호' 필드 ~ '운임' 필드 → '주문서' 테이블에 추가

　ⓑ '제품번호' 필드 ~ '할인율' 필드 → '주문서_내역' 테이블에 추가

③ 그에 따라, 엑셀 업로드 모듈의 'mUPLOAD_QUERY_NAMES' 상수를 다음과 같이 정의해야 합니다.
Const mUPLOAD_QUERY_NAMES = "q주문서_업로드_상위|q주문서_업로드_하위"

　ⓐ q주문서_업로드_상위 : 임시 테이블의 데이터를 '주문서' 테이블로 추가하는 쿼리입니다. 임시 테이블에서 '주문서' 테이블에 추가할 필드만 표시한 다음, 고유한 행만 표시하게 하는 추가 쿼리를 만들면 됩니다.

　ⓑ q주문서_업로드_하위 : 임시 테이블의 데이터를 '주문서_내역' 테이블에 추가하는 쿼리입니다.

# 통합 영업 분석 도구 제작 사례

외국계 농업 분야의 영업 본부에서 근무하는 최환석 님은 90개국에서 동일한 오피스 환경을 사용해야 하다 보니, SAP과 MS 오피스로 데이터를 관리해야 합니다. 그래서 엑셀로 데이터를 관리하였고, 엑셀로 데이터 관리를 하다보니 데이터 중복과 반복된 업무가 많던 차에 **'액세스로 데이터를 관리 하면 효율적이고 신속하게 데이터 관리를 할 수 있다'**는 이야기를 듣고 액세스를 독학으로 공부하여 회사 업무에 도입하려고 했습니다. 하지만 액세스가 엑셀에 비해 친화적이지 않고, 액세스를 강의하는 학원도 많지 않아서 답답하던 차에 팀데이터21 온라인 강의를 듣고 액세스 기본 개념을 알게 되었습니다.

하지만 기본 개념만으로는, 엑셀로 처리하던 모든 업무를 액세스를 통하여 처리하는 방식으로 변경하는 것이 쉽지 않았습니다. 혹시 그것이 가능하다고 하더라도, 갑자기 막히는 부분이 생길 때 액세스 온라인 커뮤니티에 회사 데이터를 그대로 공유하여 질문을 할 수도 없었고, 데이터를 수정해서 질문을 하려고 하다 보니 답변을 얻는 시간이 오래 걸리기도 하였으며, 부족한 답변을 받을 때도 있는 등의 문제가 있었습니다. 그래서 튜터링 서비스를 이용해 보았는데, **문제의 원인부터 알 수 있었고, 쉽고 빠르게 고민을 해결할 수 있었습니다.**

## Q1 엑셀을 이용한 기존 영업 분석 방식은 어땠나요?

기존에는 영업 분석을 하려면 월간 판매 계획, 재고 정보, 판매 실적을 SAP에서 다운로드하고 엑셀에서 수작업으로 가공한 다음 가공된 데이터를 통합하여 최종 보고서를 만들었습니다. 데이터를 가공하거나 통합하는 과정에서 실수가 생기면 데이터의 정확도가 떨어지는 문제도 있었습니다.

> SAP에서 데이터 다운로드 → 엑셀에서 수작업으로 데이터 가공 → 가공된 데이터를 수작업으로 취합 → 보고서 완성

## Q2 액세스를 이용한 현재 영업 분석 방식은 어떤가요?

현재는 데이터를 다운 받고, 액세스에 업로드하기만 하면 바로 액세스에서 보고서 출력이 되기 때문에, 보고서 작성 절차를 매우 간소화할 수 있었습니다. 이렇게 절약한 시간 덕분에 영업 분석에 보다 많은 시간을 할애할 수 있게 되었습니다.

> SAP에서 데이터 다운로드 → 액세스가 원하는 형태로 데이터 가공 → 보고서 완성

동일한 데이터 구조와 반복된 업무라면 액세스 도입을 추천하고 싶습니다. **액세스가 어렵다고 망설여진다면, 튜터링 서비스를 받는다면 빠르고 손쉽게 원하는 보고서를 만들 수 있습니다.**

원본 데이터와 구하고 싶은 보고서를 설명할 수만 있다면, 튜터링 서비스를 통해 원하는 보고서를 만들 수 있습니다. 이 과정에서 강의나 책 이상의 진짜 지식도 얻을 수 있습니다.

# CHAPTER 6 보고서 폼 만들기

이제 앱을 사용하는 궁극적 목적인 보고서를 보기 위한 폼을 만들어 봅시다. 어떤 데이터가 표시될지 그림으로 미리 표시하는 기법, 옵션 그룹 컨트롤로 보고서의 종류를 선택하는 방법, 액세스에서 엑셀을 제어하는 원리, 엑셀 VBA를 액세스 VBA로 옮기는 방법 등을 알아볼 것입니다.

Access

# 보고서 폼 개념 잡기

보고서 폼의 개념을 알아봅시다. 보고서 폼의 주요 기능에 대해 알아보고, 액세스에서 엑셀을 제어하는 원리를 알아볼 것입니다. 엑셀 차트 모듈의 사용법도 익혀 봅시다.

이러한 개념을 잘 익혀 놓으면, 다음에 자신만의 보고서 폼을 만들 때 유용할 것입니다.

> **PREVIEW**

## 피벗 테이블/차트 생성 함수(gsbMakeChart)의 다양한 사용 사례

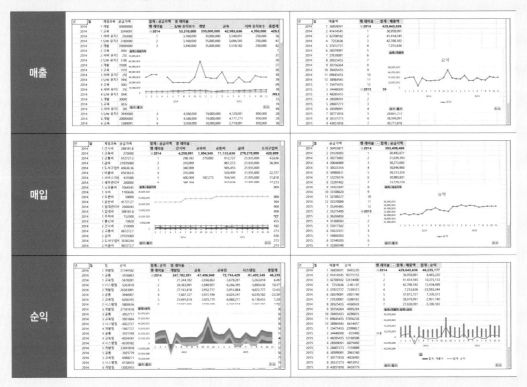

# 보고서 폼 알아보기

보고서 폼을 알아보겠습니다. 예제파일을 열고, '보고서'라는 이름의 폼을 열어 봅시다. '보고서 선택'에서 원하는 보고서를 선택합니다. 그러면 선택한 보고서 종류에 따라, 보고서가 어떻게 표시될지 보여주는 미리 보기가 폼 왼쪽 아랫부분에 표시됩니다.

'년도'에서 원하는 년도의 범위를 선택하고 [조회]를 클릭하면 폼의 오른쪽 아래쪽에 표시됩니다. 훌륭한 보고서 용도의 폼입니다.

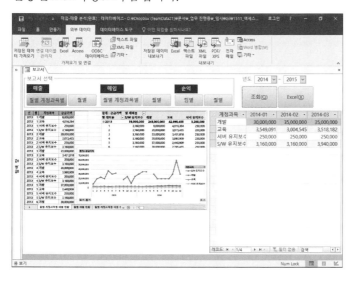

[Excel]을 클릭하면 해당 보고서를 엑셀 파일로, 멋진 차트와 함께 표시해 줍니다.

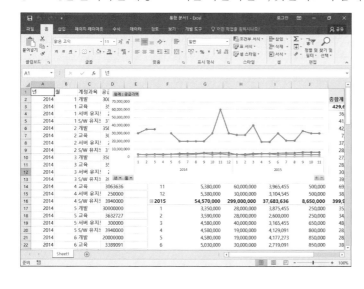

데이터를 폼에 미리 보기 형태로 보여주는 것은 중/고급 수준에서 충분히 만들 수 있습니다. 그러나, 엑셀을 제어하여 차트를 만드는 것은 중/고급 수준이 아니고, 전문가 수준 지식과 경험이 있어야 할 수 있습니다. 그래서 필자는, 엑셀로 차트를 내보내는 모듈을 제공합니다. 모듈은 특정한 양식의 차트만 표시하지만, 차트 내보내기 모듈을 잘 분석하면 원하는 대로 내보내기 모듈을 만들 수도 있습니다. 물론, 필자가 제공하는 차트 모듈을 적절히 설정하면 상당한 수준의 차트를 사용할 수 있습니다.

Chapter 2에서 보고서를 위한 쿼리를 미리 만들어 두었습니다. Chapter 6에서는 시각적으로 보고서 폼을 만들어 내는 방법과 엑셀을 제어해서 데이터를 내보내는 기능에 중점을 두고 공부하면 됩니다.

> **예제파일** : 010. 옵션그룹(시작).accdb, 매입–매출 분석(완료).accdb  > **결과파일** : 011. 옵션그룹(완료).accdb

# 1 | 이미지 컨트롤 알아보기

보고서 폼을 만들기에 앞서, 기본적인 사항을 몇 가지 알아보겠습니다. 우선, 이미지 컨트롤을 알아봅시다. 이미지 컨트롤은 말 그대로, 그림을 액세스 폼/보고서에 표시할 때 사용하는 컨트롤입니다. 실제로 이미지 컨트롤을 이용해 보고, 이미지 컨트롤의 각종 속성을 알아봅시다.

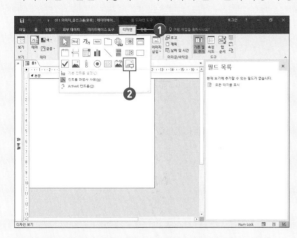

**1** '매입–매출 분석(완료).accdb' 파일을 열어 봅니다. 빈 폼을 하나 만듭니다. [폼 디자인 도구]의 [디자인] 탭–[컨트롤] 그룹에서 [이미지]를 클릭합니다.

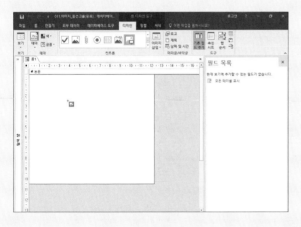

**2** 마우스 포인터를 폼의 빈 공간으로 가져오면 마우스 포인터가 그림과 같이 바뀝니다.

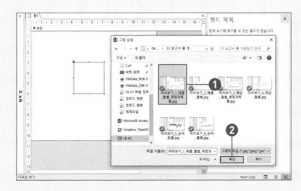

**3** 적당한 위치에서 클릭하면 등록할 그림 파일이 어디 있는지 물어 보는 [그림 삽입] 대화상자가 표시됩니다. 예제 폴더에서 [미리 보기_1_매출_월별_계정과목별.jpg] 파일을 선택하고 [확인]을 클릭합니다.

4 그림과 같이 액세스 폼에 그림이 표시됩니다.

이러한 이미지 컨트롤은 반드시 알아 두어야 할 속성이 몇 가지 있습니다. 우선 '그림 유형' 속성을 알아봅시다. 그림을 등록하면 기본적으로 '그림 유형' 속성이 '포함'으로 설정됩니다. 이것은 우리가 등록한 그림이 액세스 폼에 저장된다는 뜻입니다. '그림 유형' 속성을 '연결'로 설정하면 그림이 액세스 파일의 바깥, 디스크 어딘가에 저장된다는 뜻입니다.

관리하기가 번거로우니 '그림 유형' 속성을 '포함'으로 하는 것이 좋을까요? 그러나 그렇지 않습니다. '그림 유형' 속성을 '포함'으로 하게 되면, 액세스 파일이 무척 커집니다. 300KB에 불과한 JPEG 파일을 폼에 추가하더라도, 액세스 파일 자체의 용량은 수 MB까지 커질 수도 있습니다. 필자의 추측으로는, 액세스가 내부적으로 그림 파일을 BMP 파일로 변환한 다음 폼에 표시하는 듯합니다.

> **Tip**
>
> JPEG 파일은 손실 압축 형식이기 때문에 파일 용량이 적습니다. 반면, BMP 파일은 압축을 하지 않는 파일 형식이기 때문에 파일 용량이 매우 큽니다. 액세스는 내부적으로 BMP 파일만 처리하는 듯합니다. 그래서 JPEG 파일을 액세스 폼에 등록해도 내부적으로 BMP 파일로 변환되는 것입니다.

그러면 '그림 유형' 속성을 '연결'로 하는 것이 좋을까요? 꼭 그렇지는 않습니다. '연결'로 설정하면, 지정한 경로의 그림 파일도 액세스 파일과 같이 이동해야 합니다. 관리에 상당한 불편함이 있을 수 있습니다. 이러한 점을 고려하여 옵션을 적절히 선택하는 것이 좋습니다. 이 책에서, 보고서 미리 보기용 이미지 파일은 '포함'으로 관리하겠습니다.

'그림' 속성에서는 이 그림 파일이 어디서 왔는지 정의하게 됩니다. '포함'일 때는 파일명만 표시되지만, '연결'로 설정해 놓았다면 파일 위치와 파일명이 함께 표시됩니다.

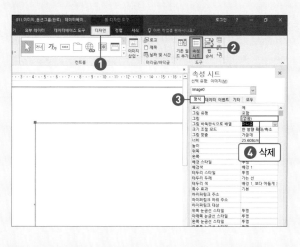

5 속성 시트의 [형식] 탭에서 '그림' 속성값을 지우면 컨트롤에서 이 그림을 제거할지 묻는 대화상자가 표시됩니다. [예]를 클릭하여 조금 전 추가한 '그림' 속성에 설정된 텍스트를 삭제해 보십시오. 그러면 그림과 같이 이미지 컨트롤만 표시되고, 그림은 사라지게 됩니다.

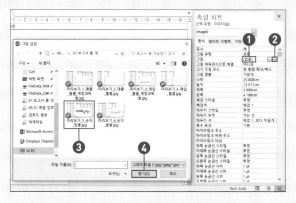

6 이미지 컨트롤의 '그림' 속성값을 적절한 값으로 채우면 그림을 표시할 수 있습니다.
'그림' 속성 창 오른쪽 [만들기] 단추(...)를 클릭하면 [그림 삽입] 창이 표시됩니다. 여기에서 적절한 그림을 선택하면, 선택한 그림이 폼에 표시됩니다. 이번에는 '미리 보기_5_순익_팀별.jpg' 파일을 선택하고 [확인]을 클릭합니다.

7 그림과 같이, 그림이 다시 표시됩니다. 이처럼, '그림 유형' 속성과 '그림' 속성을 제어한다면, 우리는 그림을 얼마든지 표시할 수 있습니다. VBA를 이용하면 자유자재로 그림을 표시할 수 있겠지요?

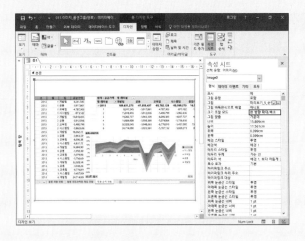

8 현재 그림은 크기가 꽤 큽니다. 그래서 화면에
다 표시되지 않고, 잘립니다. 그림과 같이, 그림
컨트롤 크기와 위치를 조절하여 현재 폼에 잘리지 않
고 표시되게 바꾸어 봅시다.
이미지 컨트롤 크기에 맞춰 크기가 조절되어 표시됩니
다. 이것은 '크기 조절 모드' 속성이 기본적으로 '한 방
향 확대/축소'로 설정되어 있기 때문입니다.

'크기 조절 모드' 속성은 다음의 세 가지가 있습니다.

- **원래 크기로** : 이미지 컨트롤 크기와 관계 없이, 원래 이미지 크기 그대로 표시하는 것입니다.
- **전체 확대/축소** : 이미지 컨트롤 크기에 맞추어, 이미지 가로/세로 비율을 무시하고, 이미지 컨트롤에 채우는 것입니다. 필자는 개인적으로 이 옵션을 사용하지 않습니다. 이미지 가로/세로 비율을 무시하면 그림이 변형되기 때문입니다.
- **한 방향 확대/축소** : 이미지 컨트롤 크기에 맞추어, 이미지 가로/세로 비율을 유지하면서 이미지 컨트롤에 채우는 것입니다. 이미지 컨트롤의 가로 혹은 세로는 꽉 차지만, 나머지 부분은 공백으로 표시됩니다. 일반적으로 이 옵션을 사용합니다.

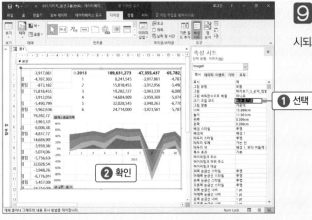

9 '크기 조절 모드'를 [원래 크기로]로 지정해 봅시
다. 그림과 같이, 그림의 중앙부를 중심으로 표
시되고, 가장자리 부분이 잘립니다.

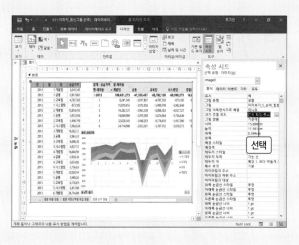

**10** '크기 조절 모드'를 [전체 확대/축소]로 지정해 봅시다. 이미지 컨트롤에 꽉 채워서 그림이 표시되기는 하지만, 이미지 비율이 깨져서 보기가 좋지 않습니다. 특히 '차트'를 표시한다면, 데이터 왜곡에 주의해야 합니다.

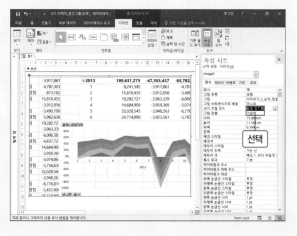

**11** '크기 조절 모드'를 [원래 크기로], '그림 맞춤'을 [가운데]로 지정해 봅시다. 그림과 같이, 그림 가운데를 중심으로 하여 가장자리가 잘립니다. 이것은 '그림 맞춤' 속성이 '가운데'로 되어 있기 때문입니다.

**12** '그림 맞춤' 속성을 [왼쪽 위]로 설정해 봅니다. 이번에는 그림이 왼쪽 위를 기준으로 표시되고, 오른쪽과 아래쪽이 잘려서 표시됩니다. '그림 맞춤' 속성은 더 설명하지 않아도 잘 알 수 있겠지요?

> **Tip**
>
> 이러한 이미지 컨트롤 속성을 알아 두면 원하는 대로 그림을 표시하는 데 도움을 줍니다. '그림 유형', '그림', '크기 조절 모드', '그림 맞춤' 속성을 잘 기억해 두세요.

## 2 | 옵션 그룹 컨트롤 알아보기

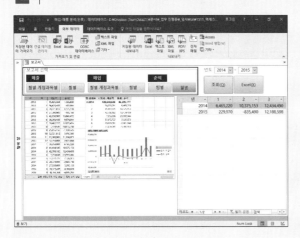

1 '매입-매출 분석(완료).accdb' 파일을 열어 봅니다. 이 파일에서 '보고서' 폼을 열어 봅니다. 그림과 같이 표시됩니다.

'보고서 선택' 항목에서, 사용자가 보고 싶은 보고서를 선택할 수 있습니다. 이때 사용된 컨트롤이 '옵션 그룹' 컨트롤입니다.

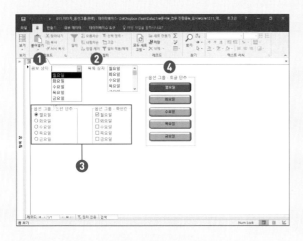

2 항목 여러 개 중 하나를 선택하는 것은 다양한 방법이 있습니다. '월요일'~'금요일' 중 하나를 선택하는 것을 생각해 봅시다.

이것을 선택하는 것은 '010. 옵션 그룹(시작).accdb' 파일의 '옵션 그룹' 폼과 같이 총 다섯 가지 방법이 있습니다. 어떤 것이 가장 좋습니까?

> **Tip**
>
> 옵션 그룹은 간단한 선택사항을 선택하게 하는 데 유용합니다. 다섯 가지 스타일 중 각자가 가진 장단점을 판단하여 적절한 항목을 사용해야 합니다.

❶ **콤보 상자** : 폼 공간은 가장 적게 차지하지만, 목록이 항상 보이지 않는 문제가 있습니다.

❷ **목록 상자** : 폼 공간을 다소 차지하지만, 목록을 항상 볼 수 있습니다.

❸ **'옵션 단추', '확인란'을 사용한 옵션 그룹**

- '옵션 그룹'은 목록에서 하나만 선택할 때 사용하는 것입니다.
- 따라서, '옵션 그룹 - 확인란'은 사용해서는 안 됩니다.
  '확인란'은 여러 가지를 동시에 선택할 수 있는 것이라고 약속되어 있는데, 옵션 그룹 안에 있기 때문에 목록 중 하나만 선택할 수 있습니다. 그래서 별로 좋지 않은 방법입니다.

❹ **'토글 단추'를 사용한 옵션 그룹** : 시각적으로 '선택'된 것을 제대로 표현할 수 있습니다.
  필자가 선호하는 방법입니다.

● 예제파일 : 020.엑셀 제어 원리(시작).xlsm     ● 결과파일 : 021.엑셀 제어 원리(완료).xlsm

실무
예제 **02**   **엑셀을 제어하는 원리 알아보기**

### 1 엑셀을 제어하는 코드 살펴보기

이번에는 '엑셀을 제어하는 원리'를 알아봅시다. 다음 코드는 액세스에서 엑셀을 제어하는 코드입니다.

```
001:    objWB.PivotCaches.Create(SourceType:=xlDatabase, SourceData:= _
002:      strAddrRC_Raw, Version:=6).CreatePivotTable TableDestination:= _
003:      strAddrRC_PT, TableName:="피벗 테이블1", DefaultVersion:=6
004:    Set objChartShape = objSheet.Shapes.AddChart2(201, xlColumnClustered)
005:    Set objChart = objChartShape.Chart
006:
007:    Set objRangePT = objSheet.Range(objSheet.Cells(1, lngQtyFld + 2), objSheet.Cells(18, lngQtyFld
+ 2 + 2))
008:    objChart.SetSourceData Source:=objRangePT
009:
010:    'Row 추가
011:    lngRpt_Fld = 0
012:    For Each varFld In varFld_Rows
013:      lngRpt_Fld = lngRpt_Fld + 1
014:      With objChart.PivotLayout.PivotTable.PivotFields(Trim(varFld))
015:        .Orientation = xlRowField
016:        .Position = lngRpt_Fld
017:      End With
018:    Next
```

아직 제대로 알아보지 않아서 어려울 테지만, 대략 한 번 살펴봅시다.

001행에는 'PivotCaches.Create'라는 명령이 있습니다. 피벗 테이블과 관련된 기능 중, 피벗 캐시를 하나 만드는 것으로 생각할 수 있습니다.

008행은 차트 원본 데이터를 어떤 영역으로 설정하는 것입니다.

014행은 피벗 테이블의 특정 축의 방향(Orientation)과 위치(Position)을 지정하는 것으로 생각할 수 있습니다.

어떻습니까? 어렵지요? 필자도 구문을 100% 이해하는 것은 아닙니다. 그렇다면, 저 구문을 어떻게 만들었을까요?

엑셀에는 '매크로 기록기'라는 훌륭한 도구가 있습니다. **매크로 기록기를 켜고, 키보드나 마우스를 이용하여 엑셀 관련한 동작을 하면, 그것이 모두 VBA 코드로 기록**됩니다. 우리가 앞서 살펴본 소스 코드를

'생성'하는 것은 무척 어려운 일입니다. 그러나 우리가 어떤 동작을 하고, 그것이 기록된 VBA 코드를 살펴보는 것은 그리 어려운 일이 아닙니다.

실제로, 예제파일을 가지고 피벗 테이블과 차트를 만들어 보려고 합니다. 물론, '매크로 기록기'를 켜서 VBA 코드를 얻어 보겠습니다.

## 2 매크로 기록기를 이용해서 VBA 코드 얻기

**1** 매크로 기록기는 엑셀 메뉴에 감춰져 있습니다. 엑셀에서 매크로 기록기를 켜고 끌 수 있는 리본 메뉴를 불러와 봅시다. 예제파일을 열고, 리본 메뉴 위에서 마우스 오른쪽 단추를 클릭한 다음 **[리본 메뉴 사용자 지정]**을 선택합니다.

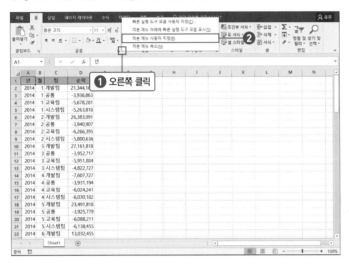

**2** [Excel 옵션] 창이 표시됩니다. 오른쪽 목록 상자에서 [개발 도구]에 체크 표시하고 [확인]을 클릭합니다.

**3** [개발 도구] 탭이 새로 생깁니다. 리본 메뉴 가장 왼쪽에 보면 [Visual Basic]도 있고, [매크로 기록]도 있습니다. 이러한 단추를 이용해서 매크로를 기록하고 편집하면 됩니다. **[개발 도구] 탭-[코드] 그룹**에서 **[매크로 기록]**을 클릭합니다.

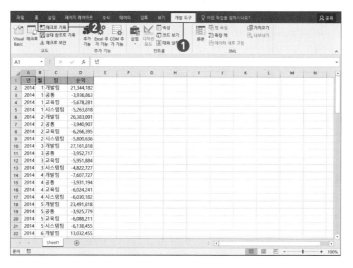

**4** [매크로 기록] 대화상자가 표시됩니다. '매크로 저장 위치'가 기본적으로 '현재 통합 문서'로 되어 있습니다. 여기에서 기록한 매크로는 현재 열린 통합 문서에 보관된다는 뜻입니다. [확인]을 클릭합니다.

**5** 매크로 기록 상태로 전환됩니다. [매크로 기록]이 [기록 중지]로 바뀌어 있습니다.

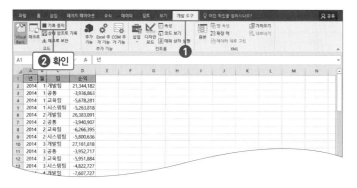

**6** 피벗 테이블과 차트를 만들어 보겠습니다. 현재 커서는 A1셀에 있습니다. **[삽입] 탭-[차트] 그룹**에서 **[피벗 차트]-[피벗 차트 및 피벗 테이블]**을 클릭합니다.

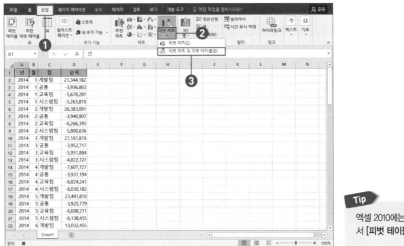

**Tip**

엑셀 2010에는 [삽입] 탭-[표] 그룹에서 [피벗 테이블]을 클릭합니다.

**7** [피벗 테이블 만들기] 대화상자가 표시됩니다. [표 또는 범위 선택]에 자동으로 데이터 영역이 선택되어 있을 것입니다. [기존 워크시트]를 클릭하고 F1셀을 지정합니다. [확인]을 클릭합니다.

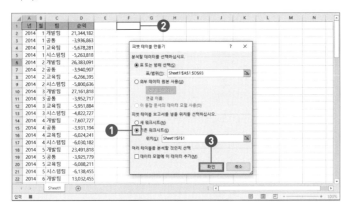

**8** 피벗 테이블과 차트가 만들어집니다. 이제 필드를 축, 범례, Σ 값에 배치하면 됩니다.

**9** '년'과 '월'은 [축]으로 배치하고, '팀'은 [범례]로 배치합니다. '순익'은 'Σ 값'에 배치합니다. 이제 차트 종류를 변경해야 합니다. [피벗 차트 도구]-[디자인] 탭-[종류] 그룹에서 [차트 종류 변경]을 클릭합니다.

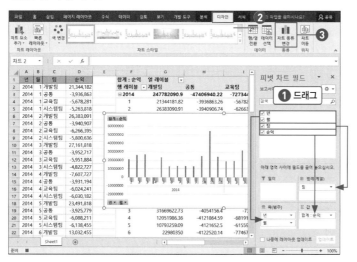

**10** [차트 종류 변경] 대화상자가 표시됩니다. 그림과 같이 왼쪽에서 [꺾은선형]을 선택하고, 오른쪽의 차트 목록에서 네 번째인 [표식이 있는 꺾은선형]을 선택한 다음 [확인]을 클릭합니다.

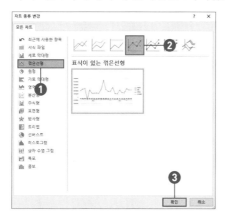

**11** 차트가 제대로 표시됩니다. 매크로 기록을 중지해 봅시다. [개발 도구] 탭-[코드] 그룹에서 [기록 중지]를 클릭합니다. 이제 기록된 코드를 보아야 합니다. [개발 도구] 탭-[코드] 그룹에서 [Visual Basic]( Alt + F11 )을 클릭합니다.

**12** VBA 편집기가 표시됩니다. 왼쪽 프로젝트 탐색기에서 현재 파일의 [모듈]을 확장해 봅니다. 그러면 [Module]이 있을 텐데, 이 모듈을 더블클릭합니다. 그러면 그림과 같이 기록된 매크로가 표시됩니다.

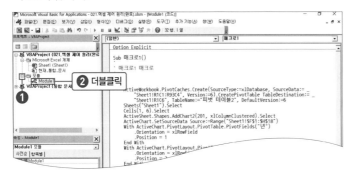

**13** 편집기를 닫고 다시 엑셀 창으로 돌아옵니다. 조금 전에 확인한 매크로를 다시 한 번 실행하면 동일하게 차트가 만들어질지 궁금합니다. 차트 데이터가 표시된 F열부터 K열까지를 선택하고 열을 삭제합니다.

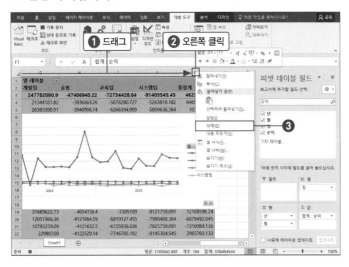

**14** 만약, 불필요하게 차트 영역이 남아 있다면, 차트 영역을 선택한 후 Delete를 눌러 삭제합니다.

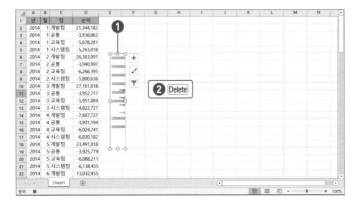

**15** 파일을 처음 열었을 때와 동일한 상황이 되었습니다. 이제 아까 저장된 매크로를 다시 실행해 보겠습니다.

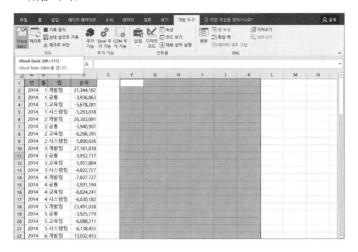

**16** 'Sub 매크로1( )' 이라고 써져 있는 곳에 커서를 놓습니다. 그 다음 **[실행] 탭 - [Sub/사용자 정의 폼 실행(F5)]**을 선택합니다.

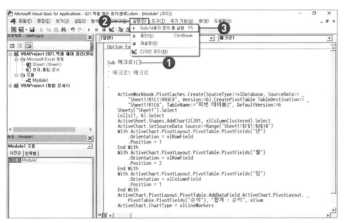

**17** 다시 엑셀 창으로 가 봅시다. 그림과 같이, 피벗 차트가 제대로 만들어져 있는 것을 볼 수 있습니다.

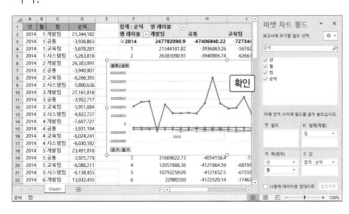

397

## 3 매크로 해석 시도하기

엑셀이 자동으로 만든 매크로는 다음과 같습니다.

```
001:    ActiveWorkbook.PivotCaches.Create(SourceType:=xlDatabase, SourceData:= _
002:      "Sheet1!R1C1:R93C4", Version:=6).CreatePivotTable TableDestination:= _
003:      "Sheet1!R1C6", TableName:="피벗 테이블2", DefaultVersion:=6
004:    Sheets("Sheet1").Select
005:    Cells(1, 6).Select
006:    ActiveSheet.Shapes.AddChart2(201, xlColumnClustered).Select
007:    ActiveChart.SetSourceData Source:=Range("Sheet1!$F$1:$H$18")
008:    With ActiveChart.PivotLayout.PivotTable.PivotFields("년")
009:       .Orientation = xlRowField
010:       .Position = 1
011:    End With
012:    With ActiveChart.PivotLayout.PivotTable.PivotFields("월")
013:       .Orientation = xlRowField
014:       .Position = 2
015:    End With
016:    With ActiveChart.PivotLayout.PivotTable.PivotFields("팀")
017:       .Orientation = xlColumnField
018:       .Position = 1
019:    End With
020:    ActiveChart.PivotLayout.PivotTable.AddDataField ActiveChart.PivotLayout. _
021:      PivotTable.PivotFields("순익"), "합계 : 순익", xlSum
022:    ActiveChart.ChartType = xlLineMarkers
```

이 부분을 정확하게는 아니더라도, 대략적으로 이해해 보도록 합시다. 그래야 필요한 부분을 수정해서 재활용할 수 있기 때문입니다.

001~003행은 **피벗 테이블을 만드는 것**이라고 짐작할 수 있습니다. 'TableName' 인수를 '피벗 테이블2'라고 설정하는 것이 보이기 때문입니다.

004~005행처럼 '.Select'라는 구문이 나오면, 대부분 이런 코드는 마우스나 키보드 동작 자체를 기록한 것입니다. **이런 코드는 별 의미가 없습니다.**

006행을 보면 'AddChart2' 프로시저를 이용해서 **차트를 추가**하는 것을 알 수 있습니다.

007행을 보면 추가한 차트의 **원본 데이터를 설정**한다고 짐작할 수 있습니다.

008~011행은 **'년' 필드를 추가**하는 구문입니다. 'xlRowField'라는 상수를 봤을 때, 피벗 테이블의 '행' 필드로 추가하는 듯합니다.

012~015행은 **'월' 필드를 추가**하는 구문입니다. 'xlRowField'라는 상수를 봤을 때, 피벗 테이블의 '행' 필드로 추가하는 듯합니다.

016~019행은 **'팀' 필드를 추가**하는 구문입니다. 'xlColumnField'라는 상수를 봤을 때, 피벗 테이블의 '열' 필드로 추가하는 듯합니다.

020~021행은 **'순익' 필드를 추가**하는 구문입니다. 'xlSum'이라는 상수를 봤을 때, 피벗 테이블의 '합계' 필드로 추가하는 듯합니다.

022행은 **차트의 타입을 바꾸는 코드**입니다. 'xlLineMarkers' 상수를 봤을 때, '표식이 있는 꺾은선형' 차트로 바꾸는 코드입니다.

마우스와 키보드를 이용해서 피벗 테이블과 차트를 만든 것이 제대로 기록되어 있습니다. 이제 이 매크로만 있으면 이것과 비슷한 피벗 테이블과 차트를 모두 만들 수 있습니다.

## 4 매크로 부분 수정하기

매크로에서 불필요한 부분을 수정해 봅시다. 앞서 본 코드에서 004~005행과 같이 '.Select'와 같은 구문은 별 의미 없다고 언급한 바 있습니다. '.Select'는 마우스나 키보드를 이용해서 셀을 클릭한 것입니다. 프로그래밍적으로 엑셀을 제어할 때는 이런 것이 필요하지 않은 경우가 많습니다.

**1** 필요한 경우인지 그렇지 않은지 잘 모를 때는 일단 주석 처리를 하고 매크로를 실행해 보면 됩니다. 그림과 같이 두 줄을 주석 처리합니다.

```
Sub 매크로1()
'
' 매크로1 매크로
'


    ActiveWorkbook.PivotCaches.Create(SourceType:=xlDatabase, SourceData:= _
        "Sheet1!R1C1:R93C4", Version:=6).CreatePivotTable TableDestination:= _
        "Sheet1!R1C6", TableName:="피벗 테이블2", DefaultVersion:=6
    Sheets("Sheet1").Select
    Cells(1, 6).Select
    ActiveSheet.Shapes.AddChart2(201, xlColumnClustered).Select
    ActiveChart.SetSourceData Source:=Range("Sheet1!$F$1:$H$18")
    With ActiveChart.PivotLayout.PivotTable.PivotFields("년")
        .Orientation = xlRowField
        .Position = 1
    End With
    With ActiveChart.PivotLayout.PivotTable.PivotFields("월")
        .Orientation = xlRowField
        .Position = 2
    End With
    With ActiveChart.PivotLayout.PivotTable.PivotFields("팀")
        .Orientation = xlColumnField
        .Position = 1
    End With
    ActiveChart.PivotLayout.PivotTable.AddDataField ActiveChart.PivotLayout. _
        PivotTable.PivotFields("순익"), "합계 : 순익", xlSum
    ActiveChart.ChartType = xlLineMarkers

End Sub
```

> **Tip**
>
> 주석 처리한 다음 줄도 '.Select'로 끝납니다. 그러나 이것은 주석 처리를 하면 안 됩니다. 이후 행에서 'ActiveChart. SetSourceData' 프로시저가 실행되는데, 'ActiveChart'가 제대로 동작하려면 그 앞에 차트를 선택했어야 하기 때문입니다.

**2** 다시 엑셀 시트로 돌아옵니다. 만들어진 피벗 테이블과 피벗 차트를 삭제합니다.

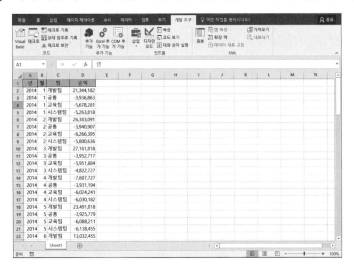

**3** VBA 편집기로 가서 매크로를 실행해 봅니다. 그림과 같이 피벗 테이블과 차트를 잘 만들 것입니다(현재 커서는 A1 셀에 있습니다).

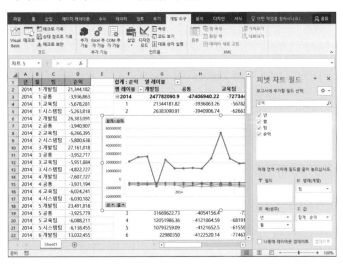

**4** 제대로 실행되는 것을 확인했으니 주석 처리한 두 줄은 삭제해도 됩니다. 최종적으로 완료된 매크로는 다음과 같습니다.

```
001:    ActiveWorkbook.PivotCaches.Create(SourceType:=xlDatabase, SourceData:= _
002:      "Sheet1!R1C1:R93C4", Version:=6).CreatePivotTable TableDestination:= _
003:      "Sheet1!R1C6", TableName:="피벗 테이블2", DefaultVersion:=6
004:    ActiveSheet.Shapes.AddChart2(201, xlColumnClustered).Select
005:    ActiveChart.SetSourceData Source:=Range("Sheet1!$F$1:$H$18")
```

```
006:    With ActiveChart.PivotLayout.PivotTable.PivotFields("년")
007:        .Orientation = xlRowField
008:        .Position = 1
009:    End With
010:    With ActiveChart.PivotLayout.PivotTable.PivotFields("월")
011:        .Orientation = xlRowField
012:        .Position = 2
013:    End With
014:    With ActiveChart.PivotLayout.PivotTable.PivotFields("팀")
015:        .Orientation = xlColumnField
016:        .Position = 1
017:    End With
018:    ActiveChart.PivotLayout.PivotTable.AddDataField ActiveChart.PivotLayout. _
019:        PivotTable.PivotFields("순익"), "합계 : 순익", xlSum
020:    ActiveChart.ChartType = xlLineMarkers
```

**Tip**

이런 식으로 **엑셀의 모든 기능을 VBA 코드로 변환**할 수 있습니다. 물론, VBA 코드의 의미를 몰라서 헤멜 때도 있겠지만, 여러 번 하다 보면 '감'이 옵니다. 반복해서 연습하여 경험을 쌓아야 합니다. 중요한 것은 **전문가들도 이런 방식으로 엑셀 제어 코드를 짠다**는 것입니다. 지금까지 액세스 VBA를 작성할 때처럼 일일이 입력해서 만드는 경우는 매우 드뭅니다. 엑셀의 매크로 기록기는 훌륭한 도구입니다.

**잠깐만요**  **오피스 버전에 따른 호환성**

앞의 소스 코드는 오피스 2016이 설치된 환경에서 만든 소스 코드입니다. 이 소스 코드는 오피스 2010, 2013이 설치된 환경에서는 제대로 동작하지 않습니다(물론, 독자가 오피스 2010, 2013 환경에서 만든 소스 코드라면 별 문제가 없습니다). 만약 독자가 직접 엑셀 매크로 기록기를 이용하여 소스 코드를 만들어 내지 않고, 이 책에 있는 소스 코드를 이용한다면, 그리고 독자가 오피스 2010, 2013이 설치된 환경이라면, 소스 코드의 일부분을 다음과 같이 수정해야 합니다.

• **오피스 2010이 설치된 환경일 때 :**
002행 : 'Version:=6'을 'Version:=4'로 수정
003행 : 'DefaultVersion:=6'을 'DefaultVersion:=4'로 수정

• **오피스 2013이 설치된 환경일 때 :**
002행 : 'Version:=6'을 'Version:=5'로 수정
003행 : 'DefaultVersion:=6'을 'DefaultVersion:=5'로 수정

◐ 예제파일 : 030.액세스에서 엑셀 제어(시작).accdb　　◐ 결과파일 : 031.액세스에서 엑셀 제어(완료).accdb

실무
예제 **03**　**엑셀 VBA를 액세스 VBA로 옮기기**

엑셀에서 만든 VBA 코드를 액세스에서 실행하는 방법을 알아봅시다. 액세스에서 엑셀을 제어하려면 제일 먼저 엑셀이 참조로 설정되어 있어야 합니다. 예제파일을 열고, VBA 편집기를 엽니다. **[도구] 탭-[참조]**를 실행한 다음 'Microsoft Excel 16.0 Object Library'에 체크 표시합니다.

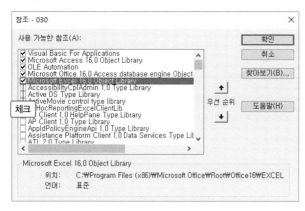

액세스에서 엑셀을 제어하려면, 몇몇 코드를 수정해야 합니다. 다음은 앞서 만들었던 피벗 테이블 및 차트를 만드는 VBA 코드 일부입니다.

```
001:    ActiveWorkbook.PivotCaches.Create(SourceType:=xlDatabase, SourceData:= _
002:        "Sheet1!R1C1:R93C4", Version:=6).CreatePivotTable TableDestination:= _
003:        "Sheet1!R1C6", TableName:="피벗 테이블2", DefaultVersion:=6
004:    ActiveSheet.Shapes.AddChart2(201, xlColumnClustered).Select
005:    ActiveChart.SetSourceData Source:=Range("Sheet1!$F$1:$H$18")
```

이 코드 액세스에서 돌아가지 않습니다. 이를 이해하려면 **'NameSpace'라는 개념**을 이해해야 합니다.

잠깐만요　**Early Binding과 Late Binding**

엑셀을 참조로 걸지 않더라도 엑셀을 제어할 수 있는 방법이 있습니다. 'Late Binding'을 사용하면 되는데, 전문가 수준의 지식이 필요하고, 코드 작성도 쉽지 않습니다.
지금의 예제처럼 엑셀을 참조로 거는 것을 'Early Binding'이라고 합니다. 일단은 참조를 걸고 사용하고, 나중에 필요할 때 'Early Binding'과 'Late Binding'을 찾아보면 됩니다.

예를 들어 '김철수'라는 아이가 있습니다. '김철수'는 액세스 고등학교 3학년 2반 학생입니다. 액세스 고등학교 3학년 2반에는 '김철수'가 한 명 밖에 없습니다. 그래서 반에서는 그냥 '김철수'라고 부릅니다. 그런데, 액세스 고등학교 3학년 3반에도 '김철수'가 있습니다. 그렇다면 조회 시간에 3학년 2반의 김철수에게 우등상을 준다면, 그냥 '김철수'라고 호명하면 안 되겠죠? '3학년 2반 김철수'라고 말해야 합니다.

이것을 액세스 VBA 용어로는 **'김철수'는 3학년 2반 네임스페이스에서 유일하지만, 3학년 네임스페이스에서는 유일하지 않다**고 말할 수 있습니다. 다소 어렵지만 어떤 말인지 이해되지요?

다시 엑셀에서 만들었던 VBA 코드를 살펴봅시다.

```
001:   ActiveWorkbook.PivotCaches.Create(SourceType:=xlDatabase, SourceData:= _
002:       "Sheet1!R1C1:R93C4", Version:=6).CreatePivotTable TableDestination:= _
003:       "Sheet1!R1C6", TableName:="피벗 테이블2", DefaultVersion:=6
004:   ActiveSheet.Shapes.AddChart2(201, xlColumnClustered).Select
005:   ActiveChart.SetSourceData Source:=Range("Sheet1!$F$1:$H$18")
```

001행을 보면 'ActiveWorkBook'으로 시작하는데, 사실 이 코드는 엑셀에서 작성된 것이기 때문에 'Application'이 생략된 구문입니다. 원래는 'Application.ActiveWorkbook.PivotCaches.Create'와 같이 작성해야 합니다. 그러나 이 코드를 엑셀에서 실행시키면 'Application'이 엑셀이기 때문에 별 문제가 없이 실행됩니다.

그러나, 이 코드를 액세스로 가지고 오면, 'Application'은 이제 액세스가 됩니다. 그래서 명시적인 '엑셀'을 가리키는 식을 써 주어야 합니다. 다음의 소스 코드가 액세스에서 엑셀을 제어하는 소스 코드입니다.

```
001:   Public Sub 엑셀제어()
002:
003:       Dim objExcel As Excel.Application
004:       Dim objWB As Excel.Workbook
005:
006:   '새로운 엑셀 개체 생성
007:       Set objExcel = New Excel.Application
008:
009:   '엑셀 동작이 표시되도록 함
010:       objExcel.Visible = True
011:
012:   '예제파일 열기
013:       Set objWB = objExcel.Workbooks.OpenCurrentProject.Path & "\020.엑셀 제어 원리(시작).xlsm")
014:
015:   '엑셀에서 만들었던 매크로 추가 : 피벗 테이블/차트 생성
```

```
016:    ActiveWorkbook.PivotCaches.Create(SourceType:=xlDatabase, SourceData:= _
017:       "Sheet1!R1C1:R93C4", Version:=6).CreatePivotTable TableDestination:= _
018:       "Sheet1!R1C6", TableName:="피벗 테이블2", DefaultVersion:=6
019:    ActiveSheet.Shapes.AddChart2(201, xlColumnClustered).Select
020:    ActiveChart.SetSourceData Source:=Range("Sheet1!$F$1:$H$18")
021:    With ActiveChart.PivotLayout.PivotTable.PivotFields("년")
022:       .Orientation = xlRowField
023:       .Position = 1
024:    End With
025:    With ActiveChart.PivotLayout.PivotTable.PivotFields("월")
026:       .Orientation = xlRowField
027:       .Position = 2
028:    End With
029:    With ActiveChart.PivotLayout.PivotTable.PivotFields("팀")
030:       .Orientation = xlColumnField
031:       .Position = 1
032:    End With
033:    ActiveChart.PivotLayout.PivotTable.AddDataField ActiveChart.PivotLayout. _
034:       PivotTable.PivotFields("순익"), "합계 : 순익", xlSum
035:    ActiveChart.ChartType = xlLineMarkers
036:
037:  End Sub
```

007행에서 새로운 엑셀 개체를 만듭니다. 엑셀 아이콘을 더블클릭하여 엑셀을 실행하는 것과 동일합니다.

010행에서 새로 만든 엑셀 개체를 화면에 표시합니다. 프로그래밍적으로 엑셀을 가동하면, 엑셀은 기본적으로 화면에 표시되지 않은 상태로 실행되기 때문에 엑셀 창을 화면에 표시하려면 엑셀 Visible 속성을 'True'로 바꿔 주어야 합니다.

013행에서 예제파일을 엽니다. 현재 액세스가 실행되고 있는 폴더에 있는 '020.엑셀 제어 원리(시작).xlsm' 파일을 엽니다.

015행부터 035행까지가 Chapter 3에서 만들었던 엑셀 VBA 구문을 액세스로 그대로 가지고 오는 것입니다.

문제는 015행부터 035행까지가, 엑셀에서 만들고 실행했었다는 것입니다. 엑셀에서는 Application 개체가 엑셀 그 자체였기 때문에 별 문제 없이 실행되었지만, **이 VBA 코드는 액세스에서 실행되기 때문에, 016행의 ActiveWorkbook이라는 것은 Access. ActiveWorkbook으로 해석될 여지가 있습니다.** 그래서 016행의 ActiveWorkBook은 다음과 같이 바꾸어야 합니다.

objExcel.ActiveWorkbook

그래서, 이러한 점을 반영하여 만든 최종 소스는 다음과 같습니다. 엑셀 개체로 시작하는 부분이 있다면, 그 구문 맨 앞에 'objExcel.'을 붙여야 합니다.

```
001:  Public Sub 엑셀제어()
002:
003:    Dim objExcel As Excel.Application
004:    Dim objWB As Excel.Workbook
005:
006:  '새로운 엑셀 개체 생성
007:    Set objExcel = New Excel.Application
008:
009:  '엑셀 동작이 표시되도록 함
010:    objExcel.Visible = True
011:
012:  '예제파일 열기
013:    Set objWB = objExcel.Workbooks.Open(CurrentProject.Path & "\020.엑셀 제어 원리(시작).xlsm")
014:
015:  '엑셀에서 만들었던 매크로 추가: 피벗 테이블/차트 생성
016:    objExcel.ActiveWorkbook.PivotCaches.Create(SourceType:=xlDatabase, SourceData:= _
017:      "Sheet1!R1C1:R93C4", Version:=6).CreatePivotTable TableDestination:= _
018:      "Sheet1!R1C6", TableName:="피벗 테이블2", DefaultVersion:=6
019:    objExcel.ActiveSheet.Shapes.AddChart2(201, xlColumnClustered).Select
020:    objExcel.ActiveChart.SetSourceData Source:=objExcel.Range("Sheet1!$F$1:$H$18")
021:    With objExcel.ActiveChart.PivotLayout.PivotTable.PivotFields("년")
022:      .Orientation = xlRowField
023:      .Position = 1
024:    End With
025:    With objExcel.ActiveChart.PivotLayout.PivotTable.PivotFields("월")
026:      .Orientation = xlRowField
027:      .Position = 2
028:    End With
029:    With objExcel.ActiveChart.PivotLayout.PivotTable.PivotFields("팀")
030:      .Orientation = xlColumnField
031:      .Position = 1
032:    End With
033:    objExcel.ActiveChart.PivotLayout.PivotTable.AddDataField objExcel.ActiveChart.PivotLayout. _
034:      PivotTable.PivotFields("순익"), "합계 : 순익", xlSum
035:    objExcel.ActiveChart.ChartType = xlLineMarkers
036:
037:  End Sub
```

016, 019행 같이, 행이 처음 시작되는 부분은 크게 어렵지 않게 이해가 될 것입니다. 그러나 020행에 유의해야 합니다. 'Source' 인수로 엑셀의 Range 개체를 전달하지요? 그러니까 이 'Range'로 시작하는 키워드 앞에서 'objExcel.'을 붙여야 합니다.

033행도 마찬가지 이유로, 뒷부분 'ActiveChart.PivotLayout._' 앞에 'objExcel.'을 붙여야 합니다.

이 부분이, 처음 하는 독자들에게는 상당히 까다로울 수 있습니다. 하지만 이렇게 생각하면 됩니다. 엑셀에서 만든 코드는 전학생입니다. 그러니까 그냥 그 이름을 부르는 것이 아니고, **'엑셀 출신의 OOO'라고 부르는 개념**입니다. 엑셀 개체 앞에 'objExcel.'과 같은 개체 변수를 붙여 주는 것이, 보다 명확히 부르는 방법이겠지요?

자, 이제 실제로 만들고 동작을 시켜 봅시다. 예제파일이 있는 폴더에 '032.액세스에서 엑셀 제어 소스.txt' 파일을 넣어 두었습니다. 입력하기 번거로운 독자는 이 파일의 내용을 복사해서 사용하면 되지만, 앞에서 만든 매크로를 복사해서 실습하기를 권장합니다.

예제파일을 열고, VBA 편집기를 연 다음 **[삽입]-모듈**을 실행하여 새로운 모듈을 추가합니다. 그리고, 앞의 소스 코드를 그림과 같이 입력합니다.

'Public Sub 엑셀제어( )'에 커서를 놓고, 이 프로시저를 실행해 봅니다. 그림과 같이, '020.엑셀 제어 원리(시작).xlsm' 파일이 열리고, 피벗 테이블과 피벗 차트가 제대로 만들어질 것입니다.

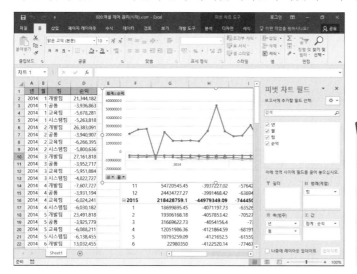

**Tip**

'엑셀제어()' 프로시저가 정상적으로 실행되기 위한 조건이 하나 있습니다. '020.엑셀 제어 원리(시작).xlsm' 파일이 필자가 제공한 초기 상태여야 한다는 것입니다. 이 파일을 열어 보면 'Sheet1' 시트에 A열부터 D열까지 데이터가 들어 있고, 피벗 테이블이나 차트는 아직 만들어지지 않은 상태일 것입니다. 이 상태가 되어야 제대로 동작합니다.

**핵심 기능 04 엑셀 차트 모듈 사용하기**

지금까지 엑셀을 제어하는 원리와 엑셀에서 만든 VBA 코드를 액세스에서 실행되게 하는 방법을 익혔습니다. 그러나, '보고서' 폼에서 단추 클릭 한 번으로 차트를 만들도록 하는 것은 전문가 수준의 지식이 필요합니다. 그래서 필자가 'gsbMakeChart' 함수를 제공합니다.

이 함수를 실행하면, 그림과 같은 엑셀 파일을 만들어 줍니다. 왼쪽에 원본 데이터를 표시하고, 한 개의 열을 건너뛴 부분에 피벗 테이블을 만듭니다. 그리고 피벗 테이블 위에 피벗 차트를 그려 줍니다.

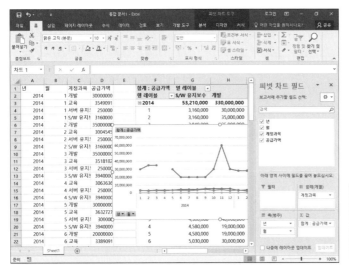

Tip
gsbMakeChart() 프로시저는 액세스 2013, 2016에서만 올바로 동작합니다. 이것에 대한 자세한 사항은 268쪽에서 설명한 바 있습니다

현재의 '보고서' 폼은 이러한 스타일의 엑셀 데이터만 출력하므로, 이 함수 하나로 총 6개의 보고서를 모두 만들 수 있습니다. 이 함수의 일반형은 다음과 같습니다.

```
Public Sub gsbMakeChart([_원본_쿼리_이름_], [_행필드_이름들_], [_열필드_이름들_], [_합계필드_이름들_], [_차트유형_], [_콤보차트유형1_], [_콤보차트유형2_])
```

이 함수의 인수는 다음과 같습니다.

- **[_원본_쿼리_이름_]** : 피벗 테이블/피벗 차트를 만들기 위한 원본 쿼리 이름을 기입합니다.
- **[_행필드_이름들_]** : 피벗 테이블을 만들 때, '행 필드'로 들어갈 필드 이름들을 기입합니다. 필드가 여러 개일 때는 '|' 문자로 나누어 기입합니다. 여기에 들어가는 필드 이름은 '[_원본_쿼리_이름_]'에 있는 필드여야 합니다.
- **[_열필드_이름들_]** : 피벗 테이블을 만들 때, '열 필드'로 들어갈 필드 이름들을 기입합니다. 필드가 여러 개일 때는 '|' 문자로 나누어 기입합니다. 여기에 들어가는 필드 이름은 '[_원본_쿼리_이름_]'에 있는 필드여야 합니다.
- **[_합계필드_이름들_]** : 피벗 테이블을 만들 때, '합계 필드'로 들어갈 필드 이름들을 기입합니다. 필드가 여러 개일 때는 '|' 문자로 나누어 기입합니다. 여기에 들어가는 필드 이름은 '[_원본_쿼리_이름_]'에 있는 필드여야 합니다.
- **[_차트유형_]** : 차트 생김새를 지정합니다. 엑셀의 xlChartType 상수를 이용합니다.

그래서 '보고서' 폼에서는 다음과 같은 엑셀 결과물이 표시되는데, 그때 gsbMakeChart 함수를 적용한 예제는 다음과 같습니다. 이것을 보면, gsbMakeChart 함수를 어떻게 다양하게 활용하는지 감이 올 것입니다.

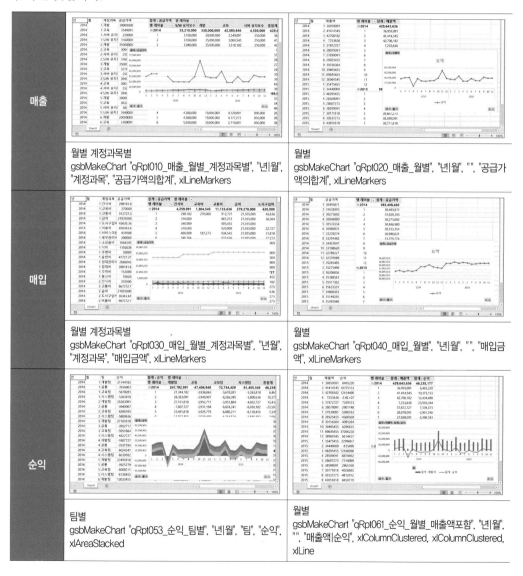

| | | |
|---|---|---|
| **매출** | 월별 계정과목별<br>gsbMakeChart "qRpt010_매출_월별_계정과목별", "년월", "계정과목", "공급가액의합계", xlLineMarkers | 월별<br>gsbMakeChart "qRpt020_매출_월별", "년월", "", "공급가액의합계", xlLineMarkers |
| **매입** | 월별 계정과목별<br>gsbMakeChart "qRpt030_매입_월별_계정과목별", "년월", "계정과목", "매입금액", xlLineMarkers | 월별<br>gsbMakeChart "qRpt040_매입_월별", "년월", "", "매입금액", xlLineMarkers |
| **순익** | 팀별<br>gsbMakeChart "qRpt053_순익_팀별", "년월", "팀", "순익", xlAreaStacked | 월별<br>gsbMakeChart "qRpt061_순익_월별_매출액포함", "년월", "", "매출액순익", xlColumnClustered, xlColumnClustered, xlLine |

이제, '보고서' 폼을 만들기 위한 준비 작업이 모두 완료되었습니다. 그러면 이제 본격적으로 '보고서' 폼을 만들어 봅시다.

지금까지 '보고서' 폼의 개념을 알아보았습니다. 지금부터는 '보고서' 폼을 실제로 만들어 보겠습니다. 폼을 디자인하고, 기본적인 기능을 정의하고, 데이터 조회 기능을 추가합니다.

마지막으로 엑셀 내보내기 기능을 추가하여 작업을 마무리하겠습니다.

## 주요 학습 내용

❶ 옵션 그룹 만들기
- 옵션 그룹에서 선택된 값 알아내기
- 옵션 그룹의 AfterUpdate 이벤트

❷ 이미지 컨트롤 표시/감추기
- 이미지 컨트롤을 이름으로 참조하여 반복문에서 활용하기

❸ 폼 참조식을 통해 데이터 필터하기

❹ 테이블을 통해 데이터 필터하기
- 폼 참조식을 통해 데이터 필터가 불가능한 상황 알아보기
- 테이블을 통해 데이터를 필터하기 위한 개념 및 추가/삭제 쿼리 알아보기

❺ 보고서 타입에 따라, 각기 다른 형식의 엑셀 피벗 테이블/차트 내보내기

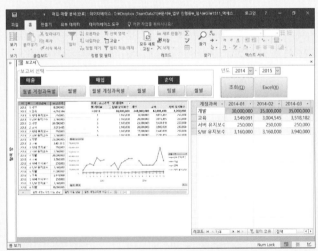

◀ 최종 완성된 '보고서' 폼

## 실무예제 01 폼 디자인하기

### 1 '보고서 선택' 옵션 그룹 만들기

**1** '보고서' 폼을 만들어 보겠습니다. 완성된 '보고서' 폼은 다음과 같은 형태입니다. 옵션 그룹을 이용해서 '보고서 선택'에서 보고서 종류를 선택할 수 있도록 만들었습니다. '년도'에서 데이터 년도를 입력합니다. 폼 왼쪽에는 만들어질 엑셀 보고서의 미리 보기가 표시되고 폼 오른쪽에는 이렇게 만들어진 데이터가 조회됩니다.

**2** '옵션 그룹'을 먼저 만들어 보겠습니다. 그림과 같이 새 폼을 만들고 디자인 보기로 엽니다. 리본 메뉴에서 [폼 디자인 도구]의 [디자인] 탭-[컨트롤] 그룹에서 [옵션 그룹]을 선택합니다. 폼을 클릭하면 '옵션 그룹 마법사'가 표시됩니다.

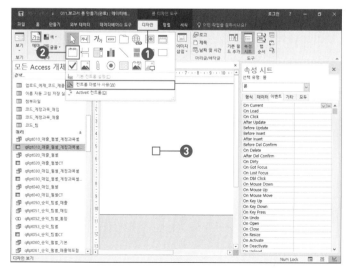

> **Tip**
> '옵션 그룹 마법사'가 자동으로 나오지 않으면, [컨트롤 마법사 사용]이 선택되어 있는지 확인하세요.

**3** 레이블을 입력합니다. 그림이 잘려서 보이지 않는 것이 있는데,『순익-팀별』다음에는『순익-월별』을 입력합니다. 그리고 [다음]을 클릭합니다.

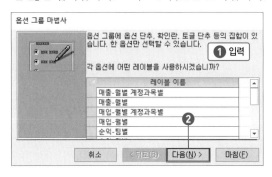

**4** 옵션이 기본적으로 선택될지 여부를 지정하는 옵션이 나옵니다. 첫 번째 옵션이 기본 선택되도록 하고 [다음]을 클릭합니다.

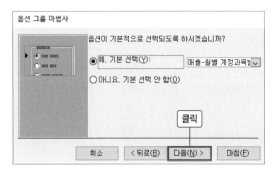

**5** 옵션 그룹의 각 레이블 값을 정의하는 화면이 표시됩니다. 자동으로 설정된 값을 사용해도 무방합니다. [다음]을 클릭합니다.

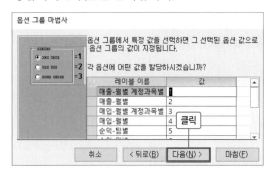

**6** 옵션 그룹의 형태와 디자인을 고르는 화면이 표시됩니다. [토글 단추]를 선택하고, 스타일은 [기본]을 선택합니다. [다음]을 클릭합니다.

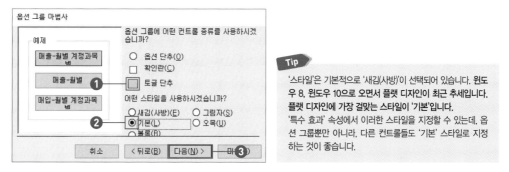

**Tip**

'스타일'은 기본적으로 '새김(사방)'이 선택되어 있습니다. **윈도우 8, 윈도우 10으로 오면서 플랫 디자인이 최근 추세입니다. 플랫 디자인에 가장 걸맞는 스타일이 '기본'입니다.**
'특수 효과' 속성에서 이러한 스타일을 지정할 수 있는데, 옵션 그룹뿐만 아니라, 다른 컨트롤들도 '기본' 스타일로 지정하는 것이 좋습니다.

**7** 옵션 그룹의 이름을 지정하는 화면이 나옵니다. 『fraType』으로 지정하고 [마침]을 클릭합니다.

**8** 옵션 그룹이 토글 단추로 만들어졌습니다. 토글 단추 디자인이 마음에 들면 그대로 사용해도 되지만, 예제에서는 명령 단추 스타일로 바꿔 봅시다. 명령 단추를 하나 추가합니다.

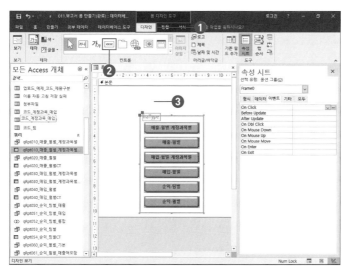

**413**

**9** [명령 단추 마법사]가 표시되면 [취소]를 클릭하여 취소합니다. 그리고, 이 명령 단추가 선택된 채로 **[홈] 탭–[클립보드]** 그룹에서 [서식 복사]를 더블클릭합니다.

**10** 각 토글 단추를 클릭합니다. 이렇게 하면, 명령 단추의 스타일대로 토글 단추의 모양이 바뀝니다. 이것이 더 낫지요?

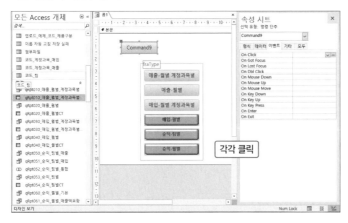

**11** 모든 토글 단추의 디자인을 바꾸고, 임시로 추가했던 명령 단추를 삭제합니다.

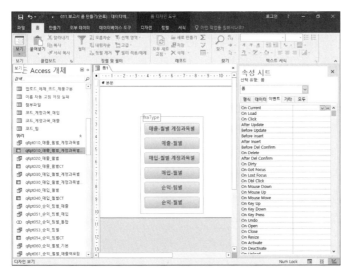

**12** 폼 너비를 '24cm'로 설정합니다. 토글 단추의 캡션을 그림과 같이 변경하고 배치합니다.

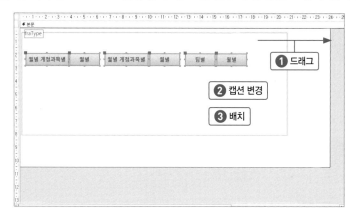

**13** 레이블을 3개 추가합니다. 그림과 같이, 각각 『매출』, 『매입』, 『순익』으로 각 레이블 캡션을 설정합니다.

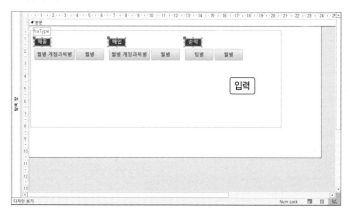

**14** 옵션 그룹의 레이블 캡션을 『보고서 선택』으로 변경합니다. 옵션 그룹 컨트롤 이름을 『fraType』으로 변경합니다. 옵션 그룹 컨트롤 크기를 적당히 조절합니다. 이로써, '보고서 선택' 옵션 그룹의 디자인을 마칩니다.

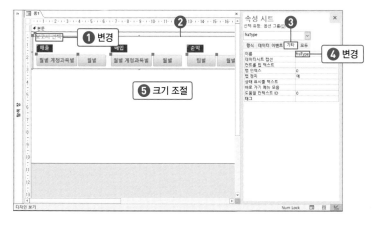

## 2 '년도' 콤보 상자 만들기

**1** '년도' 콤보 상자를 만들어 봅시다. '년도'는 사실 텍스트 상자로 해도 크게 문제는 없습니다. 그러나 '년도'를 콤보 상자로 만들면, 사용자가 데이터가 없는 년도는 선택하지 않아도 되는 장점이 있습니다. 콤보 상자는 수동으로 설정하겠습니다. 그림과 같이, 콤보 상자를 두 개 만듭니다. 첫 번째 콤보 상자의 캡션은 『년도』, 이름은 『cboYearStart』로 지정합니다. 두 번째 콤보 상자의 캡션은 『~』, 이름은 『cboYearEnd』로 지정합니다.

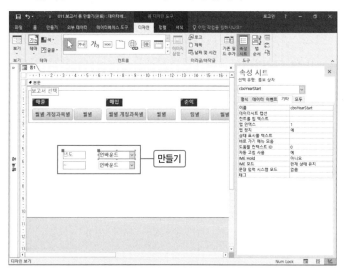

**2** '년도' 콤보 상자를 적당한 위치에 배치합니다.

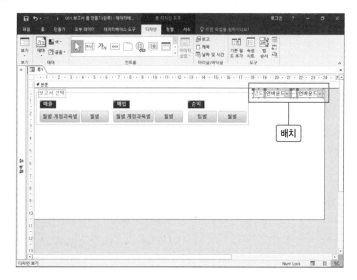

**3** '년도' 콤보 상자의 행 원본 속성을 설정해 봅시다. 데이터가 존재하는 연도가 나오면 좋겠습니다. 그래서 그림과 같이 행 원본 속성을 설정합니다. 'q공통_매출' 쿼리에서 '기준일'의 연도 부분만 추출해서, 고유한 연도만 표시하는 목록입니다. '매출'은 있는데, '매입'이 없는 경우는 거의 없을 것에 착안한 것입니다. 그리고, 정렬을 '내림차순'으로 하였는데, 최근 연도 중심으로 데이터를 조회할 테니, 최근 연도가 콤보 상자 목록의 윗부분에 표시되도록 하기 위함입니다. '년도'에 해당하는 두 개의 콤보 상자 모두 동일하게 설정합니다.

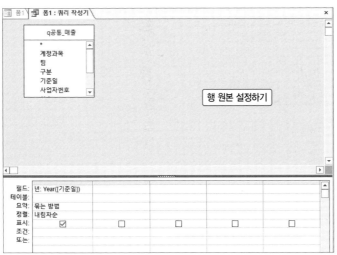

**4** 콤보 상자가 제대로 동작하는지 확인하기 위해, 폼 보기로 전환합니다. '년도' 콤보 상자 두 개 모두 데이터를 제대로 표시하고 있습니다.

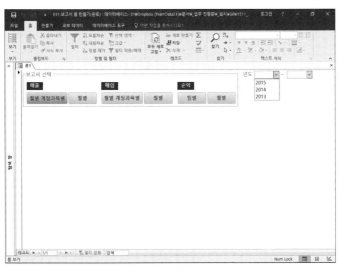

## 3 [조회], [Excel] 단추 만들기

[조회]와 [Excel] 단추를 추가합니다. 다음 표를 참고하여 속성을 설정합니다.

| 컨트롤 | 속성 | 값 |
|--------|------|-----|
| 조회 | 캡션 | 조회(&Q) |
| Excel | 캡션 | Excel(&X) |
| 조회 | 이름 | cmdSearch |
| Excel | 이름 | cmdExcel |

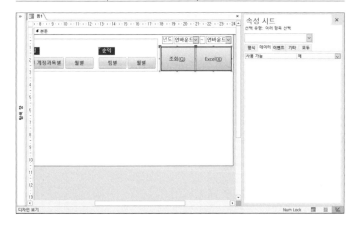

## 4 미리 보기 이미지 컨트롤 추가하기

미리 보기 이미지 컨트롤을 추가해 봅시다. 예제 폴더를 보면 '미리보기_n_' 스타일의 미리 보기 그림 파일이 6개 있습니다. 이 그림 6개를 모두 폼에 표시하는데, 이미지 컨트롤의 가로와 세로 길이를 동일하게 추가합니다. 그리고, 그림과 같이 이미지 컨트롤 6개를 모두 겹쳐서 하나만 보이도록 만듭니다.

각 파일에 대한 이미지 컨트롤 이름은 다음과 같습니다.

| 파일명 | 속성 | 값 |
|--------|------|-----|
| 미리 보기_1_매출_월별_계정과목별.jpg | 이름 | img01 |
| 미리 보기_2_매출_월별.jpg | 이름 | img02 |
| 미리 보기_3_매입_월별_계정과목별.jpg | 이름 | img03 |
| 미리 보기_4_매입_월별.jpg | 이름 | img04 |
| 미리 보기_5_순익_팀별.jpg | 이름 | img05 |
| 미리 보기_6_순익_월별.jpg | 이름 | img06 |

> **잠깐만요** **버튼 바로 가기 키 설정하기**
>
> '조회'의 캡션 속성이 '조회(&Q)'인 것은 바로 가기 키를 설정하기 위함입니다. 이에 대한 내용은 250쪽을 참고하세요.

모든 이미지 컨트롤을 드래그하여 선택하고 '그림 유형' 속성이 [포함], '크기 조절 모드'가 [한 방향 확대/축소]로 설정되어 있는지 확인합니다.

마지막으로, 모든 이미지 컨트롤의 '표시' 속성을 [아니요]로 지정합니다.

## 5 하위 폼 컨트롤 추가하기

1   폼 오른쪽 아래에 하위 폼 컨트롤을 추가합니다. 하위 폼 마법사가 표시되면 취소합니다. 하위 폼 레이블은 삭제합니다. 하위 폼 컨트롤의 이름을 『subA』로 지정합니다.

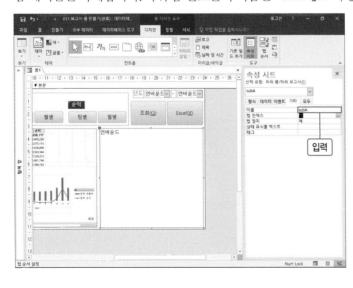

**2** [폼 디자인 도구]-[정렬] 탭-[위치] 그룹에서 [기준 위치 지정]-[세로로 늘이기(가운데)]를 선택합니다.

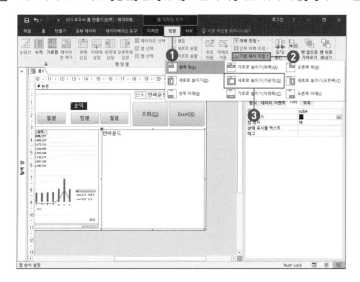

**3** 이 폼의 이름을 『보고서』로 설정하고 저장합니다. 그리고 폼 보기로 전환해 봅니다. 훌륭한 '보고서' 폼이 만들어졌습니다.

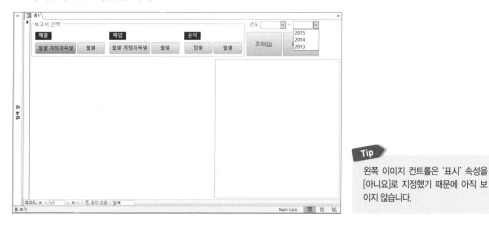

> **Tip**
> 왼쪽 이미지 컨트롤은 '표시' 속성을
> [아니요]로 지정했기 때문에 아직 보
> 이지 않습니다.

**실무 예제 | 02**

# 기본 기능 정의하기

## 1 폼이 열릴 때 '년도'가 기본적으로 설정되도록 하기

**1** 지금은 폼이 열리면 '년도'가 비어 있는 상태로 열립니다. 이때, 최근 연도가 자동으로 선택되어 있는 상태로 열리면 편리하겠지요?

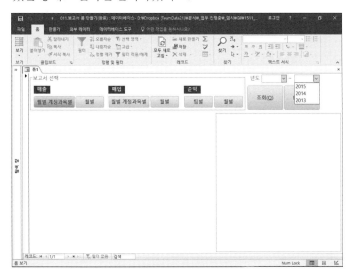

**2** 폼의 'On Load' 이벤트에 대해서 VBA 코드를 작성해 봅시다. 그림과 같이 폼의 'On Load' 이벤트에 대해서 만들기 단추를 클릭하고, [작성기 선택] 창에서 [코드 작성기]를 선택한 후 [확인]을 클릭합니다.

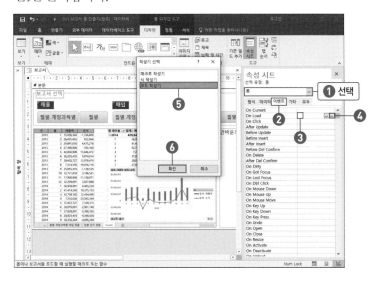

**3** 다음과 같은 코드를 작성합니다.

```
001:   Private Sub Form_Load()
002:
003:   On Error GoTo Herror
004:
005:     cboYearStart.Value = cboYearStart.Column(0, 0)
006:     cboYearEnd.Value = cboYearEnd.Column(0, 0)
007:
008:     Exit Sub
009:
010:   Herror:
011:     MsgBox Err.Description & vbNewLine & Err.Number
012:
013:   End Sub
```

003행에서 오류 처리기를 가동합니다.

005~006행에서 cboYearStart와 cboYearEnd 콤보 상자 값을 설정합니다.

콤보 상자의 Column 속성을 통해, 콤보 상자 행 원본에 설정된 값에 쉽게 접근할 수 있습니다. 예를 들어, 다음과 같이 콤보 상자가 정의되어 있다고 가정해 봅시다. 이 콤보 상자의 '열 이름' 속성은 '예'로 설정되어 있다고 가정합니다.

| 제품번호 | 제품명 |
|---|---|
| 1 | 볼펜 |
| 2 | 샤프 |
| 3 | 지우개 |

이때, 콤보 상자의 'Column' 속성으로 참조하는 값은 다음과 같습니다.

- 콤보 상자.Column(0,0) = 제품번호
- 콤보 상자.Column(1,0) = 제품명
- 콤보 상자.Column(0,1) = 1
- 콤보 상자.Column(1,3) = 지우개

Column 속성의 첫 번째 숫자는 필드이고, 두 번째 숫자는 레코드입니다.

콤보 상자 '열 이름' 속성이 [아니요]로 지정되어 있다면, 행 원본 목록은 다음과 같겠죠.

| 1 | 볼펜 |
|---|---|
| 2 | 샤프 |
| 3 | 지우개 |

이때, 콤보 상자의 'Column' 속성으로 참조하는 값은 다음과 같습니다.

- 콤보 상자.Column(0,0) = 1
- 콤보 상자.Column(1,0) = 볼펜
- 콤보 상자.Column(0,1) = 2
- 콤보 상자.Column(1,2) = 지우개

008~011행에서 미리 예측하지 못한 오류가 발행하였을 때 처리를 정의합니다. 오류 메시지를 표시한 다음, 줄을 바꿔서 오류 번호를 표시하고 프로시저를 종료합니다.

## 2 보고서 종류를 선택했을 때, 미리 보기 표시하기

'보고서 선택'에서 보고서 종류를 선택했을 때, 미리 보기 이미지가 표시되도록 해 봅시다. '보고서 종류를 선택했을 때'라는 것은 어떤 이벤트일까요? 많은 사람들이 토글 단추 자체에 이벤트를 달려고 할 것입니다. 그러나 때로는 좀 떨어진 컨트롤에 이벤트를 달아야 하는 경우도 있습니다.

'옵션 그룹'은 굉장히 특이한 컨트롤입니다. 예를 들어, 현재 상태에서 [매출-월별 계정과목별]을 클릭하면, 그 단추가 어떤 값을 갖는 것이 아니고, 옵션 그룹이 '1'을 갖게 됩니다. 만약, '순익-팀별'을 클릭하면 옵션 그룹은 '5'를 갖습니다. 단추 자체에는 값이 없지만, 옵션 그룹은 어떤 단추가 눌렸는지 알 수 있습니다.

'보고서' 폼을 디자인 보기로 연 후, '월별 계정과목별' 토글 단추의 속성 시트를 보세요. [데이터] 탭에 보면 '옵션 값'이라는 속성이 정의되어 있는데, '1'이라는 값을 가지고 있습니다.
반면, '순익'의 [팀별]은 '5'라는 값을 가지고 있습니다. 그래서 '순익'의 [팀별]이 눌리면, '보고서 선택' 옵션 그룹에 '5'라는 값을 전달하는 것입니다.

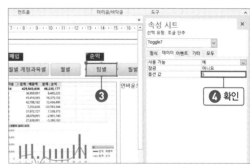

이 옵션 그룹(fraType)의 AfterUpdate 이벤트에 대해서, 다음과 같은 이벤트 프로시저를 작성해 봅시다. 옵션 그룹의 값이 변경될 때, 메시지 상자로 변경된 값을 알려 줄 것입니다.

```
001:   Private Sub fraType_AfterUpdate()
002:
003:   On Error GoTo Herror
```

```
004:
005:    MsgBox fraType.Value
006:
007:    Exit Sub
008:
009: Herror:
010:    MsgBox Err.Description & vbNewLine & Err.Number
011:
012:    End Sub
```

이제 폼 보기로 전환한 다음, 매출의 [월별 계정과목별]을 클릭해 보고, 순익의 [팀별]을 클릭해 봅니다. 그림과 같이, 옵션 그룹이 가지고 있는 값을 친절히 알려 줍니다.

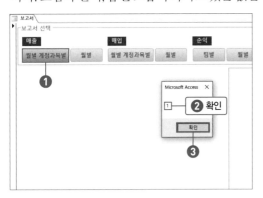 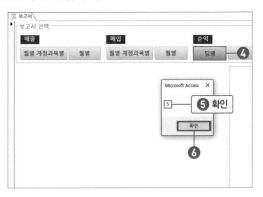

이제 로직을 세울 수 있을 것입니다. **fraType_AfterUpdate 이벤트에 의해서, fraType 컨트롤이 가지고 있는 값에 따라, 미리 보기 이미지를 표시해 주거나 감추면 됩니다.** 이럴 때 사용하는 것이 'Select Case' 구문입니다.

한 가지 더 고려할 사항이 있습니다. fraType이 1일 때, img01을 보여주면 됩니다. 나머지는 감춰야 하지요. fraType이 2일 때, img02를 보여주면 됩니다. 역시 나머지는 감춰야 합니다.

이런 사항을 고려하여 fraType_AfterUpdate 프로시저를 다시 만들면 다음과 같습니다.

```
001:    Select Case fraType.Value
002:      Case 1
003:        img01.Visible = True
004:        img02.Visible = False
005:        img03.Visible = False
006:        img04.Visible = False
007:        img05.Visible = False
008:        img06.Visible = False
009:
```

```
010:     Case 2
011:         img01.Visible = False
012:         img02.Visible = True
013:         img03.Visible = False
014:         img04.Visible = False
015:         img05.Visible = False
016:         img06.Visible = False
    ...
```

이 프로시저는 다소 문제가 있어서, 중간에 생략을 했습니다. 이렇게 코드를 작성해도 제대로 동작하지만 코드가 너무 길어지죠. 만약, 이런 식으로 처리해야 할 것이 30개라면 어떻게 하겠습니까? 'Case 30'까지 코드를 작성할 것입니까?

이것을 잘 생각해 보면, **반복문으로 간단히 해결할 수 있을 것 같다는 생각이 듭니다**. 현재는 이미지 컨트롤이 6개이므로, **6번 반복하면서 fraType.Value 값에 해당하는 이미지 컨트롤만 표시하도록 하고, 나머지 컨트롤은 표시되지 않도록 설정**해 주면 될 것입니다.

이러한 것을 고려하여 최종적으로 만든 fraType_AfterUpdate 프로시저는 다음과 같습니다.

```
001:  Private Sub fraType_AfterUpdate()
002:
003:  On Error GoTo Herror
004:
005:      Dim lngRpt As Long
006:      Dim lngSelect As Long
007:      Dim blnShow As Boolean
008:
009:      lngSelect = Nz(fraType.Value, 0)
010:
011:      For lngRpt = 1 To 6
012:        If lngRpt = lngSelect Then
013:          blnShow = True
014:        Else
015:          blnShow = False
016:        End If
017:
018:          Me.Controls("img" & Format(lngRpt, "00")).Visible = blnShow
019:      Next
020:
021:      Exit Sub
022:
```

```
023:  Herror:
024:      MsgBox Err.Description & vbNewLine & Err.Number
025:
026:  End Sub
```

009행에서 현재 fraType이 가지고 있는 값을 lngSelect 변수에 저장합니다. 이 값은 1~6 사이의 값을 갖습니다.

011~019 행이 반복 처리하는 부분이며, 018행이 최종적으로 이미지 컨트롤을 표시하고 감추는 부분입니다. 이 부분의 코드를 잘 이해하는 것이 중요합니다.

018행의 식이 꽤 복잡한데요, 결국 다음과 같은 식을 만들려고 하는 것입니다.

```
Me.Controls("img01").Visible = True
```

**'Me'는 '나' 혹은 '자신'의 의미**를 가지고 있지요. 지금 이 코드는 '보고서' 폼의 코드입니다. 그래서 '보고서' 폼을 가리키는 일종의 대명사입니다.

'Controls' 개체는 아주 유용합니다. 'Form' 개체의 하위 개체인데요, **지정한 폼의 모든 컨트롤을 지칭**합니다. 'Controls( [_컨트롤이름_] )' 형식으로 특정 컨트롤에 접근할 수 있습니다. 특히 여기에서 '[_컨트롤이름_]'이 문자열 식이기 때문에, 지금처럼 컨트롤 이름을 변수 처리하여 접근할 때 아주 유용합니다. 다음 두 식은 정확하게 일치합니다.

```
Me.Controls("Img01").Visible = True
Img01.Visible = True
```

두 식의 차이점을 이해할 수 있습니까? 첫 번째 식은 텍스트 상수로 컨트롤을 참조했습니다. 두 번째 식은 상수가 아니라 실제 개체 이름을 가지고 컨트롤을 참조한 것입니다. 비슷해 보이지만, 완전히 다른 접근 방법입니다.

다시 018행으로 돌아와서, 식 '("img" & Format(lngRpt, "00")'은 어떤 의미일까요? Format(5,"00")의 결과는 '05'인 것을 이미 알고 있습니다. fraType의 값은 1, 2 와 같은 형식인데, 이미지 컨트롤은 img01, img02 와 같은 형식입니다. 그래서 반복 숫자 1~6에 대해서 img01 ~ img06의 식을 만들려는 의미를 가지고 있습니다.

012~016행은 쉽습니다. 만약, fraType의 값과 현재 반복 숫자가 같다면, 그것은 True로 하고, 그렇지 않으면 False로 한다는 것입니다. 그러면 최종적으로 018행에서 이미지 컨트롤 화면 표시 여부를 결정합니다.

자, 그러면 이제 폼을 다시 열어 봅시다. 처음부터 문제가 생기네요. '보고서 선택'은 매출의 월별 계정과목별이 선택되어 있는데, 미리 보기가 표시되지 않습니다.

다른 것을 클릭하면 미리 보기가 제대로 표시됩니다.

**Tip**

하나를 고치고 다시 폼을 볼 때는, 가급적 폼을 완전히 닫고 다시 여는 것이 좋습니다. 디자인 보기 상태였다가 폼 보기로 전환하면, 폼을 새로 여는 것과는 다른 상태일 때가 있기 때문입니다.

어떤 문제가 있는 것일까요? fraType_AfterUpdate 프로시저는 'fraType' 값이 변경된 직후에 실행되는 프로시저입니다. 문제는 'fraType' 값이 기본적으로 '1'로 설정되어 있다는 것이죠. 그 다음에 폼이 열리면, 'fraType' 값은 바뀌지 않았으므로, 아무 이미지도 표시되지 않는 것입니다. 이 문제를 어떻게 해결해야 할까요? 간단합니다. 'img01' 컨트롤의 '표시' 속성을 [예]로 바꿔 주면 됩니다. 디자인 보기로 전환한 후, 그림과 같이 설정합니다.

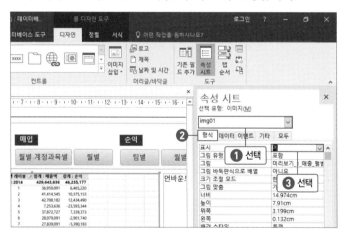

**Tip**

'img01'~'img06'은 겹쳐져서 있습니다. 그래서 'img01'을 선택하기가 쉽지 않지요. 이럴 때는 '속성 시트' 가장 위에 있는 콤보 상자를 눌러서 'img01'을 선택하세요. 이것이 가장 쉬운 방법입니다.

폼을 닫고 다시 열어 봅시다. 그림과 같이, '보고서 선택'은 매출의 '월별 계정과목별'이 선택되어 있고, 이에 따른 미리 보기 이미지도 제대로 표시되어 있습니다.

○ 예제파일 : 이전 '010.보고서 폼 만들기(시작).accdb' 예제에 이어서 따라하세요.
○ 결과파일 : 011.보고서 폼 만들기(완료).accdb

| 실무 예제 | 03 | 데이터 조회 기능 추가하기 |

## 1 폼 참조식을 이용하여 데이터 필터링하기

이제, [조회]를 클릭하면 데이터를 표시하는 기능을 익혀 봅시다. 데이터를 표시하는 쿼리는 Chapter 2에서 미리 만들어 두었습니다. 그런데, 이 쿼리는 '보고서' 폼에서 '년도'를 선택하는 것을 전혀 반영하지 않습니다. 이 쿼리는 날짜를 필터링하는 기능이 없기 때문입니다.

우선, '매출'의 '월별 계정과목별'의 데이터를 구하는 'qRpt010_매출_월별_계정과목별CT' 쿼리가 '보고서' 폼의 '년도' 컨트롤에 입력했던 값대로 필터링하도록 설정해 보겠습니다. 이럴 때 가장 많이 사용하는 것은 '폼 참조식'입니다.

1 'qRpt010_매출_월별_계정과목별CT' 쿼리를 디자인 보기로 열어 봅시다. 이 쿼리는 'qRpt010_매출_월별_계정과목별' 쿼리를 기반으로 한 크로스탭 쿼리입니다. 이 쿼리에서 연도를 필터링할 수도 있지만, 그것은 좋은 생각이 아닙니다. 'qRpt010_매출_월별_계정과목별' 쿼리에서 집계 연산을 수행한 다음 'qRpt010_매출_월별_계정과목별CT' 쿼리로 크로스탭 쿼리를 만드는 것인데, **크로스탭 쿼리에서 필터링을 한다는 것은 집계 과정에서는 필터링을 하지 않는다는 겁니다.** 즉, 전체 데이터를 집계한 다음, 크로스탭 과정에서 필터링을 한다는 것입니다. 이것은 '성능' 측면에서 매우 안 좋은 결과를 가지고 올 수 있습니다.

반면, 'qRpt010_매출_월별_계정과목별' 쿼리에서 필터링을 한다면, 필터링을 한 다음 크로스탭을 만드는 것이니 '성능' 측면에서 합리적입니다. 일단 이 크로스탭 쿼리를 닫습니다.

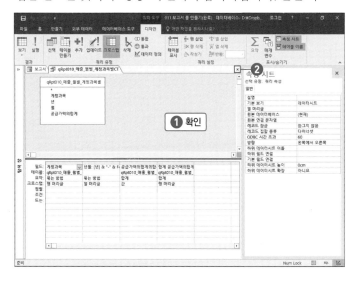

**2** 'qRpt010_매출_월별_계정과목별' 쿼리를 디자인 보기로 엽니다. 여기에서 '년' 필드에 필터링을 하려고 시도하는 독자가 많을 것 같습니다. 그러나 '년' 필드에 필터링을 하는 것은 역시 성능에 좋지 않습니다. 왜냐하면, 모든 레코드에 대해서 '년'으로 변환한 후에 필터링을 하는 것이기 때문입니다.

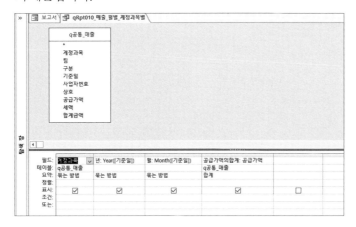

**3** 이 문제를 해결하려면, 계산하지 않는 필드에서 필터링을 하도록 시도해야 합니다. 예를 들어, 2015년 데이터를 본다면, 그림과 같이 쿼리를 만들어야 합니다.

**Tip**
'기준일' 필드의 '요약'은 '조건'입니다. 집계하는 것과는 관계 없이, 우선 필터링을 해야 하기 때문입니다.
이때, '기준일'의 '표시' 란은 자동으로 체크가 해제됩니다.

**4** 우리는 폼 참조식을 이용해 연도 값인 '2015'만 가지고 와서 필터링을 해야합니다. 이것을 일단 매개변수 식으로 바꾸면 다음과 같이 바꾸어야 합니다.

DateSerial 함수를 이용해서, '년도' 만으로 날짜 데이터를 만들어서 필터링을 하는 것입니다. 이것은 **조건식에 계산식을 사용한 것이므로, 단 한 번의 계산으로 전체 데이터를 필터링을 하는 것입니다. 따라서 성능에 전혀 영향을 미치지 않습니다.**

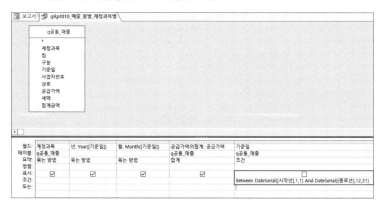

**5** 매개 변수식을 폼 참조식으로 바꾸기만 하면 됩니다. 그림과 같이, 조건식이 있는 곳에 커서를 놓고, 마우스 오른쪽 단추를 클릭한 다음 [작성]을 선택합니다.

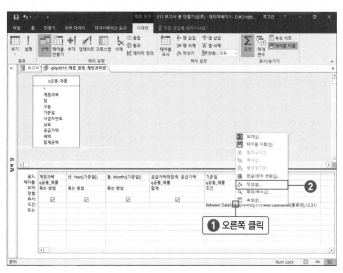

**6** '식 작성기'가 표시됩니다. 매개 변수인 '[시작년]'을 선택하고, '식 요소'에서는 [보고서]를 선택한 다음 '식 범주'에서는 [cboYearStart]를 더블클릭하여 계산식을 입력합니다.

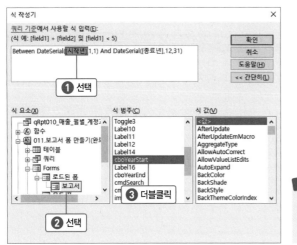

> **Tip**
> 식 요소에서 폼을 선택할 때 열려 있는 폼만 '로드된 폼'에 표시됩니다. 폼이 열려 있지 않다면 '모든 폼'에서 찾을 수 있습니다.

**7** '[시작년]' 매개 변수가 폼 참조식으로 변경되었습니다.
마찬가지 방법으로, '[종료년]' 매개 변수도 그림과 같이 'cboYearEnd' 컨트롤을 참조하도록 식을 만들어 줍니다. 폼 참조식으로 변환된 것을 확인하였으면, [확인]을 눌러 [식 작성기]를 닫습니다.

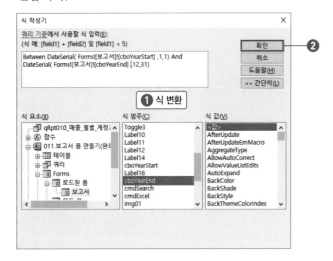

**8** 조건식이 작성되었습니다. 이제 데이터 필터링이 제대로 되는지 테스트해 봐야 합니다.

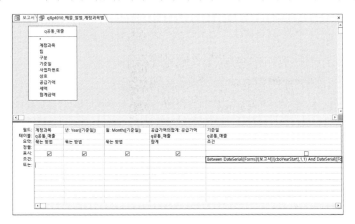

**9** '보고서' 폼에서 2015년 데이터만 나오도록 설정합니다.

**10** 'qRpt010_매출_월별_계정과목별' 이 쿼리를 데이터시트 보기로 전환해 봅니다. 그러면 그림
과 같이 2015년 데이터만 제대로 표시해 줍니다.

| 계정과목 | 년 | 월 | 공급가액의 |
|---|---|---|---|
|  | 2015 | 12 | ######### |
| 1 | 2015 | 12 | ######### |
| 개발 | 2015 | 1 | 28000000 |
| 개발 | 2015 | 2 | 28000000 |
| 개발 | 2015 | 3 | 40000000 |
| 개발 | 2015 | 4 | 19000000 |
| 개발 | 2015 | 5 | 19000000 |
| 개발 | 2015 | 6 | 30000000 |
| 개발 | 2015 | 7 | 21000000 |
| 개발 | 2015 | 8 | 21000000 |
| 개발 | 2015 | 9 | 33000000 |
| 개발 | 2015 | 10 | 30000000 |
| 개발 | 2015 | 11 | 30000000 |
| 개발 | 2015 | 12 | 40000000 |
| 교육 | 2015 | 1 | ######### |
| 교육 | 2015 | 2 | 2600000 |
| 교육 | 2015 | 3 | ######### |
| 교육 | 2015 | 4 | ######### |
| 교육 | 2015 | 5 | ######### |
| 교육 | 2015 | 6 | ######### |
| 교육 | 2015 | 7 | ######### |
| 교육 | 2015 | 8 | ######### |
| 교육 | 2015 | 9 | ######### |
| 교육 | 2015 | 10 | ######### |

**11** 우리의 최종 목표는 크로스탭 쿼리에서 데이터를 제대로 표시하는 것입니다. 현재 쿼리를 저장하고 닫은 다음 'qRpt010_매출_월별_계정과목별CT' 쿼리를 열어 봅니다. 그러면 그림과 같은 오류 메시지가 표시됩니다.

왜 이런 현상이 발생할까요? 일단 메시지를 보면, 폼 참조식을 유효한 필드 이름이나 식으로 인식하지 못한다고 하는데, 메시지에 표시된 식은 아무리 보아도 정상적으로 제대로 작동해야 하는 식입니다. 무엇보다도 'qRpt010_매출_월별_계정과목별' 쿼리에서는 제대로 동작합니다.

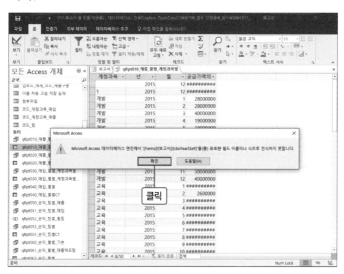

**12** **크로스탭 쿼리에서는 폼 참조식을 인식하지 못하는 문제**가 있습니다. 그래서 이럴 때는 쿼리 매개변수를 정의해 주면 해결됩니다.

'qRpt010_매출_월별_계정과목별' 쿼리를 디자인 보기로 엽니다. 그리고 [쿼리 도구]의 [디자인] 탭-[표시/숨기기] 그룹에서 [매개 변수]를 클릭합니다. 그러면 그림과 같이 [쿼리 매개 변수] 창이 표시됩니다.

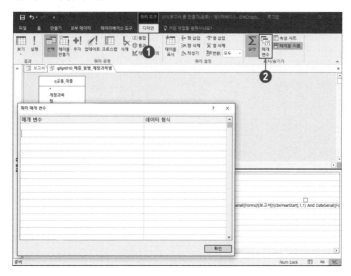

**13** 여기에 폼 참조식으로 사용하고 있는 두 개의 매개변수를 그림과 같이 등록하고 [확인]을 클릭합니다. 그리고 이 쿼리를 저장하고 닫습니다.

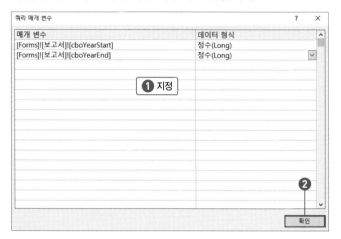

> **Tip**
> 이것이 좀 헷갈릴 수도 있습니다. 문제는 'qRpt010_매출_월별_계정과목별CT' 쿼리에서 발생하지만, 매개변수 식 정의는 매개변수가 사용되는 'qRpt010_매출_월별_계정과목별' 쿼리에서 해 주어야 합니다.

**14** 'qRpt010_매출_월별_계정과목별CT' 쿼리를 열어 봅니다. 2015년 데이터만 잘 표시되는 것을 확인할 수 있습니다.

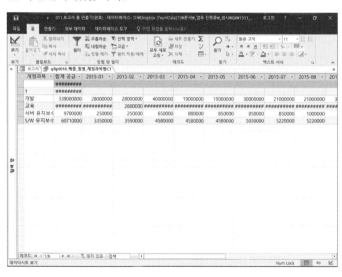

**15** '보고서'폼에서 '년도'를 [2014]~[2015]로 바꾼 다음, 쿼리를 다시 열어 봅시다. 그림과 같이, 2014년부터 2015년까지의 데이터가 크로스탭 쿼리로 제대로 표시되는 것을 알 수 있습니다.

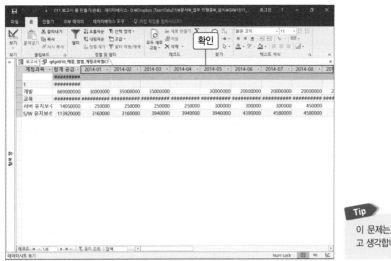

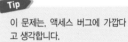

> **Tip**
> 이 문제는, 액세스 버그에 가깝다고 생각합니다.

## 2 조회 조건 테이블을 이용하여 데이터 필터링하기

액세스 내부에서는 이렇게 하면 문제가 대부분 해결됩니다. 그러나 우리는 이제, 이 데이터를 엑셀로 내보내기 한 다음 피벗 테이블과 차트를 만들어야 합니다.

이 과정에서 'ADO'를 이용해 데이터를 엑셀로 내보낼 것입니다. 문제는 **'ADO'에서는 이러한 폼 참조식을 전혀 인식하지 못한다**는 것입니다. 그래서, 지금까지 알아본 폼 참조식을 이용하여 데이터를 필터링하는 방법은, 적어도 '보고서' 폼에서는 사용할 수 없습니다. 간혹, 여러 가지 이유로, 폼 참조식을 사용할 수 없을 때가 있는데, 이럴 때는 지금 소개하는 방법을 사용하면 좋습니다.

사실, 액세스는 쿼리가 동작하는 공간과, 폼이 동작하는 공간이 내부적으로 명확히 나뉘어 있습니다. 그런데, 이렇게 나뉘어만 있으면, 사용자로부터 정보를 수집하는 폼에서 쿼리에 매개 변수를 전달할 수 없게 되므로 매우 불편합니다. 그래서 액세스는 폼 참조식을 쿼리에 전달할 수 있도록 설계가 된 것입니다.

문제는 'ADO'입니다. 이 모듈은 액세스 폼 참조식을 전혀 인식하지 못합니다. 이 문제를 해결하는 힌트는, 'ADO'에서 쿼리를 부를 때, 폼 참조식이 없도록 하는 것입니다. 그러면 매개 변수는 어떻게 전달해야 할까요?

결국 **테이블/쿼리에서 모든 것을 해결해야 하는 상황**을 만들어야 합니다. 액세스 폼에서 [조회]를 클릭하면, **별도의 조건 테이블에 조건을 입력해 두고, 데이터를 처리하는 쿼리에서는 이 조건을 읽어들여서 처리**하면 폼 참조식 없이, 테이블/쿼리만 가지고 이러한 문제를 해결할 수 있습니다. 이런 아이디어를 머릿속에 넣어 두고, 지금부터 잘 따라해 보세요. 지금 소개하는 기술은 전문가 수준이지만, 익혀 두면 두고두고 도움이 될 것입니다.

**1** 그림과 같은, '조건' 테이블을 만듭니다. '조건명'에 기본 키를 설정합니다.

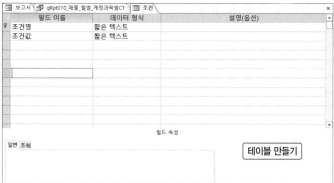

**2** 그림과 같이 데이터를 입력합니다. 나중에는 '보고서' 폼에서 [조회]를 클릭하면, 이 테이블에 데이터를 자동으로 넣어야 할 텐데, 그것은 나중에 고민하겠습니다. 지금 단계에서는, '조건은 조건 테이블에 정의된다'는 원칙만 잘 기억하면 됩니다.

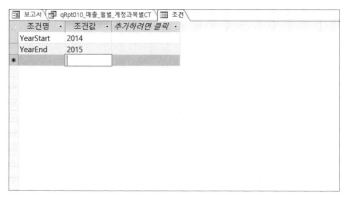

**3** 폼 참조식을 사용하지 않도록, 'qRpt010_매출_월별_계정과목별' 쿼리를 수정해야 합니다. 이 쿼리를 디자인 보기로 엽니다.

기획

데이터 처리

VBA

조회 폼

엑셀 오르는 폼

보고서 폼

**437**

**4** 여기에서 사용하고 있는 조건식은 다음과 같습니다.

> Between DateSerial([Forms]![보고서]![cboYearStart],1,1) And DateSerial([Forms]![보고서]![cboYearEnd],12,31)

여기에서 폼 참조식 '[Forms]![보고서]![cboYearStart]'을 사용하지 않도록 해야 합니다. 지금까지는 '보고서' 폼에 있는 값을 읽어 왔는데, 이것을 '조건' 테이블에서 가져오도록 해야 합니다. 어떻게 하면 될까요? 'DLookup' 함수를 이용하면 됩니다.

> 우리는 '조건' 테이블에서 '조건명'이 'YearStart'인 레코드를 찾아서, '조건값' 필드를 가져올 것입니다.

이러한 것을 'DLookup' 함수를 이용한 식을 만들면 다음과 같습니다.

> DLookUp("조건값","조건","조건명 = 'YearStart'")

이 식의 결과를 확신하지 못한다면, [직접 실행] 창에서 테스트해 볼 수도 있습니다. 시작 연도와 종료 연도 모두 제대로 가져옵니다.

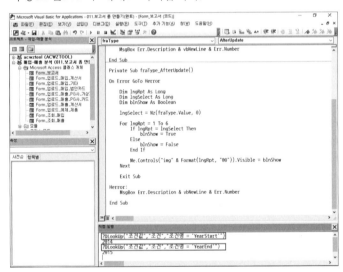

**5** 이것을 반영한 최종 조건식은 다음과 같습니다.

> Between DateSerial(DLookUp("조건값","조건","조건명 = 'YearStart'"),1,1) And DateSerial(DLookUp("조건값","조건","조건명 = 'YearEnd'"),12,31)

**6** 쿼리로 돌아와서, 앞에서 만든 조건식을 기입해 줍니다.

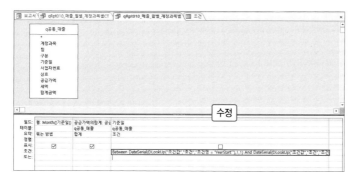

**7** 매개 변수도 사용하지 않을 것이니, 그림과 같이, 쿼리 매개 변수도 모두 삭제해 줍니다. 이 쿼리를 저장한 다음 쿼리를 실행해 봅시다.

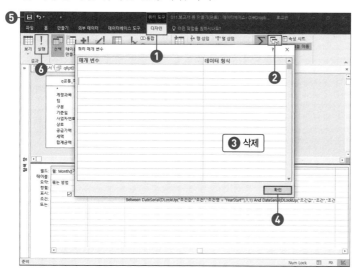

**8** 2014년부터 2015년까지의 데이터를 제대로 표시해 줍니다.

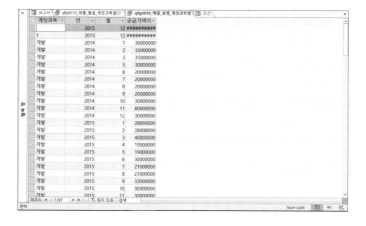

**9** '조건' 테이블에서 'YearStart'와 'YearEnd'를 모두 『2015』로 설정해 줍시다.

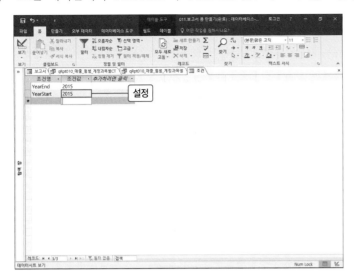

**10** 'qRpt010_매출_월별_계정과목별' 쿼리를 다시 한 번 실행해 봅시다. 2015년 데이터만 표시되는 것을 알 수 있습니다. 이제 이 쿼리는 폼 참조식과 관계 없이, '조건' 테이블의 데이터만 참조해서 계산하는 것을 알 수 있습니다.

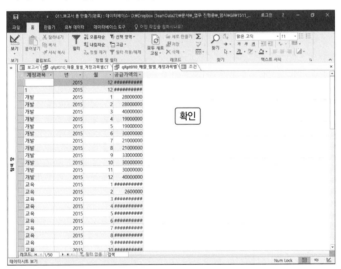

## ⑤ 폼에서 '조건' 테이블에 조회 조건 입력하기

**1** 폼 참조식 없이, 쿼리가 제대로 동작하는 것은 알겠습니다. 문제는 그림과 같이, '년도'를 설정하고 [조회]를 클릭했을 때, 폼에서 설정한 조회 조건이 테이블로 자동으로 들어가게 해야 한다는 것입니다.

논리를 따져 봅시다. [조회]를 클릭했을 때, 다음과 같은 순서로 설정하면 됩니다.

❶ '조건' 테이블의 모든 레코드를 삭제합니다.
❷ 'YearStart' 조건을 설정합니다.
❸ 'YearEnd' 조건을 설정합니다.

이 순서 각각에 쿼리가 한 개씩 필요합니다. 우선 '조건' 테이블의 모든 레코드를 삭제하는 쿼리를 만들어 봅시다. 이 쿼리는 아주 쉽습니다. 그림과 같이 삭제 쿼리를 만들고, 이 쿼리의 이름을 『q조건_삭제』로 저장합니다.

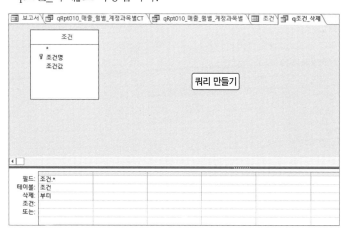

**2** 현재 '조건' 테이블에는 그림과 같이 두 건의 레코드가 표시되어 있습니다.

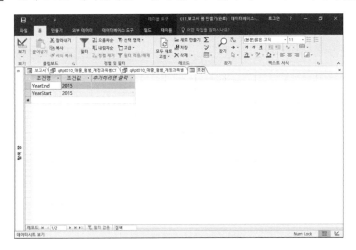

**3** 'q조건_삭제' 쿼리를 실행합니다. 지정된 테이블에서 2행을 삭제한다는 메시지가 표시됩니다. [예]를 클릭하고 '조건' 테이블을 다시 열어 봅시다. 그림과 같이, 레코드가 하나도 없을 것입니다. '조건' 테이블을 닫습니다.

**4** 조건을 추가해 보는 쿼리를 만들어 봅시다. 그림과 같이 추가 쿼리를 만듭니다. 이 쿼리를 『q조건_추가_YearStart』로 저장합니다.

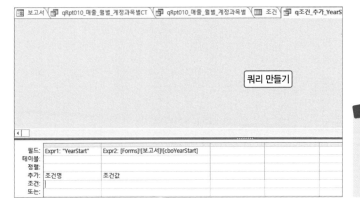

> **Tip**
> [쿼리 도구]–[디자인] 탭의 [쿼리 유형] 그룹에서 [추가]를 클릭하고 [추가] 대화상자에서 테이블 이름을 [조건]으로 지정한 다음 '추가' 속성을 지정합니다.

442

**5** 현재 '보고서' 폼은 폼 보기로 열려 있는 상태이고, '년도'는 [2014]~[2015]로 설정되어 있습니다.

**6** 'q조건_추가_YearStart' 쿼리를 실행합니다. 1행이 추가된다는 메시지가 표시되면 [예]를 클릭합니다. '조건' 테이블을 살펴봅시다. 'YearStart' 조건명으로 레코드가 제대로 추가된 것을 확인할 수 있습니다.

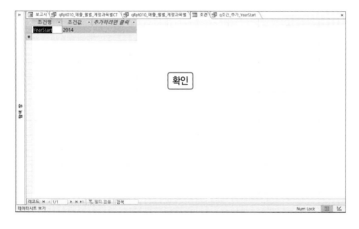

**7** 마찬가지 방법으로, 그림과 같이 『q조건_추가_YearEnd』 쿼리를 만들고 저장합니다.

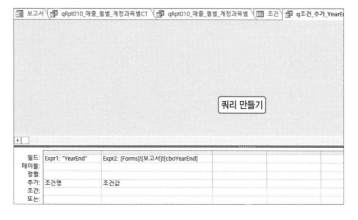

**8** 이 쿼리를 실행하면, 그림과 같이 '조건' 테이블에 레코드가 잘 추가되는 것을 확인할 수 있습니다.

**9** '보고서' 폼에서 [조회]를 클릭하면 이 쿼리들이 순차적으로 실행되도록 만들어야 합니다. '보고서' 폼을 디자인 보기로 열고, [조회]의 'On Click' 이벤트에 대해서 '코드 작성기'를 가동시킵니다.

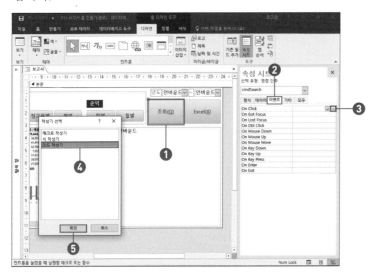

**10** 다음과 같이 이벤트 프로시저를 만듭니다.

```
001:  Private Sub cmdSearch_Click()
002:
003:  On Error GoTo Herror
004:
```

```
005:    Dim strSQL As String
006:
007:    '조건 설정
008:    CurrentProject.Connection.Execute "q조건_삭제"
009:
010:    'YearStart 조건 설정
011:    CurrentProject.Connection.Execute "q조건_추가_YearStart"
012:
013:    'YearEnd 조건 설정
014:    CurrentProject.Connection.Execute "q조건_추가_YearEnd"
015:
016:    '조건 테이블 열기
017:    DoCmd.OpenTable "조건"
018:
019:    Exit Sub
020:
021:  Herror:
022:    MsgBox Err.Description & vbNewLine & Err.Number
023:
024:  End Sub
```

008~014행에서, 조금 전에 만든 쿼리 3개를 순차적으로 실행합니다.

017행에서, '조건' 테이블을 열어서 조건을 삭제하고 새로 추가한 것을 확인시켜 줍니다.

---

**잠깐만요** **쿼리를 프로그래밍적으로 실행할 수 있는 명령**

액세스 쿼리를 프로그래밍적으로 실행할 수 있는 명령은 다음과 같습니다.

❶ DoCmd.OpenQuery
❷ DoCmd.RunSQL
❸ CurrentProject.Connection.Execute

❶과 ❷는 폼 참조식과 같은 매개 변수식도 잘 동작하지만, 데이터를 추가하거나 삭제할 때, **액세스 표준 경고 메시지가 계속 표시되기 때문에 불편합니다.**

❸은 경고 메시지가 표시되지 않기 때문에 편리하지만, 폼 참조식이나 매개 변수식이 동작하지 않는 불편함이 있습니다.

❶과 ❷를 사용하면서 'DoCmd.SetWarnings = False' 같은 구문을 사용하면 액세스 표준 경고 메시지가 표시되지 않습니다. 그러나 이 구문은 경고가 아닌, **오류 메시지도 표시하지 않기 때문에 권장하지 않습니다.** 그러므로 ❸을 사용하는 것을 권장합니다.

**11** 테스트를 해 봅시다. 그림과 같이, '년도'를 [2015]~[2015]로 설정해 놓고, [조회]를 클릭합니다. 그러면 오류 메시지가 표시됩니다.

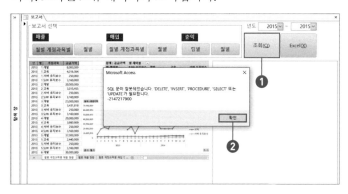

**12** 무엇이 문제일까요? 메시지만 봐서는 쿼리문이 잘못된 것 같은데, 수동으로 테스트할 때는 모두 제대로 동작하던 것이었습니다. 이럴 때 '디버깅'을 해야 합니다. 오류 해결의 첫 번째 단계는 오류가 발생한 위치를 정확히 아는 것입니다.

그림과 같이, 'cmdSearch_Click' 이벤트 프로시저의 코드 실행 부분에 중단점을 설정합니다.

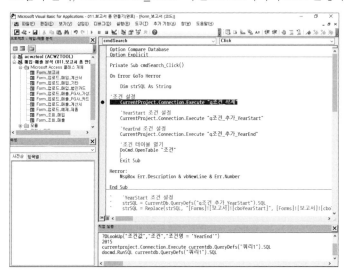

**13** '보고서' 폼으로 가서, '년도'를 그림과 같이 설정한 다음 [조회]를 클릭합니다.

**14** 그림과 같이 중단점이 설정된 곳이 노란색으로 표시되고, 프로그램 실행이 멈춰 있을 것입니다. 여기에서 F8을 눌러서 한 줄씩 실행해 봅니다.

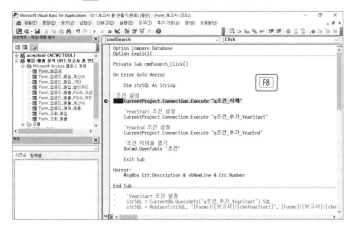

**15** 다음 행으로 노란색 커서가 이동했습니다. 이것은 이전 행에서는 별 문제 없이 VBA 구문이 실행되었다는 의미입니다. 다시 F8을 누릅니다.

**16** 커서가 'Herror' 다음 줄로 이동합니다. 'q조건_추가_YearStart' 쿼리를 실행할 때 오류가 발생한 것입니다. 오류가 발생하는 위치를 알았으니, 'q조건_추가_YearStart' 쿼리를 살펴보겠습니다. F5를 눌러 끝까지 실행합니다. 오류 메시지 창이 나오면 닫습니다.

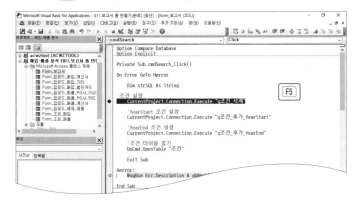

**17** 'q조건_추가_YearStart' 쿼리를 디자인 보기로 열어 봅니다. 이 쿼리는 폼 참조식을 썼는데, 'CurrentProject.Connection.Execute'는 폼 참조식이 동작하지 않습니다. 이 문제를 어떻게 해결해야 할까요?

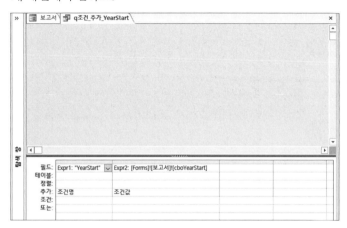

**18** 쿼리의 SQL 구문을 프로그래밍적으로 불러 들인 다음, 폼 참조식을 실제 값으로 변경하고, 그 SQL 구문을 실행하면 됩니다. 이 부분의 코드를 다음과 같이 변경합니다.

```
001:  Private Sub cmdSearch_Click()
002:
003:  On Error GoTo Herror
004:
005:    Dim strSQL As String
006:
007:  '조건 설정
008:    CurrentProject.Connection.Execute "q조건_삭제"
009:
010:    'YearStart 조건 설정
011:    strSQL = CurrentDb.QueryDefs("q조건_추가_YearStart").SQL
012:      strSQL = Replace(strSQL, "[Forms]![보고서]![cboYearStart]", [Forms]![보고
서]![cboYearStart].Value)
013:    CurrentProject.Connection.Execute strSQL
014:
015:    'YearEnd 조건 설정
016:    strSQL = CurrentDb.QueryDefs("q조건_추가_YearEnd").SQL
017:      strSQL = Replace(strSQL, "[Forms]![보고서]![cboYearEnd]", [Forms]![보고
서]![cboYearEnd].Value)
018:    CurrentProject.Connection.Execute strSQL
019:
020:    '조건 테이블 열기
021:    DoCmd.OpenTable "조건"
```

```
022:
023:    Exit Sub
024:
025:  Herror:
026:    MsgBox Err.Description & vbNewLine & Err.Number
027:
028:  End Sub
```

011~012행이 바로 폼 참조식을 실제 값으로 변경하는 코드입니다. 011행에서 'QueryDefs' 개체의 'SQL' 속성을 통해, 쿼리가 가지고 있는 SQL 구문을 'strSQL' 변수에 담습니다.

012행에서 'Replace' 함수를 통해, 'strSQL' 변수에서 폼 참조식인 '[Forms]![보고서]![cboYearStart]'을 찾아서, VB상의 폼 참조식인 '[Forms]![보고서]![cboYearStart].Value'으로 대체합니다. '[Forms]![보고서]![cboYearStart].Value'의 결과는 어떤 정수가 되겠지요.

이것이 이해가 잘 되지 않는다면, 다음과 같이 생각하면 됩니다. 'q조건_추가_YearStart' 쿼리의 SQL 구문은 다음과 같습니다(변경할 값을 굵게 표시하였습니다).

```
001:  INSERT INTO 조건 ( 조건명, 조건값 )
002:  SELECT "YearStart" AS Expr1, [Forms]![보고서]![cboYearStart] AS Expr2;
```

이것을 다음 SQL 구문으로 바꾸는 겁니다(변경할 값을 굵게 표시하였습니다).

```
001:  INSERT INTO 조건 ( 조건명, 조건값 )
002:  SELECT "YearStart" AS Expr1, 2015 AS Expr2;
```

013행에서, 이렇게 변경한 strSQL 변수에 저장된 SQL 구문을 실행시키는 것입니다.

016 ~ 018행은 011~013 행과 거의 유사합니다. 다만, 'q조건_추가_YearStart' 쿼리 대신, 'q조건_추가_YearEnd' 쿼리를 실행하는 것만 다릅니다.

**19** 다시 테스트를 해 봅니다. '보고서' 폼에서 년도를 [2015]~[2015]로 설정해 놓고 [조회]를 클릭하면, 그림과 같이 '조건' 테이블이 표시됩니다. '조건' 테이블의 데이터가 제대로 들어간 것을 확인할 수 있습니다. '조건' 테이블을 닫습니다.

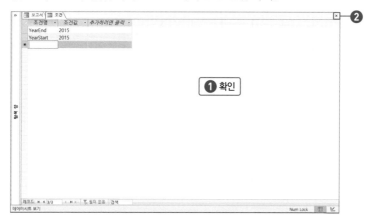

**20** 테스트를 한 번 더 해 봅시다. '보고서' 폼에서 '년도'를 [2013]~[2015]로 설정해 놓고 [조회]를 클릭해 봅시다. '조건' 테이블의 데이터가 제대로 들어간 것을 확인할 수 있습니다. '조건' 테이블을 닫습니다.

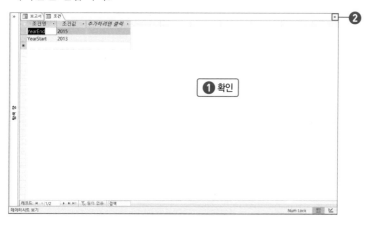

**21** '조회' 테이블에 값을 기록하는 것은 잘 마무리되었습니다. 이제 만들어 놓은 '쿼리'를 '보고서' 폼 오른쪽에 표시하는 작업이 남았습니다.

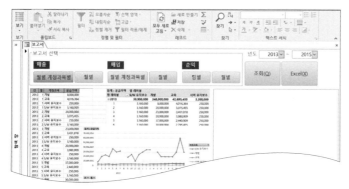

**22** [조회]의 이벤트 프로시저를 적절히 수정해야 합니다. 문제는 미리 보기 이미지처럼, 화면 오른쪽 아래에 표시할 쿼리는 '보고서 선택'에 선택된 것에 따라 달라진다는 것입니다. 다음 표를 참고하기 바랍니다.

| 보고서 종류 | 표시해야 할 쿼리 |
| --- | --- |
| 매출–월별 계정과목별 | qRpt010_매출_월별_계정과목별CT |
| 매출–월별 | qRpt020_매출_월별CT |
| 매입–월별 계정과목별 | qRpt030_매입_월별_계정과목별CT |
| 매입–월별 | qRpt040_매입_월별CT |
| 순익–팀별 | qRpt054_순익_팀별CT |
| 순익–월별 | qRpt062_순익_월별 |

**23** 이 표를 참고하여 [조회]의 이벤트 프로시저를 다음과 같이 수정합니다. 수정할 부분은 굵게 표시해 두었습니다.

```
001:   Private Sub cmdSearch_Click()
002:
003:   On Error GoTo Herror
004:
005:     Dim strSQL As String
006:     Dim strQryName As String
007:
008:   '조건 설정
009:     CurrentProject.Connection.Execute "q조건_삭제"
010:
011:     'YearStart 조건 설정
012:     strSQL = CurrentDb.QueryDefs("q조건_추가_YearStart").SQL
013:       strSQL = Replace(strSQL, "[Forms]![보고서]![cboYearStart]", [Forms]![보고서]![cboYearStart].Value)
014:     CurrentProject.Connection.Execute strSQL
015:
016:     'YearEnd 조건 설정
017:     strSQL = CurrentDb.QueryDefs("q조건_추가_YearEnd").SQL
018:     strSQL = Replace(strSQL, "[Forms]![보고서]![cboYearEnd]", [Forms]![보고서]![cboYearEnd].Value)
019:     CurrentProject.Connection.Execute strSQL
020:
021:   '데이터 표시
022:     Select Case Nz(fraType.Value, 0)
```

```
023:      Case 1
024:         strQryName = "쿼리.qRpt010_매출_월별_계정과목별CT"
025:      Case 2
026:         strQryName = "쿼리.qRpt020_매출_월별CT"
027:      Case 3
028:         strQryName = "쿼리.qRpt030_매입_월별_계정과목별CT"
029:      Case 4
030:         strQryName = "쿼리.qRpt040_매입_월별CT"
031:      Case 5
032:         strQryName = "쿼리.qRpt054_순익_팀별CT"
033:      Case 6
034:         strQryName = "쿼리.qRpt062_순익_월별"
035:      Case Else
036:         strQryName = ""
037:      End Select
038:
039:      subA.SourceObject = strQryName
040:
041:      Exit Sub
042:
043:  Herror:
044:      MsgBox Err.Description & vbNewLine & Err.Number
045:
046:  End Sub
```

006행에 쿼리 이름을 보관할 변수를 선언합니다.

022~037행에서 Select Case 구문을 이용해서, '보고서 선택' 컨트롤에 선택된 값에 따라 표시할 쿼리 이름을 'strQryName' 변수에 저장합니다. 쿼리 이름 앞에 '쿼리.'가 붙어 있는데, 하위 폼의 데이터 원본(SourceObject)에 사용할 개체 이름 중, 테이블/쿼리의 이름은 개체 형식을 붙여 주어야 하기 때문입니다.

039행에서 하위 폼(subA)의 원본 개체 속성(SourceObject)을 지정한 쿼리 이름으로 설정합니다.

**24** 테스트를 해 봅시다. 그림과 같이 '년도'를 [2015]~[2015]로 설정해 놓고, '매출'의 [월별 계정과목별]을 선택한 다음 그리고 [조회]를 클릭합니다. 그러면 2015년 데이터만 제대로 표시될 것입니다.

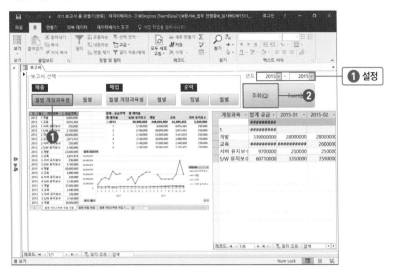

**25** '년도'는 그대로 두고, '매출'의 '월별'을 선택하고 [조회]를 클릭합니다. 그런데 이것은 2013년부터 2015년까지, 모든 데이터가 다 나옵니다. 왜 그럴까요? 우리가 '조건' 테이블을 읽어서 데이터를 필터하도록 설정한 쿼리는 '매출'의 '월별 계정과목별' 한 개뿐이었습니다. 나머지 쿼리는 '조건' 테이블을 읽어서 데이터를 필터하도록 설정하지 않았기 때문에 모든 데이터가 표시되는 것입니다.

**26** '매출'의 '월별'에 해당하는 쿼리를 고쳐 봅시다. 'qRpt020_매출_월별' 쿼리를 그림과 같이 수정합니다. '기준일' 필드에 대한 조건식을 지정하면 됩니다. 'qRpt010_매출_월별_계정과 목별' 쿼리에서 '기준일' 필드를 복사해서 만들면 편리합니다.

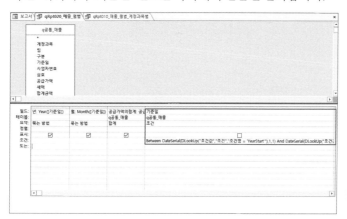

Between DateSerial (DLookUp("조건값", "조건","조건명 = 'Year Start' "),1,1) And Date Serial(DLookUp("조 건값","조건","조건명 = 'YearEnd'"),12,31)

**27** '매입'의 '월별 계정과목별'에 해당하는 쿼리를 고쳐 봅시다. 'qRpt030_매입_월별_계정과목 별' 쿼리를 그림과 같이 수정합니다.

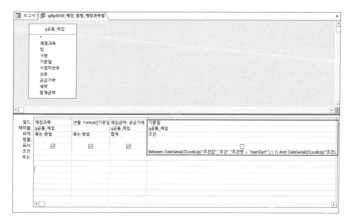

**28** '매입'의 '월별'에 해당하는 쿼리를 고쳐 봅시다. 'qRpt040_매입_월별' 쿼리를 그림과 같이 수정합니다.

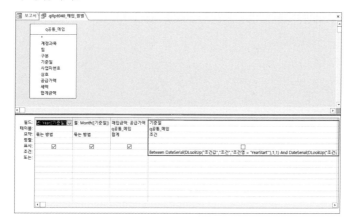

**29** '순익'의 '팀별'에 해당하는 쿼리를 고쳐 봅니다. '순익'의 '팀별'은 매입/매출이 연결되어서 분석하는 것이기 때문에, 두 개의 쿼리를 수정해야 합니다. 우선 'qRpt050_순익_팀별_매출' 쿼리를 그림과 같이 수정합니다.

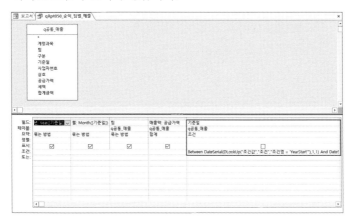

**30** 'qRpt051_순익_팀별_매입' 쿼리를 그림과 같이 수정합니다.

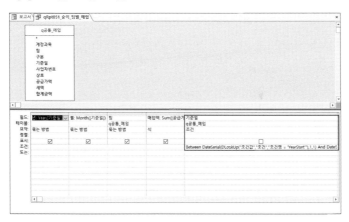

**31** '순익'의 '월별'에 해당하는 쿼리를 고쳐 봅시다. 'qRpt060_순익_월별_기본' 쿼리를 열어서 살펴봅니다. 그런데, 이 쿼리는 이미 수정한 'qRpt050_순익_팀별_매출' 쿼리와 'qRpt051_순익_팀별_매입' 쿼리에 기반하여 만든 'qRpt053_순익_팀별' 쿼리를 기반으로 하고 있습니다. 따라서 별도로 수정하지 않아도 제대로 데이터를 표시할 것 입니다.

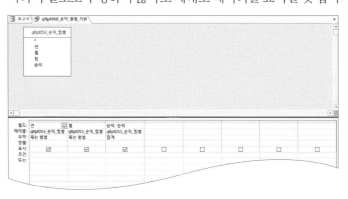

**34** '순익'의 '월별' 쿼리는 'qRpt061_순익_월별_매출액포함'도 중요합니다. 이 쿼리 역시 'qRpt060_순익_월별_기본' 쿼리와 'qRpt020_매출_월별' 쿼리에 기반하고 있는데, 이미 모두 수정된 것들입니다. 따라서 이 쿼리도 변경할 것은 없습니다.

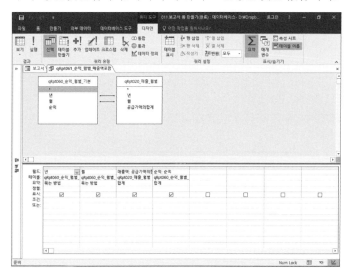

**35** '년도'를 [2015]~[2015]로 설정해 두고, 모든 보고서들이 2015년 데이터만 표시하는지 테스트해 봅시다. 그림과 같이, '순익'의 [팀별]을 클릭하고 [조회]를 클릭하면, 그림과 같이 2015년 데이터만 표시되는 것을 확인할 수 있습니다.

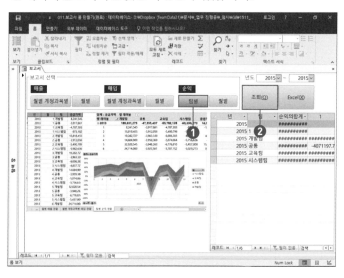

**36** [조회]를 클릭하였을 때 동작을 완벽하게 정의했습니다. [조회]에 대한 이벤트 프로시저는 46줄에 불과하지만 많은 것을 배웠을 것입니다. 한 번 읽고 이해하기는 다소 어려울 것 같습니다. **이런 내용은 동영상 강의로 들으면 이해하기가 훨씬 쉽습니다.** 혹은, 같은 내용을 여러 번 반복해서 읽고 실습해도 좋습니다.

## 실무예제 04 | 엑셀 내보내기 기능 추가하기

이제 '보고서' 폼의 마지막입니다. 엑셀 내보내기 기능을 추가하는 것은, 원래대로라면 전문가 수준의 VBA 코딩을 해야 합니다. 그러나 필자가 제공하는 'gsbMakeChart' 프로시저를 이용해서 만들 것이기 때문에, [Excel]의 이벤트 프로시저는 복잡하지 않습니다. 다만, 보고서 타입에 따라 'gsbMakeChart' 프로시저를 어떻게 호출할지 결정되기 때문에, 그 부분만 적절히 수정해 주면 됩니다.

다음은 앞서 '엑셀 차트 모듈 사용법'에서 정의한 보고서 타입별 gsbMakeChart 프로시저 호출 방법을 정리한 표 입니다.

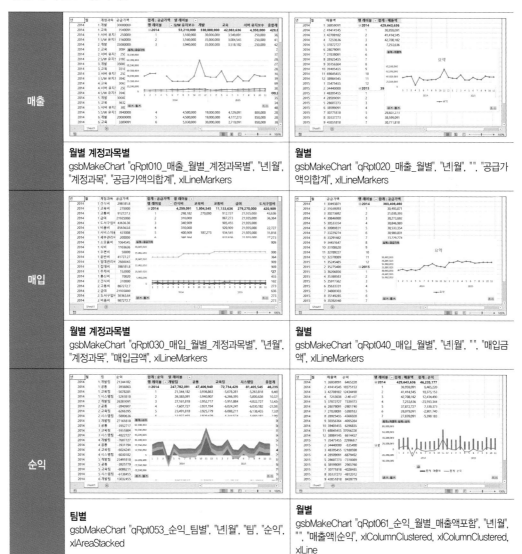

| 매출 | 월별 계정과목별<br>gsbMakeChart "qRpt010_매출_월별_계정과목별", "년\|월", "계정과목", "공급가액의합계", xlLineMarkers | 월별<br>gsbMakeChart "qRpt020_매출_월별", "년\|월", "", "공급가액의합계", xlLineMarkers |
|---|---|---|
| 매입 | 월별 계정과목별<br>gsbMakeChart "qRpt030_매입_월별_계정과목별", "년\|월", "계정과목", "매입금액", xlLineMarkers | 월별<br>gsbMakeChart "qRpt040_매입_월별", "년\|월", "", "매입금액", xlLineMarkers |
| 순익 | 팀별<br>gsbMakeChart "qRpt053_순익_팀별", "년\|월", "팀", "순익", xlAreaStacked | 월별<br>gsbMakeChart "qRpt061_순익_월별_매출액포함", "년\|월", "", "매출액\|순익", xlColumnClustered, xlColumnClustered, xlLine |

**1** [cmdExcel_Click]의 이벤트 프로시저를 다음과 같이 작성합니다.

```
001:  Private Sub cmdExcel_Click()
002:
003:  On Error GoTo Herror
004:
005:  '보고서 타입에 따라 설정
006:     Select Case Nz(fraType.Value, 0)
007:        Case 1
008:            gsbMakeChart "qRpt010_매출_월별_계정과목별", "년|월", "계정과목", "공급가액의합계",
       xlLineMarkers
009:
010:        Case 2
011:         gsbMakeChart "qRpt020_매출_월별", "년|월", "", "공급가액의합계", xlLineMarkers
012:
013:        Case 3
014:            gsbMakeChart "qRpt030_매입_월별_계정과목별", "년월", "계정과목", "매입금액",
       xlLineMarkers
015:
016:        Case 4
017:         gsbMakeChart "qRpt040_매입_월별", "년|월", "", "매입금액", xlLineMarkers
018:
019:        Case 5
020:         gsbMakeChart "qRpt053_순익_팀별", "년|월", "팀", "순익", xlAreaStacked
021:
022:        Case 6
023:            gsbMakeChart "qRpt061_순익_월별_매출액포함", "년|월", "", "매출액|순익",
       xlColumnClustered, xlColumnClustered, xlLine
024:
025:     End Select
026:
027:     Exit Sub
028:
029:  Herror:
030:     MsgBox Err.Description & vbNewLine & Err.Number
031:
032:  End Sub
```

**2** 엑셀로 내보내기 테스트를 해 봅시다. '보고서' 폼을 열고, '매출'의 '월별 계정과목별'을 선택한 다음 '년도'를 [2014]~[2015]로 설정합니다. 그 다음 [조회]를 클릭합니다. 오른쪽에 데이터를 미리 볼 수 있습니다. 이제 [Excel]을 클릭합니다.

**3** 시간이 약간 흐르고, 그림과 같이 차트가 제대로 표시됩니다.

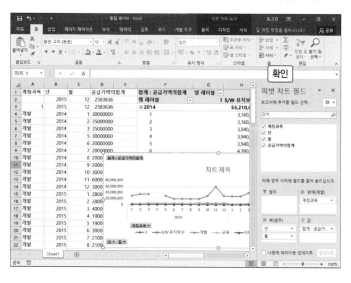

**4** '순익'의 [월별]을 클릭합니다. '년도'는 그대로 놔 두고, [조회]를 클릭하지 않고 [Excel]을 클릭합니다. 약간의 시간이 흐르고, 그림과 같이 엑셀 차트가 제대로 표시됩니다.

**5** '보고서' 폼으로 다시 돌아와 봅시다. 아까 [조회]를 클릭하지 않고, 곧바로 [Excel]을 클릭했었습니다. 그럴 때는 문제가 없는데, 다시 '보고서' 폼으로 돌아와 보면 오른쪽에 표시된 데이터가 '순익'의 '월별' 데이터인 것처럼 느껴집니다. 그러나 아까 [조회]를 클릭하지 않았었기 때문에, 오른쪽 데이터는 '매출'의 '월별 계정과목별' 데이터입니다.

조회 폼을 만들다 보면 이런 문제가 간혹 있습니다. 조회 조건과 표시되는 데이터가 달라지는 경우입니다. 오류는 아니지만, 약간의 시간 후에 사용자가 다시 화면을 봤을 때, 오해할 소지가 있습니다.

그래서 이럴 때는 [Excel]을 클릭했을 때도 오른쪽이 데이터가 표시된 후 엑셀로 데이터가 나가는 것이 좋습니다. 그래서 이런 원칙을 세우기로 합니다.

> [Excel]을 클릭했을 때도, '조회' 단추를 클릭한 것과 동일한 절차를 진행한 후, 엑셀 내보내기를 처리합니다.

그렇다면, [Excel]의 이벤트 프로시저는 어떻게 바뀌어야 할까요? [조회]에 기록했던 이벤트 프로시저를 복사해서 붙여넣으면 될까요?

프로그래밍 작업을 할 때 반드시 지켜야 할 원칙이 있습니다.

> 같은 기능은 한 군데에만 있어야 한다.

**같은 기능이 두 군데 이상 나뉘어 있으면, 나중에 프로그램을 수정할 일이 있을 때, 실수로 한 군데만 수정할 가능성이 높습니다.** 우리가 간혹, 어떤 리포트에서는 A라는 결과가 나왔는데, 다른 리포트에서는 B라는 결과가 나와서, 결과적으로 시스템에 대한 신뢰도가 낮아진 경험이 한 번쯤 있지 않은가요? 많은 경우 이렇게 프로그래밍을 해서 발생하는 문제입니다.

**6** 기능이 같으면, 다른 곳에서는 불러다 쓰면 됩니다. 액세스 VBA 에서는 불러다 쓰는 것도 매우 쉽습니다. 다음과 같이 코딩하면 됩니다(변경한 부분은 굵게 표시하였습니다).

```
001:   Private Sub cmdExcel_Click()
002:
003:   On Error GoTo Herror
004:
005:   '데이터 조회
006:       cmdSearch_Click
007:
008:
009:   '보고서 타입에 따라 설정
010:       Select Case Nz(fraType.Value, 0)
011:       Case 1
012:           gsbMakeChart "qRpt010_매출_월별_계정과목별", "년|월", "계정과목", "공급가액의합계",
xlLineMarkers
013:
014:       Case 2
015:          gsbMakeChart "qRpt020_매출_월별", "년|월", "", "공급가액의합계", xlLineMarkers
016:
017:       Case 3
018:           gsbMakeChart "qRpt030_매입_월별_계정과목별", "년월", "계정과목", "매입금액",
xlLineMarkers
019:
020:       Case 4
021:          gsbMakeChart "qRpt040_매입_월별", "년|월", "", "매입금액", xlLineMarkers
022:
023:       Case 5
024:          gsbMakeChart "qRpt053_순익_팀별", "년|월", "팀", "순익", xlAreaStacked
025:
026:       Case 6
027:           gsbMakeChart "qRpt061_순익_월별_매출액포함", "년|월", "", "매출액|순익",
xlColumnClustered, xlColumnClustered, xlLine
028:
029:       End Select
030:
031:       Exit Sub
032:
033:   Herror:
034:       MsgBox Err.Description & vbNewLine & Err.Number
035:
036:   End Sub
```

006행에서 'cmdSearch_Click'이라는 이벤트 프로시저 이름을 동일하게 써 주었습니다. 그러면 'cmdExcel_Click' 프로시저가 실행되다가, 006행을 만나면 'cmdSearch_Click' 프로시저를 먼저 실행한 후 007행으로 가게 됩니다. 따라서 결과적으로 [Excel]을 클릭하게 되면, 데이터 조회를 먼저 한 후에 엑셀로 데이터를 내보내게 되는 것입니다.

**7** 마지막 테스트를 해 봅시다. '매출'의 [월별]을 선택하고 [조회]를 클릭합니다. 오른쪽에 데이터가 제대로 표시됩니다. [Excel]을 클릭합니다.

**8** 다음 엑셀 차트가 제대로 표시됩니다.

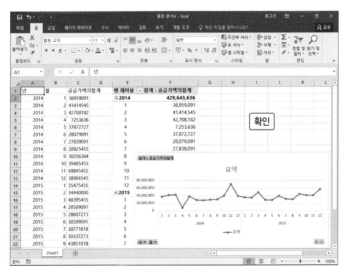

**9** '순익'의 [팀별]을 선택하고, [조회]를 클릭하지 않고 [Excel]을 바로 클릭합니다.

**10** 시간이 약간 지나고, 엑셀 데이터가 제대로 표시됩니다.

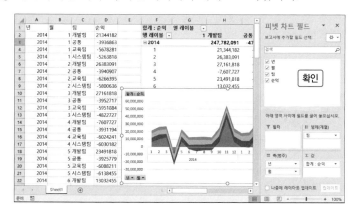

**11** 다시 보고서 화면으로 돌아옵니다. 아까와는 달리, 오른쪽의 데이터시트가 '순익'의 '팀별' 데이터인 것을 확인할 수 있습니다. 이렇게 해서 '보고서' 폼을 만드는 것까지 완료하였습니다. 끝까지 오느라 대단히 고생 많았습니다.

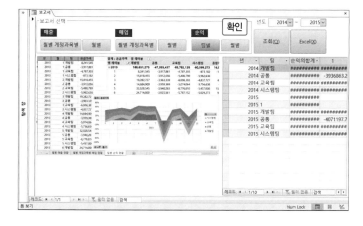

이 책은 **중고급 사용자들을 대상으로 한 책**입니다. gsbMakeChart 프로시저는 꽤 훌륭한 프로시저이지만, 전문가 수준의 내용이 상당해서 이 프로시저의 세부적인 사항을 설명하지 않는 것이 아쉽습니다. 이 프로시저의 소스 코드를 잘 살펴보고 이해할 수 있다면, 액세스에서 엑셀을 제어하는 것에 많은 도움을 받을 수 있을 것입니다. 튜터링이나 질문/답변 게시판을 통해 질문해 주어도 좋습니다.

또, gsbMakeChart 프로시저 안에서 사용되지만, 아주 유용한 함수들이 있습니다. 여기에서 간단히 소개만 하겠습니다.

❶ **gsbRst2Excel 프로시저** : ADO 레코드 셋을 엑셀의 특정 위치로 내보내는 프로시저입니다.
❷ **gsbRst2ExcelR 프로시저** : 'gsbRst2Excel' 프로시저와 마찬가지로, ADO 레코드 셋을 엑셀 특정 위치로 내보내는 프로시저이지만, ADO 레코드 셋의 행과 열을 바꾸어서 내보냅니다.

※ 정답은 다음 링크에 있습니다 : http://g.td21.com/gb87

# 1 | 그림 비율 수정하기

다음은 폼에 그림을 넣은 것입니다. 그림의 가로,
세로 비율이 맞지 않아서, 전체적으로 이상해 보입
니다. 이 문제를 해결하는 방법에서 **가장 적절한 것**
은 무엇일까요?

① 그림을 폼에 삽입할 때, 원본 그림 자체의 가로/세로 비
율이 잘못되어 있기 때문입니다. 그림판이나 포토샵 같
은 이미지 편집 프로그램을 이용해서 비율을 잘 설정한
다음 다시 그림을 표시해야 합니다.

② 그림 컨트롤 크기를 조절하면 자동으로 그림의 비율이 바뀌게 됩니다. 눈으로 확인하면서 그림의 비율을 잘 맞춥니다.

③ 폼 크기를 조절하면 자동으로 그림의 비율이 바뀌게 됩니다. 눈으로 확인하면서 그림 비율을 잘 맞춥니다.

④ 이미지 컨트롤의 '크기 조절 모드' 속성을 '한 방향 확대/축소'로 설정합니다. 이렇게 설정하면 이미지 컨트롤 내부에 공백
이 생길 수는 있지만, 그림의 가로/세로 비율은 깨지지 않습니다.

> **Hint**
> ① 액세스에서도 가로/세로 비율은 변경할 수 있습니다.
> ② 이 말 자체는 틀리지 않지만, 눈으로 확인해서 정확한 비율을 맞추기는 어렵습니다.
> ③ 폼 크기를 조절해도 그림 비율이 바뀌지는 않습니다. 그림 크기가 변경되도록 할 수는 있습니다.
> ④ 이미지 컨트롤의 '한 방향 확대/축소' 속성은 '한 방향 확대/축소'로 설정하는 것이 일반적이라고
> 했습니다.

# 2 | 올바른 명령 찾기

다음은 '쿼리를 프로그래밍적으로 실행할 수 있는 명령'입니다. 다음 보기에서 명령에 대해 **잘못 설명하고
있는 것**은 무엇입니까?

    Ⓐ DoCmd.OpenQuery        Ⓑ DoCmd.RunSQL        Ⓒ CurrentProject.Connection.Execute

① Ⓐ와 Ⓑ는 폼 참조식과 같은 매개변수 식도 잘 동작하지만, 데이터를 추가하거나 삭제할 때, 액세스 표
준 경고 메시지가 계속 표시되기 때문에 불편합니다.

② Ⓐ와 Ⓑ의 문제를 해결하기 위해 'DoCmd.SetWarnings = False' 구문을 사용하면 됩니다.

③ Ⓒ는 경고 메시지가 표시되지 않기 때문에 편리하지만, 폼 참조식이나 매개 변수식이 동작하지 않는
불편함이 있습니다.

④ Ⓒ의 불편함을 해결하기 위해 매개 변수값을 보관하는 임시 테이블을 만들고, Ⓒ에서 실행되는 쿼리
구문에 이 임시 테이블의 내용을 읽어 오도록 만들면 됩니다.

> **Hint**
> 'DoCmd.SetWarnings = False' 구분을 사용해도 되지만, 이 구문은 표준 액세스 오류 메시지도 표
> 시하지 않는 문제가 있습니다. 쿼리를 실행할 때 오류가 발생해도 어떤 오류 메시지도 표시하지 않고
> 그냥 실행되기 때문에 권장하지 않습니다.

# 기능 목차

## CHAPTER 4 폼 디자인

## CHAPTER 5 조회 폼 만들기

## CHAPTER 6 엑셀 업로드

# 기능 목차

※ 기능 순서대로 참고하거나 학습하기 위한 기능 목차입니다. 책 순서대로 표시한 일반 목차는 책 앞부분에 있습니다.

# 기능 목차

CHAPTER

## 9 오피스 일반

# 기능 목차

# 찾아보기